Family Ministry

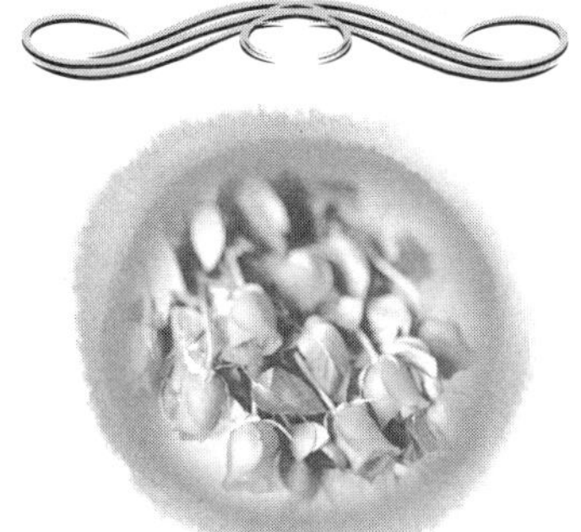

Family Ministry

2005년 9월 10일 초판 1쇄 발행

펴낸곳 한국가정상담연구소

지은이 추부길
펴낸이 추부길

등록 1998. 6. 26 제 10-1609호
주소 110-601 서울 광화문 우체국 사서함 130호
전화 (02) 766-8366
팩스 (02) 3676-7113
홈페이지 www.kofam.org
E-mail kofamlove@hanmail.net

표지본문디자인 정민희
출력 한국가정상담연구소
인쇄 타라그래픽스
제본 타라그래픽스

KDC 234
ISBN 89-88446-39-9-03230
값 18,000원

Family Ministry

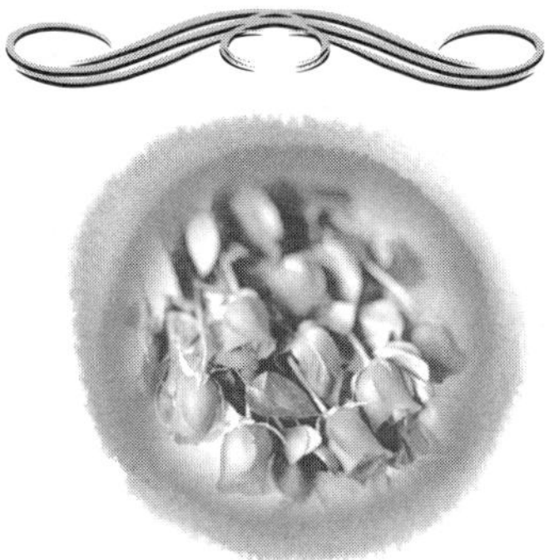

추부길

한국가정상담연구소

Contents

'이혼공화국' 이라 할 정도로 심각한 가정의 문제는 가정사역의 붐을 불러왔다. 그러나 아직까지도 가정 사역에 관한 책들은 외국의 번역서들이 주종을 이룬다. 특별히 가정사역 전반을 살펴보는 개론서는 더더욱 그러하다.

필자는 한국인의 문화에 걸맞는 한국적 가정사역 개론서가 한권쯤은 필요하지 않는가 하는 부담을 떨칠 수가 없었다. 그래서 2002년에 '가정사역닷컴' 이라는 개론서를 내 놓았었다. 많이 부족하고 아직도 덜 떨어진 듯한 그런 책이었지만 많은 분들이 관심을 가져 주셨고, 특히 현장에서 발로 쓴 사역의 개론서라서 많은 도움을 받았다고 격려도 해 주셨다.

문제는 워낙 시대가 급변하다보니까, 특별히 가정에 대한 상황도 엄청나게 변하고 사역의 폭도 넓어짐으로 인해 완전히 개정되고 증보된 새로운 책이 나와야 할 상황에 이르렀다. 그래서 또 한 번의 시도를 하게 되었다. 이 책이 바로 그렇게 해서 태어난 것이다.

'가정사역닷컴' 에서도 이미 언급한 바 있지만 이 'Family Ministry' 라는 책은 필자가 사역하고 있는 한국가정상담연구소의 모든 노하우와 방향성 등이 집약되어 있다. 거기에다가 보수적이면서도 성경 중심적 사역을 펼치는 필자의 신앙 노선과 사역 지침이 곳곳에 묻어 있다. 어쩌면 이 책을 읽으면서 시대를 따라가지 못한다고 비판하실 분도 있을지 모르겠다. 그러나 필자의 소신은 시대가 변하고 문화가 바뀌어도 성경에 쓰여진 하나님의 마음은 변하지 않는다는 것이다.

특히 가정사역이나 상담사역, 치유사역 등에서 자유주의 신학이 물밀듯이 밀려오면서 신학은 온데간데 없이 사라지고 인본주의적이고 상업적인 시대 감각들이 교회 안에서 주인 노릇을 하고 있다. 아무리 시대나 문화의 옷을 갈아 입는 것도 좋지만 사역의 기본이 성경을 떠나서는 안된다는 것이 필자의 생각이다. 가정사역이라는 것이 붐을 이룰수록 성경적인 관점은 더더욱 지켜 나아가야 할 기본 중의 기본이기 때문이다. 필자는 이러한 하나님의 음성에 순종하기로 하였다. 그 점을 독자들이 이해해 주셨으면 좋겠다.

항상 책을 낸다는 것은 마음의 부담을 더해주는 피곤하고도 힘든 대작업이다. 처음에는 '가정사역닷컴' 을 일부 수정하려고 마음먹었었다. 그런데 그렇게 대충 책을 내고 싶지가 않았다. 그러다보니 집에 들어가지 못하고 사무실을 점거하는 날이 많아졌다. 덩달아 아내까지 사무실에 함께 하면서 교정도 봐주고 조언도 해 주었다. 그저 감사할 따름이다.

더불어 책을 낼 때마다 느껴지는 것이지만 순간순간 하나님이 주시는 지혜는 스스로를 감탄하게 만들었다. 독수리 타법으로 책을 노트북에 옮기는 필자를 보면서 사람들은 '세상에서 가장 빠른 독수리의 손길' 이라고 놀려댄다. 그런데 그렇게 독수리 손가락으로 자판을 두들기다 보면 나도 모르는 언어와 생각들이 이 책의 내용에 기미되이지는 깃을 믾이 느끼게 된다. 글을 써놓고 스스로 삼탄하는 그 맛을 혹시 독자들은 아는가? 필자는 그것이 바로 하나님의 손길이라고 생각한다. 그러니 육신은 피곤하지만 영적으로 참으로 행복하다는 고백을 드리게 되는 것이다.

이 책이 또 몇 년 후에는 새롭게 옷을 입게 되겠지만 그때까지 이 책이 우리나라의 가정사역 부흥과 기초를 닦는데 많은 도움이 되기를 바라마지 않는다.

모든 영광을 하나님께 돌리며…

2005년 9월, 동숭동 서재에서

추부길

제1부

떠오르는 가정사역

1. 가정의 위기와 가정사역

한국에서의 이혼율이 매년 급격한 상승을 보이고 있다. 2003년에는 2002년 대비 15%나 증가하는 추세를 보였다. 구체적인 수치로 본다면 인구 1,000명당 이혼자 수는 3.5명으로 2002년 3.0명보다 급격히 증가한 것이다.[1] 이 비율은 OECD 국가 중에서 2위에 해당하는 수치이다. 다행히 2004년들어 다소 주춤해지기는 했지만 이혼건수 대비 결혼건수의 비율을 보면 아직도 45%를 육박한다.[2]

실로 엄청난 증가이다. 전반적으로 혼인 건수는 줄어든 반면 이혼건수는 상당한 증가를 보임으로 인해 이러한 결과를 가져 온 것이다. 이혼한 사람들의 절반 정도(50.1%)가 결혼한 지 10년 미만된 부부들이고 20년 이상 장기 동거

---

1) 한국가정사역연구소 편집부, "이혼, 작년 15%나 늘었다", *가정과 상담* (2004, 6): 21.
2) *가정과 상담* (2005. 8): 22-23.

부부들의 이혼 역시 계속 늘어나고 있는 것으로 보인다.[3] 이혼 이유로는 역시 성격차이로 인한 불화가 가장 많으나 경제문제도 꾸준히 증가하는 추세를 보이고 있다.[4]

연간 이혼율을 다른 나라와 비교했을 때 인구 1,000명당 이혼건수를 말하는 조이혼율은 미국이 4.2명, 영국이 2.9명인데 한국은 2.9명으로 OECD 국가 중 2-3번째를 차지하고 있다.[5] 이 수치는 호주(2.8명), 뉴질랜드(2.7명), 핀란드(2.7명), 스웨덴(2.4명), 독일(2.3명), 일본(2.3명), 프랑스(2.0명)보다는 더 높은 수치를 나타내고 있다.

(표1)　우리나라 결혼 및 이혼 건수의 년도별 추이

	1970	1980	1990	1995	2000	2003	2004
혼인건수(천건)	295.1	403.0	399.3	398.5	334.0	304.9	310.9
이혼건수(천건)	11.6	23.7	45.7	68.3	120.0	167.1	139.4
이혼건수 대비 결혼건수(%)	3.9	5.9	11.4	17.1	35.9	54.8	44.8
조혼인율(건/인구천명당)	0.4	0.6	1.1	1.5	2.5	3.5	2.9

더불어 비록 국소적인 수치이기는 하나 미국 LA에 거주하는 한인들의 이혼율은 심각의 도를 넘어서 충격을 주고 있다. 2001년 LA 총영사관에 신고된 결혼건수와 이혼건수를 비교한 이혼율은 무려 115%였다. 이혼건수가 훨씬 더 많다는 것이다. 거기에다가 더욱 충격을 주는 것은 공관에 접수된 이혼건수는 실제 이혼하는 사람들의 일부에 불과하다는 공관원의 지적이다.[6]

한국에서도 전체 이혼 건수의 25-30% 정도가 결혼한 지 5년이 채 안된 부부들이 차지하고 있는데 이들의 10명중 4명 정도가 이혼하고 있는 것으로 나타났다. 더구나 계약결혼, 일정 기간 동거 후 결혼 등까지 합치면 이혼율은 얼마나 되는지 가히 짐작할 수가 없는 상황이다. 거기에다 이혼으로 인한 편부모

---

3) Ibid., 24.
　20년 이상 장기 동거자의 이혼 비중은 1985년에 4.6%, 1995년에 8.1% 이던 것이 2004년에는 18.3%로 급증하였다.
4) 2004년의 경우 성격차이로 인한 불화가 49.4%, 경제문제가 14.7%였다.
5) 조이혼율의 경우 한국은 2000년에 2.5, 2003년에 3.5였던 것이 2004년에 2.9로 줄어들었다. 따라서 2003년에는 OECD 국가 중에서 두 번째였고, 2003년에는 영국과 비슷한 수치를 보이고 있다.
6) *가정과 상담* (2002, 3): 167.

가정의 자녀들의 숫자는 매년 12만명-15만명 정도 생겨난다. 이른바 결손 가정의 자녀 숫자가 엄청나게 늘어나고 있는 것이다.

뿐만 아니다. 이혼과 고령화의 영향으로 혼자 사는 나홀로 가구와 여성 가구주가 급증하고 있다. 역시 통계청이 발표한 2000년 인구 통계조사에 의하면 나홀로 가구는 1995년보다 35.4% 증가한 222만 4천 가구로 집계되었으며 이는 전체가구의 16%나 된다. 더불어 40대의 이혼이 급증하고 60세 이상에선 부부 사별이 늘어나면서 여성 가구주 숫자가 5년전보다 23.6% 증가한 265만 3천 가구로 나타났다. 이를 100명중 여성 가구주 숫자로 대비해 보면 18명으로 전 가구주의 1/5이 여성 가구주라는 사실을 알 수 있는 것이다.

핵가족화도 급격하게 진전되고 있다. 부모와 자녀가 함께 사는 3세대 이상의 가구는 5년 전보다 크게 줄어든 반면, 1세대 가구는 24.0%, 부모와 자녀가 함께 사는 2세대 가구는 6.0% 증가했다. 젊은 층은 부모와 떨어져 살려고 하고, 40대는 이혼율이 높아졌으며 60대 이상은 고령화로 1인 가구가 늘어났다는 것이다. 혼자 사는 이유를 살펴보면 우선 부모로부터 독립한 미혼 독신 남녀가 95만 가구로 가장 많고, 배우자와의 사별에 의한 독거가 두 번째로 78만 가구에 이른다. 그리고 배우자가 있으면서도 혼자 사는 이른바 별거 가족도 26만 가구이며, 이혼 후 혼자 사는 독거 가정도 21만 가구나 된다. 특히 이혼 후 독거 가정은 5년 전보다 116%나 증가한 수치이다.[7] 그만큼 가정의 파괴가 가속화되고 있다는 증거일 것이다. 황혼이혼도 꾸준히 증가하는 추세이다.

2001년 20대와 30대를 대상으로 조사한 결과에 따르면, 21세기 젊은 부부들의 가족형태를 잘 보여 주고 있는데 우선 부부간에 대화가 충분한가에 대한 질문에 대해 2000년에는 78.5%가 만족했던 반면 2001년에는 56.9%에 그쳤다. 그만큼 분위기가 경직되고 있다는 증거이다. 또 다른 조사에서 결혼의 만족도를 측정해 볼 수 있는 질문을 던졌는데 '다음 세상에 태어나도 지금의 배

---

7) *가정과 상담* (2001, 12): 163-164.

우자와 결혼하겠느냐?'는 질문에 남성은 67%가 긍정한 반면 여성은 불과 29.3%만이 긍정적 답변을 보였다.[8]

고령화 역시 가속되고 있다. 이미 고령화 사회에 접어든 우리나라는 고령화 추세가 일본의 속도를 앞지르고 있는 것으로 나타났다. 즉 고령화 사회에서 고령사회로 접어드는데 걸리는 기간이 고령사회에 이미 접어든 일본의 기간보다 훨씬 짧을 것이라는 예측이 나오고 있다. 이는 출산율이 갈수록 낮아지면서 어린이 인구가 줄고 평균 수명은 연장되면서 나타나는 현상이라고 해석되고 있다.[9]

더불어 국민들의 행복지수는 0.894로 세계 27위이다. 경제적인 규모나 세계적인 위상에 비해 아직 낮다는 것을 알 수 있다.[10]

이렇듯 한국의 가정은 지금 엄청난 격변기에 서 있다고 할 것이다. 그럴수록 가정의 가치는 더욱 존중되어져야 한다. 그래야만 하나님 나라가 굳건하게 설 수 있기 때문이다.

가정의 파괴는 곧 사회 각 분야에 심각한 부작용을 가져올 수 있다. 우선 가정의 붕괴는 편부모 자녀가 양산됨으로 인해 청소년 문제, 장기적으로는 심각한 사회 문제의 불씨를 키운다는 측면이 있고, 더불어 국가적으로 보면 복지비용의 증가로 재정적인 면까지 위협을 가하게 된다. 이러한 국가적, 사회적 측면만이 아니라 이혼 등으로 인한 마음의 상처는 성장 후의 삶까지 심리적 영향을 끼칠 수 있다는 점에서 경각심을 불러 일으키고 있다.

사회적 측면을 떠나 성경적 관점에서 보더라도 이혼은 하나님이 최초로 만드신 그 Base Camp를 무너뜨린다는 점에서 심각한 문제라 할 수 있을 것이다. 곧 하나님의 도성이 무너짐으로 인해 하나님 나라 확장의 기반을 잃게 될

---

8) *가정과 상담* (2001, 6): 162–163.
9) *가정과 상담* (2001, 11): 128–139.
10) 월간조선 편집부, *한국인의 행복체험* (서울: 월간조선, 2002), 318.

뿐만 아니라, 주의 백성들이 그로 인해 실족하게 되고 하나님과의 관계까지 영
향을 미칠 수 있다는 점에서 교회는 이혼의 증가에 대해 심각하게 생각해야 한
다는 것이다.

한국교회 성도들의 이혼율은 수치적으로 나타나 있지는 않지만 한국가정상
담연구소(2003)가 조사한 바에 의하면 주일학교에 출석하는 학생들의 13%정
도가 편부모 가정의 자녀인 것으로 나타나고 있다.[11] 이 비율은 계속 늘어나는
추세여서 2004년에는 20%대에 육박하는 것으로 보고되고 있다.[12]

이는 교회도 이혼 급증으로 인한 문제 발생의 예외 지대가 아닌 것으로 이에
대한 대책이 시급하다는 것이다. 이러한 가정의 위기는 한국만의 상황은 아니
다. 이민간 한인들 역시 같은 위기에 빠져 있다. 한인 사회에서도 이혼율의 증
가는 한국을 훨씬 능가한다고 한인 언론들은 보도하고 있다.[13]

이렇게 가정이 뿌리째 흔들림으로 인해 이혼율은 급상승하고 이로 인해 많
은 젊은이들이 결혼을 기피하는 현상까지 나타나고 있다. 반면 쉽게 동거를 선
택한다.[14]

성경 히브리서 12장 14절을 보면 "모든 사람으로 더불어 화평함과 거룩함을
좇으라. 이것이 없으면 아무도 주를 보지 못하리라"고 말씀한다. 이는 곧 거룩
하기 위해서는 화평해야 하는데, 그 화평함이 무너지면 거룩함 역시 온전치 못
하다는 것을 말씀한다. 이 취지는 헬라어 원문을 통해서 보면 여실히 드러난
다. 결국 이혼은 화평함을 무너지게 하고 이로 인해 거룩함 역시 손상을 받을
수밖에 없다는 것이다.

특별히 이렇게 이혼이 늘어나는 중요한 이유로 우선 급격한 사회 변화를 들

---

11) 한국가정사역연구소가 2003년 3월과 2004년 4월, 서울 시내 30개 교회의 주일학교를 대상으로 조사한 결과로 미
공개자료임.
12) 한국가정사역연구소의 2003년 3월, 2004년 4월 조사 자료.
13) 엄예선, "가정사역 개발을 위한 한인 이민교회들의 과제들", *목회와 신학* (2000, 1): 177-183.
14) Richard Earl Faulk, "The Effects of a Two-weekend Marital Enrichment Program on Self-Disclosure
and Marital Adjustment"(Ph. D. Diss., United States International University, 1981), 1.

수 있다. 즉, 여성 해방, 취업 형태의 변화(부모 모두 일을 함), 실직과 재정 불안이 가정생활에 미치는 압박, 이혼하기가 쉬워진 민법 조항 등을 들 수 있다. 또 하나, 철저한 개인주의적 가치관의 팽배 역시 이혼을 부추기는 요인으로 등장했다.

그러나 뭐니뭐니해도 결혼의 신성함과 영속성에 대한 기독교적 이해를 전적으로 지지하지 않는 것, 그리고 성(性), 결혼, 가정의 전통적인 개념에 대한 비그리스도인들의 공격이 커가고 있는 것과 더불어 서구에서는 기독교 신앙이 쇠퇴하고 있는데 그 원인이 있다고 할 수 있다.[15]

김상복(1995) 역시 가정이 무너지는 이유로 다음의 9가지를 들고 있다. 즉, 무신론적인 물질주의의 경향, 절제를 잃은 성적 불륜, 불륜을 미화하는 대중적인 문화의 영향, 직장생활을 하는 어머니의 증가, 쉽게 이혼하는 경향, 부모들이 자녀교육에서 무책임, 인간성이 메마른 도시화 현상, 가정생활을 경시하는 극단주의적 여권주의 운동의 영향, 기동력의 증가와 첨단기술의 발달 등이 바로 그것이다.[16]

결국 이 또한 성경적 가정관에 대한 상실이 주요인이 되는 것이다. 그렇기 때문에 교회가 이러한 가정의 파괴와 붕괴를 막기 위해 절대적인 노력을 기울여야만 하는 것이다.

그러나 그동안 교회들은 교회의 외적, 가시적 성장, 즉 수적 성장(church growth), 경제적 성장, 건물 확장과 치장, 선교에 치중한 결과 교회내의 비가시적 성장, 즉 교인들의 영적, 심리적, 관계적 건강(church health)을 소홀히 했다.[17] 그러한 교회의 태도가 가정의 위기를 부채질하고 있는 것이다.

단지 이혼뿐만이 아니라 같은 취지에서 행복한 가정을 만들기 위해 교회가

---

15) John Stott, *Marriage and Divorce*, **결혼과 이혼**, 김원주 역 (서울: 두란노, 1991), 10.
16) 김상복, **화목한 가정생활가꾸기** (서울: 나침반사, 1995), 15-21.
17) 엄예선, 182-183.

노력한다는 것은 곧 영적으로 성숙한 성도를 만들기 위한 출발점이라 할 수 있을 것이다.

이는 가정이 흔들리면서 교회 역시 온전치 못한 결과들을 가져올 수 있기 때문에 이런 관점에서 가정을 살리는 것은 곧 국가를 살리는 것이요, 또 교회를 바로 세우는 데 있어서 중요한 Motive가 된다는 것을 생각해야 한다.

결국 교회는 이혼 위기에 빠진 성도들을 치유적 관점에서 해결해 가는 것도 중요하지만 사실 더욱 중요한 문제는 예방적 관점에서 해결해 나가야 한다는 점이다. 당연히 이렇게 예방 교육을 하기 위한 가정 좋은 여건을 갖춘 곳이 바로 교회이다.

따라서 이 시대의 교회가 가정의 회복, 좀 더 구체적으로 말한다면 부부간의 관계 회복을 위해 관심을 가져야만 하고 이에 대한 구체적인 적용을 하여야 할 때가 왔다.

가정사역은 흔들리는 가정, 무너지는 가정을 세우기 위해서 교회가 벌이는 활동을 말하는 것인데, 특별히 가족치료의 개념을 도입하기 때문에 문제의 치료뿐만이 아니라 예방적 효과도 있어서 부부 및 가족 간의 갈등을 효과적으로 처리함으로 인해 이혼율을 낮추고 또 이러한 관계 회복을 통해 영적 성장을 기할 수도 있는 절대적으로 필요한 프로그램이라 할 수 있다. 그래서 허바드(Don W. Hubbard)는 "가족생활교육은 교회나 지역사회에 모든 형태의 가정을 강화시키기 위해 고안된 예방적 및 이유적인 노력을 다하는 교회의 사역"이라고 말하고 있는 것이다.[18]

뿐만 아니라 로버트 린(Robert Lynn)은 가정을 회복시키는 프로그램은 교회의 존속을 위해서도 절대적으로 필요하다고 주장한다.[19]

당연히 교회가 가정의 회복에 관심을 가지고 나서야 하나, 경쟁적 의식을 가

---

18) Don W. Hubbard, *The Complete Handbook for Family Life Ministry in the Church* (Nashiville: Thomas Nelson, 1995), 6.
19) Robert Lynn, *Protetant Strategies in Education* (New York: Association, 1964), 25.

지고 가정과 교회를 분리시킨다면 하나님이 창조하신 두 기관은 모두 다 죽게 될 것이다.[20]

문제는 한국교회가 가정의 회복에 대한 관심은 어느 정도 가지고 있으면서도 이에 대한 프로그램을 교회에 적용하는 데 있어서 여러 가지를 망설이고 있다는 점이다. 그중 가장 큰 이유 중의 하나는 이러한 가정사역 Program이 과연 영적 성장에 도움을 줄 수 있을 것인가의 문제이다.

즉, 가정사역 Program과 신앙과는 사실 별개라고 생각하는 목회자들도 많다는 것이다. 더불어 그것이 당장 급한 것도 아니라는 인식도 깔려 있다. 곧 기도를 열심히 하고 예배에 잘 참석하며, 성경공부를 열심히 하면 다 행복하게 살 수 있을 것이라는 막연한 생각이 목회자들을 사로잡고 있다. 그래서 성도들의 영적 성장을 이루는 것이 선결과제라는 고정관념을 가지고 있는 것이다.

그러는 사이에 많은 가정들은 계속 무너지고 있으며, 이러한 여파는 교회 안에도 깊숙이 들어와 이미 심각한 상황을 초래하기에 이르렀다. 게다가 주5일 근무제가 본격화되면서 주말에 뭔가를 하기는 해야 하는데 무슨 프로그램을 교회에 도입할 것인가에 대해 많은 망설임이 있다. 그런데 기왕이면 성도들의 흥미와 필요성, 욕구를 채워 주면서도 영적인 성장을 기할 수만 있다면 금상첨화라고 할 수 있을 것이다. 그런데 그러한 욕구를 충분히 만족시켜 줄 수 있는 것이 바로 가정사역 프로그램이다.

특별히 크리스천의 신앙생활은 날마다 '푯대를 향해 나아가는 삶'을 살아가야 한다. 이는 곧 영적으로 성숙되어지는 존재가 되어야 함을 말한다. 그러나 지금의 크리스천들은 영적으로 성숙되지 못하고 오히려 하나님의 영광의 빛을 가로막는 삶을 살고 있다.

이런 관점에서 크리스천들에게 영적으로 성숙한다는 것은 너무나도 중요한

---

20) Samuel Hamilton, International Conference on the Family in 1948, *Helping Families Through the Church*, Oscar Feucht ed. (1957): 100.

과제라고 할 수 있다. 문제는 어떻게 하면 영적으로 성숙할 수 있는가 하는 점이다. 이러한 영적 성숙을 위해 그동안 많은 방법들이 동원되었다.

제자훈련으로부터 셀 수 없는 많은 프로그램들이 영적성장을 위해 사용 되어졌다. 그런데 항상 의문이 남는 것은 그러한 프로그램을 마쳤을 때 이 프로그램이 한 영혼의 영적성장에 얼마나 영향을 주었을까 하는 점이었다.

콜브(Mararet Marion Sinclair Kolb)의 연구에 따르면 ME같은 가정사역 프로그램이 결혼관계의 향상, 결혼 만족도의 향상, 심지어 성적인 만족도까지 향상되었음을 밝히고 있다.[21]

또한 기블린(Giblin)과 스프렌클(Sprenkel), 씨한(Seehan) 등이 Marriage Enrichment Program에 대한 Meta-Analysis에 의하면 프로그램 참여자들이 비참여자들보다 효과가 67% 정도가 있었다고 밝히고 있으며, 그 효과 역시 몇 달 동안은 지속되었다고 보고하고 있다.[22]

Journal of Marriage & Family의 1990년대 Review에서 거니와 맥슨(Guerney & Maxson)은 Marriage Enrichment Program은 대체적으로 효과적이었다고 평가한 바 있으며,[23] 엘린(Ellin)은 수많은 self-report 연구에서 Marriage Enrichment Program에 참여했던 부부들은 결혼 관계에 진전이 있었다고 보고하고 있다.[24]

---

21) Magaret Marion Sinclair Kolb, "The Effect of a Marriage Encounter Weekend Experience upon Selected Matital Relationships" (Doctor of Education, Diss., Mississippi Stste University, 1983), 35-39. 이 논문에서는Stisfaction with relationship (increased: 90%), Sexual Satisfaction(increased: 50%), Rewarding Relationship(increased: 85%), Opportunity to Grow and Develo as a Person(increased: 70%), Appreciation by Spouse(increased: 70%), Need for Financial Status Fair Treatment by Spouse(increased: 60%), Control over own Life and Happiness(increased: 75%), Distance From Children (increased: 5%), Contentment with Life(increased: 90%), Motivation to Stay in Relationship(increased: 90%), Acceptance by Spouse(increased: 70%), Improvement Overal Relationship with Spouse(increased: 90%), Freedom to Express All Feelings(increased: 85%)라고 밝히고 있다.

22) P. Giblin, D. Splenkle & R. Sheehan, "Enrichment outcome research: A meta-analysis study. In W. Denton (Ed.), *Marriage and Family Enrichment* (New York: Haworth, 1985), 79-86.

23) B. Guerney & P. Maxson, "Marital and Family Enrichment Research: A decade review and look ahead", *Journal of Marriage and Family* Vol. 52 (1990): 1127-1135.

24) R. Ellin, "Marriage Encounter: A positive preventive enrichment program", In R. Berger & M. Hannah (Eds.), *Preventive approachs in couples therapy*, 1999.

더불어 PREP(Prevention and Relation Enhancement Program)를 경험한 덴버 지역의 135쌍을 조사한 결과, 부부 갈등 기술에서 놀라울만한 진전을 보였고, 7-12년 후의 미 실시자와의 비교 실험에서 훨씬 낮은 공격성을 드러내었다고 보고하고 있다. 또 이 프로그램 참가자들과 통제집단들의 이혼율을 비교해 보았을 때 1.6% vs. 12.5%로 상당한 차이가 있음을 밝혀냈다.[25]

거기에다가 추부길은 가정사역 프로그램이 영적성장에도 지대한 영향을 미친다는 결과를 보고한 바 있다.[26] 추부길은 가정사역 프로그램의 전과 후를 비교해 본 결과, 영적인 건강, 구체적으로 말하자면 하나님과의 수직적 건강 정도를 의미하는 신앙면의 건강이나 인생의 목적 의식과 만족을 의미하는 존재적 건강 모두 통계적으로 아주 의미있는 차이를 보일 정도로 성장이 있었다고 보고했다. 또한 개인의 우선 순위나 기준을 세상에 두기 보다는 신앙에 두고 삶을 변화시키는 헌신의 측면인 신앙 성숙도 역시 통계적으로 아주 의미가 있을 정도로 긍정적으로 성숙되어 졌으며, 분명한 영적 목표를 세우고 이를 기초로 삶을 영위하며, 성령의 열매를 맺는 삶을 살아가는 요소인 영적 성숙도 역시 통계적으로 아주 의미있는 차이를 보일 정도로 진보를 보였음을 밝혔다.

이러한 사실은 가정사역 프로그램이 영적 건강을 회복하거나 성장시키는 데 분명한 효과가 있으며 그러한 목적을 위한 아주 중요한 수단이 된다는 것을 말해 준다고 하겠다.

결론적으로 볼 때 가정사역훈련이 개인의 영적 건강은 물론 영적 성숙과 신앙 성숙에도 상당한 영향을 미칠 수 있음이 입증되었다. 그동안 한국교회의 성장이 정체를 보인데에는 성도들의 영적 수준의 정체와도 맞물려 있다고 보아

---

25) S. Stanley, S. Blumbert & H. Markman, "Helping couples fight for their marriages: The PREP approach". In R. Berger & M. Hannah (Eds.), *Preventive approaches in couple therapy,* 1999.
26) Bookil Choo, "Principles and Practice of Marriage Enrichment Program to Enhance Spiritual Maturation" (Doctor of Ministry, Regent University, 2005)

도 무방할 것이다. 이런 점에서 가정사역 프로그램의 훈련을 통한 성도들의 영
적, 신앙 성숙은 한국교회의 발전에도 지대한 공헌을 할 수 있을 것으로 판단
되어지는 것이다.

2. 가정의 위기 시대와 교회

이혼이 급증하는 시대에 교회는 무엇을 해야 하는가? 정동섭(2000)이 이미 지적한 바 있지만[27] Norman Wright(1996)의 견해대로 그의 책 "결혼의 열쇠 커뮤니케이션"의 서문 삽화는 바로 이 점을 지적해 준다.

결혼 상담실 안에 있는 여자가 다음과 같이 말한다. "나는 결혼할 때 하나의 이상(ideal)을 찾고 있었습니다. 그런데 결혼은 하나의 시련(ordeal)이 되었습니다. 나는 이제 새로운 거래(new deal)를 원합니다."[28]

이 말 그대로 많은 사람들에게 결혼은 악몽이 되고 있다. 그래서 kattler(1988)는 결혼이 불행으로 끝나는 것은 종종 비현실적인 기대와 비성경적인 가치관(unbiblical consideration), 그리고 비인간화(despernalization)의

---

27) 정동섭, "행복한 결혼율을 높이는 것이 이혼을 막는 지름길이다", *가정과 상담* (2000, 9): 65.
28) Norman Wright, *Communication: Key to Your Marriage, 결혼의 열쇠:커뮤니케이션*, 김원주 역 (서울: 생명의 말씀사, 1996), 16.

결과라고 말하는 것이다.[29]

이러한 이유로 이혼은 늘어나게 되는데, 이러한 문제에 대해 적극적으로 가르치고 긍정적 방향으로 훈련하며, 이혼에 대한 욕구를 제어할 수 있는 기관으로 교회보다 나은 것은 없다는 것이다. 특별히 영적인 문제가 수반되지 않는 결혼관련 교육은 별 의미가 없다.

왜냐하면 결혼생활을 파국으로 몰고가는 주 요인 중의 하나가 바로 비성경적인 가치관이기 때문이다. 그래서 교회에서 결혼을 풍성하게 만드는 교육이 절대적으로 필요한 것이다. 그것이 바로 Marriage Enrichment Program을 중심으로 한 가정사역 프로그램인 것이다.

또 그러한 가정사역 프로그램이 단지 결혼 생활에만 영향을 미치는 것이 아니라 영적 성장에도 도움이 된다면 이는 이혼율을 낮추는 일뿐만 아니라 영적으로도 풍성한 삶을 살게 되어 결국은 하나님과의 관계까지 긍정적 영향을 끼칠 수 있다는 점에서 더욱 그 중요성이 부각되는 것이다.

알려진 바로는 미국의 이혼율이 50%대이나 빌리 그래함 목사진이 조사한 바에 의하면 주기적으로 주일성수를 하는 사람들의 이혼율은 40명당 하나꼴로 줄어들며, 주일 성수와 함께 정기적으로 성경공부까지 한다면 400명당 하나꼴로 줄어든다고 말하고 있다.

또 다른 조사는 위의 두 가지 외에 가족기도를 함께 드리는 가정에서는 이혼율이 1,015명당 하나 꼴로 급감한다는 보고가 있다.[30] 그렇기 때문에 영적으로 충만하게 살 수 있도록 만드는 것이 또한 이혼율을 낮추는 강력한 방법이 될 수 있는 것이다. 그런데 Marriage Enrichment Program은 이 두 가지를 다 충족시킬 수 있다는 점에서 강력한 무기로 떠오르는 것이다.

이러한 이유로 겟츠(Gene A. Getz)는 "교리에 쓰여진 모든 것은 거의 다 개

---

29) John Kattler, "Marriage Enrichment", In M. Gilbert & R. Brock(Eds.) *The Holy Spirit & Counseling, Principles & Practice*(Vol. 2), peabody (Massachusetts: Hendrickson Publishers, 1988), 정동섭의 글에서 재인용.
30) 추부길, "갈등과 부부싸움", *부부성경공부시리즈 제7권 인도자가이드* (서울: 한국가정사역연구소, 2000), 33.

인 가정에 쓰여진 것이다. 신약 성경의 대부분은 개인 가정 단위에 직접 적용되지 않는 것은 없다. 우리는 성경이 가정의 안내서임을 알고 교회는 가정을 포용한 우산과 같다"고 말하면서 "가정은 실제로 축소된 교회"라고 주장한다.

또 가정은 교회 안에서 하나의 작은 교회라고 말할 수 있기 때문에 가정의 위기는 교회의 위기를 불러 온다는 점에서 교회는 가정에 대해 관심을 가져야 하고 하나님의 의도를 가르쳐야 한다는 것이다.[31] 곧 성경에 기초한 철저한 가정교육이 절대적으로 필요하다는 것이다. 그것이 또 교회의 할 일이라는 것이다.

리퍼(Leiffer) 역시 "교회의 모든 프로그램은 공동체가 함께 참여함에 있어서 가정에 대한 프로그램을 가져야 한다"고 말한다.[32]

특별히 목회라는 말의 정의가 투루나이젠(Eduard Thurneysen)이 말한 것처럼 "목회가 관심의 대상으로 삼는 인간의 영혼이란 인간 속에 있는 것뿐만 아니라 성경이 말하는대로 하나님의 다스림을 받는 몸과 영혼과 정신이 하나가 된 인격적 전인으로서의 영혼"이라고 본다면[33] 당연히 교회에서 성경에 입각한 Marriage Enrichment Program같은 결혼 교육을 해야만 한다는 것이다.

31) Elizabeth & William Genne, *Church Family Camps and Conference* (Pennsylvania: Judson Press, 1979), 13.
32) Murray M. Leiffer, *Manual for the study of the city church*, **도시교회목회론**, 박근원 역 (서울: 대한기독교출판사, 1977), 274.
33) Eduard Thurneysen, *Seelsorge im vollZug*, **목회학실천론**, 박근원 역 (서울: 한국신학연구소, 1977), 44.

3. 가정과 결혼에 대한 의미있는 변화들

가정이 무너지고 있다. 특별히 한국 사회는 '이혼공화국' 이라 불릴 정도로 엄청난 가정의 파괴 시대에 돌입해 있다.[34] 가정의 파괴는 결국 사회의 붕괴와 함께 교회까지 무너지는 엄청난 재앙을 가져오게 된다.[35] 그런 관점에서 가정 사역은 더욱 더 시대적 필요성이 부각되고 있다.

그렇다면 가정사역이란 구체적으로 어떤 것이기에 이 시대의 위기를 극복하기 위한 대안이 될 수 있을까? 그러한 가정사역은 어떻게 무너지는 교회를 다시 살릴 수 있을 것인가?

하나님께서 친히 만드신 기초 공동체인 가정. 그러나 범죄로 인하여 가정은 하나님을 두려워하지 않고 가족끼리 불화하며 자연을 착취하는 부정적인 모습으로 바뀌고 말았다. 그 이후 하나님과의 관계가 단절된 현대의 가정은 마침내

---

34) *가정과 상담* (2004. 6): 21.
35) 김종환, "뉴 밀레니엄 시대, 가정사역의 전망과 원리", *행복한 치유자* (서울: 청우, 2002), 45-46.

세대 차이, 부부 불화, 가정 폭력, 가족 가출, 별거와 이혼 등의 여러 가지 심각한 문제로 해체의 위기를 맞고 있다. [36]

보건복지부가 꽃동네현도사회복지대학교와 공동으로 발간한 "복지와 경제의 선순환관계 연구 보고서"에 따르면 한국의 결혼 대비 이혼율은 곧 미국을 상회하거나 이혼으로 인한 가족해체가 주요한 사회 사건으로 자리매김 되어가고 있다고 분석하고 있다. [37] 그만큼 위기라는 것이다.

문제는 이러한 이혼율의 증가는 결국 가정의 붕괴를 가져오게 되고, 이는 또 여러 가지 사회 문제를 수반하게 된다는 것이다. 윤리학자 매스턴(T.B. Maston) 교수는 '가정이 되어가는 대로 문명을 포함하는 모든 것이 되어간다'고 말한 바 있다. 이는 가정이 건강하면 사회도 건강하고 그 문명까지도 건강해진다는 말이기도 하다. [38]

이미 한국 사회도 그러한 징조가 광풍처럼 나타나고 있다. 우선 우리 사회의 넘쳐나는 성 풍조로 인한 성적 타락과 외도는 이미 걷잡을 수 없는 단계에 이르렀다고 해도 과언이 아니다. 예전에는 외도가 개인적인 일로 치부가 되었으나 지금은 왜곡된 성 정보가 넘쳐나고 성 윤리를 강조하는 일이 고리타분한 시대가 되기에 이르렀다. 이러한 성적 타락은 가정의 붕괴로부터 비롯된다는 것이 전문가들의 지적이다. [39]

거기에다가 장기화된 경기 침체와 가계 부실이 더해지면서 가족 동반 자살과 가출, 노약자 방치 등 가족 공동체의 붕괴 현상이 가속화되고 있다. 특별히 자녀를 동반한 일가족 자살 현상은 끊임없이 이어지고 있어 사회에 충격을 던져주고 있다.

통계청 조사에 따르면 1997년 6,022명이었던 자살자 수가 2001년 6,933명

---

36) 이형득, "가정과 목회상담", *제2회 연세 목회전문화 세미나* (2000, 2), 7.
37) 김영한, "개혁신앙과 가정사역", *제12회 전국 목회자 세미나* (2004, 2), 9.
38) 정동섭, "뉴 밀레니엄 시대의 가정사역과 상담사역", *행복한 치유자* (서울: 청우, 2002), 9.
39) 한국가정사역연구소 편집부, "해체 가정, 그 대책은?", *가정과 상담* (2004, 4): 118.

으로 늘어났으며, 이 수치는 기하급수적으로 증가하고 있다는 것이 언론들의 보도이기도 하다.[40]

뿐만 아니라 가정폭력의 증가 역시 가정의 붕괴와 긴밀한 관계를 맺고 있다. 여성부 집계에 따르면 2002년의 전국 가정폭력 상담소 접수 건수는 모두 17만 7,413건으로 2000년 7만 5,723건, 2001년 11만 4,612건과 비교해 봐도 엄청 나게 증가하고 있다고 볼 수 있을 것이다.[41]

거기에다가 사회적으로 엄청난 충격을 던져 준 엽기적 사건들의 배후에는 역기능적인 가정과 가정의 파괴도 있다는 것을 보여준다. 지난 2004년 7월에 있었던 20여 명의 여자들을 살인한 바 있는 엽기 살인범도 알고 보면 이러한 가정의 피해자라 할 수 있다. 2003년 9월부터 21명의 여자들을 유기하여 죽이고 사체를 버렸던 살인범 유 모씨는 결국 가정 파탄이 극단적인 사회 증오로 변한 것이라고 수사 관계자들이 분석하고 있다.[42] 범인은 교도소 수감 중에 부인에게 이혼을 당했으며, 다시 청혼했던 여인에게 버림을 받으면서 여자들에 대한 증오심을 갖게 되었다고 말한다.

성장 과정을 봐도 아버지의 사망과 함께 홀어머니 밑에서의 성장, 유전으로 물려받은 간질 병세 등으로 고등학생 시절부터 범죄의 세계에 빠져들었으며 결국 반사회성 인격 장애를 갖게 된 것으로 보고 있다.[43] 삼성 서울병원 정신과 윤세창 교수는 "인생에서 가장 민감한 시기에 사랑을 받지 못하고 수감돼 좌절 감을 느끼고 자란 것이 반사회성 인격 장애의 원인"이라고 분석하고 있다. 결국 가정의 문제가 이러한 범죄를 키웠다는 것이다.

이렇듯 가정의 붕괴가 엄청난 사회 문제를 불러옴에도 불구하고 그동안 국가나 사회, 심지어 교회까지도 능동적인 대처를 하지 못했다. 위기는 또 다른 위기를 불러온다. 지금 한국이 그 위기의 시대에 직면해 있는 것이다.

---

40) Ibid., 120.
41) Ibid., 122.
42) 정희정, "가정 파탄이 극단적 사회 증오로", **문화일보**, 2004. 7. 19. 8면.
43) "범죄 저질러도 죄책감 못 느낀다", **조선일보**, 2004. 7. 21. C5면.

4. '가정사역' 이란 무엇인가?

가정사역(家庭使役, Family Ministry)이란[44] 무엇인가? 이에 대한 정의는 그 말을 쓰는 사람이 누구이며 그의 가치관이 어떠하냐에 따라 의미가 결정된다고 할 수 있다. 가정사역이란 그저 가정을 위해 행하는 모든 사역이라는 관점에서 볼 수도 있고, 꼭 교회 현장뿐만이 아닌 일반 사회까지 폭을 넓혀서 정의할 수도 있을 것이다.

여러 학자들이 정의한 가정사역의 의미는 그래서 다양하고도 폭이 넓다. 가장 일반적인 정의를 내린 학자로는 가정사역에 대한 체계적인 이론 정립을 한 찰스 셀(Charles M. Sell)을 들 수 있다. 그는 "가정을 돕기 위한 그 모든 프로그램을 집대성한 것"이라는 포괄적인 정의를 내린바 있다.[45] 찰스 셀은 또 성경의 진리를 가정생활에 적용시키는 것이 곧 가정사역이라고 정의하기도 한다.[46]

---

44) 가정사역을 '가정목회'로 부르는 사람도 있다. 한국에서는 가정목회연구원의 권유순 목사가 대표적으로 '가정목회'라는 단어를 사용하고 있다. 또 어떤 이는 희랍어 '오이코스'(Oikos)라는 단어를 사용하여 '오이코스 사역'이라고 부르기도 한다. '오이코스'는 '누구누구의 집'이라는 뜻인데 사도행전 10장의 '고넬료 가정의 전도'에서 비롯된 것이다.(정정숙, 권유순의 견해 참조)
45) Charles M. Sell, *Family Ministry*, *가정사역*, 양은순, 송헌복 공역 (서울: 생명의 말씀사, 1992), 13.
46) Charles M. Sell, *Family Ministry*, *가정사역*, 정동섭 역 (서울: 생명의 말씀사, 1997), 27.

루이스빌 장로교신학교 가정사역센터 소장인 브래드 위거(Brad Wigger)는 '가정상담에서부터 가족의 저녁식사와 관련된 건강 문제까지, 가정예배로부터 부모교육에 이르기까지 다양한 분야를 포함하는 것' 이라고 말하기도 했다.[47]

미국 감리교 교육부는 '교육목회 지침서(Developing your Ministry)' 라는 책(workbook)에서 좀 더 구체적으로 가정사역에 대해 정의하고 있다.[48] 즉 가정사역은 기독교 가정생활의 주기를 통해 살아가는 일을 지도하고 강화하는 목회이며 또한 가족 내에서의 기독교적 양육을 포함하는 구성원들을 위한 사역이기도 하고, 회중이나 교회기관 안에서 일정한 형식을 통해 이루어지는 사역이며, 이웃과 지역사회 속에서 선교를 성취해가는 사역이라고 정의하고 있다.

더불어 허바드(Don W. Hubbard)는 가정사역이란 곧 가족생활사역이라고 말하면서 교회나 지역 사회의 가정들을 지원하기 위한 예방적이고도 치유적인 노력을 다하는 교회의 사역이라고 정의하고 있다.[49]

'성경적 가정사역' 이라는 책을 쓴바 있는 정정숙(1994)은 "하나님이 창조하신 가정의 참 의미를 회복하기 위한 그리스도인의 총체적 사역"이라고 정의하고 있다.[50]

정동섭은 가정사역을 가정을 세워주기 위한 활동이라고 말하면서 성경적인 사역, 전도사역, 제자훈련의 한 방법이라고 정의하고 있다. 그는 가정사역은 또 예방사역이라고 말한다.[51]

김종환은 가정을 통하여 하나님의 영광을 나타내고 빛과 소금이 되어 하나님의 사역을 이루어야 한다고 말하면서 기독교인에게 있어서 가정생활은 단순

---

47) Robert J. Wuthnow, "Every Family Has a Secret: The Hidden Side of Spirituality and Ministry", *Family Ministry* Vol. 15, No. 3, (2001): 16.
48) 미국 감리교교육부 편, *Developing your Ministry*, 교육목회지침서, 오인탁 역 (서울: 장로회 신학 대학, 1980)
49) Don W. Hubbard, *The Complete Handbook for Family Life Ministry in the Church* (Nashiville: Thomas Nelson, 1995), 6.
50) 정정숙, *성경적 가정사역* (서울: 베다니, 1994), 20.
51) 정동섭, *행복한 치유자* , 18.

한 삶이 아닌 하나님의 사역이라는 측면에서 가정사역을 바라본다.[52]

또 홍인종은 가족치료의 개념을 사역 현장에 교육적 모델로 적용시킨 것이 가정사역이라 말하면서 가족관계를 강화시키기 위해서 고안된 프로그램이나 구조들에 대한 신학적 및 사회과학적 뼈대를 제공하는 것이라고 말한다.[53]

또, 가란드(Diana R. Garland)는 첫째, 믿음의 공동체 안에서 새로운 가족관계를 발전시키고, 둘째, 보다 더 그리스도를 닮아가는 크리스천 가정을 만들며, 셋째, 크리스천의 가정이 다른 사람들을 전도하는 통로가 될 수 있도록 준비시키고 지원하며 격려하는 교회의 사역을 가정사역이라고 말한다.[54]

이렇게 가정사역에 대한 정의가 다양한 이유로는 가정에 대한 개념을 바라보는 시각의 차이일 수도 있다. 사실 그동안 교회는 가정을 교회를 이루는 기초단위로서의 기능적인 측면에 초점을 맞추어 왔다. 그래서 가정사역을 하는 내용도 부부의 갈등 해결이나 행복, 올바른 자녀양육, 건전한 경제활동과 재정관리 등이 주를 이루었다.

그러나 우리는 본질적인 문제를 다루어야만 한다. 즉, '무엇이 가정을 가정답게 만드는가?'에 대한 깊은 고민이 있어야 한다는 것이다. 이 질문은 크리스천 가정만을 대상으로 한 것이 아니라 심지어 믿지 않는 가정까지 포함하는 근원적인 질문이기도 하다. 즉, 가정을 가정답게 만드는 방법이 교회를 다니는 사람과 그렇지 않은 사람들이 다른가 하는 점이다. 결론은 이것이다. 과정은 달라질 수 있지만 지향하는 목표는 같을 수밖에 없다는 것이다. 그것은 이 가정을 하나님께서 만드셨기 때문이다.

그렇기 때문에 믿지 않는 사람들을 대상으로 하여 가정사역을 한다할지라도 처음에는 그들에게 접근하기 위해 아주 일반적인 방법으로 다가갈 수 있겠지

---

53) 홍인종, "가족치료학에서 본 정신 건강", **한국교회와 정신건강** (서울: 장로회신학대학교출판부, 1998), 131.
54) Diana R. Gerland, "What is the Family ministry", *Christian Century* (1996, 11): 13.

만 그들을 향한 가정사역도 결국은 근본적인 목표를 향해 나아가는 과정으로서 바라 봐야 한다는 것이다.

그렇다면 우리가 보는 가정사역의 근본적인 방향은 무엇일까? 바로 이 내용이 가정사역에 대한 정의라 할 수 있을 것이다. 곧 교회가 가지고 있는 사명, 하나님께서 우리에게 가르쳐주신 말씀의 본 뜻에 부합하는 가정사역의 방향성은 무엇인가 하는 점이다. 그것은 가정사역을 포함하여 교회가 행하는 모든 사역은 교회의 사명과 목적을 나타내 주는 것이어야 하기 때문이다.

이런 의미에서 볼 때 '가정사역'은 한마디로 "하나님이 창조하신 에덴의 가정으로 회복하기 위한 성경적인 프로그램"이어야 한다고 말할 수 있을 것이다. 따라서 '가정사역'은 "성경적인 기초아래 이론의 제시가 아닌 실제적인 삶에의 적용과 훈련을 통해 에덴으로의 회복은 물론 하나님이 원하시는 인격으로 다듬어가는 성화(聖化) 프로그램"인 것이다.

그렇기 때문에 '가정사역'의 궁극적인 목표는 "하나님과 나, 하나님과 우리 가정과의 관계를 바로 세우는 것"이다. 다시 말해서 "에덴의 가정으로의 회복을 통해 하나님과의 첫사랑을 회복하는 총체적 프로그램"이라는 것이다. 당연히 '가정사역'은 부부 문제에만 초점을 맞추는 것이 아니라 아주 폭넓고도 다양한 접근을 하여야 한다.

곧 가정사역이라는 것이 부부 문제 해결이나 치료, 부모와 자녀간의 관계 회복, 아버지학교, 어머니학교 등에 국한되는 것이 아니라 그러한 프로그램적 접근을 통해 궁극적으로 이루고자하는 목표는 영적인 성숙을 통해 하나님과의 관계 회복, 그리고 하나님과의 풍성한 관계를 유지하는데 있다고 말할 수 있을 것이다.

그런 의미에서 양은순이 말하는 가정사역의 정의는 깊은 통찰을 제공해 준다. "이 세상에서 생명의 기쁨을 누리는 모든 것, 그리고 예수님으로 말미암아 얻게 된 영원한 생명의 기쁨을 영원한 가정 천국에서 누리는 것, 이것이 가정 사역이다."[55]

특별히 "가정은 교회를 필요로 하고, 교회는 가정을 필요로 하며, 가정이 되어가는 대로 교회가 되어가기 때문"에 교회에서의 가정 사역의 당위성은 절실하다 할 것이다.

이현숙은 그러한 당위성을 다음의 다섯 가지로 설명한다.[56] 우선 교회의 교육적 기능은 교회의 본질에 속하기 때문이다. 교회는 교인들이 장성한 분량에 이르도록 가르칠 의무가 있으며, 둘째로는 교회가 자연스럽게 교육적 임무를 수행하는 사회 대행 기관이기 때문이며, 셋째로는 성인을 대상으로 한 교육의 기능을 활성화시킬 수 있으며, 넷째로 현재의 삶과 연결시키는 교육을 할 수 있고, 다섯째로 가정사역에 대한 현실적인 요청 때문이라고 말한다. 교회와 가정은 분리될 수 없기 때문에 가정 안에서 온전한 하나님의 나라가 이루어질 수 있도록 교회가 돕는 것은 당연하다는 것이다.

이런 관점에서 가란드는 좀 더 구체적으로 가정사역이 무엇인지 정의해 준다.[57] 가란드는 가정은 그리스도의 제자를 양성하는 최적의 장소라고 말하면서 가정사역적 관점에서 가정을 바라보는 시각을 다음의 표와 같이 정의하였다. 곧 일반적으로 가정을 보는 의미가 가정사역적 관점에서 바라보면 그 의미가 크게 달라질 수 있음을 보여주고 있는 것이다. (표 2)

가란드는 이런 측면에서 가정사역은 신앙적 삶 전체를 조망해야 한다고 주장한다.[58] 그러면서 가족들이 삶 속에서 구속과 은혜를 누릴 수 있도록 초점을 맞추어야 한다고 말한다. 더불어 가족 안에 한 개인의 삶이 있듯이 신앙도 가

---

55) 양은순, "가정사역이란 무엇인가?", *가정과 상담* (2003, 6): 88.
56) 이현숙, "목회와 가족치료", *제12회 전국 목회자 세미나* (2004, 2): 72.
57) Daina R. Garland, "Family Ministry: Defining Perspective", *Family Ministry* Vol 16, No 2 (2002, Summer): 20, 26-27.
58) Ibid., 29-30.

(표 2) 가정에 대한 시각의 차이

일반적 시각	가정사역적 시각
가족을 결혼한 부부들과 자녀, 기타 가족 등의 개념으로 정의	모든 믿는 이들이 서로에게 헌신하고 서로 사랑하는 상호적인 공동체 안으로 들어오도록 하는 개념에서 가족을 정의
성도들의 교육을 위해 주일학교나 기타의 교회 프로그램들에 의존	기독교적 가치관을 형성함에 있어 교육 프로그램 보다는 가족 관계에 더 큰 비중을 두어야 한다고 믿음
가정사역을 부모교육이나 ME같은 부부프로그램 같이 교회가 가정들을 대상으로 실시하는 프로그램으로 정의	모든 관점에서 성경적으로 예수님을 닮아가는데 초점을 맞추는 것으로 가정사역을 정의
교회사역의 수용자로서 가족을 최우선에 둔다.	가족을 신앙공동체와 세상속의 사역에 참여시키기 위해 준비시킨다.
신앙 성장이 이루어지면 자아개발도 이루어진다고 생각한다.	개인적인 생활뿐만이 아니라 가족의 삶까지도 믿음의 영역으로 생각한다.
가정에 대해 임상적(Clinical) 언어로 접근한다. (예; 순기능 vs. 역기능)	가정에 대해 죄와 구원, 축복과 저주, 위대함과 신비같은 신학적인 개념으로 접근한다.

족의 신앙이 제대로 이루어져야 그 안에서 개인의 영적 성장도 이루어질 수 있다고 본다. 그래서 가족을 단순한 치료적인 입장, 임상적인 관점에서만 보지 말고 신학적인 조망이 있어야 한다고 말하는 것이다. 이런 관점에서 가정사역은 크리스천 가정이 다른 사람들을 전도하는 통로가 될 수 있도록 준비시키고 격려하며 지원하는 교회의 사역이라고 말하는 것이며, 그렇기 때문에 가정사역은 단순한 프로그램이 아니라 결국은 가정의 성립과 발전, 사역에 영향을 미치는 교회와 지도자들의 모든 활동을 말한다고 정의하고 있는 것이다.

그래서 '가정사역'이 시도하여야 할 대상도 광범위하며, 그 내용도 매우 다양해야 한다. 그렇기 때문에 '가정사역'은 단순한 프로그램이 아니라 교회의 기초사역이요, 하나님의 자녀들을 성화시키기 위한 제자훈련이라는 관점에서 보아야 하며, 더불어 앞으로 교회사역의 핵심적 역할로서 '키 스테이션(Key Station)' 적인 사역의 중추가 될 것으로 예측되고 있다.

실제로 미국의 경우 다이어 부부(Preston Dyer & Genie Dyer)가 조사한 바에 의하면 교회에서의 ME같은 가정사역 프로그램이 결혼생활을 풍성하게 만들었을 뿐만 아니라, 가족 관계를 굳게 했고, 그것이 강력한 교회 공동체를 만드는 힘이 되었다고 보고하고 있다. 이는 1,200명을 대상으로 ME를 실제로 행한 다음 밝힌 연구 논문에서 보고되고 있다.[59]

그런 의미에서 본다면 한국에서의 가정사역은 이제 초기 도입 과정이라 할 것이다. 이제 겨우 그 첫 단계인 부부문제 등의 1차원에 관심을 가지는 정도이다. 특히 도미노적인 가정 붕괴 열풍의 차단을 위해서도 이 '가정사역' 에 거는 기대는 크다고 하겠다.

가정을 행복하게 만드는 사역은 아무리 강조해도 지나치지 않다. 그 중요성을 트루블루드 부부(Pauline & Elton Trueblood)는 이렇게 말한다.[60]

"우리가 만약 가정을 어느 교회 건물이나 마찬가지로 본질적으로 성스러운 장소라고 믿을 수 있다면 우리는 지금 우리 세대가 몹시 필요로 하고 있는 가족생활의 회복을 향해 올바른 길을 가고 있는 것이다."

---

59) Preston Dyer & Genie Dyer, "Planning and Promotin Marriage Enrichment in the Church", *Family Ministry*, Vol 16, No 3, (2002): 41-45.
60) Elton & Pauline Trueblood, *The Recovery of Family Life* (New York: Harper & Brothers, 1953), 120.

5. 왜 '가정사역' 인가?

그렇다면 왜 가정사역이 이렇게 중요하다고 하는 것인가? 그리고 가정사역을 왜 교회의 기초적인 사역이 되어야 한다고 말을 하는 것인가?

우리는 지금 21세기 초반부를 지나고 있다. 이 시점에 선교 백년이 넘었고 많은 순교자들을 냈던 우리 한국 교회가 지금 어떤 모습으로 되어 있는가 하는 점을 생각하게 된다.

인도의 간디 수상이 이런 말을 했다고 한다. "인도에서 그리스도는 남겨두고 그리스도 교회는 가져가라. 왜냐하면 그리스도 교회가 그리스도의 교훈대로 살지 않기 때문이다." 우리의 모습을 너무나도 잘 묘사해주는 말이 아닌가 한다. 우리나라의 그리스도인 비율이 20%를 넘는다고 말을 한다. 그럼에도 불구하고 이 나라는 부패와 반진리(反眞理)가 판을 친다. 왜 그럴까? 큰 사건이 터질 때마다 소위 교계의 지도자급 사람들이 빠지지 않을 때가 별로 없다. 참으로 부끄러운 일들을 볼 때마다 한국교회에 하나님께서 분명히 보여주시고자

하는 뜻이 있지 않겠는가 하는 생각을 하게 된다. 안타깝지만 그것이 '한국 교회의 실체'가 아닌가 하는 점이다.

한국교회가 세계를 일으켜야 하고 그래서 세계를 상대로 선교를 하고 있지만, 그만큼 한국 교회가 부흥을 했다고 말들을 하지만, 한국교회의 실체는 아직까지 이 수준 밖에 와 있지 않다는 것을 일련의 사건들이 보여주지 않았나 싶은 것이다.

그렇다면 과연 한국 교회의 실체는 무엇인가? 첫째는 영성이 죽어가고 있다는 것이다. 다시 말해서 삶과 신앙이 분리된 모습을 가지고 있는 것이 한국교회의 현실이라는 것이다. 어떻게 보면 허상을 좇았던 목회, 겉으로 드러난 수적(數的)인 팽창에 목적을 둔 목회, 영적인 눈으로가 아닌 육적인 눈으로 본 목회를 해 온 결과로 나타난 것이 지금의 모습이라 할 수 있다.

그런데 이렇게 영성이 메말라버린 문제의 핵심은 근본적으로 성도들의 마음밭을 제대로 경작해 주지 못했기 때문에 그런 것이라 믿는다. 즉, '겉 사람'이 아닌 '속 사람'까지 변화시켜야 할 터인데 겉사람만 중시하다 보니까 속사람까지 변화시키지는 못했다는 것이다. 영성이라는 것은 속사람이 변화되기 시작할 때 성장하는 것 아니겠는가? 그런데 이 속사람이 변화되지 않은 사람들이 한국 교회를 지배하다 보니까 지금 이 모습으로 살아가고 있다는 것이다. 분명한 것은 영성이 살아야 한국 교회가 산다는 사실이다.

새 밀레니엄 시대를 지나는 한국 교회의 책무가 바로 '영성이 살아있는 교회를 만드는 것'이다. 영성이 살아있는 성도를 만들어야 한국 교회의 미래가 있다고 할 수 있다.

여기서 영성이라는 것은 '하나님과 나와 하나가 되는 삶'을 말한다. 다시 말해서 '삶과 신앙이 하나가 되는 것'이라는 말과 통할 수 있으며, '믿음과 생활이 하나가 되는 삶'이라고도 말할 수 있을 것이다.

그렇다면 '영성' 이 왜 이렇게 메말라 가는 것일까? 여기에는 몇 가지 이유가 있다.

첫째는 '공자가 살아 역사하는 한국 교회' 이기 때문에 그렇다. 한국 교회는 '성령이 살아 역사' 하는 것이 아니라 '공자가 살아 역사' 하는 부분이 굉장히 많다는 것이다. 최근 몇 년 동안 한국 교회에 화제를 던진 책이 세 권 있다.

우선 '맞아 죽을 각오를 하고 쓴 한국, 한국인 비판' 이라는 책을 들 수 있다.[61] 일본인이 쓴 이 책을 보면서 부끄럽기는 했지만 신선한 충격을 던져 줬다. 두 번째의 책은 '생사를 건 교회 개혁' 이다.[62] 김동호 목사가 쓴 이 책을 보면서 참 비참한 생각이 들었다. 우리 크리스천들은 오로지 진리에만 목숨을 걸어야 될텐데 그러지는 못하고 교회 개혁에 목숨을 건다는 것 자체가 우리를 당혹하게 만들었다. 세 번째는 김경일 교수가 쓴 '공자가 죽어야 나라가 산다' 라는 책이다.[63] 그런데 이 세 권의 공통점은 바로 '한국 사회는 공자가 지배를 하고 있다' 는 사실이다.

그런데 공자가 한국 사회만 지배하고 있는 것이 아니라 한국 교회도 그 범주 안에 들어가 있다고 본다. 왜 이렇게 판단하게 되는가?

한국교회는 '당의정 크리스천' 들이 많다. '당의정' 이라는 게 뭔가? 알약이 쓰기 때문에 알약에다 코팅을 해서 '먹음직도 하고 보암직도 하게' 만들어 놓은 것을 '당의정' 이라 한다. 그런데 한국의 크리스천들을 보니까 이 '당의정' 구조를 하고 있다는 것이다. 겉으로 보기엔 그렇게 믿음이 좋은 것 같고 신앙이 좋은 것 같은데 어떤 위기가 닥친다든지, 시험이 닥쳤을 때 선택의 기준이 하나님의 말씀이 아니라 그동안 그 사람을 지배해 왔던 유교적 가치관, 세상적인 생각들이라는 것이다.

꼭 위기가 아니더라도 살아가는 방식 자체가 성경적이라기보다는 그저 조상

61) 이케하라 마모루, **맞아 죽을 각오를 하고 쓴 한국, 한국인 비판** (서울; 중앙M&B, 1999)
62) 김동호, **생사를 건 교회개혁** (서울; 규장, 1999)
63) 김경일, **공자가 죽어야 나라가 산다** (서울; 바다출판사, 2001)

으로부터 유전한 전통, 또는 세상적인 관점에서 판단하고 또 행동한다는 것이다. 자녀양육의 방식만 해도 그렇고 부부가 살아가는 모습은 더욱 그러하다. 그러한 모습은 교회에서도 마찬가지이다.

그런데 그 심성에 유교적인 가치관만 있는 것이 아니라 그 속살 중심에는 샤마니즘의 가치관이 자리 잡고 있다. 소위 말하는 일반적인 복의 개념이 바로 그러한 샤마니즘적 가치관으로부터 나왔다고 해도 과언이 아니다.

이렇게 우리 마음 가운데 뿌리 깊게 자리 잡고 있는 그러한 가치관을 옛사람이라고 부른다. 이 옛사람은 바로 '조상으로부터 유전한 망령된 행실'[64]을 말한다. 이 행실이 우리 가운데 '지체'[65]가 되어 있다고 한다. 그런데 그 지체를 벗어버리는 것을 '새사람이 되는 것' 이라고 하는 것이다.

이 관점에서 볼 때 한국 교회에 주어진 숙제 가운데 하나가 바로 어떻게 하면 속사람까지 변화시킬 것인가 하는 점이다. 다른 말로 표현하자면 어떻게 하면 그리스도인들이 그리스도인다운 삶을 살아갈 수 있을 것인가 하는 점이다.

개인주의가 팽배하고 이원론적인 의식이 자리 잡고 있는 우리 사회, 이 사회 속에서 살아가는 그리스도인들의 삶을 어떻게 변화시킬 수 있을 것인가?

첫 번째는 마음 밭을 옥토로 가꾸어야 한다. 죄 가운데 살아가는 인간이다 보니 그 마음밭이 황폐화될 수밖에 없다. 그래서 길가의 마음으로, 돌밭의 마음으로, 가시떨기의 마음으로 변해 버린 것이다. 그러니 하나님의 말씀이 그 마음 밭에 떨어져도 뿌리를 내리지 못하고 당연히 열매맺는 삶을 살아가지 못하게 된 것이다.[66]

---

64) 베드로전서 1:18/ 너희가 알거니와 너희 조상이 물려 준 헛된 행실에서 대속함을 받은 것은 은이나 금같이 없어질 것으로 된 것이 아니요

65) 골로새서 3: 5-10/ 그러므로 땅에 있는 지체를 죽이라 곧 음란과 부정과 사욕과 악한 정욕과 탐심이니 탐심은 우상 숭배니라 6 이것들을 인하여 하나님의 진노가 임하느니라 7 너희도 전에 그 가운데 살 때에는 그 가운데서 행하였으나 8 이제는 너희가 이 모든 것을 벗어 버리라 곧 분함과 악의와 비방과 너희 입의 부끄러운 말이라 9 너희가 서로 거짓말을 하지 말라 옛사람과 그 행위를 벗어 버리고 10 새 사람을 입었으니 이는 자기를 창조하신 이의 형상을 좇아 지식에까지 새롭게 하심을 받는 자니라

그리스도인답게 살아간다는 것은 하나님의 말씀대로 살아간다는 것을 의미한다. 말씀대로 산다는 것은 곧 성령의 열매를 맺는 삶을 말한다. 그러한 삶을 위해 마음 밭을 치유하는 사역이 절대적으로 필요하다 할 수 있다. 내적치유가 바로 마음 밭을 수술하는 사역이라면 가정사역은 우선 예방을 하는 사역이요, 또 일단 수술을 받은 환자가 다시 재발하지 않도록 만드는 사역일 뿐 아니라 가정사역 자체가 또 치유도 하는 그러한 역할을 한다고 표현할 수 있다.

두 번째는 공동체성의 회복이 필요하다. 즉 초대교회로 돌아가야 한다는 것이다. 좀 더 구체적으로 말하자면 초대교회의 특징은 물질을 통용했다는 점에 있다. 물질을 통용할 정도이면 나머지 문제는 공동체 안에서 걸릴 것이 없다. 그만큼 서로가 하나된 삶, 그리스도 안에서 형제요 자매된 삶을 살아 왔다는 것을 의미한다. 그러나 이 시대에 있어서 물질을 통용하는 삶이란 쉽지가 않다. 그렇다고 초대교회로 돌아갈 수 없는 것은 아니다. 물질을 통용하지는 못할지라도 그 대안적인 삶을 살아갈 수는 있다. 그것이 바로 마음을 통용하는 공동체로서의 회복이다. 그렇다면 어떻게 하면 마음을 통용할 수 있을까?

이렇게 옥토의 마음으로 바꾸는 일과 마음을 통용하게 하는데 있어서 중요한 매개체가 바로 소그룹이다. 소그룹은 관계를 변화시키는 원동력이 된다. 이러한 관계를 통한 소그룹은 치유를 동반한다. 결국 소그룹 집단은 인간관계를 수정하고 치유하는 집단치유(Group Therapy)라는 성격을 갖게 된다. 이렇게 치유를 통해서 마음 밭을 회복하게 되고 거기에 좋은 씨앗을 뿌리게 되면 삶의 변화를 이룰 수 있다는 것이다.

이러한 소그룹은 우선 관계회복에 그 목적을 둔다. 관계 회복이라는 것은 하나님이 주신 성품인 공동체성을 회복하기 위한 중요한 포인트가 된다. 그런데 그러한 관계회복을 위해서는 진정한 만남과 교제가 있어야만 한다. 관계가 없는 신앙은 사상누각의 위험한 신앙이다. 혼자서는 하나님의 은혜를 누리는 삶

----

66) 마태복음 13장 1-9절

을 살아갈 수는 있지만 관계 속에 들어 올 때 그 은혜를 계속 누리지 못하는 경우를 쉽게 발견할 수 있다. 말씀을 들으면서 분명히 은혜 체험을 했다할지라도 부부라는 관계, 가족이라는 관계 속에 들어 왔을 때 그 은혜들이 삶으로 드러나지 못한다면 분명히 문제가 있는 신앙이다. 그런 의미에서 가정이라는 공동체는 관계 안에서 성숙을 유도하는 중요한 집단이 된다. 특별히 위장되지 않는, 있는 그대로의 모습을 노출하면서 관계를 훈련한다는 것은 한 사람의 성숙을 위한 아주 훌륭한 학교가 된다고 할 수 있다.

이러한 관점에서 가정사역은 곧 한 사람의 신앙인격을 성숙시키기 위한 관계 속에서의 제자훈련이라 정의할 수 있는 것이다. 그렇기에 가정이라는 공동체를 중심으로한 소그룹은 건강한 교회를 이루기 위한 필수적 전략이라 말하는 것이다.

소그룹은 또 공동체성의 회복에 중요한 목표를 둔다. 예수님도 세상사람들이 보기에는 함량미달인 사람들, 모가 나고 거친 사람들을 진정한 제자로 양육하기 위해 소그룹을 사용하셨다. 12명의 제자가 바로 그것이다. 그런데 예수님의 제자훈련 방식을 보면 독특한데가 있다. 12명 전체를 한 그룹으로 훈련할 때도 있었지만 가장 기본적인 소그룹, 즉 2명이라는 기초적 소그룹을 통해 서로를 다듬어 가셨다. 극단주의자인 베드로와 보수주의자인 안드레, 나이가 많은 야고보와 젊은 요한, 조금은 우둔했던 빌립과 현명했던 바돌로매, 의심많은 도마와 확신의 사람 마태, 책임감이 충만한 야고보와 교리에 해박한 유다, 열심당원 시몬과 배반한 가룟 유다. 이렇듯 서로가 너무나 이질적인 관계를 통해 예수님은 인격을 성숙시켜 나아갔던 것이다. 예수님은 일대일 사역도 하셨지만 예수님의 제자로 변화시킨 것은, 곧 속사람까지 변화시켜 나가는 방법은 바로 소그룹을 통해서 해 나갔다는 것이다.

예수님이 그렇게 소그룹이라는 관계를 활용하신 이유는 간단하다. 인간의 모든 문제들은 관계 안에서 터져 나오기 때문이다. 관계 속에서의 홀로 서기,

관계 속에서의 사랑의 소통 훈련이 이루어져야만 하나님과의 관계도 바로 서게 된다. '너희가 서로 사랑하라' 는 말씀도 결국은 관계 안에서 이루어진다. 물론 제자로서의 삶을 변화시킨다는 것은 쉬운 일이 아니다. 오죽했으면 예수님의 수난 직전 마가의 다락방에서 누가 큰지에 대해 논란을 벌였을까? 최후의 만찬 때에 세상 속에서의 못된 버릇들이 다시 드러난 것이다. 이렇듯 예수님과 일대일 일 때에는 목숨을 걸 정도로 믿음이 좋은 듯 하다가도 관계 안에 들어왔을 때 세상 속의 버릇들, 아직까지 내재해 있는 옛사람이 드러나게 된 것이다. 서열 다툼도 만약 혼자라면 할 필요가 없다. 둘 이상의 관계가 있기에 그러한 다툼을 하게 되는 것이다. 이렇게 고질적인 옛사람의 치유는 결국 소그룹이라는 공동체 안에서 이루어질 수가 있다. 그렇기에 예수님은 승천 이후에도 제자들을 소그룹 속에 묶어 두셨던 것이다. 그리고 그들에게 주신 마지막 계명도 '너희가 서로 사랑하라' 는 말씀이었다. 결국 서로 사랑하는 사랑의 공동체로 만들라는 말씀이다. 혼자 신앙생활 하게 하지 않고 교회라는 공동체를 만드신 것도 결국은 그러한 문제들을 염두에 두신 것이라는 것이다.

그런 의미에서 초대교회의 소그룹을 다시 한 번 조명해 볼 필요가 있다. 초대교회는 철저하게 소그룹이었다. 그들은 가정에서 모였다. 그곳에서 그들은 코이노니아를 통해 하나가 되어 갔다. 그리고 그들은 기회만 있으면 모였다. 그런 모임을 통해서 초대교회 성도들은 그들에게 닥쳐오는 두려움을 이겨 나갈 수가 있었다. 세상을 향한 담대함과 확신으로 순교의 길까지 갈 수 있었다는 것이다. 그들은 모일 때 마다 식사를 했다. 그리고 그들의 삶을 나눴다. 요즘 우리가 흔히 하는 말로 '삶의 나눔(Sharing)' 이 이루어 진 것이다. 그것을 통해서 서로가 서로에게 사랑과 선행을 격려했다. 그러면서 그들은 물질을 통용할 정도로 완전한 공동체를 이루어갔다. 심지어 서로에게 죄를 고할 정도로 완전한 공동체로 변해 갔다.

초대교회 성도들도 어느 시대의 성도들 못지않게 많은 아픔들, 많은 상처들을 가지고 살아갔다. 그렇지만 그 수많은 상처와 아픔을 극복하고 그리스도인으로서 당당한 삶을 살 수 있었던 것은 바로 소그룹 속에서의 치유가 있었기 때문에 가능한 것이었다. 예수 그리스도로부터 시작된 이 소그룹은 오순절 성령강림 사건 이후에 예루살렘 교회를 필두로 해서 거의 모든 신약 교회 시대에서 삶의 기준이 되었다. 그 힘이, 그 소그룹의 힘이 세상을 변화 시켜 나갔다는 것이다. 곧 초대교회의 영적 원동력이라는 것은 소그룹의 교회 구조에서 찾아볼 수 있다. 그런 의미에서 볼 때 이 시대의 교회가 소그룹을 잃어버리고 대형화 추세로 나아갈 때에 오히려 힘을 잃어버리는 결과를 가져오게 된다는 것을 알 수 있는 것이다.

가정사역은 바로 관계 안에서의 소그룹을 통한 삶의 훈련이라 말할 수 있다. 변화는 소그룹 안에서 일어난다. 이렇게 사람을 치유하고 변화시키는 가장 기본적인 소그룹이 바로 가정이다. 그리고 그 가정들이 모여 확대된 소그룹을 이룬다. 그 확대된 소그룹을 통해 가정과 가정, 다른 사람과 가정을 통해 우리 가족 구성원과 가정을 비추어 봄으로 인해 스스로의 치유가 일어나고, 그리고 관계의 회복과 함께 마음 밭을 경작하게 되는 것이다.

가정사역은 바로 그러한 소그룹 안에서 실제적인 삶을 훈련하고, 말씀을 삶에 적용하며 살아갈 수 있도록 만든다. 더불어 확대된 소그룹들이 진정한 코이노니아를 이루게 하는 소프트웨어가 바로 가정사역이라 할 수 있는 것이다. 결국 가정사역이란 관계 안에서 제자로 만들어가는 방법이라 정리할 수 있다. 그렇기에 가정사역은 프로그램적 접근이 아닌 교회의 기초적인 제자훈련으로 받아들여야 한다고 말하는 것이다. 즉, 가정사역이라는 것은 복음의 씨가 뿌리를 내려서 열매를 맺을 수 있도록 영적인 개간을 하는 사역이기에 교회에서 하는 모든 사역의 기초가 되어야만 하는 것이다.

바로 이러한 이유로 21세기 한국교회가 가장 필요로 하는 사역중의 하나가 가정사역이라고 말을 하는 것이고, 힘있는 교회, 하나님의 말씀이 살아 역사하는 교회가 되기 위해 가정사역이 중요하다고 강조하는 것이다.

6. 가정 사역의 성경적 원리

이현숙은 교회의 가정사역은 '관계'에 대한 신학적 확신에 근거하고 있다고 말하면서 가족은 가족관계를 통하여 하나님과 하나님의 진리를 알 수 있다고 주장한다. 그것은 사람들이 하나님의 구원의 은총을 처음으로 알게 되는 곳이 가정이기 때문이라는 것이다.[67]

특히 하나님은 직접 말씀하실 때도 있지만 다른 사람들을 통해서, 또 그들과의 관계를 통해서도 말씀하셨기 때문이다. 그런 의미에서 가족 안에서의 하나님 말씀 수행은 너무나도 중요한 과제라 할 수 있을 것이다.

특별히 신약성경에 의하면 크리스천으로서 훈련을 받는 가장 중요한 현장이 바로 가정이었다는 점이다. 신약이 말하는 가정의 중요성은 바로 이러한 사실에 기인하는 것이다. 또한 가정생활은 우리의 삶 속에서 하나님의 역사를 목격할 수 있는 가장 귀중한 장이라는 점에서 가정사역의 신학적 근거를 찾을 수 있다.[68]

---

67) 이현숙, "목회와 가족치료", *제12회 전국 목회자 세미나* (2004, 2), 71.
68) Diana R. Gerland, "What is the Family ministry", *Christian Century* (1996, Nov.): 13.

한편 가정사역의 성경적 근거로는 바울이 브리스길라와 아굴라 부부를 양육한 것을 예로 들 수 있다.[69] 이 부부는 고린도에서 바울을 만나 그와 같이 거하면서 함께 일했고 그러는 가운데 신앙적인 훈련을 받게 된다.

당연히 바울 사도는 이들 부부에게 크리스천으로서의 삶, 곧 하나님의 말씀을 기초로 한 삶을 가르쳤을 것이다. 그 과정에서 부부 문제나 자녀 문제 등을 포괄적으로 다루었을 것이다. 이는 성경의 에베소서 5장 21절로부터 6장 4절, 골로새서 3장 18절부터 21절까지의 말씀을 통해 살펴 볼 수 있다. 그러한 결과로 이들 부부의 집이 곧 교회가 되는 역사가 일어난 것이다.

그런 의미에서 '가정사역'이 갖는 4가지 성경적 의미는 우선 가정사역이 복음의 실제적 체험을 하게 하고, 둘째는 거듭남의 체험을 하게 되며, 셋째는 부부와 가족간의 치유를 가능하게 하고 넷째로는 구원의 완성이요 십자가의 완성을 이루기 때문에 큰 의의가 있다고 할 것이다.

(1) 가정사역은 복음의 체험이다.

우선, 가정사역이란 삶의 현장 속에서 하나님의 복음을 체험하게 하는 것이라 할 수 있다. 성경 누가복음 5:1-11 말씀이 바로 이런 교훈을 주고 있다.

> 1) 무리가 몰려와서 하나님의 말씀을 들을 새 예수는 게네사렛 호숫가에 서서 2) 호숫가에 배 두 척이 있는 것을 보시니 어부들은 배에서 나와서 그물을 씻는지라 3) 예수께서 한 배에 오르시니 그 배는 시몬의 배라 육지에서 조금 떼기를 청하시고 앉으사 배에서 무리를 가르치시더니 4) 말씀을 마치시고 시몬에게 이르시되 깊은 데로 가서 그물을 내려 고기를 잡으라 5) 시몬이 대답하여 이르되 선생님 우리들이 밤이 새도록 수고하였으되 잡은 것이 없지마는 말씀에 의지하여 내가 그물

---

69) 방선기, "제자훈련과 가정사역", **두란노 목회자료 큰 백과** 제17권 (서울: 두란노, 1997), 789-790.

을 내리리이다 하고 6) 그렇게 하니 고기를 잡은 것이 심히 많아 그물
이 찢어지는지라 7) 이에 다른 배에 있는 동무들에게 손짓하여 와서
도와 달라 하니 그들이 와서 두 배에 채우매 잠기게 되었더라 8) 시몬
베드로가 이를 보고 예수의 무릎 아래 엎드려 이르되 주여 나를 떠나
소서 나는 죄인이로소이다 하니 9) 이는 자기 및 자기와 함께 있는 모
든 사람이 고기 잡힌 것으로 말미암아 놀라고 10) 세베대의 아들로서
시몬의 동업자인 야고보와 요한도 놀랐음이라 예수께서 시몬에게 이르
시되 무서워하지 말라 이제 후로는 네가 사람을 취하리라 하시니 11)
그들이 배들을 육지에 대고 모든 것을 버려두고 예수를 따르니라

　본문 말씀은 베드로의 회심 사건을 적고 있다. 어떻게 보면 베드로는 그물질
하는 것에 있어서는 나름대로의 전문가였다. 한마디로 '스스로 부유한 자'라
고도 말할 수 있을 것이다.

　이런 '스스로 부유한 마음'을 가진 사람에게는 극단적인 복음 체험의 강력함
이 있어야 제자도로서 나아갈 수가 있다. 바로 이런 베드로에게 예수님은 베드
로의 중심에 있는 '부유한 마음'을 여지없이 깨뜨려 버리고 극심한 신체적인
가난을 체험케 하신다. '나는 어부로서의 전문가'라는 착각의 환상을 여지없
이 깨뜨려 버린 것이다. 인간적인 노력이나 지혜, 또 경험으로는 극복할 수 없
는 정신적인 가난을 맛보게 하신다는 것이다.

　이 본문의 바로 앞의 누가복음 4장에서 예수님은 희년적 복음을 선포하셨
다. 이렇듯 희년적 복음이 그렇게 울려 퍼졌음에도 불구하고 그 복음에는 관심
이 없고 그저 자기 수고의 대가가 없는 것에 대해서 염려하고 있던 사람이 바
로 베드로였다. 현실에 대한 근심과 염려가 가득한 시몬 베드로의 모습을 우리
는 볼 수가 있는 것이다. 바로 그 희년적 복음을 선포하셨던 예수님이 바로 베
드로의 코앞에서 말씀을 전하고 있음에도 불구하고 베드로는 그저 관심 없이
그물을 씻고 있었다. 희년의 복음 선포에도 끄떡하지 않고 자기 먹고 살 궁리
에만 빠져 있는 시몬 베드로의 모습이 바로 우리들의 모습은 아닐까? 이런 시

몬 베드로 같은 사람, 어떻게 보면 현대인들의 표상이기도 하겠지만, 이런 사람들에게는 주님의 시선을 한 사람에게 집중시켜서 생활 환경 속에서 복음을 누리게 만들어야 한다. 그것이 바로 그물을 내리는 체험인 것이다. 여기서 그물을 내리는 것은 하나님이 말씀하신 희년의 체험이다. "나는 죄인"이라는 바로 그 체험을 하게 되는 것이다.

내 힘으로, 내 능력으로 살던 근원적인 죄를 회개하고 하나님의 은혜 속에서 산다는 것을 깨닫게 하는 것이다. 이것이 '가정사역'의 성경적인 원리이다.

생활 현장 속에서 하나님의 복음을 체험할 때 사람은 엄청나게 변하게 되어 있다. 베드로의 회심 사건이 보여주는 것이 바로 이런 것이다. 하나님의 말씀을 한 귀로 듣고 한 귀로 흘려보내는 사람들에게 하나님의 복음을 체험시키는 아주 소중한 방법이 바로 가정사역이라는 것이다. 또, '하나님과 이스라엘 백성과의 언약'이라는 측면에서, '경건한 자손'을 양육해야 하는 입장에서 가정사역을 하게 되면 바로 이런 그리스도의 복음을 생생하게 체험할 수가 있는 것이다.

삶의 현장에서 하나님의 복음을 체험하게 하는 것, 그것이 바로 '가정사역'을 해야 하는 첫 번째 의미인 것이다.

(2) '거듭남'의 체험을 하게 된다.

기독교 신앙은 변화의 신앙이고, 거듭남의 신앙이라는 점은 더 이상 언급할 필요가 없다. 그런데 가정사역을 통해 이러한 '거듭남'의 극적인 체험이 가능해진다. '거듭남'에 대해서는 특별히 요한복음 3:1-8에서 잘 설명하고 있다.

> 1) 그런데 바리새인 중에 니고데모라 하는 사람이 있으니 유대인의 지도자라 2) 그가 밤에 예수께 와서 이르되 랍비여 우리가 당신은 하나님께로부터 오신 선생인줄 아나이다 하나님이 함께 하시지 아니하시면

당신이 행하시는 이 표적을 아무도 할 수 없음이니이다 3) 예수께서 대답하여 이르시되 진실로 진실로 네게 이르노니 사람이 거듭나지 아니하면 하나님 나라를 볼 수 없느니라 4) 니고데모가 이르되 사람이 늙으면 어떻게 날 수 있사옵나이까 두 번째 모태에 들어갔다가 날 수 있사옵나이까 5) 예수께서 대답하시되 진실로 진실로 네게 이르노니 사람이 물과 성령으로 나지 아니하면 하나님의 나라에 들어갈 수 없느니라 6) 육으로 난 것은 육이요 영으로 난 것은 영이니 7) 내가 네게 거듭나야 하겠다 하는 말을 놀랍게 여기지 말라 8) 바람이 임의로 불매 네가 그 소리는 들어도 어디서 와서 어디로 가는지 알지 못하나니 성령으로 난 사람도 다 그러하니라

그렇다면 가정사역을 통한 거듭남의 비밀은 무엇일까?

1) 생각의 변화가 온다.

"인간 두뇌는 종이와 같아서 무엇을 담고 있느냐에 따라서 네모꼴도, 세모꼴도 될 수 있다"고 철학자 칸트는 말한 바 있다. 그렇다. 인간의 마음에 무엇을 생각하고 사느냐에 따라 인격과 생활이 결정되는 것이다. 그렇기 때문에 가정사역을 통해 훈련하는 동안에 하나님의 복음을 받아 들이면서 하나님을 깊이 깨달아 감으로, 가정을 향한 하나님의 뜻과 계획을 알게 되는 것이다. 그러므로 하나님의 관점에서 배우자에 대한 새로운 시각을 발견하고 그를 통해 부부가 하나되고, 가정이 변화하는 체험을 함으로써 기본적인 생각과 시각이 변화하게 된다. 이는 곧 영성의 변화로 이어지게 된다.

2) 생활의 변화가 온다.

사람은 누구나 성공하기를 원한다. 흔히 성공은 많이 소유하는 것으로 착각한다. 재산이나 직위, 명예 등을 갖는 것을 성공으로 생각하기 쉽다는 것이다. 그러나 진정한 성공은 '나눔'에 있다. 내가 가진 지식, 물질, 기술 등 재능을 나

뭐 가질 때 보람이 있고, 가치가 있는 것이다. 하나님이 아브라함을 축복하실 때도 '복을 누리는 자가 되라' 고 말씀하시지 않고 '복의 근원이 되라' 고 하셨다. 복을 누리는 자로 그치지 말고 복을 나누어주는 근원이 되어야 한다.

가정사역 훈련 과정을 통해 가정이 하나되는 축복을 누리게 되면 이 기쁨을 우리 가정만 누리기에는 너무나도 아깝고 이 소식을 전하고 싶은 간절함을 가지게 된다. 주님은 우리에게 '전하라' 고 명하신다. 생활이 변화되면 자연스럽게 전하게 되어 있다. 주님이 주신 이 기쁨과 평안을 만방에 전하고 나누고 싶어진다. 그래서 재생산을 하게 되는 것이다.

3) 변화는 예수 그리스도에 의해서 이루어진다.

분명한 것은 변화는 나에 의해서가 아니라 예수 그리스도 안에서, 예수 그리스도에 의해서 이루어진다는 것이다.

> 그런즉 누구든지 그리스도 안에 있으면 새로운 피조물이라 이전 것은 지나갔으니 보라 새것이 되었도다 (고린도후서 5:17)

예수 그리스도께서는 지금도 성령을 보내 주셔서 우리를 거듭나게 해 주신다.

> 나를 믿는 자는 성경에 이름과 같이 그 배에서 생수의 강이 흘러나오리라 하시니 (요한복음 7:38)

가정사역 훈련을 통해 생각의 변화가 오고 이를 통해 하나님 안에서 생활의 변화가 오게 될 때, 예수 그리스도에 의해 '거듭남' 의 체험을 할 수 있게 되는 것이다. 여기에 가정사역의 또 다른 비밀이 있다는 것이다.

(3) 부부·가족간의 치유를 하게 한다.

또, 가정사역이란 깨어지고 구멍나고 상처난 질그릇을 싸매어 주면서 하나님의 보배를 잘 간수할 수 있도록 돕는 것이다. 고린도후서 4장 7절에 보면 "우리가 이 보배를 질그릇에 가졌으니 이는 심히 큰 능력은 하나님께 있고 우리에게 있지 아니함을 알게 하려 함이라"는 말씀이 있다.

인생은 질그릇이다. 우리의 마음은 바로 이 질그릇과 같다. 이 질그릇 안에 하나님께서는 우리에게 귀한 보배를 주셨다. 그리고 날마다 주고 계신다. 그런데 문제는, 이 질그릇이 깨어진 사람도 있고, 금이 간 사람도 있다. 그 뿐인가? 하나님께서 우리에게 선물로 주신 소중한 자녀의 질그릇을 아주 작은 그릇으로 빚어 가는 사람도 있고, 있는 그 그릇마저 깨어 버리는 사람도 있다. 어떤 사람은 깨어진 질그릇에 담긴 보배를 보배인지도 모르고 그것을 버려 버리기도 한다. 그리고 그 상처난 질그릇에 돈과 명예와 부귀를, 여자를, 술을 담기도 한다. 순식간에 썩어 없어질 것이라는 것도 모르고 그저 그런 것을 담기에 정신이 없다. 그래서 질그릇이 깨어져 가고 썩어만 간다. 세상적인 탐욕이나 물질을 아무리 채워봐야 남는 것은 공허뿐이라는 것을 알면서도 그 근본적인 이유를 발견해 내지를 못한다. 더구나 사람들은 도대체 우리 마음의 질그릇에 관심조차 두질 않는다.

세상 사람들뿐만이 아니다. 하나님을 믿는 사람들의 상당수 질그릇도 깨어지고 상처가 났으며, 심한 경우에는 밑빠진 독이 되어 있다. 문제는 이렇게 깨어지고 금이 간 질그릇에 아무리 하나님의 은혜가 부어지고 말씀을 넘치게 부어져도 소중하게 담지를 못한다는 것이다. 그래서 그런 사람은 항상 심령이 메마르게 되어 있다. 오직 남는 것은 공허뿐이다. 그래서 다시금 세상속으로 빠져 들고야 만다. 주일 날 하루는 할렐루야를 외치다가도 몇 시간, 며칠 지나지 않아서 다시금 옛날로 되돌아가고야 만다. 인간적인 노력으로 메꾸어 보려고

도 많은 노력을 해보지만 그것이 불가능하다는 사실조차도 모른다.

'가정사역' 은 바로 이렇게 금이 가고 깨어진 우리 마음의 질그릇을 온전하게 회복시켜 주는 너무나도 소중한 사역인 것이다. 자녀의 깨어진 질그릇, 남편과 아내의 금이 가고 구멍난 질그릇을 하나님이 주시는 사랑으로 온전하게 회복시켜 주는 것이 바로 '가정사역' 이다. 그래서 가정사역은 놀라운 하나님의 치유를 동반한다. 하나님의 사랑 안에서 온전한 하나됨으로 회복시켜 주심을 체험하게 되고 그 기쁨, 그 감격으로 이웃의 가정들을 돌아보게 되는 것이다. 그래서 삶이 있는 전도가 가능해 진다.

회복된 온전한 질그릇은 항상 하나님의 은혜 가운데 충만해 있다. 설사 잠시 금이 가더라도 서로가 치유자가 되기 때문에 금방 회복될 수가 있다. 치유의 자생력이 있기 때문이다. 바로 이런 이유 때문에 가정사역을 해야만 하는 것이다.

(4) 구원의 완성이요, 십자가의 완성이다.

'가정사역' 이란 구원받은 우리가 구원의 완성을 이루게 하는 것이요, 십자가의 완성을 이루는 것이다. 성경 중에서 특히 베드로전서와 후서의 요지는 바로 "구원을 받았으면 거기에 합당한 생활을 하라"는 것이다. 구원의 산 소망을 입은 자들은 구원받은 자답게 살아가라는 것이 주님의 명령인 것이다. 그런데 그것을 뻔히 알면서도 못하는 게 죄 속에 빠진 우리 인간들의 모습이다.

그런데 그중에서도 베드로 전서는 구원의 산 소망이 나타나야 할 영역을 구체적으로 설명하고 있다. 베드로 후서에서는 그리스도를 아는 지식 안에서 성장하라는 권면으로 가득차 있다. 구원받은 성도가 해야 할 책임도 나온다.

그렇다! 가정사역은 구원받은 성도들이 구원의 완성을 이루게 하는 너무나도 소중한 사역이다. 십자가의 완성을 이루게 하는 소중한 사역이라는 것이다.

가정사역 훈련을 받고 있는 어느 분의 이야기이다. 이 형제는 정말 이 세상에서 하나님밖에 모르는 사람이었다. 이 남자가 결혼을 해서 신혼여행을 갔는데, 그곳에서도 경치 좋은 곳을 보면서도 신부와 사랑의 이야기를 속삭이는 것이 아니라 "야, 여기 기도하기 참 좋겠다!", "여기는 기도원 지으면 딱 좋겠다!" 이런 말만 할 정도로 그야말로 하나님에 미친 사람이었다. 이 청년은 기도하기에 너무나 좋은 장소인지라 첫날 밤 임에도 불구하고 철야 기도를 하고야 만다. 신부는 방에서 독수공방으로 지내고 말이다. 이 부부가 결혼한 지 37년이 되었는데도 아직 자녀가 없다. 이젠 노년이 다 되어서 그 여력도 없어졌다. 지금까지도 이 형제의 생각은 항상 하나님으로만 가득차 있었다. 그런데 이 형제가 가정사역 훈련에 참여했다. 그리고 나서 한 첫마디는 참으로 우리에게 많은 여운을 남기게 했다. "십자가의 완성이 무엇인지를 이제서야 알겠다!"

그렇다. 우리는 각기 나름대로의 십자가를 가지고 산다. 그런데 그 모습은 참으로 다양하다. 나는 어떤 십자가의 모습을 가지고 살아가고 있을까?

〔그림 1〕 우리가 가진 십자가의 여러 모습

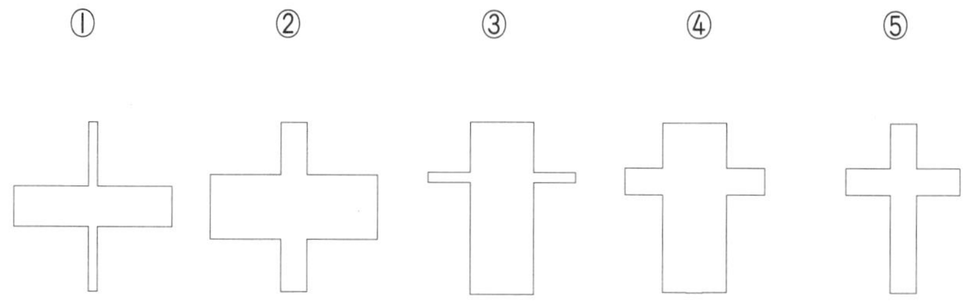

여기서 1번과 2번의 형태를 '가정 편재형 십자가' 라고 말한다. '육체적 기능 편재형' 이라고도 할 수 있다. 이런 가정은 오직 가정의 행복만을 외친다. 그래서 '교회 생활이 가정에 방해가 되어서는 안된다' 고 생각한다. 주일날도 '가족의 행복(?)을 위해 교외로 갈수도 있지 않냐' 고 생각한다. '교회 한번 빠진다고 문제될게 뭐 있냐' 고 반문하기도 한다. 그러나 불행하게도 이런 사람들은 '영인성 질환' 이라는 질병에 걸리고야 만다.

부자가 되었지만 살맛 없고, 목적하던 정상에 올랐지만 의미가 없는, 그래서 무엇으로도 치유할 수 없는 그런 증상을 나타내게 된다. 어떻게 보면 가정이 우상이 된 그런 형태의 종말의 모습이다.

3번과 4번의 형태는 정도의 차이는 있지만 '영적 편재' 현상을 보이는 십자가라고 말할 수 있다. 여기서 우리가 분명히 알아야 할 것은 영적 충만과 편재는 다르다는 사실이다.

영적 충만은 5번 형태의 십자가에서 이루어지는 감격을 말한다. 그러나 영적 편재는 횡적 십자가의 손상을 가져올 뿐이다. 오직 교회만이 중요하다. 그래서 가정은 오히려 신앙생활의 적으로 등장하기 까지 한다. 영적 생활의 방해물로 취급되기도 한다. 아내라는 존재는 그저 남편된 나를 필요에 따라 돕거나 채워주는 존재일 뿐 동역자는 아니라고 생각한다. '교회를 위해 가정은 희생되는 게 당연하다' 는 생각을 가지고 있다. 불행히도 이런 가정은 '심인성 질환' 을 앓게 된다. 영적으로 충만한 가정 같기도 하고 신앙심이 매우 깊다고 하는 가정인데도, 아내는 속병을 앓고, 한을 가지고도 산다. 부부간에 일어나는 갈등, 그로 인한 부부싸움을 회피하기 위해서 교회는 좋은 도피처가 되기도 한다. 자식이야 라면 끓여 먹고 다니건 말건 심방이 더 중요하고 전도하는 것이 지상의 목표가 된다. 심한 경우 교회 중독증으로까지 발전하기도 한다.

정상적인 십자가는 5번이다. 종적(縱的)으로 뿐만 아니라 횡적(橫的)으로도 건강한 십자가가 하나님이 우리에게 허락하신 온전한 십자가이다.

이러한 십자가의 모형은 '폴 투르니에' 가 말한 "모든 사람에게는 세 가지의 길이 있다. 첫째는 하나님이 없는 현실을 추구하는 물질주의자들의 길이 있다. 둘째, 현실이 없는 하나님을 믿는 허위적인 신비주의자들의 길이 있다. 셋째는 하나님도 계시고 현실도 있는 길이 있는데 이것이 기독교 신앙이다”는 말과도 일맥상통한다고 할 수 있을 것이다.

그래서 우리가 오해해서는 안될 것은 바울이 ‘육체를 죽이라’ 고 말한 것은 ‘죄를 죽이라’ 는 뜻이지 ‘몸(Body)을 죽이라’ 는 뜻은 아니라는 것이다. ‘몸을 죽이라’ 고 해석하는 것은 영지주의적인 관점이다. 분명한 것은 영혼이 없는 몸도, 몸이 없는 영혼도 사람은 아니라는 것이다.

가정사역은 이렇게 온전한 십자가를 만드는 초석이 된다. 그 온전한 십자가를 통해 건강한 신앙인격을 갖도록 만드는 사역이라 할 수 있다는 것이다.

7. 가정 사역과 영적 성장

(1) 영적 성장의 개념

"13 우리가 다 하나님의 아들을 믿는 것과 아는 일에 하나가 되어 온
전한 사람을 이루어 그리스도의 장성한 분량이 충만한 데까지 이르리
니 14 이는 우리가 이제부터 어린 아이가 되지 아니하여 사람의 속임
수와 간사한 유혹에 빠져 온갖 교훈의 풍조에 밀려 요동하지 않게 하
려 함이라 15 오직사랑 안에서 참된 것을 하여 범사에 그에게까지 자
랄지라 그는 머리니 곧 그리스도라 16 그에게서 온 몸이 각 마디를 통
하여 도움을 받음으로 연결되고 결합되어 각 지체의 분량대로 역사하
여 그 몸을 자라게 하며 사랑 안에서 스스로 세우느니라"(에베소서
4:13-16)

우리가 신앙생활을 함으로 인해 바라는 것은 결국 '믿는 일과 아는 일에 온
전하게 되는 것' 이라고 성경은 말한다. 특별히 13절에서 '우리' 라는 말을 사용
했다는 것은 나와 이웃과의 관계 속에서 역동적인 상호관계를 통해 '사랑' 이

라는 최고의 단계까지 나아가야 함을 강조하고자 함일 것이다.

고린도전서 13장에서도 성장 또는 성숙의 개념이 언급되어 있다.

> "11 내가 어렸을 때에는 말하는 것이 어린 아이와 같고 깨닫는 것이 어린 아이와 같고 생각하는 것이 어린 아이와 같다가 장성한 사람이 되어서는 어린 아이의 일을 버렸노라 12 우리가 지금은 거울로 보는 것 같이 희미하나 그 때에는 얼굴과 얼굴을 대하여 볼 것이요 지금은 내가 부분적으로 아나 그 때에는 주께서 나를 아신 것 같이 내가 온전히 알리라"(고린도전서 13:11-12)

본문은 우리가 성숙한다는 것은 곧 '어린 아이와 같지 아니한 신앙의 모습을 가지는 것' 이라 정의한다. 즉, '미숙한 신앙에서 벗어나는 것' 이 '온전하여 지는 것' 이라고 말하는 것이다. 그렇게 해야만 에베소서 4장 14절에서 말한 바와 같이 세상에 휩쓸리지 아니하는 성숙한 삶을 살게 된다고 말씀한다.

물론 여기서 '온전하여 진다' 는 개념에는 종말론적인 의미도 담겨 있다. 바울은 '온전한 것' 은 하나님께서 결정된 미래의 시점에서만 이루어질 수 있는 것이라는 종말론적 개념으로 기록하였다.[70] 종말론적 개념에서 보는 '성숙' 이란 '성숙으로 나아가는 과정' 을 포함할 뿐만 아니라 동시에 '종말론적인 결과'를 일컫는 말이라고 하는 것이다.

더불어 '성숙' 이라는 것은 하나님과 역동적인 관계를 이루는 것으로, 영성을 포함한 인격의 전 측면이 충분히 자라가는 것을 말한다. 그럼으로 인해 창조이후부터 계속된 하나님과의 역동적인 관계를 통해 하나님의 성품과 영성이 우리의 전 인격적인 부분을 간섭하여 하나님이 원하시는 참된 자아를 실현하게 된다고 정의한다.[71]

---

70) C. K. Barrett, *International Biblical Commentary*, (London WCl: A. & C. Blark, 1979(1968)), 한국신학연구소 번역실 역, **국제주석: 고린도전서**, vol. 36, (서울: 한국신학연구소, 1993(1985)), "고린도전서 13장 11절"
71) Mark, S. Young, Naturing Spirituality the Matrix of Human Development, *Christian Educational Journal*, vol. X no 2, (1990, winter): 91.

이런 의미에서 볼 때 그리스도인을 향한 모든 신앙교육은 결국 '성숙'으로 나아가기 위한 하나의 훈련과정이라고도 말할 수가 있을 것이다. 조금 더 구체적으로 말한다면 '성숙으로 나아가는 과정'을 '영적으로 성장해 간다'고 표현할 수 있으며, 이러한 영적인 성장을 통해 '성숙'에 이르게 되는 것이라고 정의할 수가 있을 것이다.

그것은 '성숙'(maturity)이라는 말의 사전적 정의를 통해 알 수가 있다. 즉, "성숙(maturity)이란 행동의 신중함(deliberateness of action)과 아울러 발달(development)이나 성장(growth)이 충분(fulfill)하여 온전(perfection)한 상태에 이르는 것으로 비물질적인 것이 완벽(complete)하고 완성(perfect)된, 그래서 준비된(ready) 상태"라고 정의한다.[72] 성숙을 향해 나아가는 그 진행 상태를 '성장'이라고 말할 수가 있기 때문에 신앙훈련을 통해 궁극적으로 노리고자 하는 것은 '영적인 성장'을 위해서라고 말할 수가 있는 것이다.

이러한 관점에서 '영적으로 성장해 간다'는 말은 곧 '새롭게 되어 새 사람을 입게 되어 가는 과정'을 말한다. 이는 에베소서 4장과 골로새서 3장으로부터 추론해 볼 수 있다.

> "22 너희는 유혹의 욕심을 따라 썩어져 가는 구습을 따르는 옛 사람을 벗어 버리고 23 오직 너희의 심령이 새롭게 되어 24 하나님을 따라 의와 진리의 거룩함으로 지으심을 받은 새 사람을 입으라" (엡 4:22-24)

> "9 옛 사람과 그 행위를 벗어 버리고 10 새 사람을 입었으니 이는 자기를 창조하신 이의 형상을 따라 지식에까지 새롭게 하심을 입은 자니라" (골 3:9-10)

---

72) Lesley Brown(ed.), *The New Shorter Oxford English Dictionary*(Oxford University Press, 2000), "maturity"

여기서 에베소서 4장 22절의 '새롭게 되어'나, 골로새서 3장 10절의 '새롭게 하심'에 해당되는 '아나카이누메논'(ἀνακαίουμενον)은 '새롭게 하다'의 동사 '아나카이노오'(ἀνακαινεόω)의 현재분사형으로 계속적인 갱신을 의미한다.

이는 '새사람'이란 확실한 존재이나 아직은 불완전하기 때문에 완성을 향해 항상 발전 상태에 있음을 시사한다(Meyer, Abbot).[73] 그런데 이 단어는 골로새서 3장 9절이나 로마서 12장 2절, 고린도 후서 4장 16절 등에서 '새로워지는 과정'(the process of renewal)이라는 개념으로 사용되어졌다. 여기서 새로워졌다는 것은 질적인 변화를 말한다.

바로 새롭게 된다는 이 말을 NIV에서는 "to be made new in the attitude of your minds"라고 번역하고 있으며, NKJV에서는 "and be renewed in the spirit of your mind"라고 해석하고 있다.

이렇게 질적으로 새롭게 변화됨으로 인해 '새사람'(καινός ἄνθρωπος)을 입게 된다는 것이다. 여기서 '새사람'이라는 말을 NIV에서는 'the new self'로 번역하고 있으며,[74] NKJV에서는 'the new man'으로 해석하고 있다.[75]

골로새서 3장 10절의[76] '새사람을 입었으니'의 '입었으니'에 해당하는 헬라어 '엔뒤사메노이'(ἐνδύσάμενοι)는 부정과거 분사이나 이는 때로 현재 명령형으로 취급된다.[77] 이런 연유로 악인에서 선인으로, 악인의 신분에서 의인의 신분으로 변화되어 가고 있다는 것을 상징적으로 암시한다. 그렇게 변화되어 간다는 것은 곧 '자기의 창조하신 자의 형상을 좇아가는' 변화되는 삶, 즉 성장하여 가는 삶을 살게 된다는 것이다. 이것이 새사람을 만드는 과정이라는 것이

---

73) 제자원, *그랜드 종합주석 제18권* (서울: 성서아카데미, 1999), 360.
74) and have put on **the new self**, which is being renewed in knowledge in the image of its Creator.
75) and have put on **the new** [man] who is renewed in knowledge according to the image of Him who created him.
76) 골로새서 3:10/ 새 사람을 입었으니 이는 자기를 창조하신 이의 형상을 따라 지식에까지 새롭게 하심을 입은 자니라
77) 제자원, 360.

다.[78]

결국 '새사람이 된다' 는 것은 '온전한 그리스도인으로 변하여 간다' 는 것을 의미한다고 할 수 있으며, 또 이것이 곧 '영적인 성장을 이루어간다' 고도 표현할 수가 있을 것이다.

이러한 영적성장의 목표는 바로 온전한 성도가 되게 하는 것인데, 이 말은 그리스도를 알고 확신하며 생활 속에서 그대로 사는 의지적인 신앙을 말한다.

즉, 영적인 성장, 온전함을 이루기 위해서는 '새로워짐' 이 있어야 하고, 그 '새로워짐' 의 방향은 '온전함' 이라고 정의할 수 있을 것이다.

이러한 영적 성장에 대해 그뢰셸(Benedict J. Groeschel)도 같은 견해를 보인다. 그는 기독교 영성의 중심은 육화된 하나님의 말씀으로 본다.[79]

곧 영적으로 깨어있는 삶이란 우리의 삶 가운데 하나님의 말씀이 살아 역사하는 것이라고 보는 것이다. 그것은 또 그리스도와 함께 삶의 모든 문제 상황을 그리스도를 닮는 은총의 기회로 수용하여야 영적인 성장을 이룰 수 있다는 말과도 합치한다.[80] 이런 관점에서 말씀을 삶으로 적용하는 사역인 가정사역은 영적인 성장을 위해 큰 의미를 갖게 된다 할 것이다.

그렇다면 그렇게 '새로워짐' 과 '온전함' 을 이루어 내기 위한 '영적 성장', '신앙 성숙' 은 어떻게 하여야 할까? 어떤 부분에 대해 특별히 중점을 두어야 하는 것일까? 이 질문은 곧 '온전함' 을 이루기 위한 교육의 방향성과도 일치하는 것이기에 아주 중요한 논제라 할 것이다.

우선, '새로워짐' 과 '온전함' 을 이루기 위해서는 기본적으로 '영적인 부분에

---

78) 한춘기, "신앙발달과 교수내용", **기독교교육연구** 제7권2집 (서울: 총신대학교 부설 기독교교육연구소, 1966), 37.
79) Benedict J. Groeschel, *Spiritual Passagers: The Psychology of Spiritual Development*, **심리학과 영성**, 김동철 역 (서울: 성바오로, 2002), 37.
80) 이민재, "내 영성 여정의 비망록", **기독교사상** (2003, 6): 42.

대한 접근'이 전제되어야 한다. 그것은 '새로워짐'과 '온전함'의 방향성이 곧 '영적인 성숙'에 초점을 두고 있기 때문이다. 이 전제를 세운다면 제자훈련이라든지 성도를 온전하게 이루기 위해 하는 양육의 목표 자체가 세상적인 행복이나 만족을 위한 것이 아니라 결국 '하나님과의 관계'에 목적을 두어야 한다는 것을 말하는 것이기도 하다.

이러한 지적을 하는 것은 자유주의적 물결이 교회 안에 깊이 들어옴으로 인해 크리스천들에 대한 양육방식도 인본주의화되어 가고 있기 때문이다. 성숙을 위한 교육은 당연히 '말씀의 삶에의 적용'을 통해 '하나님과의 관계를 성숙시켜 나가는 데' 목표를 두어야 한다는 것이다.

또 다른 방향성은 '새로워짐'이다. 교육은 날마다 새롭게 거듭날 수 있도록 동기 부여와 함께 실제적인 훈련이 있어야 한다는 것이다. '옛사람'은 우리의 몸에 '지체'처럼 붙어있기에[81] 쉽게 변화되지 않는다. 또, 한꺼번에 변화되기도 어렵다. 그렇기에 날마다 조금씩이라도 변화시켜 가야만 하는 것이다. 그런데 그 변화는 앞서 언급한 바 있던 '말씀'을 통하지 않고서는 근본적인 변화는 힘들다. 즉, 본질적인 변화가 아닌 피상적인 변화는 사실상 겉사람만 변화시키는 형국이어서 쉽게 후패될 수 있다는 것이다.[82]

교육에 있어서 또 하나의 지향점은 '온전함(perfection)'이다. 교육을 한다는 것은 곧 피교육자가 온전함을 향해 나아가도록 만드는 것이다. 이 온전함의 목표는 곧 '그리스도를 닮은 사람'이 되어 가도록 만드는 과정이라고도 할 수 있을 것이다. 따라서 '온전함'의 목표를 위한 요소는 성경에서 찾아져야 한다. 더불어 그리스도의 인격의 그림자를 푯대로 정함으로 인해 하나님이 계획하셨던 '온전한 인간'의 모습으로 돌아가도록 하는데 그 목적을 두어야 한다는 것

---

81) 골로새서 3:5 / 그러므로 땅에 있는 지체를 죽이라 곧 음란과 부정과 사욕과 악한 정욕과 탐심이니 탐심은 우상 숭배니라
82) 고린도후서 4:16/ 그러므로 우리가 낙심하지 아니하노니 우리의 겉사람은 낡아지나 우리의 속사람은 날로 새로워지도다

이다.

결국 교회 안에서 영적성장, 혹은 신앙 성숙을 위해 이루어지는 교육의 목적은 '새로워짐'과 '온전함'을 이루는데 두어야 하며, 그 목표는 '그리스도의 인격을 닮은 사람'이 되도록 하는데 있다고 할 것이다.

영적 성장과 영적 건강
(Spiritual Growth and Spiritual Well-being)

성경은 우리에게 "더욱 힘써 너희 부르심과 택하심을 굳게 하라"(베드로후서 1: 10)고 말씀한다. 이는 곧 우리가 그리스도의 자녀로서 하나님의 존재에 대해 분명한 인식과 함께 그 부르심의 뜻대로 나아가야 함을 강조한다. 여기서 하나님 앞으로 나아간다는 것이 바로 영적인 성장을 이룬다는 의미와 상통하며, 그러한 영적인 성숙이 이루어지는 상태를 바로 영적인 건강으로 나아간다고 말할 수 있는 것이다.

그리스도를 통한 영생이 있는 곳에는 건강이 있을 뿐만 아니라 성장도 있어야 한다. 예수님은 영적인 생명의 원천도 되시지만 영적인 건강의 기준도 된다는 점을 기억해야만 한다. 그렇기 때문에 우리는 예수님과 같이 자라야 하는 것이다. 그는 곧 머리이신 그리스도이기 때문이다.[83]

에드워드(Jonathan Edwards)는 영적 성장과 영적 건강의 중요성에 대해 다음과 같이 말한다.[84] "그리스도인들은 그리스도를 닮아가야 한다. 자신의 모든 면에 있어서 그리스도의 성품을 닮지 않은 사람은 그리스도인이라 불릴 자격이 없다. … 나무의 가지란 그 나무의 그루터기, 뿌리와 같은 본질을 가지며,

---

83) Donald S. Whitney, *Ten Questions to Diagnose Your Spiritual Health*, 당신의 영적인 건강을 진단하라, 편집부 역 (경기: NCD, 2002), 14.
84) Jonathan Edwards. The Works of Jonathan Edwards, vol. 2, perry Miller, gen. ed., *Religious Affections*, ed. John F. Smith (New Haven, Conn.: Yale University Press, 1959), 346-347.

같은 수액을 가지고, 같은 종류의 열매를 맺는다. 이처럼 몸의 지체는 머리와 같은 종류의 생명을 갖는다. 그리스도인들이 그리스도에게 속한 본성과 영을 가지고 있지 않다면 그것은 이상한 일이다. 그들이 예수님의 살과 뼈가 될 때, 그들은 한 영이 되어(고린도전서 6: 17), 한 영으로 산다. 이제 그들 안에 사는 것은 그들이 아니라 그리스도이시다.”

결국은 우리가 이 땅에 살아가는 중요한 존재 이유 중 하나는 결국 그리스도를 닮아가는 영적인 성장과 그러한 상태를 유지시키는 영적 건강을 지키는 데 있다. 당연히 교회 사역의 초점은 바로 여기에 모아져야만 한다.

곧 “믿음의 주요 또 온전케 하시는 이인 예수를 바라보면서”(히브리서 12: 2) “푯대를 향하여 그리스도 예수 안에서 하나님이 위에서 부르신 부름의 상을 위하여 좇아가는”(빌립보서 3: 14) 삶을 살아가야 하는 것이다. 그래서 “오직 우리 주 곧 예수 그리스도의 은혜와 저를 아는 지식에서 자라 가라”(베드로 후서 3: 18)는 말씀대로 영적 성숙과 영적 건강을 지키는 데 인생의 목적과 교회 사역의 목적이 있어야 한다는 것이다. 그러기 위해 말씀대로 살아가고 말씀 안에서 호흡하며, 그 말씀이 나의 삶이 되도록 해야 하는 것이다.

영적성장을 위한 가정사역 훈련

영적 훈련이란 우리가 하나님 앞에 나아가 그 분을 체험하고, 그리스도의 형상으로 변화되도록 하는 하나님의 방법이다.[85]

그런데 가정사역이란 한마디로 하나님의 말씀을 삶으로 적용시키는 훈련이라 할 수 있다. 여기서 훈련이라고 표현한 것은 인간은 훈련이 아니고서는 변화되기 어려운 존재이기 때문이다.

---

85) Whitney, 137.

성경에서는 죄를 '인류를 끊임없이 괴롭히는 하나의 상태' 라고 말한다(롬 3:9-18). 그런데 이 죄는 '육신의 지체' 를 통해 작용한다. 다시 말하면 육신의 뿌리 깊은 습관을 통하여 작용한다(로마서 7:5 이하).[86]

그렇기에 우리는 끊임없는 훈련을 통하여 옛사람을 새롭게 변화시켜 나아가야만 하는 것이다. 이러한 영적인 훈련은 하나님의 은혜의 통로이다.

우리가 추구하는 내적 의는 우리의 머리 위에 부어지는 것이 아니다. 하나님께서 영적 삶의 훈련을 통로로 정하셨는데 우리는 그 통로로 말미암아 하나님이 우리를 축복하실 수 있는 것에 놓이게 된다. 이런 점에서 '훈련으로 은혜받는 길' 이란 표현은 합당하다.

'은혜' 는 값을 내지 않고 거저 받는다는 의미가 있고, '훈련' 은 우리들에게 무엇인가 할 바가 있다는 의미가 된다.[87] 이러한 의미에서 영적인 성장을 이루기 위해서는 훈련이 필요하다. 그런데 '옛사람' 을 새롭게 변화시키는데는 가정사역적 접근이 아주 유용하다는 것을 이미 언급한 바 있다.

---

86) Richard J. Foster, *Celebration Discipline, 영적훈련과 성장*, 생명의 말씀사 역 (서울: 생명의 말씀사, 1986 (2000)), 19.
87) Ibid., 24.

8. 가정 사역의 역사

가정사역은 언제부터 시작되었을까? 그것은 가정사역을 어떻게 정의할 것인가에 따라 다르게 해석할 수 있다. 가정사역을 가정을 위한 사역으로 폭넓게 해석하자면 당연히 창조때부터 시작된 사역이라 할 수 있을 것이다. 천지창조 이후 남자와 여자를 만드시고 그들을 한 부부로 만드셨다. 결혼 주례도 직접 하셨다. 이것 자체가 가정사역의 시작이다. 그뿐인가? 하나님은 가정을 위한 말씀을 얼마나 많이 주셨던가?

신약시대에 들어 와서도 교회 지도자들은 이 사회가 어떻게 가정을 지키고 돌봐야 하는 지에 대해, 더불어 가족구성원으로서의 도리를 다할 수 있는 지에 대해 큰 영향을 끼쳐왔다.[88] 당연히 교회의 기본단위가 가정이었기 때문이다.

그러나 본격적인 가정사역은 1960년대를 들어오면서부터라고 학자들은 정의한다.

---

88) Diana R. Garland, 18.

1961년, 미국의 퀘이커 교회 안에서 '데이빗 메이스(David mace)' 의 지도로 가정사역운동이 태동된 것으로 알려져 있다.[89] 이 프로그램은 가족 자원개발 프로그램(The family Developement Program : The Key to Marraige Enrichment)이라 불리었다. 또한 미국의 연합 감리교회의 제자국은 그 사업의 일환으로 '레온 스미스(Leon Smith)' 의 주도아래 범국가적인 차원에서 부부의사소통 프로그램을 실시해 갔다고 한다. 가톨릭교회는 개신교보다 늦기는 했지만 1967년에 Marriage Encounter라는 이름, 소위 ME라는 이름으로 실시되어졌는데 한국에는 70년대 말에 처음 도입된 것으로 알려져 있다.[90]

우리나라의 개신교회의 경우 1970년대 중반부터 여기저기서 산발적으로 개교회 프로그램으로 부부세미나가 개최되어 왔으나[91] 가톨릭의 ME같은 체계적인 모델은 나타나지 않다가 두란노서원에서 성서연구를 겸해 시작한 세미나가 가정사역의 본격적 출발을 알렸다고 볼 수 있다.[92]

두란노서원은 1982년, 하용조 목사가 양은순 사모를 강사로 하여 '결혼과 가정상담 세미나' 라는 이름으로 한국 최초의 가정사역을 시작한 이래, 전문화를 위해 양은순 사모는 1985년 'HOME' 을 만들어 독립해 나갔고, 두란노서원은 이 시기에 일대일 가정사역학교와 상담훈련학교를 개설하여 가정사역의 새로운 모델을 제시하게 된다. 1986년에 역시 최초로 결혼예비학교가 두란노서원에 개설되었고, 1996년에는 어린이 사역을 본격화하기 위해 '어린이 연구원' 을 발족하여 그 사역을 세분화시켰다.

한국대학생선교회(CCC)에서도 1986년에 부설 가정선교원을 만들어 1박2일의 새생활 가정생활 세미나를 주수일 장로를 중심으로 개최해 왔다. 주수일 장

---

89) 김외식, **풍성한 결혼생활을 위하여** (서울: 도서출판 나단, 1989), 8.
90) Ibid., 9.
91) 특별히 임마누엘교회(김국도 목사)는 1976년부터 호텔에서 부부세미나를 정기적으로 개최하기도 했다.
92) 김외식, 9.

로는 그 후 1992년 '사랑의 집 가정생활연구원'을 만들어 그 사역을 계속해 오고 있다. 물론 한국대학생선교회에서도 가정사역은 지속되고 있다.

초창기의 가정사역자로는 HOME의 양은순[92] 원장을 비롯하여 원효식[94] 목사, 가정문화연구원의 주수일[95] 장로, 이동원[96] 목사 등을 들 수 있으며, 상담학자이면서도 가정사역에 관한 책들을 많이 번역해 내면서 가정사역에 깊이 뛰어 들게 된 정동섭[97] 교수 등도 초기의 가정사역자로 꼽힌다.

1990년에 들어서면서 우리나라에서도 가정사역은 활짝 꽃을 피게 된다. 1992년 9월에 송길원 목사가 부산에서 '기독교가정사역연구소'를 만들었고, 1993년 3월에는 김종주 장로가 '크리스천가정사역센터'를 만들게 된다.

특별히 '기독교가정사역연구소'라는 이름으로 출발한 '하이패밀리'는 송길원 목사가 대표로 있는데, 한국 사회에 가정사역이라는 단어가 낯설었던 1992년부터 부산에서 사역을 펼치기 시작했다.[98] 송목사는 이후 한국의 가정사역 발전에 지대한 공헌을 하였다.

두란노서원도 조길순 실장을 중심으로 활발하게 가정사역을 펼쳤으며 추부길 목사도 이때 평신도 가정사역자로 활동을 시작하게 된다.

특별히 극동방송이 가정사역의 확산을 위해 적극적으로 뛰어들게 되면서 한국에서의 가정사역은 대전환기를 맞이하게 된다. 1992년부터 극동방송 홍보부의 정찬덕 당시 부장을 주축으로 가정사역에 대한 계획들이 수립하게 되고 여기에 송길원 목사가 가세하면서 불을 붙이게 된다. 극동방송은 '행복한 가정 만들기 부부세미나'를 국내와 해외에서 지속적으로 펼쳐 왔으며, 목회자를 위한 가정 세미나, 신혼 부부를 위한 세미나 등 세분화된 사역도 펼쳐 왔다.

---

93) 가정사역단체인 HOME의 원장이며 천안대학교 상담대학원장이기도 하다. www.home-love.co.kr
94) 가좌제일교회 담임목사이며 현재 한국가정사역연구소 이사장을 맡고 있다. 한국가정사역학회 2대 회장이다.
95) www.jinsegol.or.kr
96) 지구촌교회 담임목사로 새생활세미나로 유명하다.
97) 전 침신대 교수로 가정사역에 관한 많은 책들을 번역했다. 초대 가정사역학회장을 지냈다.
98) www.hifamily.net

1993년에는 정규 방송을 통해 가정사역 성경공부(성서 부부학)을 실시하면서 붐 조성에 큰 역할을 하였고, 이 때에 '성서 부부학'이라는 10권짜리 교재를 발간하기도 했다. 지속적으로 가정사역 행사를 해오던 극동방송은 1996년 초, 파트너를 정태기, 추부길로 바꾸어 가정사역 활동을 계속하고 있다. 극동방송은 1996년부터 특별히 가정사역을 목회에 접목시키는데 중점을 두고 있다. 지금도 방송 프로그램에서 가정사역 시간을 고정 편성하고 있으며 진행은 추부길 목사가 하고 있다.

또 1994년 6월에는 인천에 노용찬 목사가 '인천가정문화연구원'을 창립하고, 1996년 1월에는 원효식 목사를 주축으로 '한국예수문화원'을 설립하게 된다. 이외에도 개교회를 중심으로 여러 가정사역 모임들이 활동을 하게 된다.

우리나라의 가정사역 역사에서 빼 놓을 수 없는 인물이 바로 이동원 목사(지구촌교회)이다. 1980년대부터 '새생활 가정세미나'를 열어서 가정의 중요성을 널리 전파시킨 가정사역의 전도사라고 할 만큼 초기 가정사역의 문을 활짝 열었다. 얼마 전까지만 해도 매년 '성서적 가정생활 세미나'란 이름으로 세미나를 열어 가정사역의 정착에 심혈을 기울였다.

1996년 정태기 목사와 함께 '크리스천치유목회연구원'을 만들었던 추부길 목사는 1998년 한국가정사역연구소를 설립하여 활발한 활동을 펼치고 있다. 이 단체에서는 우리나라 유일의 가정사역 월간지인 '가정과 상담'을 펴내고 있으며, '행복한 우리집'이라는 전도지도 매달 출판하고 있다. 2005년에는 이름을 한국가정상담연구소로 변경하였다.[99]

최근 들어 상담사역자들 중에서 가정사역을 겸하는 사람들도 많이 나타나고 있다. 상담사역과 가정사역의 영역이 많이 겹치는 관계가 있기 때문인 것으로

---

99) www.kofam.org

보이는데 정태기[100] 목사, 고병인[101] 교수, 김형준[102] 목사, 김의식[103] 목사, 원준자[104] 교수 등을 들 수 있으며, 이외에도 2000년에 서울신학대학원 안에 가정사역연구소를 설립한 김종환 교수, 고신대 변영인 교수, '가정문화원'의 두상달[105] 장로 부부, 설은주, 최혜숙 등이 활발하게 나름대로의 가정사역을 펼치고 있다. 또, 두란노서원은 이기복교수가 가정사역원을 맡으면서 제2의 부흥기를 맞고 있다. 또 두란노 내의 아버지학교는 별도의 조직을 가질 정도로 활발한 사역을 펼치고 있으며 김성묵 장로가 책임을 맡고 있다. 더불어 두란노서원 사상 가정사역에 중요한 역할을 했던 존재로 도은미 사모를 들 수 있다. 지금은 브라질 선교사로 가 있지만 우리나라에 아버지학교라는 단어를 처음으로 전파한 사람이며, 가정사역의 체계적 토대를 닦는데 지대한 공헌을 했다.

이외에도 가정행복학교의 박종혜[106] 소장, 가정효아카데미의 박재천 목사, CCC가정선교원, 지구촌가정훈련원의 이희범[107] 목사, 한국가정치유상담연구원의 최귀석[108] 목사, 행복을 만드는 사람들의 박필[109] 목사, 행복한 가정연구소의 김병훈[110] 목사들이 있다. 그러나 아직까지도 한국 사회가 필요로 하는 가정사역자의 수는 극히 미미할 정도로 적은 편이다. 이런 측면에서 가정사역자들의 책무는 참으로 막중하다고 하겠다.

---

100) 전 한신대 교수로 크리스천치유목회연구원 원장이다.
101) 한세대 교수로 특별히 역기능가정과 알코올 중독자에 대해 깊은 관심을 갖고 있다.
102) 동안교회 담임목사로 전 창신대 교수였으며, 이동원 목사의 지구촌교회 수석부목사를 지낸바 있다.
103) 전 호남신대 교수로 현재는 화곡동교회 담임목사로 있다.
104) 천안대 교수로 남서울교회에서 상담부를 맡기도 했다.
105) www.familyculture.net
106) www.sos-home.org
107) www.jigawon.com
108) www.kfhcc.org
109) www.happy-maker.net
110) www.hfamily.co.kr

제2부
가정신학

1. 가정에 대한 신학적 정의
　(1) 가정
　(2) 결혼
　(3) 이혼과 재혼
2. 가정에 대한 신학적 흐름
　(1) 신학의 관심 주제에 따른 신학의 흐름
　(2) 신학적 사조에 따른 가정사역의 흐름

1. 가정에 대한 신학적 정의

가정사역이란 한마디로 하나님이 디자인 하신 근본 원리를 아는 것으로부터 시작되어야 한다. 그런 의미에서 가정에 대한 개념을 살펴 본 뒤, 결혼과 관련된 성경적, 신학적 배경을 찾아보고자 한다.

(1) 가정

1) 가정의 성경적 배경

가정은 하나님께서 직접 설립하신 것이다. 가정은 믿음의 공동체요, 믿음을 행하는 현장이기도 하다. 더불어 가정은 크리스천으로서의 훈련을 받는 가장 중요한 현장이기도 하다. 그렇기 때문에 가정은 우리의 삶 속에서 하나님의 역사를 목격할 수 있는 가장 소중한 장이라 할 수 있다.

창세기에서는 바로 이 가정의 형성에 대해 자세하게 다루고 있다. 특별히 창세기 2장 22-24절[111] 말씀은 가정의 기원에 대해 직접적으로 설명하고 있다. 성경은 이 가정이 결혼으로 인해 형성되었다고 말한다(마태복음 19:6).[112]

좀 더 근원적으로 들어가면 가정은 하나님이 창조하신 남자와 여자의 본질에 기초하고 있으며 그로부터 발전해 나온 것이라 할 수 있다.[113] 즉 남자와 여자가 하나님의 형상을 따라 창조되었는데, 여기서 '형상'이라는 것은 신체적 유사성이라는 개념을 넘어서 좀 더 영적인 성격의 것을 말하는 것으로, 인격체(person)이신 하나님의 형상을 따라 지음을 받은 남자와 여자 역시 인격체라는 것이다. 인격체는 당연히 생각하고, 느끼고, 결정할 수 있으며, 자신과 또 다른 존재 또는 인격체들을 의식하게 되고 필수적으로 의사소통의 필요성과 그 능력을 가지고 있다.

엄격히 말하자면 다른 인격체들 없이는 그 어떤 인격체의 존재도 없다는 것이다. 그래서 남자와 여자는 자신의 형상대로 그들을 만드신 분이신 하나님과의 의사소통에서 최상의 자아실현을 이루게 되며, 인간적인 차원에서는 남자와 여자가 하나된 남편과 아내로서 서로 가장 풍부하고 의미있는 의사소통을 하게 된다는 것이다.[114]

가정에 대한 성경의 설명에 대해 특별히 관심을 끄는 부분이 바로 창세기 2장이다. 하나님의 형상대로 창조된 인격체인 남자는 누군가와 대화할 대상자가 필요로 했다. 그래서 하나님은 남자의 갈빗대를 취하여 여자를 만들어 주신다. 그때 그 남자는 그 여자를 보며 "이는 내 뼈 중의 뼈요 살 중의 살이로다"는 감격적인 고백을 한다. 여기서 남자라는 말은 이쉬(ish אִישׁ)요, 그 남자로부터 만들어진 여자는 이슈샤(ishsha אִשָּׁה) 라 칭한다. 다른 말로 하면 남자가 자기

---

111) 창세기 2:22-24/ 여호와 하나님이 아담에게서 취하신 그 갈빗대로 여자를 만드시고 그를 아담에게로 이끌어 오시니 23 아담이 이르되 이는 내 뼈 중의 뼈요 살 중의 살이라 이것을 남자에게서 취하였은즉 여자라 부르리라 하니라 24 이러므로 남자가 부모를 떠나 그의 아내와 합하여 둘이 한 몸을 이룰지로다
112) 마태복음 19:6 / 그런즉 이제 둘이 아니요 한 몸이니 그러므로 하나님이 짝지어 주신 것을 사람이 나누지 못할지니라 하시니
113) T.B. Maston, *The Bible and Family Relations, 성서 그리고 현대가정*, 이석철 역 (서울: 요단, 1991), 50.
114) Ibid., 51.

의 이름을 여자에게 주었다는 것이다.115) 이 설명에 이어서 성경은 "이러므로 남자가 부모를 떠나 그 아내와 연합하여 둘이 한 몸을 이룰지로다"라고 말씀하는 것이다. 곧 이는 남자와 여자가 가정을 이루어 사는 것은 인간 창조의 본질 속에 숨겨져 있는 것으로 남자와 여자가 존재하는 한 가정이라는 것은 존재할 수 밖에 없다는 것을 암시해 준다고 하겠다.

특별히 가정에 대해 창조신학에서는 창세기 1장 28절116)을 근거로 하여 하나님께서 자신의 형상대로 인간을 창조하셨고, 하나님의 영광을 위한 기관으로서 사명을 주셨다고 말한다. 인간에게 주신 하나님의 문화명령(창세기 1:28)은 아담과 하와가 아울러 지켜야 할 사명이라는 것이다.

반면 언약신학에서는 출애굽기 19장 4-6절117)에 더 비중을 둔다. 즉, 하나님과 이스라엘 백성 사이의 언약으로서 하나님께서 가정을 만드신 것이라는 것이다. 즉 출애굽기 말씀을 통해 하나님과 이스라엘 백성의 바른 관계를 설명하고 있는데, 이것이 하나님의 백성들의 삶의 근거이며 축복의 원리라는 것이다.

2) 가정에 대한 정의

가정에 대해서는 몇 가지 용어로 사용되고 있다. 먼저 구약에서는 '가정' 혹은 '가족' 이라는 뜻으로 mishpacha(מִשְׁפָּחָה), eleph (אֶלֶף)를 사용하였으며, 경우에 따라서는 bayith(בַּיִת)를 쓰기도 하였다. 헬라어에서는 Home이라는 뜻으로 oikos(οικος)를 사용하기도 했다. 넓은 의미의 가정은 혈통이나 결혼에 의해 연결되는 사람의 그룹을 말하는데, 창세기 17장 23절과 27절118)의

---

115) Ibid., 51-52.
116) 창세기 1:28/ 하나님이 그들에게 복을 주시며 하나님이 그들에게 이르시되 생육하고 번성하여 땅에 충만하라, 땅을 정복하라, 바다의 고기와 하늘의 새와 땅에 움직이는 모든 생물을 다스리라 하시니라
117) 출애굽기 19:4-6/ 내가 애굽 사람에게 어떻게 행하였음과 내가 어떻게 독수리 날개로 너희를 업어 내게로 인도하였음을 너희가 보았느니라 5 세계가 다 내게 속하였나니 너희가 내 말을 잘 듣고 내 언약을 지키면 너희는 모든 민족 중에서 내 소유가 되겠고 6 너희가 내게 대하여 제사장 나라가 되며 거룩한 백성이 되리라 너는 이 말을 이스라엘 자손에게 전할지니라
118) 창세기 17:23 /이에 아브라함이 하나님이 자기에게 말씀하신 대로 이 날에 그 아들 이스마엘과 집에서 태어난 모든 자와 돈으로 산 모든 자 곧 아브라함의 집 사람 중 모든 남자를 데려다가 그 표피를 베었으니 창세기 17:27 / 그 집의 모든 남자 곧 집에서 태어난 자와 돈으로 이방 사람에게서 사온 자가 다 그와 함께 할례를 받았더라

아브라함 가정에서 볼 수 있듯이 노예도 가족의 일원으로 여겨 할례를 베풀었음을 알 수 있다. 창세기 46장 5-7절[119]의 야곱 가정에서도 첩과 그들에게서 태어난 자녀들까지 가족의 범주에 포함시켰음을 살펴볼 수 있다.

그러나 좁은 의미로 쓰인 경우는 남편과 아내, 그리고 그들 사이에서 태어난 자녀만 가정을 구성하는 가족의 일원으로 보았는데, 창세기 7장 1절[120]의 노아 가정이 대표적이다. 여기에서는 노아와 그의 아내, 아들과 며느리만을 가족으로 보고 있다.

좀 더 구체적으로 구약성경에서 보는 가족의 개념은 'Father's House'이다. 이스라엘 백성들이 가장 강한 소속감과 주체성을 느끼며 의무감을 갖는 사회적 단위가 바로 '아버지의 집'이었다.[121] 이 아버지의 집은 그 집의 가장과 그 아내(들), 그의 아들들과 그들의 아내들, 그의 손자들과 그들의 아내들, 그리고 결혼안한 자녀들과 손자로 구성된다. 보통 가정은 3세대를 주관하도록 되어 있으며 핵가족(부모와 자녀들) 몇 개로 구성되어 있다. 그래서 아버지의 집은 보통 50-100명 정도로 구성된다. 이 아버지의 집이 경제적 측면에서는 이스라엘 땅 소유권의 기본 단위가 되었다.

3) 가정의 목적

성경은 하나님이 가정을 세우신 목적을 분명하게 제시하고 있다. 가장 먼저 언급된 목표는 바로 종족의 번식을 통한 하나님 나라의 확장이었다.[122] 하나님

---

119) 창 46:5-7 / 야곱이 브엘세바에서 떠날새 이스라엘의 아들들이 바로가 그를 태우려고 보낸 수레에 자기들의 아버지 야곱과 자기들의 처자들을 태우고 6 그들의 가축과 가나안 땅에서 얻은 재물을 이끌었으며 야곱과 그의 자손들이 다 함께 애굽으로 갔더라 7 이와 같이 야곱이 그 아들들과 손자들과 딸들과 손녀들 곧 그의 모든 자손을 데리고 애굽으로 갔더라
120) 창세기 7:1/ 여호와께서 노아에게 이르시되 너와 네 온 집은 방주로 들어가라 이 세대에서 네가 내 앞에 의로움을 내가 보았음이니라
121) 장석정, "구약성서에 나타난 가정", *기독교사상* (1997. 5): 10.
122) Ibid., 54-58.

께서는 남자와 여자를 창조하신 뒤에 "하나님이 그들에게 복을 주시며 하나님이 그들에게 이르시되 생육하고 번성하여 땅에 충만하라, 땅을 정복하라, 바다의 물고기와 하늘의 새와 땅에 움직이는 모든 생물을 다스리라 하시니라"(창세기 1:28)고 말씀하신다. 곧 남편과 아내는 하나님을 대리하는 사역자들로 이 땅을 살아가기를 원하셨던 것이다. 이러한 종족 번식을 통해 하나님 나라의 확장이라는 궁극적인 목적을 이루라는 목적이 있다는 것이다. 만일 그리스도인 부부들이 가정에 대한 이 개념을 염두에 둔다면 가정 안에서의 모든 관계들이 정결해지고 영화롭게 되며 가정이 지니는 그 밖의 고유한 목적들이 더 심화되고 의미 깊게 될 것이다.[123]

가정을 주신 또 하나의 목적은 이해와 사랑, 그리고 동반자적 삶을 살아가도록 하기 위함이다.[124] 창세기 2장 18절에서 말씀하듯이 사람은 독처하는 것이 좋지 못하기 때문에 누군가와 동반자적 삶을 살아가야 한다. 하나님은 돕는 배필로서 부부가 함께 가정을 이루어 살면서 그 부부의 열매인 자녀들과 동반자적 삶을 살아가기를 원하신다는 것이다.

가정을 주신 세 번째의 중요한 목적은 그 가정을 통해 거듭나기를 원하신다는 것이다. 가정은 하나님과의 관계를 훈련하는 장이다. 그 가정에서 모든 것이 다를 수밖에 없는 남편과 아내가 서로 다름을 극복하면서 조화를 이루는 삶을 살아갈 때, 모든 갈등들을 극복해 가면서 행복을 만들어 갈 때 그때서야 비로소 하나님의 사랑과 긍휼에 대해 깨닫게 되는 것이다. 특별히 매일매일 상처와 스트레스를 받을 수밖에 없고 그래서 연약한 그 마음이 깨어질 때마다 하나님이 주신 긍휼의 마음으로 서로를 감싸 안아줄 때 그 마음의 그릇이 온전하게

---

123) T.B. Maston, *Christianity and World Issues* (New York: Macmillan, 1957), 71.
124) Maston, *The Bible and Family Relations*,.

회복되는 역사가 일어나고 그로인해 또 다시 다가오는 영적 전쟁에서 승리할 수 있게 되는 것이다. 하나님은 곧 가정을 통해 상처가 회복되고 새 힘을 충전하는 영적 베이스캠프로서의 사명을 감당하도록 하신 것이다. 그래서 날마다 회복되고 날마다 거듭남으로 인해 우리는 영적으로 승리할 수 있다. 그것이 가정이 갖는 중요한 목적 중의 하나이다.

가정을 주신 네 번째의 목적은 성적 욕구의 정당한 표출 통로로서의 역할을 하기 위함이다.[125] 고린도전서 7장 8-9절[126]이 그 사명을 잘 설명하고 있다. 어떤 이들은 이것을 결혼이 가지는 저속한 목적이라고 생각할 수 있을 것이다. "그러나 만일 우리들이 성적 욕구의 힘을 생각해 보고 또 그것이 적절한 범위 내에서 적절한 동기와 함께, 또 올바른 정신 속에서 표출되었을 때 인간에게 가져다주는 청량감과 풍성함, 그리고 만일 그것이 잘못, 또는 저속한 수준에서 표출되었을 때 야기되는 엄청난 부정적 결과 등을 잘 생각해 본다면 결코 그렇지 않다는 것을 알게 될 것이다."[127]

가정을 향한 아주 중요한 목적 중의 하나는 가정을 통해 하나님 나라를 경험하고 훈련하는 것이다.[128] 곧 성경은 하나님과 하나님의 백성들 사이의 관계를 가족 관계의 비유와 상징으로 예시하고 있는 경우가 많다. 에베소서 5장에 나타난 가정의 규칙은 그 한 예일 뿐이다. 가족들과 맺은 사랑의 언약을 지키며 신실하게 사는 법을 배우는 것이야말로 크리스천을 믿음과 말씀 안에서 성장

---

125) Ibid., 55-56.
126) 고린도전서 7:8-9 내가 결혼하지 아니한 자들과 및 과부들에게 이르노니 나와 같이 그냥 지내는 것이 좋으니라 9 만일 절제할 수 없거든 결혼하라 정욕이 불같이 타는 것보다 결혼하는 것이 나으니라
127) Maston, *Christianity and World Issues*, 70.
128) Diana R. Garland, '가정사역이란 무엇인가?', *The Christian Century* (1996, Nov.), **목회시사정보** 67호 (1997. 3. 1)에서 재인용. 27-28.

시켜주는 중요한 방법 가운데 하나이다. 분을 내어도 죄를 짓지 않으며, 일흔 번 씩 일곱 번이라도 용서하고, 인내하고, 친절히 사랑하며, 쉼없이 기도하고, 사랑 안에서 참된 것을 말하고, 서로를 위해 자신의 생명까지도 주는 것을 배우는 일보다 더 혹독한 훈련은 없다. 그런데 가정이 바로 그러한 하나님의 법도를 지키고 훈련하는 장이 된다는 것이다.

가정을 향한 또 하나의 궁극적인 목적은 하나님의 영광의 도구가 되는 것이며, 하나님의 뜻을 이 땅에 실현시키는 도구가 된다는 점이다.[129] 가정의 최고 목적은 가정의 창조자이신 하나님을 영화롭게 하는 것이다. 여기에 대해서는 고린도 전서 10장 31절[130]과 로마서 11장 36절[131]에 잘 나타나 있다.

그렇기 때문에 그리스도인다운 가정이 되기 위해서는 다음과 같은 4가지 사항의 회복을 위해 노력해야 할 것이다.[132]

첫째, 하나님을 경외하는 가정의 모습을 회복하여야 한다(시편 128: 1-6). 둘째, 온 가정이 구원의 확신을 가져야 한다(사도행전 16: 31). 셋째, 성경을 따라 살아야 한다(갈라디아서 5: 16). 그리고 마지막으로 가정에서 가치의 우선 순위를 정해야 한다(마태복음 6: 33).

결국 가정이란 믿음의 공동체로서 하나님에 의해 선택되어진 것이며, 또 하나님에 의해 성립되어가는 중이라 할 수 있을 것이다(마태복음 12: 24-50, 시편 68: 5-6a).[133]

---

129) 정정숙, **성경적 가정사역** (서울: 베다니출판사, 1994), 104.
130) 고전 10:31 /그런즉 너희가 먹든지 마시든지 무엇을 하든지 다 하나님의 영광을 위하여 하라
131) 롬 11:36/이는 만물이 주에게서 나오고 주로 말미암고 주에게로 돌아감이라 그에게 영광이 세세에 있을지어다 아멘
132) 영락교회 평신도교육원, **가정교본II, 행복한 가정생활** (서울: 영락교회 평신도교육원, 1993), 30-31.
133) Diana R. Gerland, 21.

(2) 결혼

결혼 제도는 한마디로 하나님의 창조 역사에 속한 것이라 할 수 있다. 결혼은 하나님에게서 나온 것이지 인간의 생각에서 나온 것은 아니다. 1662년에 제정된 공동기도서의 결혼예식 부분에서도 "사람이 죄 없을 때에 하나님 자신이 제정하셨고 그리스도께서 가나 결혼 잔치에 참석하시어 빛나게 했고 복되게 하신 것이며, 그리스도와 그의 교회의 신비한 연합을 상징하는 것"이 결혼이라고 분명히 밝히고 있다. 이는 곧 결혼이라는 제도가 하나님에 의한 것이라는 사실을 말하고 있는 것이다. 그럼에도 불구하고 결혼이라는 제도가 심각한 위협을 받고 있는 시대에 우리는 살고 있다. 그런 의미에서 결혼이라는 것이 무엇인지 분명히 안다는 것은 앞으로의 삶을 위해서도 아주 중요한 것이라 하겠다.

1) 결혼의 목적

결혼이 무엇인지에 대해 정의할 때 우선 결혼을 왜 신학적인 측면에서 다루어야 하는지를 살펴 볼 필요가 있다. 그것은 곧 결혼이란 무엇인지 분명한 정의가 있어야 한다는 것을 의미한다. 분명한 것은 성경은 결혼에 관한 단순한 책이 아니라는 사실이다. 성경은 행복한 결혼생활을 하는 방법에 관하여 쓴 첫 번째, 그리고 최고의 책이다.[134]

그런데 요즘 결혼에 대해 여러 가지 학설들이 등장하면서 믿는 사람들을 혼동시키고 있다. 하나님의 말씀을 변형시키는 방법이 두 가지가 있다. 그것은 성경의 가르침에 자신의 가치관이나 생각을 덧붙이는 것이 첫 번째이고 성경

---

134) Luis Palau, "God's Blueprint for Happy Homes", *Husbands & Wives,* Howard & Hendricks, ed. (USA: Victor Books, 1988), 35.
135) Douglas Wilson, *Reforming Marriage, 결혼개혁,* 김준범 역 (서울: 미션월드라이브러리, 2004), 189.

에서 뭔가를 제하는 것이 두 번째이다.[135] 성경은 인간의 변화하는 가치관이나 문화로 해석할 것이 아니라 하나님의 시각으로 해석해야만 하는 것이다. 다시 말해서 진리가 시대에 따라 변해서는 안된다는 것이다. 특별히 성경의 기초를 이루는 가정에 대한 진리가 시대와 문화에 따라 변화된다면 결국 터가 무너지는 일들을 겪고야 말 것이다.

우리가 결혼에 대해 주목하는 그 첫 번째 이유는 결혼은 인간의 편리한 산물이 아니라 하나님 자신이 태초에 인간의 역사를 시작하면서 만드신 제도이기 때문이다.[136] 즉, 결혼은 하나님이 만드신 제도이기 때문에 오직 하나님만이 폐기하실 수 있는 것이지 인간에게는 그러한 권리가 없다는 것이다. 그래서 하나님은 예수님이 재림하실 때까지는 결혼제도가 없어지지 않을 것이라고 말씀하신다(마가복음 12:25, 누가복음 17:26-27).[137] 둘째로 결혼이 하나님이 만드신 첫 번째 제도요, 사회의 기본적인 제도이기 때문에 중요하다는 것이다. 특별히 결혼은 하나님이 만드신 사회인 교회의 기초이기도 하다. 이 언약적 사회(covenantal society)는 집(house)이나 가정(home)이 약화되면 따라서 약화된다.[138] 그것은 결혼을 통해 이루어진 가정들이 모여 교회를 이루기 때문이다. 즉, 기반이 되는 가정이 무너지면 그 기반 위에 세워진 교회 또한 무너질 수밖에 없다는 것이다.

그래서 모세오경을 비롯한 다른 구약성경들은 결혼을 언약(בְּרִית beriyth)이라고 부른다. 잠언 2장 17절에서도 간음한 아내는 "하나님의 언약을 잊어 버린 자"로 불려진다. 선지자 말라기는 '결혼 언약' 의 증인 중 하나가 하나님 자신이라고 말한다(말라기 2:14). 에스겔은 유다 민족과 결혼한 하나님을 생생하게

---

136) Jay E. Adams, *Marriage, Divorce and Remarriage In the Bible*, *성경이 가르치는 결혼, 이혼 그리고 재혼*, 김성혜, 김성희 역 (서울: 도서출판 베다니, 1994), 26.
137) 마가복음12:25/ 사람이 죽은 자 가운데서 살아날 때에는 장가도 아니 가고 시집도 아니 가고 하늘에 있는 천사들과 같으니라 누가복음 17:26-27/ 노아의 때에 된 것과 같이 인자의 때에도 그러하리라 27 노아가 방주에 들어가던 날까지 사람들이 먹고 마시고 장가들고 시집가더니 홍수가 나서 그들을 다 멸망시켰으며
138) Ibid., 27-28.

묘사하는데, 여기서 자주 결혼을 언약으로 일컫는다(에스겔 16:8, 59-62). 그만큼 결혼이라는 것이 중요한 의미를 갖는다는 것이다.[139]

그렇게 중요하기에 1662년의 공동기도서에 보면 결혼예식 부분에서 다음과 같이 결혼을 정의한다.

> "사람이 죄 없을 때에 하나님 자신이 제정하셨고 그리스도께서 가나 결혼 잔치에 참석하시어 빛나게 했고 복되게 하신 것이며, 그리스도와 그의 교회의 신비한 연합을 상징하는 것이 결혼이다."[140]

그런 의미에서 Howell은 결혼이란 하나님의 존전에서 하는 영적인 언약(spiritual covenant)이며, 가족과 친지들 앞에서 하는 사회적인 계약(social covenant)이며, 두 사람 사이에 이루어지는 개인적인 헌약(personal commitment)이라고 말하고 있다. 곧 하나님과 서로에 대한 헌약(commitment)이 바로 결혼이라는 것이다.

이렇게도 소중한 결혼을 하나님이 정하실 때는 그 목적이 있었다. 그 첫 번째는 결혼을 통해 생육하고 번성하기 위함이었다. 여기에는 가정이 사랑과 훈계 안에서 아이들을 기르는 것이 포함된다. 우리의 결혼이 하나님의 제도 안에서 이루어지는 결혼이라면 당연히 경건한 자녀를 생산함을 통해 하나님 나라를 확장해 가야만 한다. 말라기 선지자는 이 목적을 이루기 위해 아내를 존귀하게 여기라고 말씀하는 것이다(말라기 2:15).[141] 그것은 남편이 아내를 함부로 대하게 되면 반드시 그 아내로 인해 생산되는 자녀에게 악영향을 끼치게 되기

---

139) David Instone-Brewer, *Divorce and Remarriage in the Bible: the Social and literary context*, 성경속의 이혼과 재혼, 이재현 역 (서울: 아가페출판사, 2005), 13-14.
140) 정동섭, "가정사역을 통한 치유", *치유목회의 기초* (대전: 침례신학대학교, 2000), 286-287.
141) 말라기서 2:15 / 그에게는 영이 충만하였으나 오직 하나를 만들지 아니하셨느냐 어찌하여 하나만 만드셨느냐 이는 경건한 자손을 얻고자 하심이라 그러므로 네 심령을 삼가 지켜 어려서 맞이한 아내에게 거짓을 행하지 말지니라

때문이다. 그렇기 때문에 경건한 자손을 얻기 위해 서로가 서로를 존귀히 여기면서 자녀를 생산해야 하는데, 그것 자체가 결혼의 아주 중요한 목적 중의 하나라는 것이다.

두 번째로는 혼자서는 살 수가 없는 존재인 인간에게 동반자적 관계를 허락하기 위함이었다. 결혼은 한마디로 동반자 관계의 언약(The Covenant of Companionship)이라 할 수 있다. 그것은 결혼의 본질이 동반자 관계(Companionship)이기 때문이다.[142]

동반자 관계에 대해 혹자들은 이렇게 해석한다. 특별히 고린도전서 11장 9절의 "또 남자가 여자를 위하여 지음을 받지 아니하고 여자가 남자를 위하여 지음을 받은 것이니"라는 구절에 대해 창조질서는 남자와 여자가 서로 다른 지향점을 가지고 창조되었음을 보여 준다고 해석한다. 즉, 그들은 서로를 필요로 하지만 그 필요는 달랐다. 남자는 도움을 필요로 했고, 여자는 도와줄 대상이 필요로 했다는 것이다. 구체적으로 말하자면 온 땅을 다스리고, 온 땅에 충만하려면 남편 홀로는 불가능하며, 반드시 그에 맞는 돕는 배필이 필요하다는 것이다. 곧, 남편은 아내로부터 도움을 받아서 자신의 사명을 감당해야만 하며, 아내는 남편을 보살펴 줌으로써 자신의 사명을 감당하는 것이다. 그래서 남편은 일을 수행하는 쪽에 방향이 맞춰져 있으며, 여자는 돕는 쪽으로 방향이 맞춰져 있다고 말한다.[143]

더불어 마태복음 19장 11-12절[144]이나 고린도전서 7장 7절[145]을 통해 볼 때 '독신'은 기본적으로 좋지 못하며, 특별한 경우에만 하나님께서 '독신의 은

---

142) Ibid., 33.
143) Douglas Wilson, 26.
144) 마태복음 19:11-12/ 예수께서 이르시되 사람마다 이 말을 받지 못하고 오직 타고난 자라야 할지니라 12 어머니의 태로부터 된 고자도 있고 사람이 만든 고자도 있고 천국을 위하여 스스로 된 고자도 있도다 이 말을 받을 만한 자는 받을지어다
145) 고린도전서 7:7 / 나는 모든 사람이 나와 같기를 원하노라 그러나 각각 하나님께 받은 자기의 은사가 있으니 이 사람은 이러하고 저 사람은 저러하니라

사'를 주셔서 동반자 관계의 필요를 해소해 주신다는 것을 알 수 있다.

1662년의 공동기도서에도 보면 "흥할 때나 역경에 있을 때나 어느 때든지 한 사람이 상대와 주고받아야 할 상호 교제, 상호 도움, 상호 위안을 위해" 결혼을 제정하신 것이라 말한다. '잭 도미니안' 같은 경우는 남편과 아내가 결혼이라는 제도 안에서 서로에게 제공해 주어야 할 것으로 다음의 3가지를 들고 있다. 우선 '지지'가 필요하다고 말한다. 즉, 상대방을 받쳐주고 귀하게 여기는 것이다. 둘째로는 '치유'가 필요한데 그것은 결혼생활은 어릴 적 상처들이 사랑으로 치료될 수 있는 가장 적합한 상황이기 때문이라고 말한다. 세 번째로는 '성장' 혹은 '자아실현'이 필요한데 그것은 서로가 자신의 잠재성을 충분히 발휘하여 성숙한 사람이 되도록 격려하는 가운데 결혼의 소중한 목적이 이루어지기 때문이라는 것이다.

하나님께서 결혼을 정하신 세 번째 목적은 서로가 열심히 자신을 주는 사랑이 되어야 하는데 이 사랑은 성적 연합 혹은 '한 몸'을 이루는데서 자연스럽게 표현되기 때문이라는 것이다. 곧 헌신이 있어야 함을 말한다.

고린도전서 7장 2-3절[146]은 부부 사이의 성적인 연합이 성적 유혹과 싸우는 힘이 된다고 강조하기도 한다.

그런 의미에서 '존 스토트'의 결혼에 대한 성경적 정의는 아주 중요한 의미를 던져 준다. 그는 결혼이란 "한 남자와 한 여자 사이에 맺어지는 독점적인 이성간의 약속으로써 이것은 하나님께서 제정하셨고 보증하셨으며 그에 앞서 공적으로 부모를 떠나는 일이 있고 성교로서 완성되며 서로를 받쳐주는 영원한 협력관계를 낳고 일반적으로 자녀를 선물로 받음으로 영예를 얻는다"는 것이다.[147]

---

146) 고린도전서 7:2-3/ 음행을 피하기 위하여 남자마다 자기 아내를 두고 여자마다 자기 남편을 두라 3 남편은 그 아내에 대한 의무를 다하고 아내도 그 남편에게 그렇게 할지라
147) John Stott, *Marriage and Divorce*, *결혼과 이혼*, 김원주 역 (서울: 두란노, 1991), 15.

하나님께서 결혼을 제정하신 네 번째 목적은 하나님을 영화롭게 하고 영원토록 그를 즐거워하기 위함이다.[148] 우리의 결혼생활이 힘들고 비참하게 되는 것은 우리가 결혼 생활을 우상처럼 떠받들기 때문이다. 배우자는 사랑의 대상이지 예배의 대상이 아니다. 궁극적으로 하나님을 영화롭게 하려는 자들은 하나님의 명령을 따라 자기 아내를 헌신적으로 사랑하게 될 것이다. 즉, 남편이 가정에서 하나님을 영화롭게 하고자 할 때, 비로소 그는 그리스도의 본을 따라 자기 아내를 진정으로 사랑할 수 있기 때문이다.

성숙한 그리스도인이 될 때 그때서야 비로소 그는 성숙한 남편이 될 수 있다. 마찬가지로 성숙한 아내가 되려면 먼저 성숙한 그리스도인이 되어야 한다. 주 안에서의 성숙함이 결혼 생활에서 가장 먼저 선행되어야 할 조건임을 기억하여야 한다.

이와 같이 결혼은 너무나도 중요한 의미를 담고 있는 하나님의 계획이며, 창조의 의미를 담고 있는 하나님의 걸작품이라 할 수 있을 것이다.

2) 성경에 나타난 결혼 제도

성경은 엄연히 일부일처제를 요구하고 있다.[149] 그것이 하나님의 이상이었다. 일부일처제가 창조의 질서였는데(창세기 2:18-24, 고린도전서 6:16), 가인의 불미스러운 증손자 라멕에 이르러 일부 다처제(polygamy)가 나타난다(창세기 4:19).[150] 그러다보니 궁중에서는 여러 명의 아내를 가지는 것이 당연하게 생각하게 되었다. 그렇게 성경에 일부다처제가 많이 등장한다고 해서 그 시대가 모두 그러했던 것은 아니었다. 그 시대에도 일부일처제가 사회의 주류였으

---

148) Douglas Wilson, 15.
149) 창세기 2장 24절은 일부일처제에 대한 하나님의 의도를 나타낸다. 이외에도 다음의 여러 문헌에서도 일부일처제에 대한 하나님의 뜻을 적고 있다. 시편 128, 잠언 12:4, 18:22, 19:14, 31:10-31, 이사야 6:10, 62:5, 에스겔 16, 호세아 2:21-22, 아가서 전체)
150) 창세기 4:19/ 라멕이 두 아내를 맞이하였으니 하나의 이름은 아다요 하나의 이름은 씰라였더라

며, 특별히 경건한 사람들은 일부일처제를 준수했던 것으로 보인다. 그런데 열왕기상 11장(1-6절),[151] 느헤미야 13장 26절[152]에 나타난 것처럼 부를 거머쥐고 세속적이며 영적으로 둔감한 사람일수록 처첩들을 거느렸던 것으로 보인다. 특별히 족장시대에 들어서면서 일부다처의 혼인도 늘어갔다. 아브라함도 그리했고 야곱도 그러했다. 다윗은 스스로 마음을 다하여 의로운 사람이 되고자 했지만 당시의 시대 관습에 따라 많은 아내를 거느릴 수밖에 없었다. 다윗 같은 경우는 기록에 남아 있는 여자만 해도 8명 정도에 이르렀다. 솔로몬도 일부다처였다.

그렇다고 성경에서 아브라함이나 다윗, 솔로몬 같은 위대한 인물들이 일부다처를 했다고 해서 성경에서 용인한 것은 결코 아니다. 그들은 많은 처들로 인해 그에 상응하는 대가를 치르게 된다. 더불어 그러한 여러 아내들로 인해 하나님과 멀어지는 경우가 생기기도 했다.

일부다처가 여러 아내를 갖는 혼인상태를 말한다면 첩은 정식 아내가 아니면서도 여러 여자를 거느리고 사는 경우를 말한다. 대개 보면 첩은 전장에서 사로잡은 여자 노예이거나 돈을 주고 산 것으로 보인다. 첩을 둔 경우도 성경에 여러 곳에 등장을 한다.

상속결혼(Levirate Marriage)도 있었다. '형사 취수제' 라고 불리우는 이 제도는 한 남자가 자식이 없이 세상을 떠나게 되면 그의 형제나 동생, 또는 가장

---

151) 열왕기상 11:1-6/ 솔로몬 왕이 바로의 딸 외에 이방의 많은 여인을 사랑하였으니 곧 모압과 암몬과 돔과 시돈과 헷 여인이라 2 여호와께서 일찍이 이 여러 백성에 대하여 이스라엘 자손에게 말씀하시기를 너희는 그들과 서로 통혼하지 말며 그들도 너희와 서로 통혼하게 하지 말라 그들이 반드시 너희의 마음을 돌려 그들의 신들을 따르게 하리라 하셨으나 솔로몬이 그들을 사랑하였더라 3 왕은 후궁이 칠백 명이요 첩이 삼백 명이라 그의 여인들이 왕의 마음을 돌아서게 하였더라 4 솔로몬의 나이가 많을 때에 그의 여인들이 그의 마음을 돌려 다른 신들을 따르게 하였으므로 왕의 마음이 그의 아버지 다윗의 마음과 같지 아니하여 그의 하나님 여호와 앞에 온전하지 못하였으니 5 이는 시돈 사람의 여신 아스다롯을 따르고 암몬 사람의 가증한 밀곰을 따름이라 6 솔로몬이 여호와의 눈앞에서 악을 행하여 그의 아버지 다윗이 여호와를 온전히 따름 같이 따르지 아니하고
152) 느헤미야 13:26/ 또 이르기를 옛적에 이스라엘 왕 솔로몬이 이 일로 범죄하지 아니하였느냐 그는 많은 나라 중에 비길 왕이 없이 하나님의 사랑을 입은 자라 하나님이 그를 왕으로 삼아 온 이스라엘을 다스리게 하셨으나 이방 여인이 그를 범죄하게 하였나니

가까운 친척이 그 과부를 취하여 그 죽은 사람의 자손이 끊어지지 않도록 하여 족보를 이어가도록 했던 제도이다.(신명기 25:5-6)[153]

그런데 만약에 죽은 자의 형제가 과부를 취하는 것을 거부한다면 그녀는 망부의 형제의 신을 장로들 앞에서 벗기도록 되어 있었다. 여기에 대해 메이스(Mace)는 이렇게 설명한다.[154]

"그것은 그(죽은 자의 형제)가 그녀에 대한 의무를 거부함으로써 그의 형(죽은)의 유산에 대한 권리도 포기한다는 사실을 의식적으로 나타내는 표현이라고 해야 할 것 같다. 형의 유산을 상속한다는 것은 과부된 형의 아내를 취한다는 전제 조건이 필요한 것이었다. 토지의 소유주만이 그 위를 걸을 수 있는 권리를 가졌었으며 따라서 신발은 그 토지의 상징이었다."

이러한 권리를 취득한 여인중의 하나가 바로 다말이었다. 룻의 이야기 또한 상속 결혼의 본보기를 보여준다고 할 것이다. 마태복음에서는 일곱 형제에게 차례로 시집을 간 가상의 여인이 등장하기도 한다(마태복음 22:24-30).[155]

더불어 창세기로 거슬러 올라가보면 초기 히브리 민족들은 이웃나라의 문화적 관습을 많이 따랐던 것으로 보인다. 아브라함은 이복누이와 결혼을 했었고(창세기 20:12),[156] 사라는 자기 종을 남편에게 아내로 내어 주기도 했다(창세기

---

153) 신명기 25:5-6 / 형제들이 함께 사는데 그 중 하나가 죽고 아들이 없거든 그 죽은 자의 아내는 나가서 타인에게 시집가지 말 것이요 그의 남편의 형제가 그에게로 들어가서 그를 맞이하여 아내로 삼아 그의 남편의 형제 된 의무를 그에게 다 행할 것이요 6 그 여인이 낳은 첫 아들이 그 죽은 형제의 이름을 잇게 하여 그 이름이 이스라엘 중에서 끊어지지 않게 할 것이니라
154) David R. Mace, *Hebrew Marriage* (New York: Philosophical Library, 1953), 97-98.
155) 마태복음 22:24-30/ 선생님이여 모세가 일렀으되 사람이 만일 자식이 없이 죽으면 그 동생이 그 아내에게 장가 들어 형을 위하여 상속자를 세울지니라 하였나이다 25 우리 중에 칠 형제가 있었는데 맏이가 장가들었다가 죽어 상속자가 없으므로 그 아내를 그 동생에게 물려 주고 26 그 둘째와 셋째로 일곱째까지 그렇게 하다가 27 최후에 그 여자도 죽었나이다 28 그런즉 그들이 다 그를 취하였으니 부활 때에 일곱 중의 누구의 아내가 되리이까 29 예수께서 대답하여 이르시되 너희가 성경도, 하나님의 능력도 알지 못하는고로 오해하였도다 30 부활 때에는 장가도 아니 가고 시집도 아니가고 하늘에 있는 천사들과 같으니라
156) 창세기 20:12/ 또 그는 정말로 나의 이복 누이로서 내 아내가 되었음이니라

16:1-3).[157] 그리고 여러 성경의 인물들이 둘 이상의 아내를 두기도 했었다. 뿐만 아니라 결혼은 대체적으로 가족들끼리 이루어졌다.

그러한 다양함 속에서도 그 시대에도 결혼에는 특별한 의미가 주어진 것으로 보인다. 곧 결혼한 신혼의 남편에게는 전쟁에 나가지 않아도 되는 권리를 가졌다(신명기 24:5).

한편 결혼할 때는 대체적으로 부모들이 주선하였으나(창세기 21:21. 28:2), 가끔은 신부의 동의를 구하기도 했다(창세기 24:5, 58). 뿐만 아니라 요즘의 연애 결혼같은 로맨틱한 결혼도 분명히 존재하였다(창세기 29:2, 사사기 14, 사무엘상 18:20, 사무엘하 11:2-4, 열왕기상 2:17, 역대하 11:21).

성경 시대의 혼인 모습은 어떤 면에서 오늘 날의 혼인과 비슷하다. 그것은 오늘 날의 우리들의 관습 중 많은 것을 고대 히브리의 것에서 따왔기 때문이다.[158] 성경 시대의 신부는 결혼 날에 가장 좋은 옷을 입는데 그것은 공주의 그것처럼 아름답게 수놓은 경우가 많았으며(시편 45:14), 때로는 흰 옷을 입기도 했다(요한계시록 19:8). 만약에 신부가 보석 장신구를 가지고 있었다면 그것들을 착용하기도 했다(이사야 61:10). 전통적으로 신부는 띠를 허리에 두르고(이사야 49:18) 면백으로 자신을 가렸다. 이것은 신부는 '남편을 위하여 단장' 하는 의미였다(요한계시록 21:2).

신랑도 가장 좋은 옷을 입으며 머리에 사모를 썼다(이사야 61:10, 아가서 3:11). 노래를 부르는 사람들이나 음악하는 사람들과 더불어 친구들의 호위를

---

157) 창세기 16:1-3/ 아브람의 아내 사래는 출산하지 못하였고 그에게 한 여종이 있으니 애굽 사람이요 이름은 하갈이라 2 사래가 아브람에게 이르되 여호와께서 내 출산을 허락하지 아니 하셨으니 원하건대 내 여종에게 들어가라 내가 혹 그로 말미암아 자녀를 얻을까 하노라 하매 아브람이 사래의 말을 들으니라 3 아브람의 아내 사래가 그 여종 애굽 사람 하갈을 데려다가 그 남편 아브람에게 첩으로 준 때는 아브람이 가나안 땅에 거주한지 십 년 후였더라
158) Edith Deen, *Family Living in the Bible, 성서적 가정관*, 도한호 역 (서울: 요단출판사, 1993), 40-41.

받고 등장하는 신랑은(사사기 14:11) 기쁨으로 자기 거처를 나와 신부의 부모 집으로 향했다. 이 모습을 시편 19장 5절은 이렇게 묘사한다.

"해는 그의 신방에서 나오는 신랑과 같고 그의 길을 달리기 기뻐하는 장사 같아서"

이때 신부가 마중을 나오는데 보통 등을 들고 나갔다(마태복음 25:1). 신랑이 신부 집에 도착할 즈음이면 신부는 면박을 쓰고 있다. 그리고 신랑이 신부의 부모로부터 인수를 하면 그는 일행을 인도하여 거리를 행진하면서 노래를 부르고 춤을 췄다. "기뻐하는 소리, 즐기는 소리, 신랑의 소리, 신부의 소리(예레미야 7:34)"가 들리는 것이다.

이들의 행진이 드디어 신랑의 부친 집이나 친구 집에 당도하게 되면 진수성찬의 잔치가 열리게 된다(마태복음 22:2-4). 그 잔치는 혼인 날 밤에서부터 한 주간이나 그 이상 계속되는 수가 있었다(창세기 29:27).[159]

3) 결혼에 대한 이해

너무나도 중요한 결혼인 만큼 결혼에 대한 분명한 이해가 있어야만 하나님이 의도하시는 결혼에 다다를 수가 있을 것이다.

우선 결혼은 때가 있다는 점을 알아야만 한다. 결혼은 일정 기간의 준비를 거치면서 배우자를 맞는 준비를 하여야만 한다는 것이다. 하나님께서 아담에게 배필인 하와를 데려다 주실 때도 바로 이 원칙을 지키셨다. 하나님은 혼자 살아감으로 인해 고독해 하는 아담에게 돕는 배필을 주시겠다고 약속하셨다. 그리고 나서 바로 하와를 데려다 주지 않으셨다. 세상의 만물들에게 이름을 붙이는 사역을 시키신다. 아마도 아담은 하나님의 약속을 믿고 짝을 지어 오는 세상의 만물들을 보면서 그 중에 혹시 자신의 심성을 닮은 짝이 있지는 않나

---

159) Ibid., 42-43.

찾았을지도 모른다. 그러나 그중에는 없었다. 하나님께서 맡기신 사역이 어느 정도 이르렀을 때 하나님은 아담에게 돕는 배필로서 하와를 인도해 오신다. 그 때 얼마나 자신의 짝을 기다렸으면 이렇게 말하였을까? "이제야 나타났구나, 이 사람! 뼈도 나의 뼈, 살도 나의 살…" (창 2:23, 표준새번역 개정판). 결혼은 때가 있다. 하나님의 때가 있다는 것이다. 영적 성숙이 이루어지는 바로 그 때 까지 우리는 기다려야만 한다. 그리고 일정 기간의 준비를 거치면서 배우자를 맞는 준비를 하여야만 한다. 결혼에 대한 여러 가지 준비, 특별히 스스로 생각 하는 것이 자립할 수 있을 때까지 하나님은 기다리고 계셨다는 점을 기억해야 한다.

두 번째는 하나님은 '돕는 배필'로서 배우자를 창조하셨다는 점이다. 돕는 배필이란 적절한 조력자, 배우자를 이르는 말로[160] 영어로는 'a helper comparable to him'(NKJV/ 그에게 필적할만한 조력자), 'a helper suitable for him'(NASV, NIV/그에게 어울리는 조력자) a helper fit for him(RSV/그 에게 적당하게 어울리는 조력자) 등으로 표현하고 있다. 한글 번역 성경에서도 새번역에서는 '그에게 알맞은 짝'으로, 공동번역에서는 '거들 짝'으로, 그리고 한글 킹제임스에서는 '돕는 자'로 번역되고 있다. 어떻게 보면 하나님께서 남 자에게 '가장 알맞고 걸맞게 필요에 꼭 맞춰져 있는 돕는 사람'으로 배우자를 창조하셨다고 볼 수 있다. 그것은 배우자 어느 한쪽으로는 완전치 못하기 때문 에 서로 부족한 부분을 채워주고 도와주는 상대로서 만드셨다는 것이다.

성경주석가 '매튜헨리'는 돕는 배필을 창조하실 때 하나님께서 갈빗대로 만 드신 이유를 이렇게 설명한다. "하나님은 그녀를 그의 머리에서 취하시지 않으 므로 그를 주장하지 못하게 하셨고 그의 발에서 취하시지 않으므로 그에게 짓

---

160) 하용조 편, 비전성경사전 (서울:두란노, 2001), 257.

밝히지 않게 하셨으며 그의 옆구리에서 취하시므로 그와 동등하게 하시고 그의 팔 아래서 취하시므로 그의 보호를 받고 그의 가슴 근처에서 취하시므로 그의 사랑을 받게 하셨다".[161]

'매튜헨리' 는 구체적으로 돕는 배필에 대한 개념을 다음과 같이 설명한다.

"첫째, 하나님은 자비로우시게도 그의 독처하는 것을 동정하셨다. 그를 지으신 하나님께서는 그를 아셨고 또한 그에게 좋은 것, 즉 그가 홀로 지내는 것보다 더 나은 것이 무엇인지를 아셨다. 그래서 그는 '그가 계속해서 이렇게 홀로 지내는 것은 좋지 못하다' 고 말씀하셨다. 여기서 다음 두 가지를 생각해 보자. 첫째, 홀로 있으면 인간은 위안을 받지 못한다. 왜냐하면 사람은 사회적인 피조물이기 때문이다. 철저한 고독은 낙원을 황무지로, 궁전을 지하 감옥으로 전락시켜 버리고 말 것이다. 둘째, 홀로 있으면 인간은 자신의 종족을 번성시키거나 유전시키지 못한다. 하나님은 처음부터 사람으로 땅을 가득 채운 세상을 만드실 수 있었다. 그러나 하나님은 세대의 계승을 통하여 그와 같은 수를 이루는 것이 합당하다고 생각하셨다. 그런데 그러한 세대의 계승은 하나님께서 사람을 지으신 것처럼 둘로부터 곧 남자와 여자로부터 비롯되어야 한다. 하나는 영원히 하나일 수밖에 없다. 둘째로 하나님은 자비로우시게도 그에게 사회를 마련해 주실 뜻을 가지셨다. 하나님은 그에 관해 심사 숙고한 끝에 이런 결심을 하셨다. 내가 그를 위하여 돕는 배필을 지으리라. 우리는 여기서 다음 네 가지 점을 생각해 볼 수 있다. 첫째, 우리는 이 세상에서 우리의 상태가 아무리 좋을지라도 서로의 도움을 필요로 한다. 둘째, 우리의 필요를 완전히 아시는 분은 오직 하나님 한 분뿐이시며 또한 그만이 그 모든 필요를 완전히 채우실 수 있다(빌 4:19). 우리의 도움은 오직 그 안에 있으며 또한 그로부터 나온다. 셋째, 잘 어울리는 아내는 하나님께로부터 오는 돕는 배필이다. 넷째, 가정이라는 사회는 마음에 들기만 한다면 고독의 불만을 충분히 해소시켜 주는 곳이

---

161) 매튜헨리 성경주석 "결혼을 제정하심 2:21-25"(성경 CD 슈퍼바이블 중)

라는 사실이다. 선하신 하나님을 모시고 있고 선한 마음과 교제할 수 있는 좋은 아내를 두고 있으면서도 대화가 부족하다고 불평하는 자는 낙원에서도 편치 못하고 만족을 누리지 못할 것이다."[162]

매스턴(Maston)도 돕는 배필의 개념에 대해 이렇게 설명한다.[163]

"그 구절이 분명하게 암시하고 있는 것은 남자와 여자는 서로에게 속한 것이며, 서로에게서 자아실현을 이루게 된다는 점이다. 두 기계의 톱니가 서로에게 맞물림으로 기계를 돌게 하듯이 남자와 여자는 서로를 위해 만들어진 것이다. 또한 바이올린과 활대(bow)가 서로에게서 자신의 제조 목적으로 이루어가듯이 남편과 아내로서 남자와 여자는 서로를 위해 창조된 것이다."

그렇기 때문에 부부는 동반자요 짝(companionship)이라고 말하는 것이다. 이것이 말라기서 2장 14절의 의미이다.[164] 결국 부부라는 의미의 남편과 아내는 서로가 독립적이면서도 의존적인 존재라 할 수 있을 것이다.

그렇다면 돕는 배필은 아내만을 지칭하는 것인가? 그렇지 않다. 돕는 배필이라는 개념의 히브리어 ezer(עֵזֶר)는 하나님이 이스라엘을 돕는다는 표현에도 사용되고 있다(출애굽기 18:4, 신명기 33:7, 26, 29, 시편 33:20, 115:9-11, 121:2, 124:8, 146:5).[165]

---

162) 매튜헨리 성경주석 "남자에게 돕는 배필을 지으심(2:18-20)"(성경 CD 슈퍼바이블 중)
163) T.B. Maston, *The Bible and Family Relation, 성서 그리고 현대가정*, 이석철 역 (서울: 요단출판사 1991), 51.
164) 말라기 2:14/ 너희는 이르기를 어찌 됨이니까 하는도다 이는 너와 네가 어려서 맞이한 아내 사이에 여호와께서 증인이 되시기 때문이라 그는 네 짝이요 너와 서약한 아내로되 네가 그에게 거짓을 행하였도다
165) 출애굽기 18:4 /하나의 이름은 엘리에셀이라 이는 내 아버지의 하나님이 나를 도우사 바로의 칼에서 구원하셨다 함이더라 신명기 33:7 /유다에 대한 축복은 이러하니라 일렀으되 여호와여 유다의 음성을 들으시고 그 백성에게로 인도하시오며 그의 손으로 자기를 위하여 싸우게 하시고 주께서 도우사 그가 그 대적을 치게 하시기를 원하나이다 신명기 33:26 /여수룬이여 하나님 같은 이가 없도다 그가 너를 도우시려고 하늘을 타고 궁창에서 위엄을 나타내시는도다 신명기 33:29/ 이스라엘이여 너는 행복한 사람이로다 여호와의 구원을 너 같이 얻은 백성이 누구냐 그는 너를 돕는 방패시요 네 영광의 칼이시로다 네 대적이 네게 복종하리니 네가 그들의 높은 곳을 밟으리로다 시편 33:20/우리 영혼이 여호와를 바람이여 그는 우리의 도움과 방패시로다 시편 115:9-11/ 이스라엘아 여호와를 의지하라 그는 너희의 도움이시요 너희의 방패시로다 10 아론의 집이여 여호와를 의지하라 그는 너희의 도움이시요 너희의 방패시로다 11 여호와를 경외하는 자들아 너희는 여호와를 의지하여라 그는 너희 도움이시요 너희의 방패시로다 시편 121:2/ 나의 도움은 천지를 지으신 여호와에게서로다 시편 124:8 /우리의 도움은 천지를 지으신 여호와의 이름에 있도다 시편 146:5/야곱의 하나님을 자기의 도움으로 삼으며 여호와 자기 하나님에게 자기의 소망을 두는 자는 복이 있도다

곧 하나님은 우리를 돕는 분이라는 것이다.[166] 성경은 여러 부분에서 하나님과 이스라엘 백성과의 관계를 남편과 아내, 신랑과 신부의 관계로 표현한다. 같은 의미에서 하나님이 그의 신부인 이스라엘 백성을 언약적인 차원에서 돕는 분인 것과 마찬가지로 남편은 기본적으로 아내를 돕는 자라는 것이다. 특별히 아내라는 여자를 창조하시면서 '돕는 배필' 이라는 사명을 주신 것임을 알아야 한다. 그래서 돕는 배필이라는 'ezer' 는 지배자와 피지배자의 관계가 아닌 호혜적(互惠的) 관계라는 것이다. 그렇기에 남편과 아내는 서로의 인격을 존중하면서 그것도 서로가 홀로 설 수 없는 존재라는 사실을 알고 자기의 약점을 스스로 내놓고 도움을 청하며 또 받으며 살아가야 하는 것이다(로마서 15:1).[167] 그래서 약점은 우리가 살아가는 데 있어서 장애물이나 부끄러워 할 것이 아니라는 점을 알아야 한다. 그 약점도 하나님께서 주신 것이다. 하나님께서는 배우자의 약점이나 단점을 통해 내가 하나님이 원하시는 인격체로 훈련되어 지기를 원하신다는 점을 기억해야 한다. 그 약점이나 단점을 오히려 감사하게 받을 줄 알아야 그 인격이 성숙되어진다는 점을 돕는 배필이라는 개념이 말하고 있는 것이다.

세 번째로 배우자의 결정은 전적으로 하나님의 권한이셨다는 점이다. 하나님은 하와를 아담에게 인도하시기 전에 아담에게 조건을 묻지 않으셨다. 키나 재산, 가족관계 등 현대인들이 관심 갖는 그러한 사항을 전혀 묻지 않으시고 배우자를 데려다 주셨다는 점이다. 우리가 눈이 맞아서 상대방을 선택하고 결혼한 것 같지만 사실 그 가운데는 하나님의 섭리가 있었다는 점을 기억해야 한다. 그렇기에 결혼이라는 제도 안에 조건이 끼어들기 시작한다면 이미 그 결혼은 순수함을 떠나 있다는 것을 의미한다. 하나님의 의도를 벗어난 결혼이기에

---

166) 여기서 돕는다는 것은 단순히 육체적으로 뿐만이 아니라 감정적인 면을 포함한다.
167) 로마서 15:1/강한 우리는 마땅히 약한 자의 약점을 담당하고 자기를 기쁘게 하지 아니할 것이라

갈등은 찾아들게 되는 것이다. 결혼은 조건이 중요한 게 아니다. 결혼이라는 하나님의 의미를 알고 그 안에서 하나님의 뜻을 찾아가는 것이 진정한 결혼이라는 것이다. 그렇기 때문에 결혼은 사람이 나눌 수 없다고 말하는 것이다.

네 번째는 남자를 가정의 머리로서 세웠다는 점이다. 하나님께서는 가정에 책임의 순서를 정하셨다(고린도전서 11:3).[168] 물론 남편과 아내는 동등하게 창조되었지만 그 기능이나 역할에 있어서 질서가 있다는 점이다. 특별히 남편에게는 머리됨의 역할을 주셨다(에베소서 5:23).[169] 머리됨의 자리는 신성하면서도 막중한 책임이 있다.

즉 하와가 뱀의 유혹에 빠져 선악과를 먹었음에도 하나님은 하와의 잘못을 문책하시지 않고 아담을 부르셨다는 사실이다. 결국 남편이라는 리더십은 가족 구성원에게 일어나는 모든 일에 대해 응분의 책임을 져야 한다는 것을 의미한다. 그렇다고 이 머리됨이 독재라든지 지배를 의미하는 것은 아니다. 오히려 머리됨은 섬기는 것(Serving)에서 시작된다. 예수님께서 보여주신 모본대로 남편들도 아내에게 그러해야 한다는 것이다. 다시 말해서 예수님은 자신을 주려 이 땅에 오셨지만 세상적인 개념의 머리됨은 피지배자에 대한 지배를 뜻하는 것으로 이방인 지도자들은 오히려 지배하고 권세를 누리는데 초점을 맞추었다. 그것이 결국 하나님을 보지 못하는 결과를 가져오고야 말았다. 남편의 머리됨도 역시 섬기는 것에서부터 시작되어야 한다. 그래야 그 남편이 속한 가정이 하나님을 바라 볼 수 있기 때문이다.

그런 의미에서 존 번연(John Bunyan)은 남편이 바로 서야 한다고 강조한다. 존 번연은 이렇게 말한다.

---

168) 고린도전서 11:3/그러나 나는 너희가 알기를 원하노니 각 남자의 머리는 그리스도요 여자의 머리는 남자요 그리스도의 머리는 하나님이시라
169) 에베소서 5:23/이는 남편이 아내의 머리 됨이 그리스도께서 교회의 머리 됨과 같음이니 그가 바로 몸의 구주시니라

"아내들에게 진실로 믿음이 충만한 남편이 되십시오. 그리하면 부인들은 '나의 남편은 단순한 육체적 남편만이 아닌 하나님께서 보내주신 우리 가정의 영적인 지도자입니다' 라고 말할 것입니다."

곧, 가정의 모든 관계가 건강하게 유지되기 위해서는 부부관계가 먼저 바로 서야 되며, 그 열쇠는 남편이 부인을 대하는 방식에서 찾을 수 있다는 것이다. 다시 말해, 어머니가 행복하지 않으면, 그 가정의 누구도 행복할 수 없다(When mamma ain't happy. ain't nobody happy.)는 것이다.[170]

4) 머리됨에 대한 이해

머리됨(Headship)이란 무엇인가? 더글라스 윌슨(Douglas Wilson)은 이렇게 말한다.[171] "남편의 머리됨이 그리스도께서 교회의 머리됨과 같음이니"(엡 5:23)라는 이 구절은 이는 "남편이 아내의 머리가 되라(ought to, 명령문)"고 가르친 것은 아니라는 것이다. 바울은 '남편은 아내의 머리이다(is. 평서문, 사물에 대한 진실을 설명해 주는 문장)' 라고 말하였다는 것이다. 이것은 사도 바울은 결혼생활이 어떻게 이루어져야 하는가(ought)에 대해 말하고 있지 않다는 것이다. 이 내용은 23절 이하에서 다루어지고 있다. 오히려 그는 결혼에서 남편과 아내의 관계는 무엇인가에 대해(is) 서술하고 있다는 것이다. 즉, 결혼을 남편이 아내의 머리가 된다는 차원에서 정의하고 있는 것이다. 이는 남자의 머리됨이 없이 결혼이란 성립할 수 없다는 것을 말한다.

곧, 남편들에게 아내를 사랑하라는 명령은 주셨지만 남편에게 아내의 머리가 되라고 명령하지는 않았다는 것이다. 왜냐하면 남편은 이미 아내의 머리이기 때문이다. 이것이 결혼의 본질이라는 것이다. 그는 이렇게 말한다. 남편이 아내를 사랑하지 않을 때, 그는 형편없는 머리일지는 몰라도 여전히 아내의 머

---

170) Douglas Wilson, 13
171) Ibid., 30-33.

리라는 사실은 변화되지 않는다는 것이다. 그것이 하나님의 설계라는 것이다.

한편 가란드(Garland)는 머리됨에 대해 이렇게 설명한다.[172]

에베소서 5장 22절의 "아내들이여 자기 남편에게 복종하기를 주께 하듯 하라"는 말씀의 헬라어 원문에는 동사가 없다. 문자적으로 보면 "아내들은 주께 하듯 너희 남편에게(Wives to your own husbands as to the Lord)"라고 되어 있다. 동사인 '복종하라'는 5장 21절의 "그리스도를 경외함으로 피차 복종하라"라는 말씀에 연계되어 있는 것이다. 이 '복종하라'는 동사는 24절의 "교회가 그리스도에게 하듯 아내들도 범사에 그 남편에게 복종할지니라"에 다시 이어지고 있다.

결국 '피차 복종하라'는 것은 다른 사람들을 자신보다 먼저 고려하라는 뜻이 있다. 이 말은 그리스도 안에 있는 사람들은 다른 사람들의 평안과 관심을 먼저 추구해야 한다는 것을 의미하는 것이다.

더불어 머리됨이라는 말은 우두머리나 지배자를 의미하는 것이 아니라는 점을 알아야 한다. 오히려 자원이나 근원을 뜻한다. 창세기 2장의 창조 이야기에서 남자는 여자의 실존의 자원 또는 근원(source, origin)이다. 결국 근원이신 하나님이 우리를 사랑하시고 품에 안으시는 것과 같이 남편이 아내를 사랑하는 것은, 그것도 그리스도께서 교회를 사랑하시는 것과 같이 그렇게 하는 것은 지극히도 당연하다는 것이다.

결국 머리됨이란 지위나 우월적 권위를 말하는 것이 아니라 본질을 의미하는 것이라고 설명할 수 있는 것이다.

그러니까 교회가 그리스도의 다스림에 복종하는 것은 본질적인 것이고 이것이 우리의 모범이 되듯이 아내들도 남편에게 복종하는 것은 결국 아내를 돌보

---

172) Diana S. Richmond Garland and David E. Garland, Beyond Companionship Christian in Marriage (Philadelphia: The Westminster Press, 1996), 33-35.

고 가정의 조화를 이루기 위함이라는 것이다.[173]

　상담을 하다보면 남편의 머리됨의 질서가 무너졌을 때 얼마나 많은 가정들이 흔들리고 역기능을 갖게 되는지 살펴보게 된다. 가정에서 아버지의 권위가 무너지게 되면 단지 아버지의 문제로 끝나지 않는다. 그런 가정에서 자라난 아이들은 학교에 가면 선생님의 권위도 인정하지 않게 된다. 그들은 사회의 법질서 같은 권위도 인정하지 않으려 든다. 뿐만 아니라 궁극적으로는 하나님의 권위마저 인정하지 않게 된다. 그래서 그들은 신앙을 갖는다 할지라도 자기 위주의 이기적인 신앙을 갖게 되는 것이다.

　가정사역을 하다보면 왜 하나님께서 남편과 아내의 질서를 요구하시는가에 대해 많은 생각을 하게 된다. 분명한 것은 성경은 분명히 남녀가 동등하다고 말씀한다. 그렇다. 남자와 여자는 하나님 앞에서 동등하게 창조되었고 동등한 인격을 가지고 있다. 그러나 질서는 있다는 것이다. 삼위일체 하나님이 동일한 하나님이시지만 그 가운데서도 질서가 있다. 마찬가지이다. 부부간은 동등한 하나님의 자녀이기는 하지만 질서가 있어야 한다. 그래야 가정이 온전하게 굴러간다. 서로를 존중하고 의견을 다 받아 주지만 그럼에도 불구하고 최종적인 결정이나 대표는 남편이요, 아버지가 되어야 한다는 것이다. 그것이 하나님의 뜻이라는 것이다. 그렇다고 그 남자가 여자보다 질적으로나 영적으로 우수하기 때문이 아니다. 상담하다보면 정말 아내보다 못한 남편들이 얼마나 많은지 모른다. 그럼에도 불구하고 그 아내가 자신보다 부족한 남편을 머리된 자로 섬기라는 것이 하나님의 뜻이라는 것이다. 그렇지 않게 되면 많은 문제들이 일어나게 된다는 것이다. 하나님의 질서가 깨지게 된다는 것이다.

---

173) Larry Christenson, *The Christian Family* (Minneapolis: Bethany Fellowship, 1970), 33.

존 맥아더(John MacArthur Jr.)도 이렇게 말한다. "아내가 남편에게 복종해야 하는 것은 하나님의 뜻이고 궁극적으로 그 분께 대한 복종이기 때문에 그렇게 하는 것이다. 남편에게 복종하는 아내는 곧 주님께 복종하는 것과 같다. … 아내가 남편의 지시에 적합하게 반응하지 않는다면 심각한 역기능 현상이 일어나게 된다. 하지만 기꺼이 사랑으로 반응하는 아내는 하나님과 가정과 교회에 자기 자신을 영화롭게 한다. 아울러 세상 앞에 하나님을 증거하는 아름다운 본보기가 된다."(Different by Design)

머리됨에 대해 더불어 살펴봐야 할 것은 왜 하나님께서 남자와 여자를 동시에 창조하시지 않았을까 하는 점이다. 하나님께서는 아담에게 돕는 배필이 필요하다는 것을 이미 알고 계셨다. 만약 아담을 지어 놓고 나니까 "아, 실수했구나!"라고 생각한다 그야말로 문제가 있는 해석이다. 여자가 나중에 창조된 것도 가정 안에서의 권위와 질서를 세우기 위함이었다. 그것을 고린도전서 11장 8-9절이 설명하고 있는 것이다.

더불어 아담이 하와의 이름을 지어 주었다는 것이 뜻하는 바는 무엇일까? 이름을 지어 준다는 것은 권위자만이 갖는 특성이었다는 것은 두말할 필요가 없다. 아마도 페미니즘 학자들은 그러한 접근 자체가 문제라고 말할지 모른다. 즉, 아담은 남자가 아니라 여자라고 주장하기도 하며, 예수님도 페미니스트이고, 여성에 관한 참된 역사가 성경을 편집하는 과정에서 제외되었다고 말하기 때문이다.

뿐만 아니라 창세기에서 사람으로 번역된 '아담(Adam)'이라는 단어를 눈여겨 본다면 가정에서의 질서가 무엇인지 금방 알게 된다. 아담과 하와를 만드시고 복을 주신 후에 그들을 '아담'이라고 불렀다는 사실은 우리에게 많은 것을 시사해 준다. 곧 하와는 처음부터 남편의 이름으로 언약에 참여한 자가 되었다는 사실이다.

트리니티 복음주의 신학교의 레이먼드 오클랜드 교수는 남녀의 역설적인 관계를 이렇게 명쾌하게 정의한다.

"하와가 아담과 동등했던가? 대답은 그렇기도 하지만 아니기도 하다. 하와는 아담과 영적인 면에서 동등하고 그에게 적합한 존재였지만 그녀는 아담을 돕는 자였다는 점에서 그와 동등하지 않다. 하나님께서는 남자와 여자를 구별하여 지으셨고, 그렇게 창조된 남성다움과 여성다움은 각각 그 역할이 달랐다. 남자는 그 남성다움으로 인하여 하나님을 위한 지도자적 역할을 맡게 되었고, 여자는 그 여성다움으로 인하여 하나님을 위한 조력자의 역할을 맡게 되었다." (Male-Female Equality and Headship)

최근들어 "여자여 잠잠하라"는 말씀이 후대에 편집되었다거나 "머리됨"의 해석에 대한 논란이 많다. 분명한 것은 한마디로 "여자여 잠잠하라"는 그 말씀이 갑자기 불쑥 튀어 나온 말이 아니라는 것이다. "후대에 쓰여진 현재의 성경에 불안하게 삽입된 것"이 아니라는 것이다. 구약 성경과 신약성경, 특별히 바울 사도도 일관되게 남자와 여자의 질서를 강조하고 있다. 교회의 질서는 그리스도를 머리로 하여 남편이 있고, 그 남편을 머리로 하여 아내가 있다는 것이다.

고린도 교회도 그렇지만 요즘도 보면 신앙이 특심이다 보니 방언의 은사나 예언의 은사를 아무래도 남자들보다는 여자들이 더 많이 받게 되는 듯 싶다. 그런데 그러한 은사를 받은 많은 여자 성도들이 남자들을 무시하고 앞에 서서 떠들어 대고 그릇된 행동을 했을 것이다. 사도 바울은 그러한 여자들을 가리켜 "잠잠하고 질서를 지키라"고 말씀한 것이다.

사도 바울의 이러한 질서관은 고린도전서 14장에만 있는 것이 아니다. 에베소서 5장에서도 남편과 아내의 질서를 강조하고 있다. 만약 "여자여 잠잠하라"나 "남편이 아내의 머리됨"에 대해 후대에 추가되었다거나 잘못된 성경 해석으로 몰아 붙인다면 그것은 성경의 전반적인 흐름 자체를 무시하는 결과를 가져오게 된다.

특별히 혹자는 갈라디아서 3장 28절 말씀을 빗대면서 예수 그리스도 안에서 다 하나라는 점을 강조한다. 여기에 대한 로버트 소시(Robert L. Saucy)박사의 대답은 분명한 답을 주게 될 것이다.

"그리스도 안에서 남성과 여성의 어떤 차이가 극복되었느냐 하는 것이 해석학의 관건이다. 이 문제를 "다 그리스도 안에서 하나이니라"는 사도의 말에 비추어 다시 물으면, 그리스도 안에서 남성과 여성이 함께 공유하는 그 '하나됨'이 무엇이냐는 질문이 된다. 이러한 질문들에 대한 대답은 남자와 여자 사이에 존재하는 기능상의 질서와는 전혀 관계가 없다는 것을 밝혀 두고 싶다. 오히려 문제는 하나님 앞에서의 영적인 지위에 관계된 것이다.… 이 구절에 인간 사회의 기능적인 질서에 관한 문제를 부과하려는 것은 문맥에 입각한 정당한 해석에 의해 뒷받침되지 않는 의미를 억지로 집어 넣는 것이다. 그러므로 갈라디아서 3장 28절 말씀에 근거하여 교회에서 남자와 여자 사이에 놓인 기능적인 질서를 폐지할 수도 없고, 믿는 부모와 자녀, 또는 믿는 시민과 통치자 사이에 놓인 기능적인 질서를 폐지할 수도 없는 것이다. 왜냐하면 이 말씀은 신자들이 교회라는 조직 안에서나 밖에서나 그리스도 안에서나 밖에서나 모두 하나라는 의미를 전달하고 있을 뿐이기 때문이다." (Perspectives on Evangelical Theology)

물론 머리됨에 대해 착각해서는 안될 것이 분명히 있다. 앞서 설명된 바 있지만 머리됨이 곧 우월적 지위나 주종의 관계를 의미하는 것은 아니라는 점이다. 부부는 동등하다. 그리고 아내는 결코 남편에 대해 열등한 존재가 아니다. 이는 아들 예수님이 아버지 하나님께 종속되어 있으나 하나님보다 열등하지 않다는 것과 같은 의미이다.

다시 말하자면 아내가 남편에게 복종하는 것은 그들의 지위를 말하는 것이 아니다.[174]

머리됨에 대해 양성 평등의 관점에서, 이 시대의 문화라는 측면에서 칼을 들이미는 것은 한참이나 잘못된 생각이다. 곧 유교적 관점에서 성경을 바라보면 해석이 아주 잘못될 수 있다.

예수님은 우리들의 머리이시다. 그러나 그 예수님은 이 땅에 군림하러 오신 것이 아니다. 오히려 섬기려 오셨다고 말씀하신다. 마찬가지이다. 머리됨은 다른 사람들을 사랑하고 섬기는 수단이지 군림하는 그 무엇이 아니다. 오히려 그 사랑의 강도가 자신의 목숨을 버리기까지 해야함을 머리됨은 강조한다. 그러니까 그 책임과 사명이 강조된 것이지 누리는데 초점이 있지 않다는 것이다. 그것이 바로 헌신의 개념이다.

성경은 부부 중 어느 누구가 배우자를 지배하고 다스리는 것을 허락하지 않는다. 남녀는 경쟁하고 갈등, 투쟁하는 관계가 아니다. 오직 조화와 완전을 의미한다고 볼 수 있다.[175] 이를 분명히 알아야 하는 것이다.

이 세대는 남녀 평등을 주장하고 페미니즘적 사상이 시대의 '선'이라고 몰아 붙인다. 그러나 분명한 것은 남녀가 평등하되 질서는 있다는 것이다. 그 질서 자체를 무시한다 그러면 결국 하나님의 창조 질서 자체를 무시하는 결과를 가져오게 될 것이다.

가정은 하나님의 나라를 훈련하는 장소이다. 가정에서 질서를 훈련받지 못한 사람들이 그 어디 가서 질서를 지킬 수 있겠는가?[176]

---

174) Larry and Nordis Christenson, "God's Plan for Husband-wife Relationship", Howard and Jeanne Hendricks ed., *Husband and wives* (Canada: Victor Books, 1988), 213-216
175) 설은주, *가정사역론* (서울: 예영커뮤니케이션, 1978), 31.
176) 혹시 남편과 아내의 질서에 대해 실제적인 사례를 깊이 보고자 한다면 로라 데일(Laura Dayle)이 쓴 '여자여 항복하라(The Surrendered Wife)'는 책을 꼭 한 번 읽어 보기를 권한다. 그 책을 보게 되면 남자와 여자의 질서가 얼마나 중요한지 피부로 깨닫게 될 것이다.

존 칼빈(John Calvin)은 우리에게 이렇게 경고한다. "우리는 스스로 겸손해
지도록 합시다. 그리고 우리 자신의 머리에 너무 많이 의존하지 않도록 합시
다.… 하나님께서 우리들로부터 영광 받으시는 것을 방해하지 못하도록 하기
위해서는 우리들 사이에 분명하게 확립된 질서가 있어야 합니다.… 또한 교회
의 아무 것도 변형시키지 않도록 주의해야 합니다."(Men, Women, and
Order in the Church)

존 칼빈의 경고가 참으로 가슴 깊이 아리는 시대이다. 아무리 성경을 찢어내
고 첨삭하려 해도 성경 원래의 진리는 변하지 않는다는 것을 우리는 잊지 말아
야 할 것이다.

5) 성경적 결혼의 네 가지 원칙

하나님이 원하시는 결혼에는 다음의 4가지의 원칙이 있다.

① 분리의 원칙(떠남의 원리)

창세기 2장 24절의 "그러므로 남자가 부모를 떠나…"는 결혼에 있어 뷰리의
원칙을 말해 준다. 여기서 떠난다는 것은 부모의 양육을 받던 자녀의 관계에서
완전한 성인으로서의 관계 전환을 의미한다. 즉 부모와 자녀의 관계가 최우선
이 아닌 남편과 아내의 관계가 최우선이 되는 일대 혁신을 의미하는 것이다.
이것은 단지 분가하는 것만을 의미하는 것은 아니라, 이제 독립적인 인격체로
서 부모보다 배우자에게 모든 관심을 집중하고 부부의 관계가 다른 무엇을 앞
서는 최우선의 관계가 되는 것을 의미한다. 부모와의 관계에서 최소한의 감정
적 독립을 하지 못하면 결혼생활을 파괴하게 된다.
특별히 여기서 떠남이라는 것에는 영적인 의미도 함께 담겨 있다. 그동안에

는 아버지가 영적인 제사장으로 그 가정에서 역할을 하였지만 결혼을 하는 그 순간부터는 이제 남편이 영적 제사장으로서의 직분을 가지고 떠난다는 것을 의미한다. 또 하나의 하나님의 교회가 개척되는 것이다. 즉 축복권과 말씀권, 신앙전수권을 가지고 떠난다는 것을 의미하는 것이다. 그렇기에 떠난다는 것은 육체적, 정신적, 영적으로 아주 중요한 의미를 갖는다고 할 수 있을 것이다.

문제는 떠나지 않거나 떠나보내지 못했을 때 생기게 된다. '아기의 탯줄을 끊는데는 30초도 안 걸리지만 정신적 탯줄을 끊는 데는 30년도 더 걸린다' 는 말이 있다. 당연히 떠나보내야 함에도 그렇게 하지 못함으로 인해 마마보이(mama's boy)와 마마걸(mama's girl)이 생겨나게 되는 것이다. '떠난다' 는 것은 '철난다' 는 것을 의미한다. 더 이상 부모에게 의존하지 않고 자립하게 된다는 것을 의미한다는 것이다. 당연히 결혼과 동시에 부부가 함께 만들어가는 새로운 결혼의 틀을 조화롭게 만들어 가야 함에도 불구하고 자신이 부모로부터 물려받은 결혼의 틀만 고수하려 할 때 갈등은 생겨나게 되는 것이다. 자녀를 떠나보낸 성숙한 부모는 자녀들이 어떠한 싸움을 벌이든 스스로 해결하도록 내버려두지만 그렇지 못한 부모는 자녀의 싸움에 개입하게 되고 오히려 조종함으로 인해 결국은 서로가 엄청나게 상처를 받는 결과를 가져오게 된다. 성경은 그래서 이 떠남의 원리를 먼저 강조하고 있는 것이다.

② 영속성의 원리(연합을 언약함)

창세기 2장 24절중 '그 아내와 연합하여' 로 대변되는 영속성의 원리는 '죽음이 우리를 갈라놓을 때까지', '끝까지' 같은 뜻을 담고 있다. 그래서 결혼서약을 할 때 "나 누구누구는 남편(아내)을 맞이함에 있어 죽음이 우리를 갈라놓을 때까지 사랑할 것"이라는 서약을 하게 되는 것이다. 여기서 연합이라는 의미의 히브리어 dabaq(דבק)는 남편과 아내의 영속적인 결합을 의미하기도 하지만 이 동사는 하나님과 인간과의 결합을 가르킬 때도 사용되고 있음을 주목해야 한다. 즉 이렇게 성스러운 동사를 남편과 아내 사이의 결합에 사용한 이유는 하나님과 우리가 하나이며, 또 하나님께서 우리를 영원토록 사랑하고 그 사랑을 주시듯이 배우자를 향한 결혼 서약도 완전한 하나임과 동시에 영원하다는 것을 의미하는 것이다.

그렇기에 결혼은 하나님에 의해 언약으로 창조된 제도하고 말하는 것이다 (말라기서 2:14, 잠언 2:16-17).[177] 여기서 언약이라는 것은 '자르다, 가르다' 는 의미를 가진 히브리어 beriyth (בְּרִית, covenant)에서 유래된 것으로 원래 언약을 할 때 짐승을 반으로 잘라 놓고 갈라 마주놓은 고기 사이를 계약 당사자가 지나감으로 인해 맺어지는 계약인데, 이는 이 계약을 파기하면 갈라놓은 짐승과 같이 죽게 됨을 각오하고 계약에 임해야 한다는 것을 의미한다. 이러한 의미가 결혼식에 그대로 살아 있다. 즉, 결혼식장에서 신랑측과 신부측이 나뉘어 앉고 그 가운데를 빨간 카펫을 두르게 되는데, 중앙 통로를 중심으로 앉는 양측 하객은 나뉘어진 짐승, 곧 성경상의 희생제물을 의미하며, 통로의 빨간 카펫은 짐승의 피를 의미하는 것이다. 그만큼 결혼은 신성한 것이다. 그런 의미에서 "결혼이란 하나님 앞에서 그리스도 안에 있는 두 남녀가 전 생애를 함께 하기로 전인격을 드려 언약하는 총체적인 서약을 의미한다"는 노만 라이트 (Norman Wright)의 지적을 눈여겨 보아야 할 것이다.[178] 그래서 결혼의 진정한 의미는 '그럼에도 불구하고' 에 있다고 할 수 있는 것이다.

특별히 하나님 안에서 진정한 연합을 이루기 위해서 크렙(Crabb)은 은혜와 헌신과 용납이 있어야 한다고 설명한다.[179]

---

177) 말라기서 2:14 /너희는 이르기를 어찌됨이니이까 하는도다 이는 너와 너의 어려서 맞이한 아내 사이에 여호와께서 증인이 되시기 때문이라 그는 네 짝이요 너와 서약한 아내로되 네가 그에게 거짓을 행하였도다 잠언 2:16-17 / 지혜가 또 너를 음녀에게서, 말로 호리는 이방 계집에게서 구원하리니 17 그는 젊은 시절의 짝을 버리며 그의 하나님의 언약을 잊어버린 자라

178) Norman Wright, *Finding Your Perfect Mate, 주님, 나의 반쪽은 어디에 있나요?*, 최기운 역 (서울: 베다니출판사, 1997), 41.

179) Lawrance J. Crabb, Jr., *The Marriage Builder* (Grand Rapids: Zondervan, 1982), 102-103, 111, 123.

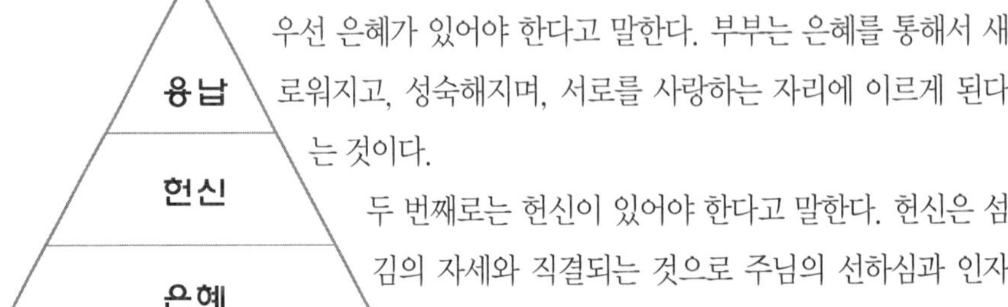

우선 은혜가 있어야 한다고 말한다. 부부는 은혜를 통해서 새로워지고, 성숙해지며, 서로를 사랑하는 자리에 이르게 된다는 것이다.

두 번째로는 헌신이 있어야 한다고 말한다. 헌신은 섬김의 자세와 직결되는 것으로 주님의 선하심과 인자하심을 믿는 믿음의 역사이다.

세 번째로는 용납을 말한다. 이것은 배우자의 모든 부분을 있는 그대로 다 받아들이고 더불어 잘못된 것은 용서하는 것을 의미한다.

이러한 세가지 요소가 부부를 진정한 연합으로 만들어 간다는 것이다.

③ 하나됨의 원리

'둘이 한 몸을 이룰지로다' 는 말씀으로 요약되는 하나됨의 원리는 가장 친밀한 연합을 의미하는 것으로 성(性)을 뜻하기도 한다. 부부간의 성적인 교제는 하나님의 은총이다. 그러한 성적 연합은 정신적, 영적, 육체적 합일(合一)을 의미한다는 점에서 진정한 하나됨의 표상이라 말할 수 있는 것이다. 그런데 여기서 하나가 된다고 해서 각자의 인격까지 무시하고 똑같아지라는 것은 아니다. 부부 사이의 결합은 반쪽끼리 합쳐진 것이 아니라 각각 전체로서 합쳐진 것이라는 사실을 알아야만 한다. 한 몸이 되었다고 해서 부부가 한날 한시에 죽지 않는다. 마찬가지로 남편이 슬프다고 해서 아내도 동시에 슬퍼지는 것도 아니다. '칼릴 지브란' 의 말처럼 '부부는 한 곳을 바라보면서 걸어가는 삶' 이다. 그럴 때 딱 붙어서 한 몸이 되어 걸어가는 것이 아니라 한 방향을 보며 나란히 걸어간다는 것을 의미한다. 부부의 하나됨은 나무와 같다. 나무가 적당한 거리를 두고 있어야 서로가 크게 자랄 수 있다. 지나친 의존은 서로를 망치게 된다. 서로가 홀로 설 수 있도록 영적으로, 정신적으로 성숙되게 만들어 주는 것이 진정한 하나됨을 위한 준비이다. 의존관계는 서로의 구속만을 가져 온다. 하나됨이란 이러한 의존을 말하는 것이 아니다. 건강하게 홀로 서서 같은 방향을 바라보며 함께 걸어가는 것을 의미한다.

더불어 나의 모든 것을 드리는 결혼이기에 서로가 상대방의 좋은 점 뿐만 아니라 단점까지도 '나의 것', '나의 몸의 일부'로 받아들이는 전적인 수용이 필요하다. 결혼이란 철저한 헌신을 통해 서로가 돕는 배필로써 하나가 되는 것을 의미한다. 1단계인 "육체적 적응"은 당연한 것이고 2단계인 "정서적 적응"도 이루어져야 한다. "정서적 적응"이 이루어지기 위해서는 자신을 배우자에게 남김없이 줄 때 가능하다. 심지어 자신의 약점까지도 두려움 없이 주어야 한다. 반대로 받아들일 때는 상대방의 모든 것, 약점까지도 받아 들여야만 온전한 연합을 이루게 된다. 어느 한 부분이라도 틈이 생기면 그것이 바로 "막힌 담"으로 작용한다. "막힌 담"이 생기면 그때부터 부부간에는 틈새가 생기고 갈등이 스며들게 되는 것이다. 이러한 "정서적 적응"이 잘 이루어질 때 "영적인 적응"도 잘 되게 되어 있다. 사랑은 감정이라기보다는 헌신에의 의지이다. 열정이나 좋아하는 것과는 분명히 구별되어야 한다.

④ 친밀성의 원리

'두 사람이 벗었으나 부끄러워 아니하더라'는 말씀으로 정리되는 친밀성의 원리는 결혼 생활에 있어서 허물이나 결점이 결코 문제가 되어서는 안된다는 것을 의미한다. 그 모자란 점을 바라보면서 그것마저도 하나님께서 주신 것이라는 생각을 할 때 부부간에는 진정한 친밀함이 생겨나도록 되어 있다. 나의 모든 점에 대해서 상대방이 수용하고 받아 들이려는 자세, 어느 것을 내 놓아도 그것이 부끄럽거나 문제가 되지 않는 관계, 그것이 벌거벗어도 부끄러워하지 않는 관계인 것이다. 결혼의 커다란 목표 중의 하나는 서로간의 완전한 개방과 몸과 마음 전체에 이루어지는 총체적인 친밀함이다. 그러나 그것은 하룻밤 사이에 이루어지는 것은 아니다. 부부가 이러한 친밀함을 위해 꾸준히 노력해 가야만 하는 것이다.

6) 성경적 결혼의 의미

성경적 결혼의 의미는 첫째, 하나님의 창조사역을 위임받는 예식이라는 점을 들 수 있다.

하나님의 천지창조의 매일매일은 결국 아담과 하와를 만드시고 가정을 꾸리게 하는 것으로 마무리된다. 그리고서야 비로소 안식에 들어가신다. 즉, 하나님의 창조 사역의 클라이맥스는 인간의 창조라고 할 수 있다. 이토록 놀라운 사역을 하나님께서는 결혼이라는 제도를 통해서 위임하셨다. 따라서 결혼을 한다는 것은 바로 하나님의 창조사역에 있어서 동역자가 된다는 것을 의미한다. 그래서 결혼은 성스러운 사건인 것이다.

둘째는 결혼은 밭을 사는 것이라 할 수 있다. 마태복음 13장[180]에 보면 밭에 보화가 감추어져 있다고 말하고 있다. 그런데 이 보화를 캐내기 위해서는 자기의 소유를 모두 다 팔아서 밭을 사라고 말씀하고 있다. 배우자는 바로 보화같은 존재이다. 바로 이 보화를 얻기 위해 결혼을 하는 것이다. 그런데 이 보화를 내 것으로 갖기 위해서는 밭을 사야 한다. 밭이란 무엇을 말하는 것인가? 바로 배우자가 속해 있는 가정, 다시 말해서 시아버지, 시어머니, 시누이, 시동생들을 비롯한 시댁 식구들, 넓게 말하자면 장인, 장모 등의 친가 식구들까지를 말하는 것이다. 이런 주위의 가족들과 관계라는 결속을 잘 해야 배우자와 진정으로 하나가 되고 그것을 통해서 예수님과도 하나가 될 수 있는 것이다. 그럴 때 진정으로 보화를 소유하게 되는 것이다. 그런데 우리는 이것을 놓치고 사는 경우가 많다.

---

180) 마태복음 13:44-46 / 천국은 마치 밭에 감추인 보화와 같으니 사람이 이를 발견한 후 숨겨 두고 기뻐하며 돌아가서 자기의 소유를 다 팔아 그 밭을 사느니라 45 또 천국은 마치 좋은 진주를 구하는 장사와 같으니 46 극히 값진 진주 하나를 발견하매 가서 자기의 소유를 다 팔아 그 진주를 사느니라

결혼이라는 것은 배우자 한 사람과만 결속을 맺는 것이 아니라 두 사람의 가족, 일가친척과도 더 큰 공동체를 이루는 것이라는 사실을 기억해야 한다. 그래서 배우자 가정의 문화권이나 라이프 스타일 이해하고, 감정 표현이나 좋아하는 옷, 음식 등도 잘 알아야 하는 것이다. 심지어 믿음의 스타일도 알아야 한다.

부모를 보면 그 자녀의 숨겨진 부분까지도 잘 알 수 있게 된다. 이것이 보화를 숨겨 놓은 밭의 비밀인 것이다. 그런 의미에서 시어머니와 며느리는 나쁜 관계가 될 수밖에 없다는 고정 관념을 깨야 한다. 서로를 모를 때 갈등이 생기게 되어 있다. 알아야 한다. 그래서 전통적으로 내려오는 고부 갈등이라는 부정적인 신화를 예수님 안에서 깨어 버려야 한다. 역사는 항상 예수님 안에서 일어나게 되어 있다.

셋째, 결혼은 자기를 부인하고 철저하게 헌신하는 것이다. 역시 마태복음 13장의 비유를 보면 보화를 캐내기 위해 "자기 소유를 다 팔아 그 밭을 샀다"고 말씀하고 있다. 결혼이라는 것은 내가 가지고 있는 일부분만 상대방에게 드리는 것이 아니다. 그야말로 자신의 모든 것을 드리는 헌신의 자세가 절대적으로 필요한 십자가의 사건인 것이다. 결혼은 내가 누리는 것이 아니고 섬기는 것이다. 철저하게 헌신하는 것이다. 남성과 여성이 결혼을 통해 하나 되었을 때 그것이 바로 복음이요, 그것이 하나님이요, 그게 모든 세상 공동체의 기초요, 모든 십자가의 완성이다. 철저하게 헌신하기 위해서는 우선 자기 자신을 부인해야 한다. 십자가의 사건이 결혼의 현장 위에 있지 않고서는 이러한 헌신은 이루어지지 않는다. 그로인한 '하나됨' 역시 이루어지지 않는 것이다.

결혼이라는 부부관계는 계약의 관계가 아니라 언약의 관계이다. 언약의 관계라는 것은 자신이 죽는 것을 의미한다. 어느 한쪽도 죽질 않으면 온전한 연합은 이루어지지 않는다.

결혼생활에서의 '성'도 이런 관점에서 보아야 한다. '성'에 대한 세상적인 가치관은 내가 즐기는 것이다. 그러나 기독교적인 가치관은 '내가 섬기는 것'이다. 여기에 하나님이 주인되시는 그리스도인의 결혼에 대한 가치가 있는 것이다.

물론 부활 뒤에 오는 세상에서는 결혼이 폐지될 것이다(마가복음 12:25).[181] 그때까지 하나님이 정하신 이 결혼제도는 굳건하게 하나님의 나라를 이어갈 것이다.

7) 결혼의 10대 법칙

스캅(Jack Schaap)은 그의 책 '결혼, 하나님의 본래 의도'라는 책에서 이러한 결혼에 관한 하나님의 의도를 설명하면서 결혼의 10대 법칙을 설명하고 있다.[182]

① 결혼은 하나님의 신중한 행동으로 창조되었다.

요즘 세상의 문제는 결혼이란 제도가 문제 있어서 그런 것이 아니다. 사람들이 실패하기 때문에 이혼 등의 문제가 발생하고 있는 것이다. 결혼은 무덤이 아니다. 만약 그렇다면 하나님 자신이 무덤이다. 왜냐하면 결혼을 하나님 자신이 만드셨기 때문이다. 만약 우리의 결혼 생활이 만족스럽지 못하다면 그것은 결혼이라는 제도 안에 들어와 있는 우리들이 잘못했기 때문이다.

② 결혼의 제일 목적은 자녀를 낳는 것이 아니다.

결혼의 많은 의무 중의 하나일 뿐이지 목적은 아니다. 하나님께서는 에덴 동

---

181) 마가복음 12:25 / 사람이 죽은 자 가운데서 살아날 때에는 장가도 아니 가고 시집도 아니 가고 하늘에 있는 천사들과 같으니라
182) Jack Schaap, *Marriage; God's Original Plan*, **결혼, 하나님의 본래 의도**, 지선희 역 (인천: 예향, 1997), 29-42.

산에 부모와 자녀를 함께 두시지 않으셨다. 결혼이라는 제도 안에서 첫 번째 관계는 부모와 자녀가 아니라 부부이다. 자녀는 매우 기쁜 선물이지만 오히려 가정파괴의 요인이 될 수도 있으며, 자녀가 있음으로 인해 가정의 기반이 약해 질 수도 있다. 부부간의 관계가 친밀하고 두터운 상태일 때 그 부부에게서 난 자녀가 복을 받고, 그 자녀로 인해 부부가 더욱 친밀해 질 수 있는 것이다.

③ 결혼은 단순한 육체적 행위가 아니다.

만약 그렇다면 음행은 옛 결혼을 청산하고 새 결혼을 시작하는 것이 될 것이다. 결혼은 부부가 아주 친밀한 상태에 있는 관계를 말한다. 행위가 그러한 관계를 만드는 것이 아니라 경고한 마음의 결심이 그렇게 만드는 것이다. 분명한 것은 성적 연합(sexual union)은 결혼과는 다르다는 점이다.[183] 결혼은 성적인 연합을 하나의 중요한 의무요, 기쁨(고린도전서 7:3-5)[184]으로 하는 연합을 의미하지만 성적인 연합이 반드시 결혼을 의미하는 것은 아니다. 결혼은 성적인 연합을 포괄하는 더욱 큰 의미를 가지고 있는 관계를 말한다.

④ 결혼은 기본적으로 평생에 걸쳐 친구와 동반자가 되겠다는 결정이다.

결혼은 서로의 배우자를 남은 생애동안 외로운 상태로 있게 하지 않겠다는 양자간의 동의이며, 이것이 바로 결혼의 최종선이다. 하나님은 돕는 배필로서 여자를 창조하실 때 아담 혼자 있는 것이 좋지 않았기 때문이라는 이유를 분명히 말씀하셨다. 여기서 동반자라는 의미는 특별히 감정적인 면을 포함하는 것이다. 돕는 자(helpmeet)로서 창조된 배우자는 말 그대로 '보호한다' 는 뜻의 help와 '매우 적절하게 들어맞는다' 는 뜻의 'meet' 를 아우르는 말이다. 곧 경

---

183) Adams, 29.
184) 고린도전서 7:3-5/ 남편은 그 아내에게 대한 의무를 다하고 아내도 그 남편에게 그렇게 할지라 4 아내는 자기 몸을 주장하지 못하고 오직 그 남편이 하며 남편도 그와 같이 자기 몸을 주장하지 못하고 오직 그 아내가 하나니 5 서로 분방하지 말라 다만 기도할 틈을 얻기 위하여 합의상 얼마 동안은 하되 다시 합하라 이는 너희가 절제 못함으로 말미암아 사탄이 너희를 시험하지 못하게 하려 함이라

건한 아내는 자신의 남편을 혼자 있게 함으로 인해 오는 위험과 약함으로부터 보호하는데 아주 적절하게 들어맞는 존재라는 의미이다.

⑤ 하나님께서는 대부분의 우리가 친밀한 교제를 하지 않을 때 외롭도록 만드셨다.

그것은 인간의 본능이다. 그렇기에 사랑하는 배우자를 그리워한다. 조금만 떨어져도 보고 싶어지고, 심지어는 옆에 있어도 그리워지는 존재가 되는 것이다. 결혼은 바로 그러한 그리움과 외로움을 듬뿍 채워준다.

⑥ 남편과 아내는 영적, 혼적, 육체적으로 친밀한 연합을 가져야 한다.

말라기서 2장 13-14절[185]을 보면 아내를 남편의 동반자라 말한다. 동반자 (companion)는 친밀한 연합(intimacy of union)이란 뜻이다. 친밀하지 않으면 상처를 받게 되어 있다. 특별히 인간은 깨어지기 쉬운 그릇이다 보니 친밀한 연합이 없다면 서로에게 상처를 주는 존재로만 살아가게 된다. 하나님은 그러한 삶을 원하지 않으셨다. 친밀한 연합은 성적인 부분만을 의미하지 않는다. 친밀함이란 성적인 연합 이상의 더 큰 의미를 가지고 있다. 창세기 2장 25절에 '두 사람이 벌거벗었으나 부끄러워하지 않았다' 는 말씀을 옷을 입지 않은 상태에서 에덴동산을 뛰어 다녔을 것으로 생각하나, 그것은 그리 정확한 해석이 아니다. 그들은 하나님의 영광이라는 옷을 입었다. 빛의 옷을 입었던 것이다. 그러나 죄로 인해 빛이 사라짐으로 인해 그들은 무언가 자신들이 잃어버린 것을 알게 되었고 무화과 나뭇잎으로 옷처럼 만들어 입게 된 것이다. 여기서의 중요한 암시는 오히려 아담과 하와가 서로에 대해 매우 상처받기 쉬운 존재였

---

185) 말라기서 2:13-14/ 너희가 잘못한 일이 또 하나 있다. 주께서 너희 제물을 외면하시며 그것을 기꺼이 받지 않으신 다고, 너희가 눈물과 울음과 탄식으로 주의 제단을 적셨다.14 그러면서 너희는 오히려, "무슨 까닭으로 이러십니 까?" 하고 묻는다. 그 까닭은, 네가 젊은 날에 만나서 결혼한 너의 아내를 배신하였기 때문이며, 주께서 이 일에 증인이시기 때문이다. 그 여자는 너의 동반자이며, 네가 성실하게 살겠다고 언약을 맺고 맞아들인 아내인데도, 네가 아내를 배신하였다.[표준새번역 개정]

다는 것을 말하는 것이다.

친밀한 연합으로 하나됨으로 인해 서로에게 복을 주는 존재로 살아가기를 소망하셨던 것이다. 그러기위해 부부는 전존재적으로 하나가 되어야 함을 말한다.

⑦ 남편과 아내는 서로에 대해 열려 있고, 투명하며, 서로에 대해 상처받기 쉬운 상태가 되는 것이 이상적이다.

인간들은 누구나 상처받기를 원하지 않는다. 그래서 자꾸 무엇인가로 가리려 한다. 그러나 하나님은 부부간에는 오히려 상처받을 마음의 자세, 즉 투명한 마음을 가지라고 명령하신다. 아담과 하와가 범죄하기 전에는 두려움이 없었다. 불안하지 않았다는 것이다. 아담 부부는 서로가 서로에게 무슨 말을 하든지, 또 어떠한 질문을 하든지 그것으로 인해 근심하거나 두려워하지 않았다. 바로 이러한 에덴동산으로 돌아가라는 것이다. 부부가 어떠한 연유로도 상처받지 않고 불안해하지 않는 관계를 유지하고 살아간다면 그야말로 그들은 에덴동산에 살고 있는 것이다.

⑧ 결혼은 가장 기초적인 사회 구성 요소이다.

가정은 사회의 기본적인 구성요소이며 또 교회를 구성하는 심장이기도 하다. 그렇기 때문에 가장 기초적인 단위인 가정이 건강해야만 한다. 결혼은 바로 그러한 가정을 이루는 출발점이다.

⑨ 다른 기초 요소를 시작하기 위해서는 분리와 나누어짐이 반드시 있어야 한다.

창세기 2장 24절의 떠남에 대해 우리는 잘 알고 있다. 성공적인 결혼은 그러한 떠남이 전제되어야만 한다. 결혼하는 부부와 그들 양가 부모 사이에 분리가 이루어지지 아니하면 그 결혼은 실패로 돌아갈 확률이 점점 높아진다. 나와 우리의 부모 사이는 그야말로 흉허물이 없는 사이이지만 결혼문제에 관해서는 분명한 선이 그어져야만 한다. 자신의 배우자에 대한 문제도 숨겨 주어야 하고 보호해 주어야 하는 책임과 의무가 결혼이라는 제도 안에 있다.

⑩ 인간이 하나님의 동반자가 되는 것과 같이, 아내는 그 남편의 동반자가 되어 주어야 한다.

하나님께서 인간을 만드셨을 때, 그 분은 본인 스스로와 교제할 피조물로 사람을 만드셨다. 그런 점에서 보면 사람은 하나님의 동반자로서의 역할을 하는 것이다. 하나님께서 우리를 '신부' 라고 부르시는 이유가 여기에 있다. 하나님은 우리를 사랑하신다. 그러한 사랑에 대한 보답으로 우리는 하나님의 사랑스러운 동반자가 되어 주어야만 한다. 마찬가지로 부부간에도 하나님과 우리 사이에 일어나는 그 모본 그대로 서로가 동반자가 되는 삶을 살아가야 한다. 하나님이 보여주시는 그 모습 그대로 말이다. 하나님께서 의도하셨던 것은 하나님께서 먼저 그러 하셨듯이 남자가 여자에게 사랑을 주는 것이고, 여자는 남자가 하나님께 사랑을 되돌려 드리듯이 남자에게 돌려주는 것이었다. 그렇게 하나님께서는 여자가 남자에게 동반자가 되어 주기를 원하셨던 것이다.

8) 견고한 결혼의 특성

그렇다면 견고한 결혼이란 어떠한 특성을 가지고 있을까? 헨드릭스 부부는 견고한 결혼의 특성을 다음과 같이 설명한다.[186]

첫 번째가 '충실로서의 사랑' 이다. 곧, 결혼은 일생동안 부부가 서로 교제를 나누고 보살피며 헌신하는 삶을 사는 것이다. '충실' 에는 '신뢰한다' '사랑한다'. '헌신한다' 는 뜻이 있다.

---

186) Howard & Jeanne Hendricks, ed. *Husbands & Wives* (Wheaton: Victor Books, 1988), 37-55.

두 번째로는 '친구관계로서의 사랑' 을 말한다. 부부는 상호 관심을 가져야 하고 서로를 기쁘게 할 것이 무엇인지 찾아야 한다는 것이다. 그러면서도 예의를 서로 지켜야 한다고 말한다.

세 번째로는 '함께하는 것으로서의 사랑' 이다. 곧 동반자로서의 사랑을 말한다.

네 번째로는 '협력으로서의 사랑' 을 말한다. 이는 집안 일을 나누어 한다든지 함께 뭔가를 같이 하는 것으로 협력은 사랑이고 사랑은 협력이라 할 수 있다.

다섯 번째는 '존경으로서의 사랑' 이다. 이는 견고한 결혼에는 존경으로서의 사랑이 있어야만 한다는 것이다.

여섯 번째는 '서로를 명예롭게 하는 사랑' 이다. 이는 에베소서 5:33[187]이나 베드로전서 3:7[188]에 잘 나타나 있다. 구체적으로 설명하자면 결혼에서 '불명예스럽다' 는 것은 비판적인 말, 화를 내면서 쳐다보는 것, 상대방의 기분이나 의견을 가치없게 생각하는 것 등이 포함된다. 이것은 사람을 가치 있게 여기고, 또한 사람을 보화롭게 여긴다는 것을 의미한다. 곧 하나님으로부터 온 선물로 여긴다는 것이다.

일곱 번째는 '신실한 사랑' 을 말한다. 우선 '육체적 신실' 을 지켜야 히는데, 이는 성적으로 신실하라는 것이며, 영적, 정신적 신실함도 지키라는 것을 의미한다.

여덟 번째로는 '자비로서의 사랑' 을 말한다. 이는 실천적인 열정과 사랑이 필요하다는 것을 강조하는 것으로, 하나님께서 우리의 죄를 용서해 주시듯이 부부간에도 그러한 용서가 있어야 한다는 것이다. 더불어 자제심도 포함된다. 상대방을 있는 그대로 수용하라는 것이다. 가끔은 침묵도 필요하다. 상대방의

---

187) 에베소서 5:33 / 그러나 너희도 각각 자기의 아내 사랑하기를 자신 같이 하고 아내도 자기 남편을 존경하라
188) 베드로전서 3:7 / 남편된 자들아 이와 같이 지식을 따라 너희 아내와 동거하고 그를 더 연약한 그릇이요 또 생명의 은혜를 함께 이어받을 자로 알아 귀히 여기라 이는 너희 기도가 막히지 아니하게 하려 함이라

잘못을 용서하고 관용하다보면 당연히 그러할 때가 있다는 것이다.

아홉 번째로는 '은혜로서의 사랑' 을 말한다. 이는 결혼이란 불완전한 두 사람 사이의 연합이기 때문에 당연히 서로 다른 습관과 가치관은 갈등을 몰고 온다는 것이다. 이때 은혜로서의 사랑은 결혼에서 오는 위협을 제거하게 된다는 것이다. 은혜로서의 사랑은 배우자를 사랑과 존경을 갖고 있는 그대로를 받아들이게 된다. 그렇기 때문에 상대방의 사랑을 얻어내기 위해 노력하다기 보다는 동등한 동반자로서 관계를 갖도록 노력해야 한다는 것이다.

열 번째로는 '낭만으로서의 사랑' 을 말한다. 이는 배우자 각자가 시간과 관심을 갖고 서로 노력할 때 가능해진다는 것이다.

이러한 열 가지 요소위에 무조건적인 하나님의 사랑을 의미하는 아가페가 견고한 사랑을 굳게 한다고 할 수 있을 것이다.

반면에 결혼생활의 안정에 영향을 미치는 요소들도 있다. 곧 인생의 동반자를 선택할 때 다음과 같은 배우자를 선택하게 되면 인생을 불행하게 사는 원인이 된다는 것이다.[189]

① 결혼에서 남성과 여성의 역할에 대해 무지하거나 차이가 많은 경우

② 좋지 않은 가정환경으로부터 도피하기 위해 결혼하는 경우

③ 십대일 때 임신하는 경우

④ 어른들이 반대하는 결혼을 하는 경우

⑤ 다른 사람에게서 일어나는 변화를 받아들이기를 즐겨하지 않는 사람과의 결혼

⑥ 언제든지 늘 싸우거나 안달하는 사람과의 결혼

---

189) Robert L. Mason, Jr. and Caroline L. Jacobs, *How to Choose the Wrong Marriage Partner and live Unhappy Ever After* (Atlanta: John Knox Press, 1979).

⑦ 부모에게 너무 의존적인 사람과의 결혼

⑧ 언제든지 늘 함께 있기를 원하는 사람과의 결혼

⑨ 결혼해야만 하기 때문에 어쩔 수 없이 선택한 배우자와의 결혼

⑩ 눈에 띌 만큼 성적으로 능력이 없는 사람과의 결혼

⑪ 다른 사람과의 성적 관계를 오히려 신나하는 사람과의 결혼

⑫ 문제들로부터 도피하려는 사람과의 결혼

⑬ 약물 문제를 가지고 있는 사람과의 결혼

⑭ 극단적으로 질투심이 많고 소유욕이 강한 사람과의 결혼

⑮ 종교적 차이가 심한 사람과의 결혼

⑯ 심각한 감정적 문제를 가지고 있는 사람과의 결혼

⑰ 공통점이 아무 것도 없는 사람과의 결혼

⑱ 사랑한다는 말을 결코 한 번도 하지 않는 사람과의 결혼

⑲ 일에 너무 몰두해서 시간을 상대방에게 내어줄 수 없는 사람과의 결혼

⑳ 완전주의자와의 결혼

㉑ 결혼에서 돈의 중요성을 무시하는 사람과의 결혼

9) 불신자와의 결혼

불신자와의 결혼을 성경은 어떻게 말하고 있는가? 성경이 불신자와의 결혼을 허용하는가? 아니면 금지하고 있는가? 어떤 이들은 "불신자와 결혼해야 한 사람이라도 더 전도할 수 있지 않느냐"는 반문을 한다. 모든 사람이 다 하나님의 자녀들인데 그들에게 선교사로서 파송된다는 마음으로 불신자와 결혼할 수 있지 않느냐는 말을 하는 것이다. 과연 그럴까?

고린도후서 6장 14절은 이렇게 말한다. "너희는 믿지 않는 자와 멍에를 같이 하지 말라 의와 불법이 어찌 함께하며 빛과 어두움이 어찌 사귀며". 성경은 분

명히 그렇게 선언하고 있는 것이다.

그렇다면 성경은 왜 불신자와의 결혼을 금하는 것일까? 성경은 먼저 아모스 선지자의 냉정한 질문을 통해 여기에 답한다. 아모스서 3장 3절에 '두 사람이 뜻이 같지 않은데 어찌 동행하겠으며'. 두 사람의 뜻이 다른데 어떻게 친밀함을 형성시킬 수 있겠는가라고 성경은 반문한다.

그러면서 이어지는 4절에서 절대 그럴 수 없다고 강력하게 결론을 내린다.

"사자가 움킨 것이 없는데 어찌 수풀에서 부르짖겠으며 젊은 사자가 잡은 것이 없는데 어찌 굴에서 소리를 내겠느냐"

이 말씀은 사업이라든지 우정에만 적용되는 것이 아니라 당연히 결혼에도 그대로 적용된다. 결국 두 당사자가 신앙의 문제가 있다면 결혼에 이르지 않는 것이 좋다는 것이다.

사도 바울도 고린도후서 6장에서 마찬가지의 결론을 내리고 있다.

"14 너희는 믿지 않는 자와 멍에를 함께 메지 말라 의와 불법이 어찌 함께 하며 빛과 어둠이 어찌 사귀며 15 그리스도와 벨리알이 어찌 조화되며 믿는 자와 믿지 않는 자가 어찌 상관하며 16 하나님의 성전과 우상이 어찌 일치가 되리요 우리는 살아 계신 하나님의 성전이라 이와 같이 내가 그들 가운데 거하며 두루 행하여 나는 그들의 하나님이 되고 그들은 나의 백성이 되리라 17 그러므로 너희는 그들 중에서 나와서 따로 있고 부정한 것을 만지지 말라 내가 너희를 영접하여 하나님께서 이르시되"

여기서 14절의 경우 NEB[190]의 경우 "믿지 않는 자들과 결합하지 말라. 그들

은 너희에게 알맞은 짝이 아니다" 라고 번역하고 있다.[191]

예수님은 독신 문제에 대해 특별하게 언급하지는 않으셨다. 그러나 "사람이 제 부모를 떠나 제 아내와 연합하여 한 몸이 되는 것"(마태복음 19:5,[192] 창세기 2:24[193])이라는 말씀을 통해 볼 때 그 하나됨이 육체적, 정신적인 하나됨 뿐만이 아니라 영적인 하나됨도 포함하고 있다고 해석되어야 할 것이다.

분명한 것은 신자와 불신자가 결혼하게 되면 한 쪽 배우자가 다른 쪽 배우자의 행함에 영향을 미치기 마련이며 또한 그러다보면 한 쪽이 다른 한 쪽을 지배하기가 쉽다는 점이다.[194] 특별히 결혼의 경우에는 불신자의 지배를 받음으로 인해 하나님의 나라를 만들어갈 베이스캠프가 방해받게 된다. 우리는 불신자들을 어두움 가운데 행하는 자로, 신자는 빛 가운데 행하는 자로 구분한다(요일 1:6-7[195]). 그렇기에 신자와 불신자는 하나가 될 수 없다. 영적으로도 교통할 수가 없기 때문이다. 특별히 우리 그리스도인들이 '살아계신 하나님의 성전' 이라는 점을 안다면 불신자와의 결혼은 더욱 안된다는 결론을 내릴 수 있는 것이다.

더불어 주님에 대한 사랑이 결혼을 굳게 만든다. 부부가 사랑함으로 인해 하나님과의 관계를 훈련하게 되고 그러면서 점점 더 하나님께 더 가까이 나아갈 수 있는 것이다.

그렇기에 결혼은 믿는 자들끼리 해야 한다. 그렇다고 교제까지 하지 말라는 것은 아니다. 교제 기간만큼 전도하기 좋은 때는 없다. 그 때에 분명한 신앙을

---

191) 고린도후서 6:14 / 주님을 사랑하지 않는 자들과 짝짓지 마십시오. 하나님의 백성과 죄의 백성 사이에 무슨 공통점이 있단 말입니까 ? 빛과 어둠이 어떻게 함께 할 수 있겠습니까 ? [현대어성경]
고린도후서 6:14 / 믿지 않는 사람들과 짝짓지 마십시오. 서로 어울리지 않습니다. 정의와 불의가 어떻게 짝이 될 수 있으며 빛이 어떻게 어둠과 사귈 수 있습니까? [공동번역]
192) 마태복음 19:5/ 말씀하시기를 그러므로 사람이 그 부모를 떠나서 아내에게 합하여 그 둘이 한 몸이 될지니라 하신 것을 읽지 못하였느냐
193) 창세기 2:24/ 이러므로 남자가 부모를 떠나 그의 아내와 합하여 둘이 한 몸을 이룰지로다
194) Theodore H. Epp, *Marriage, Divorce and Remarriage, 결혼, 이혼 그리고 재혼*, 고광자 역 (서울: 바울서신사, 1992), 26.
195) 요한일서 1:6-7/ 만일 우리가 하나님과 사귐이 있다 하고 어둠에 행하면 거짓말을 하고 진리를 행하지 아니함이거니와 7 그가 빛 가운데 계신 것 같이 우리도 빛 가운데 행하면 우리가 서로 사귐이 있고 그 아들 예수의 피가 우리를 모든 죄에서 깨끗하게 하실 것이요

갖도록 전도한 다음 결혼해도 늦지 않다는 것이다. 하나님은 지금 그것을 교훈하고 계신 것이다.

그런데 혹자들은 고린도전서 7장 12-16절 말씀을 근거로 하여 불신자와의 결혼을 허용한 것이 아닌가 주장하는 경우도 있다.

"12 그 나머지 사람들에게 내가 말하노니 (이는 주의 명령이 아니라) 만일 어떤 형제에게 믿지 아니하는 아내가 있어 남편과 함께 살기를 좋아하거든 그를 버리지 말며 13 어떤 여자에게 믿지 아니하는 남편이 있어 아내와 함께 살기를 좋아하거든 그 남편을 버리지 말라 14 믿지 아니하는 남편이 아내로 말미암아 거룩하게 되고 믿지 아니하는 아내가 남편으로 말미암아 거룩하게 되나니 그렇지 아니하면 너희 자녀도 깨끗하지 못하니라 그러나 이제 거룩하니라 15 혹 믿지 아니하는 자가 갈리거든 갈리게 하라 형제나 자매나 이런 일에 구애될 것이 없느니라 그러나 하나님은 화평 중에서 너희를 부르셨느니라 16 아내 된 자여 네가 남편을 구원할는지 어찌 알 수 있으며 남편 된 자여 네가 네 아내를 구원할는지 어찌 알 수 있으리요"

여기서 사도바울은 이미 불신자와 결혼을 한 신자들에 대해 이혼의 문제를 언급한다. 특별히 믿는 자를 통해 믿지 않는 배우자에게 복음을 전할 수 있으니 이 또한 긍정적인 것 아닌가 라고 생각하는 것이다. 여기에 대해 한스 콘젤만(Hans Conzelmann)은 바울의 의도를 다음과 같이 설명하고 있다.

"믿음을 가진 배우자를 통해 그 혼인관계는 세상적인 욕망에 지배되지 않게 됨으로써 결과적으로 두 사람으로 하여금 하나님이 원하시는 삶을 영위토록 해 준다. 따라서 불신자와의 결합일망정 그 혼인 나름대로 중요한 가치를 지니고 있다고 볼 수 있다."[196]

여기서 말하고자 하는 사도바울의 본뜻은 불신자와의 결혼이 무방하다는 뜻이라기 보다는 하나님의 뜻과는 달리 불신자와 결혼을 했다 하더라도 그 결혼을 믿는 자들은 소중히 여겨야 함을 강조한다고 보아야 한다. 또, 결혼하기 전까지는 믿지 않았으나 결혼을 한 후에 어느 한쪽이 믿음을 가졌을 경우에 결혼에 대한 하나님의 뜻을 발견하라는 말씀으로 받아들여야 한다는 것이다. 그만큼 하나님의 가정은 중요하기 때문이다.

10) 결혼과 비혼 독신(非婚獨身, Unmarried Single Adults)

독신에는 원래부터 결혼하지 않은 독신과 결혼한 후 일어난 사건들로 인한 독신도 있으나 여기서 언급하고자 하는 것은 원래부터 결혼하지 않은 비혼 독신(非婚獨身, Unmarried Single Adults)을 말한다.

독신은 근본적으로 하나님이 원하시는 그러한 삶이 아니었다. 그것은 창세기 2장 24절의 일반적인 규칙을 통해서도 명백하게 나타나 있다. 그러나 죄로 인한 관계의 왜곡과 복음의 위기 때문에 하나님 자신이 세우신 규칙에 예외가 되는 독신생활을 하도록 어떤 사람을 부르시게 되는 것이다. 하나님은 특별하게 독신생활을 할 수 있는 은사를 주심으로 그들에게 동반자 관계의 필요(need of companionship)를 해결해 주셨다(마태복음 19:11-12, 고린도전서 7:7[197] 참조).[198]

---

196) Hans Conzelmann, *First Corinthians* (Philadelphia: Fortress Press, 1975), 122. Lane A. Scott의 책(24)에서 재인용.
197) 마태복음 19:11-12/ 예수께서 이르시되 사람마다 이 말을 받지 못하고 오직 타고난 자라야 할지니라 12 어머니의 태로부터 된 고자도 있고 사람이 만든 고자도 있고 천국을 위하여 스스로 된 고자도 있도다 이 말을 받을 만한 자는 받을지어다 고린도전서 7:7/ 나는 모든 사람이 나와 같기를 원하노라 그러나 각각 하나님께 받은 자기의 은사가 있으니 이 사람은 이러하고 저 사람은 저러하니라
198) Scott, 33-35.

그런데 중세 시대를 넘어서기까지 왜 그렇게 독신 신학이 판을 쳤던 것인가? 이는 제롬(Jerome, ca. 345-419)의 사상이 지대한 영향을 끼쳤다. 그의 "결혼은 세상을 채우고 독신은 하늘을 채운다"는 모토는 중세 독신신학의 선전문구처럼 사용되었다.[199]

중세의 독신 신학의 내용은 이러했다.

① 선행으로서의 독신사상; 중세에는 선행들을 통해 얻어지는 공로들의 집적으로 구원을 성취한다고 믿는 선행 구원론을 가지고 있었다. 그런데 그 중 최고의 선행으로 여겨졌던 것이 독신이었다. 그래서 독신은 '제2의 세례' 처럼 여겨졌다.

② 독신에 대한 중세시대의 예전적 숭배; 성자들의 절대 다수가 독신이었으며, 마리아의 동정성에 대한 강조와 숭배가 독신의 우월성을 확고하게 만들었다.

③ 중세의 성례전적 정결 이해; 중세에는 '제의적 정결' 과 '성적 정결' 이 동일시돼 성만찬을 집례하는 사제들은 결혼이나 성적 관계를 갖지 않음으로 영적 정결성을 유지해야 한다는 주장이 강하게 대두되었다. 이 주장의 근거로 어거스틴의 원죄론이 성적 행위를 원죄의 표현으로 보고 있는 점과 성 만찬시 떡의 요소가 축성을 통해 그리스도의 몸으로 변화되기 때문에 독신 그리스도는 독신자의 몸으로 다뤄져야 한다고 보았다.

결국 중세 중기에 이르러 '정결한' 성찬을 받기를 원하는 대중의 정서가 보편화되면서 11세기에 의무 독신제도가 완전히 정착되게 되었다.

이러한 의무 독신제도의 영향으로 다음과 같은 결과들이 나타나게 되었다.

① 사제 집단과 평신도 회중이 결혼 유무의 상태에 따라 완전히 차등 구별되었다. 이 구분은 두 그룹간의 영적인 차이로 인식되었으며 이에 따라 수직

---

199) 김동주, "독신과 결혼에 대한 마틴 루터의 신학", 2003년 5월, 한국복음주의신학회 신학포럼 발표 논문

적, 계층적 성직주의가 고착되었다.

② 결혼이 독신보다 열등하다는 관점 때문에 결혼, 가정, 여성에 대한 가치가 절하되었다.

③ 성직자들이 형식적으로만 독신생활을 유지하며 축첩, 사창가를 이용하는 성적 문란에 빠지게 되었다.

④ 성직자들의 도덕적 타락으로 반 성직주의가 팽배하게 되었고, 이것이 성직자에 대한 혐오적 행동으로 나타나게 되었다.

이러한 영향으로 당시에는 많은 부모들이 자녀들에게 독신 수도생활을 강요하게 되었고, 정상적인 부부들도 가정을 버리고 수도원으로 향하는 일들이 빈번했다. 거기에다가 중세에는 여성을 남성보다 열등하게 인식해 '2등급 인간'으로 취급했다.

이에 대해 루터는 결혼은 일방적 복종을 전제로 한 연합이 아니라 동반자 관계속에서 상호 종됨을 실천하는 것이라고 주장했다. 더불어 독신은 하나님을 기쁘시게 하지 못하며 하나님이 요구하시지도 않는다며 수도원에 들어간다는 구실로 부모와 가정을 돌보지 않는 것을 비판했다. 루터는 하나님의 말씀에 따라 허락되고 장려되는 것은 독신이 아니라 결혼이라고 강력하게 주장했다.

루터는 '소명으로서의 결혼'을 강조했다. 즉, "배우자의 일은 수도사의 복종보다 훨씬 더 거룩하고 뛰어나다"고 말했다. 더불어 "독신자가 기혼자보다 그 삶의 형태로 더 우월한 위치에 있는 것이 아니다. 오히려 하나님을 신뢰하는 결혼한 삶이 참된 영적 상태에 있다"고 까지 말하기도 했다.[200] 이러한 루터의 투쟁 덕분에 독신에 대한 새로운 개념이 기독교계내에 자리잡게 되기 시작한 것이다. 루터는 자신의 그러한 확신을 실천에 옮겼다. 그는 1525년 도망친 수

---

200) Ibid.,

녀 카타리나 폰 보라와 결혼하여 9명의 자녀를 낳으며 11년을 함께 살았다.

그렇다면 독신의 은사(gift of celibacy)를 어떻게 하면 알 수 있을까? 이 독신의 은사는 마태복음 19장과 고린도전서 7장의 8-9절[201]을 근거로 하여 정리되었다.[202]
① 평생 동안 성적으로 자제하는 삶이 가능한가?
② 하나님 나라 사역에서 만족을 누리며, 그 사역을 동반자 관계로 누릴 수 있는가?

즉, '오직 타고난 자만이 독신생활을 하라(마태복음 19:11)' 는 주님의 말씀은 살면서 성적인 문제로 고통 받지 않고, 인간적인 동반자가 없다는 것에 부담을 갖지 않으면서 오히려 하나님의 일을 동반자로 여기기에 충분한 특별한 능력을 부여받지 않고는 불가능하다는 것이다. 예수께서는 성적 욕구를 표현하지 않고 살아가는 3가지 종류의 고자를 말씀하시는데, 그 첫 번째는 태어날 때부터 또는 성적인 능력이 없이 태어난 고자가 있고, 둘째, 사람이 만든 고자가 있으며, 세 번째로는 '천국을 위하여 스스로 된 고자' (마태복음 19:12)도 있다는 것이다. 여기서 세 번째의 고자를 '영적 고자' 라 부른다. 이 영적 고자는 하나님의 일을 더 잘 하기 위해 자신의 생식 능력 사용을 자진 포기한 사람을 일컫는다. 그렇다고 하나님이 인정하시는 동기 외에 도피 수단으로 독신이 사용되어져서는 안될 것이다.[203] 곧 독신의 은사는 하나님을 위해서만 사용되어져야 한다는 것이다.

---

201) 고린도전서 7:8-9 / 내가 결혼하지 아니한 자들과 과부들에게 이르노니 나와 같이 그냥 지내는 것이 좋으니라 9 만일 절제할 수 없거든 결혼하라 정욕이 불 같이 타는 것보다 결혼하는 것이 나으니라
202) Scott, 35.
203) 정정숙, 363.

11) 약혼(約婚, pledge to marry)

약혼이란 결혼을 약속하는 것으로 성경에서는 신명기(20:7, 22:23, 22:28)[204]에서 약혼으로 번역되고 있고, 다른 곳(마태복음 1:18,[205] 누가복음 1:27[206])에서는 정혼으로 번역되고 있다. 대부분의 처녀들이 약혼하는 경우에는 결혼하기 9개월에서 12개월 전이었으며, 과부가 결혼하는 경우에는 약혼 기간이 3개월이었다.[207]

그렇다면 이러한 약혼은 해야만 하는 것인가? 만약 약혼을 한 다음 무슨 이유로든지 파혼하게 되면 결혼 후의 이혼과 같은 그러한 정죄를 받게 되는 것인가? 사실 약혼에 대한 성경적 개념이 분명하게 세워져 있지 않은 것이 현실이다. 또 구약 시대에 언급된 약혼이라는 개념과 지금의 약혼이라는 개념을 같은 의미로 받아들인 것인지에 대해서도 의문이 생긴다.

우선 분명한 것은 현대의 약혼이 성경에서 언급되는 약혼과는 의미가 다르다는 점이다. 이 시대에 있어서 약혼은 시험기간(trial period)이라는 의미를 가진다. 즉 구속력이 없는 밀착적 데이트의 기간이라는 것이다.[208] 그렇다고 육체관계가 허용되는 기간은 아니다.

한편, 성경에서는 절대적인 구속력이 있었던 것으로 보인다. 신명기 22장 23절이나 마태복음 1장 16-24절을 통해 볼 수 있는 사실은 약혼이라는 것이

---

204) 신명기 20:7/ 여자와 약혼하고 그와 결혼하지 못한 자가 있느냐 그는 집으로 돌아갈지니 전사하면 타인이 그를 데려갈까 하노라 하고
신명기 22:23/ 처녀인 여자가 남자와 약혼한 후에 어떤 남자가 그를 성읍 중에서 만나 동침하면 신명기 22:28/ 만일 남자가 약혼하지 아니한 처녀를 만나 그를 붙들고 동침하는 중에 그 두 사람이 발견되면
205) 마태복음 1:18/ 예수 그리스도의 나심은 이러하니라 그의 어머니 마리아가 요셉과 약혼하고 동거하기 전에 성령으로 잉태된 것이 나타났더니(개역 개정판은 약혼으로 번역하고 있으나, 개역성경에서는 정혼으로 번역되고 있다)
206) 누가복음 1:27/ 다윗의 자손 요셉이라 하는 사람과 약혼한 처녀에게 이르니 그 처녀의 이름은 마리아라 (이 역시 개역 개정판은 약혼으로 번역하고 있으나, 개역성경에서는 정혼으로 번역되고 있다)
207) Cf. *Everyday Life in Bible Times*(National Geographic Society, n. p., 1967), 305-306. 또한 *Talmud*, Kethuboth(57)을 참조하라. Adams(43)에서 재인용.
208) Adams, 40. 이러한 견해는 하용조 편찬 *비전성경*(두란노)에서도 나타난다(838-839).

결혼의 전단계로 약혼이 죽음이나 파혼에 의해서만 깨어질 수 있는 것으로 보았다.[209] 특별히 약혼 기간 중의 약혼자 이외의 사람과 가진 성적 관계는 돌로 쳐 죽이는 형벌을 받았다. 그것은 결혼의 순수성을 보호하려는 이스라엘의 율례였다. 이는 약혼한 사람들은 결혼한 사람들과 똑같은 대접을 받았다는 의미이기도 하다.

그런데 마태복음 1장에 나오는 마리아와 요셉의 경우 19절에서 요셉은 마리아의 임신 사실을 알고 마리아와 조용히 파혼하려고 결심했다고 한다. 그런데 그 마리아를 돌로 쳐 죽이는 방식을 택하지 않은 것은 당시의 로마법이 이러한 범법자에게 돌로 쳐 죽이는 것을 허락하지 않았을 가능성이 있는 것으로 해석한다. 이를 통해 알 수 있는 것은 당시의 로마법이 어떠했든지 간에 파혼하는 것에 대해 나쁘게 보시지 않은 것은 분명해 보인다.[210] 이는 결국 결혼은 하나님이 정하신 신적 제도이지만 약혼은 인간들이 만들어낸 사회적 제도임을 말해 준다. 그렇기에 약혼후의 파혼에 관한 것은 그 시대의 사회적 관습이나 사회법에서 다룰 일이지 하나님의 법으로 다룰 사항은 아니라는 것이다. 그 말은 곧 약혼 후 파혼은 합당한 경우에 할 수도 있으며 이러한 일들이 성경적으로 문제가 되는 것은 아니라는 사실이다.

또, 약혼이 의무적인 것 역시 아니다. 해도 되고 안해도 되는 것이다. 대한예수교장로회총회의 표준 예식서에서는 약혼의 경우 안하는 것이 더 좋다고 말하면서 ① 결혼할 의사는 있으나 사정상 오래 기다리게 되는 부득이한 경우, ② 결혼준비를 위해 양가 가족끼리 더 깊은 만남을 가지고 싶은 경우, ③ 어떤 사정으로 약속을 해 두어야 하는 경우 등의 목적이 있을 때 행한다고 말한다.[211]

---

210) Ibid., 41.
211) 총회예식서 수정위원회 편, **표준예식서** (서울: 한국장로교출판사, 1999), 203.

12) 약혼예식과 결혼예식

요즘 약혼을 하는 경우에 '약혼예배' 라는 이름으로 예식을 드리는 사람들이 많다. 결혼예식을 올릴 때도 순서지에 '결혼예식', '결혼예배', '결혼감사예배' 등으로 다양하게 사용하고 있다. 과연 어떠한 용어가 합당한 것인가?

'최원기' 의 '가족과 함께 나누는 기독교예식[212]' 에서는 '약혼식 축하예배', '결혼식 축하예배' 등의 용어를 사용하고 있으며, 대한예수교장로회총회의 '표준예식서' 에서는 '약혼예식', '결혼예식' 이라는 용어를 사용하고 있다.

우선 예배라는 용어를 사용할 때는 예배에 대한 정의를 먼저 검토해 보아야 한다. 예배는 기도와 말씀과 찬송이 있어야 하며 그 예배의 대상은 반드시 하나님이 되어야 한다. 이러한 요소를 충족시킬 수 있을 때 그것을 예배라고 부른다.[213] 이 관점에서 약혼예식을 예배라고 부를 수 있는가의 문제가 남는다. 분명한 것은 약혼이란 하나님의 제도가 아니라 인간과 인간간의 약속이라는 점이다. 그렇기에 약혼예식을 예배 형식으로 드린다면 '약혼예배' 나 '약혼축하예배' 가 아니라 '약혼감사예배' 의 형식으로 드려짐이 타당할 것이다.[214]

그렇다면 결혼예식의 경우는 어떠한가? 정장복 교수는 결혼식은 반드시 예배로 드려져야 한다고 주장한다.[215] 그 이유로는 첫째, 하나님께서 친히 제정하셨기 때문으로 '결혼은 두 남녀가 하는 것이지만 그 기원은 하나님이시다' 는 점을 강조한다. 즉, 결혼은 사회적 제도가 아니라 하나님이 제정하신 신적제도 라는 점을 들고 있다. 둘째는 하나님과 그의 백성 사이의 관계를 나타내는 거

---

212) 최원기, *가족과 함께 나누는 기독교예식* (서울: 쿰란출판사, 2001)
213) '개혁주의 예배학' 의 저자 이정현 교수의 견해(이정현, *개혁주의 예배학* (서울: 서울성경신학대학원대학교, 2001))
214) 이는 회갑, 생일, 개업 등의 경우에도 마찬가지로 적용된다. 즉, '회갑축하예배' 가 아니라 '회갑 감사예배' 라는 이름으로 드려지는 것이 적합하다는 것이다. 그것은 예배의 대상이 인간이 아니라 하나님이어야 하기 때문이다.
215) 정장복 외, *예배학 사전* (서울: 예배와 설교 아카데미, 2000), 952-953. 이정현, *개혁주의예배학* (435)에서 재인용.

울과 같기 때문이라고 말한다. 즉, 혼인예식을 통하여 이 신령한 영적 관계를 드러냄으로, 하나님께 예배로 드려야 한다는 것이다.

그렇다. 결혼예식은 약혼예식과는 근본적으로 의미가 다르다. 결혼예식은 결혼하는 그 순간부터 이 가정이 하나님의 도성임을 선포하는 것이다. 이 가정을 하나님의 나라를 위해 헌신하겠다는 언약의 잔치이기도 하다. 더불어 이 결혼의 주인이 하나님임을 확인하는 엄숙하고도 거룩한 자리라는 것이다. 그렇기에 결혼은 예배로 드려져야 하는 것이다.

장로교단의 헌법은 다음과 같이 결혼예배의 모범을 제시한다.[216]

① 혼례는 성례도 아니요, 그리스도 교회에만 있는 것도 아니나, 하나님이 세우신 신성한 예법이다. 국가는 국민의 유익을 도모하기 위하여 혼인 규칙을 제정하여 모든 국민으로 지키게 한다.

② 성도들은 마땅히 주 안에서 결혼할 것이니, 혼례에 특별한 훈계와 적당한 기도로 행하기 위하여 목사나 그 밖의 교역자가 주최하게 함이 옳다.

③ 혼인은 다만 1남 1녀로 하고, 성경에 금한 혈족과 친족 범위 안에서는 못한다.

④ 남, 녀가 각각 상당한 나이에 도달하여야 할지니 부모가 후견자의 동의를 얻고, 목사 앞에 증명한 후에야 목사가 주례한다.

⑤ 부모는 그 자녀의 혼인을 강제로 하지 말며, 또한 저희의 혼인을 상당한 이유없이 금지하지 말라.

⑥ 혼인은 공동한 성질을 가진 것이다. 국민 사회의 복리와 가족상 행복과 종교상 명예에 깊은 관계가 있으니, 그러므로 그 혼인 예식 거행할 일을

---

216) 이정현, 437-438.

여러 날 전에 작정하고 널리 공포한다. 목사들은 이 일에 깊이 주의하여 하나님의 법을 범함과 국가의 법률에 저촉함이 없도록 하며, 가정의 화평과 안위를 손상하지 않기 위하여 이 혼인에 반대되는 것이 없다하는 쌍방의 증명을 요한다.

⑦ 혼인은 충분한 증인 앞에서 행할 것이며, 목사는 그 요구에 따라 혼인 증서를 준다.

⑧ 목사는 성례한 자의 성명과 날짜를 혼인 명부에 상세히 기록하여 후일 요구하는 자의 열람에 편리하도록 한다.

이 내용에 근거하여 정장복 교수는 혼인 예식이 지녀야 할 본질적인 네가지 요소를 지적한다.[217]

① 혼인 예식은 남녀 당사자 간의 의지와 일치에 의해 이루어져야 한다.
② 혼인 예식은 양가 부모와 친지들의 동의와 참여가 있을 때 더욱 의미가 있다.
③ 여러 증인들의 참석이 있어야 한다.
④ 남녀간의 육체적인 결합은 혼인 서약이 있은 후에 이루어져야 한다.

---

217) 정장복, 955-956.

참고로 한국가정상담연구소가 추천하는 결혼예배의 형식은 다음과 같다.

결혼예배 순서

주례 : 추부길 목사

"오늘 혼인 예식은 기독교 예식입니다. 살아계신 하나님 앞에서 거행하는 신성하고 거룩한 결혼예배입니다. 그러므로 예식 중에는 사담을 하거나 일어서서 다니거나 서로 인사를 하는 일도 삼가 주시기를 부탁드립니다."

■ 입장과 환영

개식사 ··· 주례자

"오늘 2006년 1월 5일 오후 2시 정각에 하나님 아버지 앞에서, 여러분의 축하와 축복을 받으며 우리 김다운 군과 서아름 양의 결혼식이 하나님 앞에서 거행되겠습니다. 혼인은 하나님이 태초에 에덴에서 세우신 것입니다. 더불어 예수님께서 이 땅에 오셔서 처음 이적을 벌이신 곳도 갈릴리 가나의 혼인잔치였습니다.
그러므로 두 사람의 마음과 생활을 연합하여 희망을 같이하고, 사랑과 인내와 거룩한 신뢰로써 화목하는 장을 만드는 것이 바로 결혼입니다.
이런 이유로 당연히 하나님께서 이 결혼을 길이 축복하여 주실 것을 믿으며, 결혼 예식을 시작하겠습니다.

촛불 점화 ··· 양가 어머니

신랑 입장 ··· 신 랑

신랑 입장이 끝나면 주례자의 지시로 뒤돌아 서서 신부를 맞을 준비를 한다.

신부 입장 ··· 신 부

주악에 맞춰 신부가 주혼자를 의지하고 입장이 시작되면 주례자가 하객들에게 다음과 같이 선언한다.

여러분은 경의를 표하는 의미에서 그 자리에 일어서시기 바랍니다.

(박수는 나중에 예식 후에 치도록 할 것)
신부입장이 거의 끝날 무렵 신랑이 두세 걸음 나아가서 신부를 영접하여 주례자 앞에 나란히 선다.

■ 예배로의 초대

찬송가 ……………………… 287장 ……………………… 다같이
기 도 ……………………… 친지나 친척, 또는 당해 교회 교역자

■ 말씀 선포

성경봉독 …………………………………………………… 주례자
축복말씀 …………………………………………………… 주례자

■ 성혼

서 약 …………………………………………………… 신랑·신부

이제 두 사람은 하나님 앞과 모든 증인 앞에서 진실한 마음으로 서약하시기를 바랍니다.

* 신랑의 서약

오늘 결혼예식의 신랑된 나 '김다운'은 지금 내 앞에 선 '서아름' 양을 나의 아내로 삼아 한평생 살아가는 동안 성경의 가르침대로 아내를 사랑하고 귀중히 여기며 위로하고 도와주며 한 여자만의 진실한 남편으로서 평생도록 동거하며 정조를 굳게 지킬 것을 하나님과 이 모든 증인 앞에서 엄숙히 서약합니다.

* 신부의 서약

오늘 결혼예식의 신부된 나 '서아름'은 지금 내 앞에 선 '김다운'씨를 나의 남편으로 삼아 한평생 살아가는 동안 성경의 가르침대로 남편에게 복종하고 사랑하며 위로하고 도와주며 한 남자만의 진실한 아내로서 평생토록 동거하며 정조를 굳게 지킬 것을 하나님과 이 모든 증인 앞에서 엄숙히 서약합니다.

서 약 …………………………………………………… 양가 부모

이어서 양가 부모들이 나오셔서 하나님 앞과 모든 증인 앞에서 이들을 내 소유로 여기지 아니하고 분명히 떠나보낼 것을 진실한 마음으로 서약하시기 바랍니다.

오늘 우리들의 자녀인 사랑하는 아들 신랑 '김다운'과 사랑하는 딸 신부 '서아름'의 결혼예식을 치름에 있어 우리 부모들은 새 가정을 이루는 이 두 사람을 위해 기도로서 도와주겠으며 분명한 떠나 보냄을 통해 이 가정이 하나님의 축복 가운데 바로 설 수 있도록 도울 것임을 하나님과 이 모든 증인 앞에서 엄숙히 서약합니다.

예물교환 ·· 주례자

이제 사랑을 약속하는 예물을 교환하겠습니다.

성혼기도 ·· 주례자

이 시간 새 가정을 이루게 되는 신랑과 신부가 하나님 앞에서 그 법도를 지켜가며 살아 가겠노라고 엄숙하게 선서를 하였습니다. 그리고 지금 성경책 위에 두 손을 얹고 다시금 기도하는 마음으로 주님께 약속드립니다.
이 마음이 일평생 변하지 않도록 주님께서 도우시고 인도하여 주시옵소서.
이제 주님의 도우심으로 성혼 공포를 하려 합니다. 이 공포가 일생동안 이들의 머리를 떠나지 않도록 하여 주시옵소서. 그로 말미암아 이들 부부가 하나님 앞에서 큰 복을 누리며 살아가게 하여 주시옵소서.
예수 그리스도의 이름으로 간절히 기도드렸습니다.

성혼공포 ·· 주례자

신랑 '김다운' 군과 신부 '서아름' 양은 하나님 앞과 친지들 앞에서 평생토록 서로 사랑하고 위로하며 진실한 부부의 도리를 다할 것을 굳게 서약하였으므로 이에 부부된 것을 성부와 성자와 성령의 이름으로 공포합니다. 우리 주 예수님께서 말씀하신대로 하나님께서 짝지어 주신 것을 사람이 나누지 못할지니라. 아멘.

■ 감사와 축하

사랑의 인사[218] ·· 신랑 · 신부 · 부모

1. 신랑이 신부에게
2. 신부가 부모님에게
3. 신랑 부모님이 새 부부에게

---

218) 사랑의 인사는 결혼예식 1-2일 전에 신랑이 자신의 부모와 신부 부모에게, 신부가 신랑부모와 자신의 부모에게, 신랑 부모가 아들과 며느리에게, 신부 부모가 딸과 사위에게 각각 써오게 한 다음 주례자가 검토하고 그중에서 3편 정도를 공개적으로 발표하게 한다.

축　가 ··· 친구나 교회

축가를 부르는 사람들은 장미 한 송이씩을 가지고 나왔다가 축가를 부른 후 그 꽃을 신랑과 신부에게 주면서 축하의 말을 간단하게 건네면서 퇴장한다.

가족인사 ·· 가족 대표

■축복 및 퇴장
축복기도 ·· 주례자
신랑 · 신부 인사 ······································· 부모님 · 내빈께
신랑 · 신부 행진 ·····························모두 서서 축복하여 주십시오

주례자는 신부가 신랑의 왼팔을 끼도록 도와주고 음악에 맞추어 서서히 퇴장하게 한다. 주례자는 퇴장이 끝날 때까지 새출발하는 신랑 신부의 뒷모습을 주시하면서 새 가정을 축복한다.

특별히 결혼 설교에 있어서 이정현은 4가지 S를 지켜야 한다고 말한다.[219]

① Short ; 설교가 짧아야 한다. 대개 10-15분 정도가 적당하다고 본다.

② Simple ; 간단해야 한다.

③ Smile ; 유머와 기쁨이 있는 설교여야 한다.

④ Shock ; 재미있으면서도 무엇인가 도전이 되고 남는 것이 되어야 한다.

여기에 하나를 덧붙인다면 현실과 너무 동떨어진 설교를 하지 말고 실제적이며 생활적인 것을 발함으로써 결혼 생활에 적용할 수 있도록 하라는 것이다.

(3) 이혼과 재혼

이혼이 급격하게 증가하고 있다. 문제는 그 이혼이라는 것이 원래 하나님의 프로그램 안에 없었다는 점이다.[220] 하나님께서 결혼을 제도화하실 때 결혼이 잘못될 경우에 대비하여 이혼을 만들어 놓지는 않으셨다. 그럼에도 불구하고

---

219) 이정현, 441.
220) Theodore H. Epp, 43.

이혼이 급격하게 늘어나는 이유는 무엇인가? 심지어 크리스천 가운데도 이혼이 성행하는 이유는 무엇인가? 물론 성경적으로도 합당한 이혼이 있을 수 있겠지만 전반적으로 이혼에 대한 성경적인 가르침에 대해 무지하기 때문이다.

그렇다고 이혼에 대해 무조건 비판적인 시각을 갖거나 이혼을 책망하려는 자세도 문제이다. 어떠한 경우에는 성경에서도 인정하는 이혼이 있을 수도 있음을 알아야 한다. 더불어 이미 이루어진 이혼에 대해서는 무조건 책망하거나 비판하려는 자세보다는 앞으로 어떻게 살아가야 할 것인가에 초점을 맞추는 것이 필요하다.

더불어 이혼이 죄라고 할지라도 죄이기 때문에 용서받을 수 있음도 알아야 한다. 한 사람의 배우자와 비성경적으로 이혼하는 죄는 그것이 가져오는 불행뿐만이 아니라 거룩한 하나님에 대한 죄이기 때문에 나쁜 것이다. 그렇다고 해서 그 죄가 그리스도의 피로도 씻겨지지 않을 정도의 죄는 아니다. 고린도전서 6장 9-10절[221]이나 요한계시록 22장 15절,[222] 갈라디아서 5장 19-21절[223] 등을 통해 볼 수 있는 악한 죄의 목록에 이혼은 나타나 있지 않다.

물론 이혼이 죄이고 당연히 책망 받아야 하지만 그 이혼에 대해 무조건 부정적으로 보려하는 시각은 없어야 한다는 것이다. 그렇지만 이혼이 용서받을 수 없는 죄가 아니기 때문에 이혼은 용서받을 수 있다.[224] 그러한 자세가 없이는 이혼에 대해 균형 잡힌 태도를 가질 수 없음을 알아야 할 것이다.

---

221) 고린도전서 6:9-10/ 불의한 자가 하나님의 나라를 유업으로 받지 못할 줄을 알지 못하느냐 미혹을 받지 말라 음행하는 자나 우상 숭배하는 자나 간음하는 자나 탐색하는 자나 남색하는 자나 10 도적이나 탐욕을 부리는 자나 술 취하는 자나 모욕하는 자나 속여 빼앗는 자들은 하나님의 나라를 유업으로 받지 못하리라
222) 요한계시록 22:15/ 개들과 점술가들과 음행하는 자들과 살인자들과 우상 숭배자들과 및 거짓말을 좋아하며 지어내는 자는 다 성 밖에 있으리라
223) 갈라디아서 5:19-21 / 육체의 일은 분명하니 곧 음행과 더러운 것과 호색과 20 우상 숭배와 주술과 원수 맺는 것과 분쟁과 시기와 분냄과 당 짓는 것과 분열함과 이단과 21 투기와 술 취함과 방탕함과 또 그와 같은 것들이라 전에 너희에게 경계한 것 같이 경계하노니 이런 일을 하는 자들은 하나님의 나라를 유업으로 받지 못할 것이요
224) Adams, 60.

1) 이혼에 대한 네 가지 기본적인 관점

기독교계에서 이혼에 대해서는 주로 다음의 4가지 시각을 가지고 있다.[225]

① 결혼은 영구적인 것이다 - 더 이상 이야기할 필요가 없다.

레이니(Laney)가 주장하는 기본적인 핵심은 결혼은 하나님에 의해서 창조되었고 정해진 것이기 때문에 하나님만이 결혼을 중단시킬 수 있다는 것이다. 이러한 입장에서 레이니는 죽음만이 결혼을 중단시킬 수 있는 합법적인 수단임을 주장한다(마가복음 10:6-9).[226] 그는 기독교인들 간의 결혼은 영구적인 것이며 예외는 없다고 말하면서 다른 복음서에서 언급된 두 개의 잠재적인 예외를 고려하지 않는다. 레이니는 이 부분, 예를 들면 마태복음에서 예수님이 기독교인들에게 말씀하신 것이 아니라 유대인들에게 하신 말씀이라고 레이니는 주장한다.

② 이상적으로 결혼은 영구적인 것이다 - 단, 간통한 경우는 제외한다.

모든 보수적, 복음주의적 저자들은 하나님은 결혼을 영구적인 것으로 만들려고 하셨고, 이혼을 미워하신다는 점에 동의한다(말라기서 2:16).[227] 레이니의 주장과 근본적인 차이는 하나님께서 결혼을 이상적으로 영구적인 것으로 만드셨지만 그 이상에 도달하지 못하는 인간의 연약함에 대비하셨다는 것이다. 그러한 의미에서 결혼을 중단시킬 수 있는 것은 두 사람의 기독교인이 간통을 하

---

225) Everett L. Worthington, Jr., *Counseling Before Marriage,* **결혼예비상담**, 김창대 역 (서울: 두란노, 1996), 67-69. 이 글은 결혼과 이혼, 그리고 재혼에 관해 기독교인 저자들이 저술한 31권의 책을 검토한 바아버(C. J. Barber)의 분석 결과를 인용한 것이다(C. J. Barber, 'Marriage, Divorce and Remarriage', Journal of Psychology and Theology 12(1984), 170-177.)

226) 마가복음 10:6-9/ 창조 때로부터 사람을 남자와 여자로 지으셨으니 7 이러므로 사람이 그 부모를 떠나서 8 그 둘이 한 몸이 될지니라 이러한즉 이제 둘이 아니요 한 몸이니 9 그러므로 하나님이 짝지어 주신 것을 사람이 나누지 못할지니라 하시더라

227) 말라기서 2:16/ 이스라엘의 하나님 여호와가 이르노니 나는 이혼하는 것과 옷으로 학대를 가리는 자를 미워하노라 만군의 여호와의 말이니라 그러므로 너희 심령을 삼가 지켜 거짓을 행하지 말지니라

는 경우이다(마태복음 5:32; 19:9).[228] 예수님 이전에 유대인들 사이에서 간통의 대가는 죽음이었다. 그러나 로마인들이 유대인들에게 사형을 하는 것을 불법으로 만들면서 이혼으로 대치하였는데, 그것은 결혼관계가 죽었다는 것을 의미한다.

동성 간의 간통 또한 이혼의 사유가 되었다. 물론 기독교인과 비기독교인간에는 다른 규칙이 적용된다. 바울은 기독교인들에게 비기독교인들이 원하는 한에서 사랑으로 받아들이고 헌신하라고 가르쳤다. 그러나 비기독교인이 이혼하여 기독교인을 버리려 한다면 이혼이 허락되었다(고린도전서 7:15).[229] 그러나 그때에도 화해는 언제나 이혼보다 선호되었다.

③ 이상적으로 결혼은 영구적인 것이다 – 그러나 특별한 경우를 제외한다.

일반적으로 회개함이 없는 간통, 비신자에 의해 버림받은 경우, 기독교로 개종하기 전의 이혼 이외에 이혼을 가져오는 예외적인 상황으로 '마음이 완악하다'는 것을 들고 있다. 예수님은 모세가 이스라엘 사람들의 마음의 완악함 때문에 이혼을 허락하였다고 하셨다(마가복음 10:4-5). 여기서 마음이 완악하다는 것은 a) 배우자나 아이를 학대하는 것, b) 회개함이 없는 만성적인 알코올 중독이나 약물 중독, c) 가족을 돌보지 못하는 경우로서(디모데전서 5:8) 이것은 비신자가 되는 것과 비결할 수 있다. 그리고 d) 배우자와 아이들이 하나님을 믿지 못하게 하는 경우 등이 여기에 해당된다.

이 주장을 하는 사람들은 예수님이 결혼 중에 성관계를 맺는 것을 금지하기 위해 '모이케이아(moicheia)', 즉 좁은 의미에서의 '간통'이라는 단어를 사용하지 않으시고 '포르네이아(porneia)'라는 단어를 사용하셨는데, 이 단어는

---

228) 마태복음 5:32/ 나는 너희에게 이르노니 누구든지 음행한 이유 없이 아내를 버리면 이는 그로 간음하게 함이요 또 누구든지 버림받은 여자에게 장가드는 자도 간음함이니라
  마태복음 19:9/ 내가 너희에게 말하노니 누구든지 음행한 이유 외에 아내를 버리고 다른 데 장가 드는 자는 간음함이니라
229) 고린도전서 7:15/ 혹 믿지 아니하는 자가 갈리거든 갈리게 하라 형제나 자매나 이런 일에 구애될 것이 없느니라 그러나 하나님은 화평 중에서 너희를 부르셨느니라

'간통', '약혼 중에 부정을 저지르는 것', '비신자와 결혼하는 것', '모든 혼외의 성관계(예; 수간, 동성애, 근친)' 등을 포함하는 단어라고 말한다.

④ 이상적으로 결혼은 영구적인 것이다 - 그러나 교회법정에서 무효가 된 경우는 제외한다.

이 주장은 로마가톨릭교회의 입장으로 이 관점에 찬성하는 사람들은 켈리(Kelly), 영(Young), 즈왁(Zwack)과 같은 사람이다. 바아버(Barber)가 지적하였듯이 이것은 많은 복음주의 기독교 교회가 취하는 입장은 아니다. 왜냐하면 그것은 성경 말씀의 권위 위에 신부의 권위를 강조하고 있기 때문이다.

2) 이혼에 대한 성경적인 시각

이혼에 대해 하나님은 미워하신다. 그러나 그렇치 않을 경우도 있다. 이혼이 죄라고 할지라도 죄이기 때문에 용서받을 수 있음도 알아야 한다. 한 사람의 배우자와 비성경적으로 이혼하는 죄는 그것이 가져오는 불행뿐만이 아니라 거룩한 하나님에 대한 죄이기 때문에 나쁜 것이다.

그렇다고 해서 그 죄가 그리스도의 피로도 씻겨지지 않을 정도의 죄는 아니다. 고린도전서 6장 9-10절[230]이나 요한계시록 22장 15절,[231] 갈라디아서 5장 19-21절[232] 등을 통해 볼 수 있는 악한 죄의 목록에 이혼은 나타나 있지 않다.

물론 이혼이 죄이고 당연히 책망 받아야 하지만 그 이혼에 대해 무조건 부정적으로 보려 하는 시각은 없어야 한다는 것이다.

---

230) 고린도전서 6:9-10/ 불의한 자가 하나님의 나라를 유업으로 받지 못할 줄을 알지 못하느냐 미혹을 받지 말라 음행하는 자나 우상 숭배하는 자나 간음하는 자나 탐색하는 자나 남색하는 자나 10 도적이나 탐욕을 부리는 자나 술 취하는 자나 모욕하는 자나 속여 빼앗는 자들은 하나님의 나라를 유업으로 받지 못하리라
231) 요한계시록 22:15/ 개들과 점술가들과 음행하는 자들과 살인자들과 우상 숭배자들과 및 거짓말을 좋아하며 지어내는 자는 다 성 밖에 있으리라
232) 갈라디아서 5:19-21 / 육체의 일은 분명하니 곧 음행과 더러운 것과 호색과 20 우상 숭배와 주술과 원수 맺는 것과 분쟁과 시기와 분냄과 당 짓는 것과 분열함과 이단과 21 투기와 술 취함과 방탕함과 또 그와 같은 것들이라 전에 너희에게 경계한 것 같이 경계하노니 이런 일을 하는 자들은 하나님의 나라를 유업으로 받지 못할 것이요

그렇지만 이혼이 용서받을 수 없는 죄가 아니기 때문에 이혼은 용서받을 수 있다.[233] 그러한 자세 없이는 이혼에 대해 균형 잡힌 태도를 가질 수 없음을 알아야 할 것이다.

이혼에 대해 균형 잡힌 태도를 가져야만 그들을 도울 수가 있다.

① 이혼이란 무엇인가?

이혼이란 무엇인가? 이혼이란 결혼이 갖는 동반자 관계의 언약을 거절하거나 깨뜨리는 것을 의미한다. 성경에 이혼이라는 말은 구약의 경우, 신명기 24장 1절[234]이나 예레미야 3장 8절[235] 등에서 언급되고 있는데 '이혼증서 (סֵפֶר כְּרִיתֻת sepher kerithuth)'를 준다고 할 때 나오는 이혼이라는 말은 '끊는다', '절단 한다'는 뜻을 가지고 있다. 신약에서는 마태복음 1장 19절에 '가만히 끊고자(to divorce)'로 번역되어 있는 'ἀπολύω apoluo'에서 이혼이라는 말을 찾아 볼 수 있는데, "이혼하다, 떠나게 하다, 용서하다, 가게 하다, 풀어주다, 보내 버리다, 자유케하다"는 뜻을 가지고 있다. 곧 이혼이라는 것은 과거에 존재했던 동반자적 관계로부터 절단되었다는 것을 의미하는 것이다.

② 이혼이 생겨나는 이유?

이러한 이혼은 누군가의 죄로 인해 생겨난다. 그렇기 때문에 이혼은 항상 불행과 상처를 가져오는 것이고 하나님이 미워하시는 것이다.[236] 더불어 이혼은 하나님이 만드신 것이 아니라 인간의 제도(human institution)라고 할 수 있다. 성경적인 증거로는 이혼이 인정되었고, 허용되었으며, 통제가 되었지만 이

---

233) Adams, p. 60
234) 신명기 24:1 / 사람이 아내를 맞이하여 데려온 후에 그에게 수치되는 일이 있음을 발견하고 그를 기뻐하지 아니하면 이혼 증서를 써서 그의 손에 주고 그를 자기 집에서 내보낼 것이요
235) 예레미야 3:8 /내게 배역한 이스라엘이 간음을 행하였으므로 내가 그를 내쫓고 그에게 이혼서까지 주었으되 그의 반역한 자매 유다가 두려워하지 아니하고 자기도 가서 행음함을 내가 보았노라
236) Adams, 60.

혼은 결혼과는 달리 하나님으로 말미암아 제도화되지는 않았다. [237]

③ 성경에서는 이혼을 뭐라고 말하는가?

그렇다면 이혼에 대해 성경은 구체적으로 뭐라고 말씀하시는가? 우선 말라기 2장 16절을 보면 "이스라엘의 하나님 여호와가 이르노니 나는 이혼하는 것과 옷으로 학대를 가리는 자를 미워하노라 만군의 여호와의 말이니라 그러므로 너희 심령을 삼가 지켜 거짓을 행하지 말지니라"고 말씀하신다.

예레미야 3장 8절에도 "내게 배역한 이스라엘이 간음을 행하였으므로 내가 그를 내쫓고 그에게 이혼서까지 주었으되 그의 반역한 자매 유다가 두려워하지 아니하고 자기도 가서 행음함을 내가 보았노라"고 적고 있다. 한마디로 하나님은 이혼을 미워하신다고 단호하게 말씀하신다.

④ 이혼의 성경적인 근거

더불어 이혼의 근거나 절차에 대한 구약의 교훈을 보더라도 이혼에 대한 하나님의 뜻을 분명하게 알 수 있다.

신명기 24장 1-4절은 이렇게 적고 있다.

"1 사람이 아내를 맞이하여 데려온 후에 그에게 수치되는 일이 있음을 발견하고 그를 기뻐하지 아니하면 이혼 증서를 써서 그의 손에 주고 그를 자기 집에서 내보낼 것이요 2 그 여자는 그의 집에서 나가서 다른 사람의 아내가 되려니와 3 그의 둘째 남편도 그를 미워하여 이혼 증서를 써서 그의 손에 주고 그를 자기 집에서 내보냈거나 또는 그를 아내로 맞이한 둘째 남편이 죽었다 하자 4 그 여자는 이미 몸을 더럽혔은즉 그를 내보낸 전 남편이 그를 다시 아내로 맞

---

237) Ibid., 63.

이하지 말지니 이 일은 여호와 앞에 가증한 것이라 너는 네 하나님 여호와께서 네게 기업으로 주시는 땅을 범죄하게 하지 말지니라".

여기서 말하고자 하는 뜻은 이혼을 요구하는 것도, 권하는 것도, 허가하는 것도 아니라는 사실이다. 즉, 한 남자가 아내와 이혼했다면 이전 배우자와 다시 혼인하는 것을 금하고 있는데, 이는 여호와 앞에서 가증하기 때문이라고 말한다. 그것은 이미 이혼당한 여자가 전 남편으로부터 위험을 당할 수도 있기 때문에 이를 막으려는데 목적이 있으며, 처음 남편은 다시 그녀를 데려 올 수 없다는 사실을 가르쳐 주고 있다.

또, 첫 세절은 조건절로 되어 있고 결론은 4절에 나온다는 점을 주목할 필요가 있다. 즉, "**만일** 한 남자가 아내와 이혼하고 **만일** 그 여자가 떠나 재혼하고 **만일** 두 번째 남편이 그 여자를 싫어하여 이혼하거나 죽으면 그 여자의 첫 번째 남편은 그 여자와 결혼해서는 안된다"는 것이다. 이는 남편들로 하여금 아내와 경솔하게 이혼하지 않도록 하기 위한 규례인 것이다.[238]

이를 볼 때 본문에 나타난 이혼 규례는 결코 이혼을 장려하기 위한 율법이 아니라 그 당시에 이미 보편화되어 있던 이혼 풍습을 최대한 억제하기 위한 율법이었음을 알 수 있는 것이다.

이 말씀을 통해 살펴 볼 수 있는 것은 성경이 이혼을 적극적으로 인정하는 것은 아니지만 어느 정도 묵인하고 있다고 볼 수 있다.[239] 이에 대해 머레이(John Murray)는 "이혼을 허용하되 제한된 범위 내에서만 묵인되었던 것이며, 따라서 그 허용된 범위 내에서 행해진 이혼일 경우에만 그 당시의 법(교회법 혹은 시민법 civil or ecclesiastical penalty)에 저촉되지 않았고 아무런 제

---

238) Lane A. Scott, *Divorce and the Remarriage of Divorced Persons*, *이유 있는 이혼 사연 있는 재혼*, 고신일 역 (경기 부천: 도서출판 기둥, 1995), 16.
239) Adams, 16.

재도 받지 않을 수 있었다"고 말하고 있다. [240]

　또 기어이 이혼을 해야 하겠다면 그 이혼을 받아줄 수 있는 근거는 남편이 아내에게서 '수치되는 일'을 발견했을 때라는 것이다. 여기서 '수치되는 일'이란 아내가 간음하는 것을 말하는 것이 아니다. 왜냐하면 간음한 자는 이혼이 아니라 죽이는 벌을 내렸기 때문이다(신 22:20-27, [241] 레 20:10). [242]

　여기서 '수치되는 일 (עֶרְוָה ervah)이란 뜻을 해석함에 있어 예수님 당시의 랍비들조차 의견이 일치되지를 않았었다. [243] BC 1 세기경의 '샴마이' 학파는 이를 간음이나 난교(亂交)에는 못 미치는 정도의 성 범죄로 해석하였다. 그들은 히브리어의 어원이 '벌거벗음', '드러내 보임'이라는 점에 주안점을 두었다.

　그러나 '힐렐학파'는 1절의 '기쁨을 주지 못한다', 3절의 '미워한다'에 초점을 두어 해석하였다. 그래서 남편을 성가시게 하거나 난처하게 하는 어떤 것도 이혼 소송을 할 수 있는 법적 근거로 보았다. 그래서 힐렐학파는 아내와의 이혼에 대한 전적인 권한을 남편에게 두었다. 그렇기 때문에 이혼을 손쉽게 할 수 있는 여지를 만들어 놓은 것이다. 그러나 그것이 하나님의 뜻은 분명히 아니었다.

　이 사실은 마태복음 19장 3-9절에 잘 나타난 예수님의 가르침을 통해 잘 알

---

240) John Murray, *Divorce* (Phillipsburg, N.J.: Presbyterian and Reformed Publishing Company, 1978), 8. Lane A. Scott의 책에서 재인용.
241) 신명기 22:20-27/ 그 일이 참되어 그 처녀에게 처녀의 표적이 없거든 21 그 처녀를 그의 아버지 집 문에서 끌어내고 그 성읍 사람들이 그를 돌로 쳐죽일지니 이는 그가 그의 아버지 집에서 창기의 행동을 하여 이스라엘 중에서 악을 행하였음이라 너는 이와 같이 하여 너희 가운데서 악을 제할지니라 22 어떤 남자가 유부녀와 동침한 것이 드러나거든 그 동침한 남자와 그 여자를 둘 다 죽여 이스라엘 중에 악을 제할지니라 23 처녀인 여자가 남자와 약혼한 후에 어떤 남자가 그를 성읍 중에서 만나 동침하면 24 너희는 그들을 둘 다 성읍 문으로 끌어내고 그들을 돌로 쳐죽일 것이니 그 처녀는 성안에 있으면서도 소리 지르지 아니하였음이요 그 남자는 그 이웃의 아내를 욕보였음이라 너는 이같이 하여 너희 가운데에서 악을 제할지니라 25 만일 남자가 어떤 약혼한 처녀를 들에서 만나서 강간하였으면 그 강간한 남자만 죽일 것이요 26 처녀에게는 아무것도 행하지 말 것은 처녀에게는 죽일 죄가 없음이라 이 일은 사람이 일어나 그 이웃을 쳐죽인 것과 같은 것이라 27 남자가 처녀를 들에서 만난 까닭에 그 약혼한 처녀가 소리질러도 구원할 자가 없었음이니라
242) 레위기 20:10/ 누구든지 남의 아내와 간음하는 자 곧 그의 이웃의 아내와 간음하는 자는 그 간부와 음부를 반드시 죽일지니라
243) 하용조, 1084.

수 있다.

예수님께서는 여기서 대구법을 써 가면서 당시의 일부 랍비들의 잘못을 분명하게 반대하고 계신다. '너희들이 그러한 말을 들었지만 나는 너희에게 이렇게 말한다'는 분명한 대구법으로 그동안 잘못되어 온 관습이나 율법학자들(힐렐학파)의 잘못된 해석을 비판하고 계시는 것이다. 예수님은 여기서 우선 결혼의 영속성을 공적으로 승인하셨다.

예수님은 바리새인들에게 창세기 1장과 2장을 읽어보지 않았으냐고 물으신다. 그리고 "그런즉 이제 둘이 아니요 한 몸이니 그러므로 하나님이 짝지어 주신 것을 사람이 나누지 못할지니라"고 단언하신다. 이것은 결혼이라는 것이 인간의 계약을 뛰어 넘는 신성한 언약임을 말씀하고 있는 것이다.

또, 예수님은 "그러면 어찌하여 모세는 이혼 증서를 주어서 버리라 명하였나이까"는 바리새인들의 두 번째 질문에 대해 모세의 이혼 규정은 인간의 죄에 대한 임시적 용인이라고 선언하신다. 즉, 예수님은 "모세가 너희 마음의 완악함 때문에 아내 버림을 허락하였거니와 본래는 그렇지 아니하니라"라고 말씀하시는데, 여기서 주목할 것은 바리새인들은 '명하였나이까', 즉 명령했다고 질문하는데 반해 예수님은 '허락'이라는 표현으로 대치해 버리신다. 이는 이혼의 허용이 신성한 의도가 아니라 인간의 완악함을 인하여 마지못해 허락하는 것이라는 뜻이다. 여기서 주목해야 할 것은 예수님은 이혼에 관한 모세의 율법 중 어느 것 하나도 폐하지 않으셨다는 사실이다.[244]

또 하나, 여기서 주목해야 할 것은 예수님이 이혼에 관한 모세의 율법을 인간의 타락과 결부시켜 설명하고 있다는 점이다. 갈라디아서 3장 19절에 율법은 범법함을 인하여 더한 것이라 말하듯이 다른 율법들과 마찬가지로 이혼에 대한 규례 역시 인간의 죄에서 기인한 것이라 말씀하신다.[245]

더불어 예수님은 이혼 뒤의 재혼을 '간음'이라고 하셨다. "자기 아내와 이혼하고 다시 결혼하는 남자는 간음하는 것이며"(마태복음 19:9, 마가복음 10:11, 누가복음 16:18), "그와 이혼한 아내도 역시 재혼할 것이기 때문에 그 여자도 간음을 하도록 하는 것이고"(마가복음 5:32), "남편과 이혼하고 다시 결혼하는 여자도 비슷하게 간음하는 것이며(마가복음 10:12)" 또, 이혼한 사람과 결혼하는 남자도(다른 상황에서처럼 이 상황에서도 상호 관계를 가정할 때 이혼한 사람과 결혼하는 여자도 아마 마찬가지 일 것) 간음하는 것(마태복음 5:32, 누가복음 16:18)이라고 말씀하신다. 이는 이혼과 재혼이 하나님의 인가 없이 이루어진다면 뒤따르는 어떠한 연합도 불법이며 간음임을 천명하고 있는 것이다.

그리고 예수께서는 이혼과 재혼을 오직 부도덕한 근거에서만 허락하셨다(마 5:32. 19:9). 이 조항은 한 부류의 이혼과 재혼을 '간음'으로 낙인찍히는 것에서 면해 주려는 목적이 있었던 것으로 보인다. 물론 여기서의 예외 조항에 대해 성경학자들 가운데 가끔 이 조항은 필사자가 그냥 집어넣었을 것이라고 해

---

244) Lane A. Scott, 18.
245) Ibid., 18.

석하기도 한다. 그러나 정말 예수님의 발언으로 받아들여야 한다.

특별히 마태복음 19장 9절에서의 헬라어 'πορνεία (porneia)'는 성적 부도덕을 뜻한다. 그렇다고 여기에 대한 극단적 해석은 경계해야 한다. 즉, 아른트 깅그리히의 주석에 의하면 성적 부정이나 결혼생활의 부정을 나타내는 포괄적인 낱말로 모든 불법적인 성교를 포함한다.

NIV에서는 이것을 '부부의 불성실성(marital unfaithfulness)'이라고 번역했다. 어떤 이들은 이것이 간음을 뜻한다고 보았다. 그러나 간음을 뜻하는 단어는 같은 절 안에서 다른 헬라어 'μοιχάω (moichao)'가 사용되었다. 그렇기에 porneia는 결혼 언약에 대해 불성실한 것을 의미한다고 해석하는 것이 적절할 것으로 보인다.[246]

이런 관점에서 요셉은 마리아가 부정하다고 의심했을 때 죽음이 아닌 이혼을 생각했었던 것이고(마태복음 1:19)[247], 그렇기에 그러한 연고없이 이혼하고 재혼하는 것은 간음이라고 말씀하신 것이다(마태복음 19:9).[248]

성경에 열거된 간음죄는 간음의 주체가 누구냐에 따라 다시 5가지로 나누어진다.[249]

① 부정이 아닌 다른 이유로 아내와 이혼한 남자는 그 아내로 하여금 간음케 하는 자이다.(단, 이혼당한 아내가 재혼했을 경우에만 간음죄가 성립되며, 이 경우 간음의 주체는 아내가 된다). (마태복음 5:32)

② 부정이 아닌 다른 이유로 아내와 이혼하고 다른 여자와 혼인한 남자는 간음을 범한 것이다. (마태복음 19:9, 누가복음 16:19)

③ 남편과 이혼하고 다른 이와 혼인한 여자도 간음을 행한 것이다. (마가복

---

246) 하용조, 1084.
247) 마태복음 1:19/ 그의 남편 요셉은 의로운 사람이라 그를 드러내지 아니하고 가만히 끊고자 하여
248) 마태복음 19:9/ 내가 너희에게 말하노니 누구든지 음행한 이유 외에 아내를 버리고 다른 데 장가 드는 자는 간음 함이니라
249) Lane A. Scott, 20.

음 10:12)

④ 이혼당한 여자와 혼인한 남자도 간음죄를 저지른 것이다. (마태복음 5:32, 누가복음 16:18)

⑤ 아내와 이혼하고 다른 여자와 혼인한 남자는 그의 본처에게 간음을 행한 것이다.(마가복음 10:11)

이렇게 성경에서 간음죄가 구체적으로 열거되는 중요한 이유는 이혼과 재혼을 했다고 해서 무조건 간음이 아니라는 사실을 설명하기 위함이다. 가장 쉬운 예가 배우자의 부정으로 인해 이혼한 사람과 재혼하는 것은 간음죄가 아니라고 말한다. 간음죄에 대한 예외 규정을 말하는 것이다.

그렇다면 비 그리스도인의 유기(desertion) 문제를 어떻게 볼 것인가?[250] 고린도전서 7장 12절에서 16절을 살펴보자.

> 그 남은 사람들에게 내가 말하노니 (이는 주의 명령이 아니라) 만일 어떤 형제에게 믿지 아니하는 아내가 있어 남편과 함께 살기를 좋아하거든 저를 버리지 말며 13 어떤 여자에게 믿지 아니하는 남편이 있어 아내와 함께 살기를 좋아하거든 그 남편을 버리지 말라 14 믿지 아니하는 남편이 아내로 인하여 거룩하게 되고 믿지 아니하는 아내가 남편으로 인하여 거룩하게 되나니 그렇지 아니하면 너희 자녀도 깨끗지 못하니라 그러나 이제 거룩하니라 15 혹 믿지 아니하는 자가 갈리거든 갈리게 하라 형제나 자매나 이런 일에 구속받을 것이 없느니라 그러나 하나님은 화평 중에서 너희를 부르셨느니라 16 아내된 자여 네가 남편을 구원할는지 어찌 알 수 있으며 남편된 자여 네가 네 아내를 구원할는지 어찌 알 수 있으리요

---

250) Douglas Wilson, 184-185.

만약 비 그리스도인이 결혼의 언약적 성격을 이해하면서 살기를 원한다면 (외적으로는 그럴 수 있다) 그 사람과는 이혼해서는 안된다는 것이다. 그러나 만일 불신 배우자가 그리스도인 배우자로부터 떠나기로 결정한다면, 그리스도 인은 제한받지 않을 것이다. 그렇다고 해서 그리스도인들이 의도적으로 이혼 을 추구하거나, 시도해서는 안된다는 것이다. 이제 그 그리스도인은 재혼을 하 거나 독신으로 남거나 본래 배우자와 화해를 할(그 사이에 다른 사람과 결혼하 지 않는 한, 신명기 24:1-4)[251] 수 있는 자유가 있다. 제한을 받지 않는다는 것 은 말 그대로 더 이상의 책임을 지지 않는다는 것이다.

로마사회에서는 부부가 갈라서는 것은 곧 이혼을 의미했다. 그러므로 불신 배우자가 집을 나가 버렸을 때, 그 사람과 화해하려고 애를 쓴다는 것 자체가 무의미한 일이었다. 그런데 15절 말씀에서 '구속받을 것이 없다'고 강조한 것 은 곧 재혼을 허용하는 것으로 해석한다. 이것은 불신자에게 버림받은 신자가 그 결혼으로부터 놓여서 새로운 배우자를 찾을 수 있게 되었다는 것을 의미하 는 것이다.[252]

회개치 않은 신자에 의한 유기도 정당한 이혼 사유가 된다.[253] 루터는 불신자 의 범주 안에는 '비복음주의적' 신자도 포함된다고 말한다. 더불어 자신의 배 우자를 버린 신자는 불신자보다 더 악한 자라고 말하기도 한다.[254] 제이 E. 아 담스는 마태복음 18장 15-17절을 통해 이러한 생각을 발전시켰다.[255] 마태복음

---

251) 신명기 24:1-4 / 사람이 아내를 취하여 데려온 후에 수치되는 일이 그에게 있음을 발견하고 그를 기뻐하지 아니 하거든 이혼 증서를 써서 그 손에 주고 그를 자기 집에서 내어 보낼 것이요 2 그 여자는 그 집에서 나가서 다른 사람의 아내가 되려니와 3 그 후부도 그를 미워하여 이혼 증서를 써서 그 손에 주고 그를 자기 집에서 내어 보내 었거나 혹시 그를 아내로 취한 후부가 죽었다 하자 4 그 여자가 이미 몸을 더럽혔은즉 그를 내어 보낸 전부가 그 를 다시 아내로 취하지 말지니 이 일은 여호와 앞에 가증한 것이라 네 하나님 여호와께서 네게 기업으로 주시는 땅으로 너는 범죄케 하지 말지니라
252) David Instone-Brewer, 399-400.
253) ibid, 400-401.
254) 루터는 디모데전서 5장 8절에 근거하여 그같이 주장했다. Luther, The Sermon on the Mount, regarding Matt. 5:31-32, *Luther's Works* 21:96, Jaroslav pelikan, ed., *Luther's Works*, 55 vols (st. Louis: Concordis Publishing House, 1955-86) 참조.
255) Jay E. Adams, *Marriage, Divorce & Remarriage in the Bible* (Phillipsburg, N.j.: Presbyterian and Reformed Publishing Co., 1980)

18장 15-17절에서 예수님은 교회의 지도(指導)를 거부하는 자는 이방인처럼 여기라고 말씀한다. 그래서 신자인 배우자가 유기를 했을 때 남은 신자가 이혼을 하더라도 자유롭게 될 수 있다는 것이다.

그렇다면 성경에서 사형에 해당되는 율법을 어겼을 경우에는 어떻게 해야 할까?[256]

만약 사형을 선고받을 정도의 극한 죄를 지은 경우, 세속 정부가 사형을 시킨다면 불가피한 이혼이 생겨난다. 그러나 국가가 자신의 임무를 제대로 수행하지 않을 경우 가정과 교회라는 또 다른 정부(government)가 선택을 해야 한다. 교회는 이들을 출교시켜야 하며, 경건한 배우자들도 이혼할 수 있을 것이다. 교회나 가정의 이러한 행동은 범죄한 배우자를 언약으로부터 제거하려는 데 있는 것이 아니라. 그가 이미 언약으로부터 자기 자신을 제거하였음을 법적으로 시인하는 것이다. 이 논리는 에스라서 9장과 10장에서 잘 보여주고 있다.

> 9:1 이 일 후에 방백들이 내게 나아와 이르되 이스라엘 백성과 제사장들과 레위 사람들이 이 땅 백성들에게서 떠나지 아니하고 가나안 사람들과 헷 사람들과 브리스 사람들과 여부스 사람들과 암몬 사람들과 모압 사람들과 애굽 사람들과 아모리 사람들의 가증한 일을 행하여 2 그들의 딸을 맞이하여 아내와 며느리로 삼아 거룩한 자손이 그 지방 사람들과 서로 섞이게 하는데 방백들과 고관들이 이 죄에 더욱 으뜸이 되었다 하는지라 3 내가 이 일을 듣고 속옷과 겉옷을 찢고 머리털과 수염을 뜯으며 기가 막혀 앉으니 4 이에 이스라엘의 하나님의 말씀으로 말미암아 떠는 자가 사로잡혔던 이 사람들의 죄 때문에 다 내게로 모여오더라 내가 저녁 제사 드릴 때까지 기가 막혀 앉았더니 5 저녁 제사를 드릴 때에 내가 근심 중에 일어나서 속옷과 겉옷 을 찢은 채 무릎을 꿇고 나의 하나님 여호와를 향하여 손을 들고 6 말하기를 나의 하나님이여 내가 부끄럽고 낯이 뜨거워서 감히 나의 하나님을 향하여

---

256) Douglas Wilson, 185.

얼굴을 들지 못하오니 이는 우리 죄악이 많아 정수리에 넘치고 우리 허물이 커서 하늘에 미침이니이다   7 우리 조상들의 때로부터 오늘까지 우리의 죄가 심하매 우리의 죄악으로 말미암아 우리와 우리 왕들과 우리 제사장들을 여러 나라 왕들의 손에 넘기사 칼에 죽으며 사로잡히며 노략을 당하며 얼굴을 부끄럽게 하심이 오늘날과 같으니이다 8 이제 우리 하나님 여호와께서 우리에게 잠시 동안 은혜를 베푸사 얼마를 남겨 두어 피하게 하신 우리를 그 거룩한 처소에 박힌 못과 같게 하시고 우리 하나님이 우리 눈을 밝히사 우리가 종노릇하는 중에서 조금 소생하게 하셨나이다 9 우리가 비록 노예가 되었사오나 우리 하나님이 우리를 그 종살이하는 중에 버려 두지 아니하시고 바사 왕들 앞에서 우리가 불쌍히 여김을 입고 소생하여 우리 하나님의 성전을 세우게 하시며 그 무너진 것을 수리하게 하시며 유다와 예루살렘에서 우리에게 울타리를 주셨나이다 10 우리 하나님이여 이렇게 하신 후에도 우리가 주의 계명을 저버렸사오니 이제 무슨 말씀을 하오리이까 11 전에 주께서 주의 종 선지자들에게 명령하여 이르시되 너희가 가서 얻으려 하는 땅은 더러운 땅이니 이는 이방 백성들이 더럽고 가증한 일을 행하여 이 끝에서 저 끝까지 그 더러움으로 채웠음이라 12 그런즉 너희 여자들을 그들의 아들들에게 주지 말고 그들의 딸들을 너희 아들들을 위하여 데려오지 말며 그들을 위하여 평화와 행복을 영원히 구하지 말라 그리하면 너희가 왕성하여 그 땅의 아름다운 것을 먹으며 그 땅을 자손에게 물려주어 영원한 유산으로 물려주게 되리라 하셨나이다 13 우리의 악한 행실과 큰 죄로 말미암아 이 모든 일을 당하였사오나 우리 하나님이 우리 죄악보다 형벌을 가볍게 하시고 이만큼 백성을 남겨 주셨사오니 14 우리가 어찌 다시 주의 계명을 거역하고 이 가증한 백성들과 통혼하오리이까 그리하면 주께서 어찌 우리를 멸하시고 남아 피할 자가 없도록 진노하시지 아니하시리이까 15 이스라엘의 하나님 여호와여 주는 의로우시니 우리가 남아 피한 것이 오늘날과 같사옵거늘 도리어 주께 범죄하였사오니 이로 말미암아 주 앞에 한 사람도 감히 서지 못하겠나이다 하니라

10:1 에스라가 하나님의 성전 앞에 엎드려 울며 기도하여 죄를 자복할 때에 많은 백성이 크게 통곡하매 이스라엘 중에서 백성의 남녀와 어린 아이의 큰 무리가 그 앞에 모인지라 2 엘람 자손 중 여히엘의 아들 스

가냐가 에스라에게 이르되 우리가 우리 하나님께 범죄하여 이방 이방 여자를 맞이하여 아내로 삼았으나 이스라엘에게 아직도 소망이 있나니 3 곧 내 주의 교훈을 따르며 우리 하나님의 명령을 떨며 준행하는 자의 가르침을 따라 이 모든 아내와 그들의 소생을 다 내보내기로 우리 하나님과 언약을 세우고 율법대로 행할 것이라 4 이는 당신이 주장할 일이니 일어나소서 우리가 도우리니 힘써 행하소서 하니라 5 이에 에스라가 일어나 제사장들과 레위 사람들과 온 이스라엘에게 이 말대로 행하기를 맹세하게 하매 무리가 맹세하는지라 6 이에 에스라가 하나님의 성전 앞에서 일어나 엘리아십의 아들 여호하난의 방으로 들어가니라 그가 들어가서 사로잡혔던 자들의 죄를 근심하여 음식도 먹지 아니하며 물도 마시지 아니하더니 7 유다와 예루살렘에 사로잡혔던 자들의 자손들에게 공포하기를 너희는 예루살렘으로 모이라 8 누구든지 방백들과 장로들의 훈시를 따라 삼일 내에 오지 아니하면 그의 재산을 적몰하고 사로 잡혔던 자의 모임에서 쫓아내리라 하매 9 유다와 베냐민 모든 사람들이 삼 일 내에 예루살렘에 모이니 때는 아홉째 달 이십일이라 무리가 하나님의 성전 앞 광장에 앉아서 이 일과 큰 비 때문에 떨고 있더니 10 제사장 에스라가 일어나 그들에게 이르되 너희가 범죄하여 이방 여자를 아내로 삼아 이스라엘의 죄를 더하게 하였으니 11 이제 너희 조상들의 하나님 앞에서 죄를 자복하고 그의 뜻대로 행하여 그 지방 사람들과 이방 여인을 끊어 버리라 하니 12 모든 회중이 큰 소리로 대답하여 이르되 당신의 말씀대로 우리가 마땅히 행할 것이니이다 13 그러나 백성이 많고 또 큰 비가 내리는 때니 능히 밖에 서지 못 할 것이요 우리마 이 일로 크게 범죄하였은즉 하루 이틀에 할 일이 아니오니 14 이제 온 회중을 위하여 우리의 방백들을 세우고 우리 모든 성읍에 이방 여자에게 장가든 자는 다 기한에 각 고을의 장로들과 재판장과 함께 오게 하여 이 일로 인한 우리 하나님의 진노가 우리에게서 떠나게 하소서 하나 15 오직 아사헬의 아들 요나단과 디과의 아들 야스야가 일어나 그 일을 반대하고 므술람과 레위 사람 삽브대가 그들을 돕더라 16 사로잡혔던 자들의 자손이 그대로 한지라 제사장 에스라가 그 종족을 따라 각각 지명된 족장들 몇 사람을 선임하고 열째 달 초하루에 앉아 그 일을 조사하여 17 첫째 달 초하루에 이르러 이방 여인을 아내로 맞이한 자의 일 조사하기를 마치니라 여기서 9장 1절과 2절을 쉬운 번역으로 다시 한 번 살펴보자.

이스라엘의 지도자 몇 사람이 내게 와서 이스라엘의 순수성을 위협하는 내부적인 문제를 지적해 주었다. 이스라엘 백성은 제사장들과 레위 사람들까지도 모두 우상을 섬기는 이 지방의 원주민들과 구별된 생활을 하지 않고 끔찍한 일을 저지르고 있습니다. 특히 이스라엘 백성은 지금 가나안 원주민, 헷 족속, 브리스 족속, 여부스 족속, 암몬 족속, 모압 족속, 애굽 족속, 아모리 족속 등 그 어떤 이방 족속과도 자유로이 통혼하고 있습니다. 2 이방인들의 딸을 아내와 며느리로 데려와서 거룩한 백성의 혈통이 벌써 이방인들과 섞이고 말았습니다. 더구나 백성의 지도자들이 이런 일에 더 먼저 나쁜 본을 보였습니다.'〔현대어성경〕

한마디로 이스라엘 백성들의 이런 모습을 본 에스라는 기가 막혔다. 그는 에스라 10장에서 이방 여인들과 통혼한 이스라엘 남자들에게 그들의 이방 아내들을 돌려보내라는 명을 내린다. 에스라가 문제 삼았던 것은 여인들이 이방인들이었기 때문이 아니었다. 룻과 라합을 기억해 보면 그것이 아니라는 것을 금방 알 수 있다.

문제는 그들이 하나님 보시기에 역겹고 가증한 일을 행하는 데 있었다. 포로에서 귀환한 백성들도 페르시아 제국의 법 아래 있었고, 이방인들은 언약 밖에 있었기 때문에 율법이 요구하는 시민법적 형벌은 적용되지 않았다. 그렇다고 해서 교회와 가정까지 하나님의 법을 적용하지 않을 이유는 없었기에, 에스라는 교회와 가정의 차원에서라도 하나님의 명령을 신실하게 수행해 가자고 요구한 것이다.

정리하자면 이렇다. 그리스도인들은 불신 배우자와 이혼해서는 안된다는 것이 원칙이나, 이것은 불신 배우자가 하나님의 영역 안에서 결혼 생활을 계속하기 원하는 경우에만 적용되는 것이다. 불신 배우자가 성경에서도 엄격하게 금하고 있는 흉악한 범죄를 저질렀다면, 그리스도인들은 그를 어떻게 상대해야 할까? 이 문제에 대해 신학적인 혼란을 겪게 될 것이다. 살인을 이유로 이혼을 허락한다면 많은 반대들도 있을 것이다.

그러나 이러한 윤리적 근시안은 에스라서를 제외한 채 이혼에 대한 성경 구절들만을 떼어 놓고 연구한 결과이다. 성경 전체에서 이 주제에 대해 무엇을 말하는지 알아 보아야 하는 것이다.

결혼이 완전무결하고 절대적인 것은 아니다. 하나님께서 결혼을 거룩하게 하셨기 때문에 거룩해진 것이다. 따라서 결혼이 하나님의 말씀을 깨뜨리는 도구가 되어서는 안 된다. 결혼 서약은 우리의 자기중심성을 포기할 것을 요구한다. 남편은 아내를 사랑해야 하며, 아내는 자기 남편을 존경해야 한다. 우리가 버려야 할 것은 하나님의 말씀이 아니라 자기중심성이다.

⑤ 이혼의 경우별 허용 여부

더불어 부도덕 때문에 이혼하는 것이 허용이 되지만 반드시 해야만 하는 것은 아니다. 하나님의 법을 외적으로 이해하는 사람들은 그것을 단순히 확인 사항(checklist) 정도로 사용한다. "아, 여기 이 항목이 있구나! 나는 이제 남편과 이혼해도 되는구나!"

그러나 결혼의 언약적 성격을 이해하는 사람들은 하나님께서 우리에게 왜 이 결혼의 의무들을 요구하셨는지 먼저 생각한다. 그들은 화해할 준비가 되어 있는 사람들이다. 이를 구체적으로 알아보자.

그리스도인 부부의 이혼(고전 7:10-11)

먼저, 믿는 자들끼리의 이혼에 대해서는 고린도전서 7장 10-11절에 잘 나타난다.

여기서 볼 수 있듯이 그리스도인들끼리의 이혼은 기본적으로 허용되지 않는다. 예외는 없다. 어느 누군가가 불순종하여 이혼한다 하더라도 그는 반드시 결혼하지 않은 상태로 지내야 한다고 말한다. 만약 아내가 이혼을 요구한다고 했을 때 그녀가 항상 회개하고 남편과 화해할 수 있는 위치에 있도록 해야 하기 때문이다. 만일 그녀가 다른 사람과 결혼을 해 버리면 그녀는 자신의 불순종에서 한 걸음 더 나아가 자신을 회복시킬 수 없는 형편에 빠지게 하는 것이 되기 때문이다(신명기 24장 1-4절을 참조하라).[257] 바울이 바라는 바는 화해이다. 바울은 두 믿는 자들이 잠시 갈라섰더라도 다시 새롭고 성경적인 방법으로 다시 합치기를 원하고 있는 것이다.

크리스탈 주석은 여기에 대해 다음과 같이 구체적으로 설명하고 있다.
"혼인은 인위적으로 나눌 수 없다. 혼인을 인위적으로 나눌 수 없다는 원칙은 이미 예수 그리스도께서 그의 교훈에서 결정해 주셨다. '누구든지 음행한 연고 외에 아내를 내어버리고 다른 데 장가드는 자는 간음함이니라' (마태복음 19:9). 이 말씀은 남자에게만 해당되는 것이 아니라 여자에게도 동일하게 적용된다. 혼인은 일생 동안의 결합으로, 죄 없이는 파괴될 수 없다. 부부는 어느 한편의 단순한 뜻이나 혹은 어떠한 경솔한 이유에서 분리되어서는 안 되는 것이다. 이 항구성은 하나님의 지정하심에서 기인한다(참조, 마태복음 19:6). 남

257) Adams, 83-84.

편과 아내는 하나인 것이다. 혼인에는 하나님의 신성함이 함께 존재하며, 따라서 부부가 갈라섬은 이러한 하나님의 거룩함을 파괴하는 행위이다. 두 번째로 나눔이 있다 해도 오래 지속되어서는 안 된다. 부부가 나뉘는 경우는 남편의 포악한 처우에서 아내가 남편을 떠나거나 또한 그와 비슷한 처지에서 아내가 남편과 별거하는 경우를 말한다. 그러한 상황이 부부가 이혼하는 충분한 이유가 될 수도 있고, 그렇지 않을 수도 있다. 그러나 만약에 종국적으로 부부가 헤어졌다면 그들은 각기 혼인을 하지 말고 그대로 지내야 한다. 새로이 혼인하는 것은 처음 혼인을 무효화하는 것이기 때문에 성경에서 말하는 간음죄에 해당한다.

따라서 헤어진 부부는 그대로 지내든지 아니면 서로 화합하고 처음의 생활로 돌아가야만 한다. 이 두 번째의 방법이 바람직한 길이며, 또 한 그것이 이루어지도록 부부는 노력하며 모든 방안을 강구해야 한다. 부부는 죄와 그리스도의 이름에 걸림이 없이는 나뉘어서는 안 되는 것이다.

하나님은 심지어 간음한 창녀와 같은 우리를 사랑하셨다(참조, 호세아서 3, 4 장). 하물며 하나님이 맺어 주신 부부의 관계를 서로 나눈다는 것은 큰 죄이다. 예수께서도 간음한 연고 외에는 부부가 나뉠 수 없다고 했다. 예수께서 이 말씀을 하신 이유는 이혼이 정당화될 수 없음을 강조하기 위함이었을 뿐 아니라 간음한 경우라 해도 나뉘는 것은 최악의 경우임을 암시하신 것이다.”

불신자와의 이혼(고전 7:12-16)

한편, 불신자와의 이혼에 대해서는 고린도전서 7장 12-16절에 잘 설명된다.

“12 그 나머지 사람들에게 내가 말하노니 (이는 주의 명령이 아니라) 만일 어떤 형제에게 믿지 아니하는 아내가 있어 남편과 함께 살기를 좋아하거든 그를 버리지 말며 13 어떤 여자에게 믿지 아니하는 남편이

있어 아내와 함께 살기를 좋아하거든 그 남편을 버리지 말라 14 믿지
아니하는 남편이 아내로 말미암아 거룩하게 되고 믿지 아니하는 아내
가 남편으로 말미암아 거룩하게 되나니 그렇지 아니하면 너희 자녀도
깨끗하지 못하니라 그러나 이제 거룩하니라 15 혹 믿지 아니하는 자가
갈리거든 갈리게 하라 형제나 자매나 이런 일에 구애될 것이 없느니라
그러나 하나님은 화평 중에서 너희를 부르셨느니라 16 아내 된 자여
네가 남편을 구원할는지 어찌 알 수 있으며 남편 된 자여 네가 네 아
내를 구원할는지 어찌 알 수 있으리요"

한마디로 어느 한쪽이 불신자일 경우, 이혼에 대한 주도권은 믿지 않는 자에
게 있다는 것이다. 즉, 그리스도인은 결혼을 계속 유지하기를 원하는 배우자와
이혼해서는 안된다고 말한다. 믿지 않는 자가 이혼을 원하면 그것을 방해하지
말라는 것이 바울의 뜻이다. 당연히 이러한 이혼의 경우 결혼의 모든 책임으로
부터 자유로워진다.

음행의 이유로 인한 이혼

한편 음행의 이유로 인한 이혼에 대해서는 고린도전서 7장 10-11절에는 언
급이 없지만 마태복음 5장과 19장에서 하나님의 의도를 읽을 수가 있다. 여기
서의 분명한 뜻은 당연히 이혼해야 하는 것이 아니라 이혼을 '허용' 한다는 것
이다. 즉, 해도 된다는 것이다.

여기에 대해서도 고린도전서 7장에 대한 크리스탈 주석은 다음과 같이 자세
하게 설명하고 있다.

"불신자 배우자가 그냥 지내기를 원하는 경우에 그리스도인 배우자는 하나
님 앞에서 거룩하게 결합한 혼인 관계를 쉽게 나눌 생각을 가져서는 안된다.
'믿지 아니하는…아내가 남편으로 인하여 거룩하게 되나니' (14절). 바울은 불

신자가 신자와 혼인한 그 자체의 효력에 의해 거룩하게 되는 것이라고 말하지 아니하고 성도 된 남편 혹은 아내의 신앙적 노력에 의하여 성별 되어지거나 거룩해지는 것이라고 말했다. 제사하는 제단이 그 위에 놓인 예물을 거룩하게 하는 것처럼(참조, 마태복음 23:19), 그리스도인은 그 자신의 성품을 그와 관련된 것에 반영한다. 그와 같이 부부 관계에서도 성도 된 한 편이 거룩함으로 다른 한 편에 그의 거룩함을 반영하게 되고, 그 다른 한 편은 그리스도인 배우자와 함께 함으로 성별될 수 있는 특권을 가진 것이다. 이 원리는 이스라엘 가운데 불경건한 이방인들이 경건한 이스라엘 백성들로 인하여 개종하고 하나님 백성으로서의 특권을 누렸던 이치와 같다. 이러한 원리는 '그렇지 아니하면 너희 자녀도 깨끗지 못하니라 그러나 이제 거룩하니라' (14절)는 말씀에서 잘 드러난다. 한편 불신자인 배우자가 이혼을 요구하는 경우에 바울은 그리스도인 배우자가 결합을 유지하기 위해 고집할 것이 아니라 상대방으로 떠나게 하라고 했다(15절). '형제나 자매나 이러한 일에 구속받을 것이 없느니라'. 이혼의 요구가 성도에 의해서 요구되어서는 안 되나 상대방의 요구에는 거절할 필요가 없는 것이다. 그러나 하나님은 화평을 원하신다. 왜냐하면 하나님이 우리를 화평 중에서 부르셨기 때문이다. 그러므로 성도는 불신자인 배우자라 할지라도 사랑하며 그가 회개하도록 기꺼이 기도하며 노력해야 한다. '아내 된 자여 네가 남편을 구원할는지 어찌 알 수 있으며 남편 된 자여 네가 네 아내를 구원할는지 어찌 알 수 있으리요' (16절)."

이혼에 대한 성경의 주된 메시지 [258]

결국 성경은 그리스도인은 이혼해서는 안된다는 점을 강조한다. 그러나 참으로 복잡한 세상, 그리고 흠 많은 인간 세상에서 이 원칙을 적용하기란 쉽지

---

258) David Instone-Brewer, 426-429.

가 않다. 그렇다 할지라도 성경에서 말하는 이 원칙을 지키기 위해 그리스도인들은 부단히 노력해야만 한다. 그렇다 할지라도 성경은 이혼을 최소한의 한도 내에서 예외적으로 인정한다. 그것이 바로 간음과 불신 배우자에 의한 유기이다.

중요한 것은 그리스도인이 이혼의 원인 제공자가 되어서는 안된다는 점이다. 이혼은 피해야만 한다. 하더라도 성경적인 근거에서만 행해져야 한다. 그렇기 때문에 우리들은 어떠한 대가를 치르더라도 결혼 생활을 유지하기 위해 노력해야 한다. 그리고 배우자가 부정한 행동을 했더라도 그리스도인은 용서하려 해야 한다. 이혼이 허용되었다고 해서 곧바로 이혼해서는 안된다는 것이다. 그것이 성경의 정신이다.

3) 이혼의 과정

성경시대에는 이혼이 어떻게 행해져 왔을까? 이혼에 대한 가장 오래된 기록은 레위기와 민수기, 신명기 등에 나온다(레위기 21:7, 22:13, 민수기 5:12-31, 30:9-10, 신명기 22:19).

흥미롭게도 성경은 이혼의 과정을 결혼의 과정보다 더 자세하게 설명하고 있다.[259] 신명기 24장 1-4절에 보면 이혼의 3단계가 제시되고 있다.

"1 사람이 아내를 맞이하여 데려온 후에 그에게 수치되는 일이 있음을 발견하고 그를 기뻐하지 아니하면 이혼 증서를 써서 그의 손에 주고 그를 자기 집에서 내보낼 것이요 2 그 여자는 그의 집에서 나가서 다른 사람의 아내가 되려니와 3 그의 둘째 남편도 그를 미워하여 이혼 증서를 써서 그의 손에 주고 그를 자기 집에서 내보냈거나 또는 그를 아내로 맞이한 둘째 남편이 죽었다 하자 4 그 여자는 이미 몸을 더럽

259) Adams, 65-70.

여기서 볼 수 있는 이혼 단계는 먼저 서면으로 된 이혼증서가 있었음을 알
수 있다(신명기 24장 1절 하; 예레미야 3:8 등). 이혼증서는 반드시 서면으로
행해야 하며, 분명하게 이혼 사실을 기록해야만 했다. 그리고 그 증서는 반드
시 전달되어야만 했다(1절). 이혼을 하는 사람은 이 증서를 본인이 직접 상대방
에게 쥐어 주어야 했다. 그리고 이혼 당한 사람은 반드시 집에서 내어 보내야
했다(1절).

그렇다면 크리스천 부부간에 화해가 이루어지지 않고 어느 한쪽이 이혼을
고집한다면 어떻게 할 것인가? 우선 마태복음 18장에 의해 화해를 시도해야
한다. 그래도 안 될 경우 교회에 알리고 교회에서 한 두 사람을 데리고 가서 권
면하고, 그 권면에도 불응할 경우 이 문제를 공식적으로 교회에 내 놓아야 한
다. 그런데 그 교회의 권면도 거부한다면 출교 (excommunication)처분을 하
게 된다. 이렇게 출교된 자는 믿지 않는 자로 간주된다(마태복음 18:17).[260] 이것
이 믿는 자들의 이혼에 대한 성경적 태도이다.

그런데 한번쯤 생각해 볼 문제가 있다. 크리스천 여성이 10년 동안 결혼 생
활을 해 왔는데, 불신자인 남편이 지난 5년 동안 동성연애(또는 외도)를 해 왔
다고 치자. 그럼에도 불구하고 이 남편은 자신의 잘못을 뉘우치지 않고 있다.
그렇다면 그녀에게는 남편과 이혼할 권리가 있는가?[261]

그렇다. 그녀가 이혼한다면 재혼할 권리도 가지고 있다. 그러나 그녀가 죄를

---

260) Adams, 110-111.
261) Douglas Wilson, 179-180

짓느냐 마느냐 하는 것은 그녀가 어떻게 처신하느냐에 달려 있다. 남편의 행동은 분명히 잘못되어 있다. 그러나 그녀의 결정은 성경적인 과정을 거쳐야 한다. 자신의 비통함만 내 세울 것이 아니라, 성경의 원리를 따라 행동해야 한다는 것이다. 그녀가 우선 지난 10년 결혼생활 동안 자신의 행동이 어떠했는지 돌아 볼 필요가 있다. 성경이 교훈 하는 방식대로 그를 주님께로 인도하고자 노력했는지(베드로전서 3:1-6),[262] 아니면 자기 방식과 소원대로 그와 함께 살아 왔는지를 돌아보아야 한다.

만일 후자에 해당된다면 그녀는 이혼을 결정하기 전에 먼저 하나님께 그 죄를 자백해야 할 것이다. 자신의 죄를 회개하지 않고 이혼하게 된다면, 그녀는 결혼이 실패한 이유를 분명하게 알지 못한 채 이혼에 이르는 것이고, 언약이 깨지기 전까지의 자신의 삶에 대해서도 충분히 이해하지 못하게 된다.

그런 과정을 거쳐야 그 다음의 삶에서 후회하지 않고, 실패하지 않게 된다. 이혼의 과정에서도 성경적인 입장을 지켜야 한다. 정말 중요한 순간에 하나님의 말씀을 지키지 않는다면 그것이야말로 아주 이기적인 신앙관을 가진 사람이다.

4) 재혼에 대한 성경적인 시각

성경은 재혼에 대해서는 뭐라고 말씀하는가? 우선 재혼에 관하여 성경에 언급된 말씀들은 다음과 같다.

---

262) 베드로전서 3:1-6 / 아내 된 자들아 이와 같이 자기 남편에게 순복하라 이는 혹 도를 순종치 않는 자라도 말로 말미암지 않고 그 아내의 행위로 말미암아 구원을 얻게 하려 함이니2 너희의 두려워하며 정결한 행위를 봄이라 3 너희 단장은 머리를 꾸미고 금을 차고 아름다운 옷을 입는 외모로 하지 말고 4 오직 마음에 숨은 사람을 온유하고 안정한 심령의 썩지 아니할 것으로 하라 이는 하나님 앞에 값진 것이니라 5 전에 하나님께 소망을 두었던 거룩한 부녀들도 이와 같이 자기 남편에게 순복함으로 자기를 단장하였나니 6 사라가 아브라함을 주라 칭하여 복종한 것같이 너희가 선을 행하고 아무 두려운 일에도 놀라지 아니함으로 그의 딸이 되었느니라

그러므로 만일 그 남편 생전에 다른 남자에게 가면 음녀라 그러나 만
일 남편이 죽으면 그 법에서 자유롭게 되나니 다른 남자에게 갈지라도
음녀가 되지 아니하느니라(로마서 7:3)

그러므로 젊은이는 시집 가서 아이를 낳고 집을 다스리고 대적에게 비
방할 기회를 조금도 주지 말기를 원하노라(디모데전서 5:14)

내가 결혼하지 아니한 자들과 과부들에게 이르노니 나와 같이 그냥 지
내는 것이 좋으니라 9 만일 절제할 수 없거든 결혼하라 정욕이 불 같
이 타는 것보다 결혼하는 것이 나으니라 (고린도전서 7:8-9)

아내는 그 남편이 살아 있는 동안에 매여 있다가 남편이 죽으면 자유
로워 자기 뜻대로 시집 갈 것이나 주 안에서만 할 것이니라 40 그러나
내 뜻에는 그냥 지내는 것이 더욱 복이 있으리로다 나도 또한 하나님
의 영을 받은 줄로 생각하노라(고린도전서 7:39-40)

이러한 말씀들을 통해 살펴보면 분명히 '재혼은 잘못된 것이 아니다' 는 것을
알 수 있다. 오히려 재혼에 대해 권장하는 듯한 느낌을 받게 된다.

그렇다면 이혼 후의 재혼에 대한 성경적 교훈은 어떠한가? 우선 고린두전서
7장 27절과 28절에서는 다음과 같이 말씀하고 있다.

"네가 아내에게 매였느냐 놓이기를 구하지 말며 아내에게서 놓였느냐
아내를 구하지 말라 28 그러나 장가 가도 죄 짓는 것이 아니요 처녀가
시집 가도 죄 짓는 것이 아니로되 이런 이들은 육신에 고난이 있으리
니 나는 너희를 아끼노라"

여기서 결속으로부터 놓인 사람들, 즉 이혼한 사람들에게 재혼을 허락하고
있음을 볼 수 있다. 그러면서 재혼은 죄가 아니라고 분명히 말씀한다. 특별히

에스겔서 44장 22절을 보면 제사장의 재혼을 통해 오히려 재혼을 권하는 듯한 느낌을 받게 된다.

> "과부나 이혼한 여인에게 장가 들지 말고 오직 이스라엘 족속의 처녀나 혹시 제사장의 과부에게 장가 들 것이며"

성경에서는 이혼을 허락할 때 재혼 역시 허락되었음을 알 수 있다. 심지어 헬라와 유대의 이혼증서에 보면 재혼의 권리가 분명히 명시되고 있다. 그 이혼 서류에는 이렇게 적혀져 있다.

"보라, 당신은 지금부터 어느 남자에게나 허락되었다."[263]

여기서도 볼 수 있지만 적절하게 이혼한 사람에게는 재혼의 권리가 인정되어졌다는 사실이다. 문제는 이혼의 사유가 제대로 되지 않은 경우에만 그것이 '죄' 라고 말씀하고 있는 것이다.

구체적으로 살펴보도록 하자.[264]

① 배우자 사망 이후의 재혼

배우자가 사망한 이후의 재혼에 대해서는 자유롭게 재혼할 수 있다(로마서 7:2, 고린도전서 7:39). 사실 바울은 젊은 과부들이 어린 아이들을 가지고 있을 때는 재혼할 것을 권하기도 했다(디모데전서 5:14).

② 이혼 후의 재혼

이혼 후의 재혼에 관한 입장들은 아주 다양하다. 극단적으로 허용적인 입장으로는 스몰(Small)과 플레커(Plekker)가 있는데, 그들은 이혼의 이유와 상관없이 재혼하고자 하는 사람이 회개만 한다면 이혼한 후에 재혼하는 것이 허용

---

263) Adams, 153.
264) Worthington, 103-107.

될 수 있다고 주장한다.

이와 정반대의 주장은 하나님의 말씀이 재혼을 금지하고 있다고 말한다. 아담스(Adams)가 대표적인 주창자이다.

제3의 입장으로는 비클러(Virkler)가 있는데 그는 a) 하나님의 법은 우리 마음의 최선의 이익을 위해 세워진 것이며 b) 하나님은 우리가 그에게 신실할 때 그의 법을 실천할 수 있는 은혜를 부어 주실 것이라고 주장한다.

이러한 세 입장들은 은혜와 법 사이에서 강조점이 다르다. 허용적인 입장에서는 대부분의 이혼의 경우에 은혜가 법을 압도하기 때문에 회개하기만 하면 재혼은 허용된다고 주장한다.

반면에 예수님은 하나님의 법을 지키고 다른 사람에게도 그렇게 하도록 권면할 것을 가르치신다. 다른 극단적 입장에서도 그들의 입장을 정당화시키는 성경 구절을 들고 있다.

많은 보수적인 학자들은 이혼이 성경적으로 허용된 경우에만 재혼 역시 허용될 수 있다고 믿는다. 그들은 주로 신명기 24장 1-4절 말씀을 인용하며, 마태복음 5장 32절 말씀도 인용한다.

반면 콜린스(Collins)[265] 같은 경우는 재혼이란 명령된 것이라기보다는 허용된 것으로, 신명기 24장 2절에서 이혼이 허락된다는 것은 재혼 역시 허락되는 것으로 해석하며, 마태복음 5장 32절과 19장 9절에서 회개가 동반되지 않는 습관적인 이혼은 결혼계약을 파기하는 것으로 보았고, 또 고린도전서 7장 15절을 이혼이 허락되면 재혼도 가능한 것이라고 해석하였다.

또한 콜린스는 신실한 그리스도인의 이혼을 예외적으로 허용하는 구절 외에는 성경이 불신자의 이혼에 대해 침묵하고 있다는 사실을 지적했다. 당연히 어떠한 이혼도 하나님을 슬프게 하는 것이지만 불신자가 이혼한 후에 그리스도인이 되고 다른 그리스도인과 재혼하는 것은 금지되지 않는다고 주장했다. 더

---

265) barber의 책

불어 콜린스는 인간의 타락한 성품과 하나님의 신적 용서를 강조했는데, 이혼과 재혼이 비록 죄이기는 하지만 그것으로 인해 회개한 그리스도인들이 예배나 성만찬, 또는 직분 수여나 신앙 공동체의 교제에 동참하는 것을 허락하지 않는다면 그것 또한 죄라고 말한다.

재혼에 대한 교회의 시각

이렇게 재혼에 관한 문제를 논의하는 것은 재혼하려는 사람에 대해 교회가 어떠한 시각으로 바라보아야 하는 문제와 상통한다. 즉, 재혼식의 경우 예배당을 사용할 수 있는가 없는가의 문제,[266] 근본적으로는 목회자가 재혼식을 할 때 주례를 설 수 있는가, 없는가의 문제로 귀결된다.[267]

갈수록 재혼자는 많아진다. 그럴 수밖에 없는 것이 이 시대의 현실이기도 하다. 그때 목회자가 그 재혼식 집례를 거부하여야 할 것인가? 아니면 다른 방법이 있는가 하는 점이다.

결국 이 문제는 이혼이 과연 하나님께 용서받지 못할 죄인가 하는 점에서부터 논의가 시작되어야 한다고 본다. 즉, 사별후의 재혼은 두말할 필요가 없으며, 성경적으로 합당한 이유, 예를 들면 간음 등의 이유로 이혼한 경우에는 간음을 행한 자가 아닌 피해자의 경우는 재혼한다하더라도 성경적으로 간음죄가 성립되지 않는 재혼을 할 수 있다. 또 믿지 않는 상태에서 이혼한 자가 믿음을 가진 후 재혼하는 경우 역시 문제되지 않는다. 문제는 간음 이외의 이유로 이혼을 하였거나 간음을 행했던 사람이 재혼하는 경우이다. 이때 과연 그 재혼을 어떻게 바라보아야 할 것인가 하는 점이다.

---

266) 실제로 재혼을 하려는 경우 예배당의 사용을 불허하는 교회들이 많다.
267) 재혼의 경우 목회자들이 집례를 거절하는 것도 현실이다.

이혼의 문제로 죄책감에 시달리는 사람이 있다면 과연 교회가 어떻게 해야 하나? 복음은 우리가 있어야 할 자리에서가 아니라, 우리가 서 있는 바로 그 자리에서 우리를 부르시는 것이다. 그리스도 안에는 용서가 있다. 다만 그러한 상황에 있는 자들은 그 죄를 고백해야 하며, 믿음으로 하나님의 용서를 받아들여야 할 것이다. 그리고 하나님의 말씀에 복종하는 삶을 살기 시작해야 한다.[268]

여러 정황을 살펴 볼 때 콜린스의 주장이 설득력있어 보인다. 하나님께 용서받지 못할 죄들이 있다. 즉, 성령을 훼방하는 죄(마태복음 12:31), 말로 성령을 거역하는 죄(마태복음 12:32), 하나님의 아들을 다시 십자가에 못 박는 죄(히브리서 6:4-6), 은혜의 성령을 욕되게 하는 죄(히브리서 10:26-31) 등이 그것이다. 분명한 것은 이혼이 그러한 용서받지 못할 죄에 해당되지는 않는다는 점이다. 재론할 여지가 없지만 이혼은 하나님이 미워하시는 일이다(말라기서 2:13-16). 분명히 이혼을 해서는 안된다. 그럼에도 불구하고 인간의 완악함으로 인해 이혼을 하였을 경우 다시는 재혼해서는 안되고, 재혼할 경우 하나님의 백성으로 받아들여서는 안된다고 말할 수 있겠는가? 그러한 사람이 재혼을 할 경우 교회에서는 치리를 해야 할 것인가? 그리고 재혼한 당사자가 함께 살지 못하도록 강제해야만 하는가? 필자는 그러한 것을 하나님이 원하시는 것은 아니라고 본다. 이혼은 분명히 죄이지만 용서받지 못할 죄는 아니다. 그렇다면 공개적이건 비공개적이건 회개의 절차를 거친다면 그렇게 재혼하려는 사람을 교회에서 받아 주어야 하지 않겠는가?

만약 혼인관계가 이미 깨뜨려진 상태에서 자신의 배우자와 이혼한 성도라면 이 성도의 재혼은 마땅히 인정되어야 한다는 것이다.[269]

---

268) Douglas Wilson, 189.
269) Lane A. Scott, 50.

　이러한 관점에서 재혼하려는 사람의 결혼집례를 목회자가 서도 무방할 것으로 보인다. 즉, 결혼 전에 집례하려는 목회자는 전 배우자와의 감정적인 화해 등의 문제가 원만하게 해결되었는지, 진정으로 원 배우자와 재결합 할 수 없는 상황인지 다시 한 번 점검한 후에 도저히 재결합할 수 없는 상황이라면 재혼 당사자를 불러 하나님 앞에서의 분명한 회개 절차를 거친 후 성경적인 결혼에 대한 의미, 하나님이 주인이 되시는 결혼의 의미를 분명히 깨닫게 한 다음 재혼식의 집례를 하는 것도 무방하다는 것이다.

　한편, 재혼에 관한 성경 구절들은 다음과 같은 것들이 있다.

▶모세오경
　창세기 2:18, 22-24 [270]
　레위기 18:6-18, 20:10, 21 [271]

---

270) 창세기 2:18/ 여호와 하나님이 이르시되 사람이 혼자 사는 것이 좋지 아니하니 내가 그를 위하여 돕는 배필을 지으리라 하시니라
　　창세기 2:22-24/ 여호와 하나님이 아담에게서 취하신 그 갈빗대로 여자를 만드시고 그를 아담에게로 이끌어 오시니 23 아담이 이르되 이는 내 뼈 중의 뼈요 살 중의 살이라 이것을 남자에게서 취하였은즉 여자라 부르리라 하니라 24 이러므로 남자가 부모를 떠나 그의 아내와 합하여 둘이 한 몸을 이룰지로다
271) 레위기 18:6-18/ 각 사람은 자기의 살붙이를 가까이 하여 그의 하체를 범하지 말라 나는 여호와이니라 7 네 어머니의 하체는 곧 네 아버지의 하체이니 너는 범하지 말라 그는 네 어머니인즉 너는 그의 하체를 범하지 말지니라 8 너는 네 아버지의 아내의 하체를 범하지 말라 이는 네 아버지의 하체니라 9 너는 네 자매 곧 네 아버지의 딸이나 네 어머니의 딸이나 집에서나 다른 곳에서 출생하였음을 막론하고 그들의 하체를 범하지 말지니라 10 네 손녀나 네 외손녀의 하체를 범하지 말라 이는 네 하체니라 11 네 아버지의 아내가 네 아버지에게 낳은 딸은 네 누이니 너는 그의 하체를 범하지 말지니라 12 너는 네 고모의 하체를 범하지 말라 그는 네 아버지의 살붙이니라 13 너는 네 이모의 하체를 범하지 말라 그는 네 어머니의 살붙이니라 14 너는 네 아버지 형제의 아내를 가까이 하여 그의 하체를 범하지 말라 그는 네 숙모니라 15 너는 네 며느리의 하체를 범하지 말라 그는 네 아들의 아내이니 그의 하체를 범하지 말지니라 16 너는 네 형제의 아내의 하체를 범하지 말라 이는 네 형제의 하체니라 17 너는 여인과 그 여인의 딸의 하체를 아울러 범하지 말며 또 그 여인의 손녀나 외손녀를 아울러 데려다가 그의 하체를 범하지 말라 그들은 그의 살붙이이니 이는 악행이니라 18 너는 아내가 생존할 동안에 그의 자매를 데려다가 그의 하체를 범하여 그로 질투하게 하지 말지니라
　　레위기 20:10/ 누구든지 남의 아내와 간음하는 자 곧 그의 이웃의 아내와 간음하는 자는 그 간부와 음부를 반드시 죽일지니라
　　레위기 20:21/ 누구든지 그의 형제의 아내를 데리고 살면 더러운 일이라 그가 그의 형제의 하체를 범함이니 그들에게 자식이 없으리라

신명기 24:1-4 ²⁷²⁾

▶선지서

에스라 10:3, 11, 19 ²⁷³⁾

느헤미야 13:23-30 ²⁷⁴⁾

호세아 2장, 3:3, 11:8 ²⁷⁵⁾

---

272) 신명기 24:1-4/ 사람이 아내를 맞이하여 데려온 후에 그에게 수치되는 일이 있음을 발견하고 그를 기뻐하지 아니하면 이혼 증서를 써서 그의 손에 주고 그를 자기 집에서 내보낼 것이요 2 그 여자는 그의 집에서 나가서 다른 사람의 아내가 되려니와 3 그의 둘째 남편도 그를 미워하여 이혼 증서를 써서 그의 손에 주고 그를 자기 집에서 내보냈거나 또는 그를 아내로 맞이한 둘째 남편이 죽었다 하자 4 그 여자는 이미 몸을 더럽혔은즉 그를 내보낸 전 남편이 그를 다시 아내로 맞이하지 말지니 이 일은 여호와 앞에 가증한 것이라 너는 네 하나님 여호와께서 네게 기업으로 주시는 땅을 범죄하게 하지 말지니라

273) 에스라 10:3/ 3 곧 내 주의 교훈을 따르며 우리 하나님의 명령을 떨며 준행하는 자의 가르침을 따라 이 모든 아내와 그들의 소생을 다 내보내기로 우리 하나님과 언약을 세우고 율법대로 행할 것이라
에스라 10:11/ 이제 너희 조상들의 하나님 앞에서 죄를 자복하고 그의 뜻대로 행하여 그 지방 사람들과 이방 여인을 끊어 버리라 하니
에스라 10:19/ 그들이 다 손을 잡아 맹세하여 그들의 아내를 내보내기로 하고 또 그 죄로 말미암아 숫양 한 마리를 속건제로 드렸으며

274) 느헤미야 13:23-30/ 그 때에 내가 또 본즉 유다 사람이 아스돗과 암몬과 모압 여인을 맞아 아내로 삼았는데 24 그들의 자녀가 아스돗 방언을 절반쯤은 하여도 유다 방언은 못하니 그 하는 말이 각 족속의 방언이므로 25 내가 그들을 책망하고 저주하며 그들 중 몇 사람을 때리고 그들의 머리털을 뽑고 이르되 너희는 너희 딸들을 그들의 아들들에게 주지 말고 너희 아들들이나 너희를 위하여 그들의 딸을 데려오지 아니하겠다고 하나님을 가리켜 맹세하라 하고 26 또 이르기를 옛적에 이스라엘 왕 솔로몬이 이 일로 범죄하지 아니하였느냐 그는 많은 나라 중에 비길 왕이 없이 하나님의 사랑을 입은 자라 하나님이 그를 왕으로 삼아 온 이스라엘을 다스리게 하셨으나 이방 여인이 그를 범죄하게 하였나니 27 너희가 이방 여인을 아내로 맞아 이 모든 큰 악을 행하여 우리 하나님께 범죄하는 것을 우리가 어찌 용납하겠느냐 28 대제사장 엘리아십의 손자 요야다의 아들 하나가 호론 사람 산발랏의 사위가 되었으므로 내가 쫓아내어 나를 떠나게 하였느니라 29 내 하나님이여 그들이 제사장의 직분을 더럽히고 제사장의 직분과 레위 사람에 대한 언약을 어겼사오니 그들을 기억하옵소서 30 내가 이와 같이 그들에게 이방 사람을 떠나게 하여 그들을 깨끗하게 하고 또 제사장과 레위 사람의 반열을 세워 각각 자기의 일을 맡게 하고

275) 호세아 2:1-23/ 1 너희 형제에게는 임미라 하고 너희 사매에게는 루하마라 하라 2 너희 어머니와 논쟁하고 논쟁하라 그는 내 아내가 아니요 나는 그의 남편이 아니라 그가 그의 얼굴에서 음란을 제하게 하고 그 유방 사이에서 음행을 제하게 하라 3 그렇지 아니하면 내가 그를 벌거벗겨서 그 나던 날과 같게 할 것이요 그로 광야 같이 되게 하며 마른 땅 같이 되게 하여 목말라 죽게 할 것이며 4 내가 그의 자녀를 긍휼히 여기지 아니하리니 이는 그들이 음란한 자식들임이니라 5 그들의 어머니는 음행하였고 그들을 임신했던 자는 부끄러운 일을 행하였나니 이는 그가 이르기를 나는 나를 사랑하는 자들을 따르리니 그들이 내 떡과 내 물과 내 양털과 내 삼과 내 기름과 내 술들을 내게 준다 하였음이라 6 그러므로 내가 가시로 그 길을 막으며 담을 쌓아 그로 그 길을 찾지 못하게 하리니 7 그가 그 사랑하는 자를 따라갈지라도 미치지 못하며 그들을 찾을지라도 만나지 못할 것이라 그제야 그가 이르기를 내가 본 남편에게로 돌아가리니 그 때의 내 형편이 지금보다 나았음이라 하리라 8 곡식과 새 포도주와 기름은 내가 그에게 준 것이요 그들이 바알을 위하여 쓴 은과 금도 내가 그에게 더하여 준 것이거늘 그가 알지 못하도다 9 그러므로 내가 내 곡식을 그것이 익을 계절에 도로 찾으며 내가 내 새 포도주를 그것이 맛 들 시기에 도로 찾으며 또 그들의 벌거벗은 몸을 가릴 내 양털과 내 삼을 빼앗으리라 10 이제 내가 그 수치를 그 사랑하는 자의 눈 앞에 드러내리니 그를 내 손에서 건져낼 사람이 없으리라 11 내가 그의 모든 희락과 절기와 월삭과 안식일과 모든 명절을 폐하겠고 12 그가 전에 이르기를 이것은 나를 사랑하는 자들이 내게 준 값이라 하던 그 포도나무와 무화과나무를 거칠게 하여 수풀이 되게 하며 들짐승들에게 먹게 하리라 13 그가 귀고리와 패물로 장식하고 그가 사랑하는 자를 따라가서 나를 잊어버리고 향을 살라 바알들을 섬긴 시일대로 내가 그에게 벌을 주리라 여호와의 말씀이니라 14 그러므로 보라 내가 그를 타일러 거친 들로 데리고 가서 말로 위로하고 15 거기서 비로소 그의 포도원을 그에게 주고 아골 골짜기로 소망의 문을 삼아 주리니 그가 거기서 응대하기를 어렸을 때와 애굽 땅에서 올라오던 날과 같이 하리라 16 여호와께서 이르시되 그 날에 네가 나를 내 남편이라 일컫고 다시는 내 바알이라 일컫지 아니하리라 17 내가 바알들의 이름을 그의 입에서 제거하여 다시는 그의 이름을 기억하여 부르는 일이 없게 하리

말라기 2:10-17 ²⁷⁶⁾

▶복음서

마태복음 5:31-32, 19:3-12 ²⁷⁷⁾

마가복음 10:2-12 ²⁷⁸⁾

라 18 그 날에는 내가 그들을 위하여 들짐승과 공중의 새와 땅의 곤충과 더불어 언약을 맺으며 또 이 땅에서 활과 칼을 꺾어 전쟁을 없이하고 그들로 평안히 눕게 하리라 19 내가 네게 장가 들어 영원히 살되 공의와 정의와 은총과 긍휼히 여김으로 네게 장가 들며 20 진실함으로 네게 장가 들리니 네가 여호와를 알리라 21 여호와께서 이르시되 그 날에 내가 응답하리라 나는 하늘에 응답하고 하늘은 땅에 응답하고 22 땅은 곡식과 포도주와 기름에 응답하고 또 이것들은 이스르엘에 응답하리라 23 내가 나를 위하여 그를 이 땅에 심고 긍휼히 여김을 받지 못하였던 자를 긍휼히 여기며 내 백성 아니었던 자에게 향하여 이르기를 너는 내 백성이라 하리니 그들은 이르기를 주는 내 하나님이시라 하리라 하시니라

호세아 3:3/ 3 그에게 이르기를 너는 많은 날 동안 나와 함께 지내고 음행하지 말며 다른 남자를 따르지 말라 나도 네게 그리하리라 하였노라

호세아 11:8/ 에브라임이여 내가 어찌 너를 놓겠느냐 이스라엘이여 내가 어찌 너를 버리겠느냐 내가 어찌 너를 아드마 같이 놓겠느냐 어찌 너를 스보임 같이 두겠느냐 내 마음이 내 속에서 돌이키어 나의 긍휼이 온전히 불붙듯 하도다

276) 말라기서 2:10-17/ 우리는 한 아버지를 가지지 아니하였느냐 한 하나님께서 지으신 바가 아니냐 어찌하여 우리 각 사람이 자기 형제에게 거짓을 행하여 우리 조상들의 언약을 욕되게 하느냐 11 유다는 거짓을 행하였고 이스라엘과 예루살렘 중에서는 가증한 일을 행하였으며 유다는 여호와께서 사랑하시는 그 성결을 욕되게 하여 이방 신의 딸과 결혼하였으니 12 이 일을 행하는 사람에게 속한 자는 깨는 자나 응답하는 자는 물론이요 만군의 여호와께 제사를 드리는 자도 여호와께서 야곱의 장막 가운데에서 끊어 버리시리라 13 너희가 이런 일도 행하나니 곧 눈물과 울음과 탄식으로 여호와의 제단을 가리게 하는도다 그러므로 여호와께서 다시는 너희의 봉헌물을 돌아보지도 아니하시며 그것을 너희 손에서 기꺼이 받지도 아니하시거늘 14 너희는 이르기를 어찌 됨이니이까 하는도다 이는 너와 네가 어려서 맞이한 아내 사이에 여호와께서 증인이 되시기 때문이라 그는 네 짝이요 너와 서약한 아내로되 네가 그에게 거짓을 행하였도다 15 그에게는 영이 충만하였으나 오직 하나를 만들지 아니하셨느냐 어찌하여 하나만 만드셨느냐 이는 경건한 자손을 얻고자 하심이라 그러므로 네 심령을 삼가 지켜 어려서 맞이한 아내에게 거짓을 행하지 말지니라 16 이스라엘의 하나님 여호와가 이르노니 나는 이혼하는 것과 옷으로 학대를 가리는 자를 미워하노라 만군의 여호와의 말이니라 그러므로 너희 심령을 삼가 지켜 거짓을 행하지 말지니라 17 너희가 말로 여호와를 괴롭게 하고도 이르기를 우리가 어떻게 여호와를 괴롭혀 드렸나이까 하는도다 이는 너희가 말하기를 모든 악을 행하는 자는 여호와의 눈에 좋게 보이며 그에게 기쁨이 된다 하며 또 말하기를 정의의 하나님이 어디 계시냐 함이니라

277) 마태복음 5:31-32/ 또 일렀으되 누구든지 아내를 버리려거든 이혼 증서를 줄 것이라 하였으나 32 나는 너희에게 이르노니 누구든지 음행한 이유 없이 아내를 버리면 이는 그로 간음하게 함이요 또 누구든지 버림받은 여자에게 장가드는 자도 간음함이니라

마태복음 19:3-12/ 바리새인들이 예수께 나아와 그를 시험하여 이르되 사람이 어떤 이유가 있으면 그 아내를 버리는 것이 옳으니이까 4 예수께서 대답하여 이르시되 사람을 지으신 이가 본래 그들을 남자와 여자로 지으시고 5 말씀하시기를 그러므로 사람이 그 부모를 떠나서 아내에게 합하여 그 둘이 한 몸이 될지니라 하신 것을 읽지 못하였느냐 6 그런즉 이제 둘이 아니요 한 몸이니 그러므로 하나님이 짝지어 주신 것을 사람이 나누지 못할지니라 하시니 7 여짜오되 그러면 어찌하여 모세는 이혼 증서를 주어서 버리라 명하였나이까 8 예수께서 이르시되 모세가 너희 마음의 완악함 때문에 아내 버림을 허락하였거니와 본래는 그렇지 아니하니라 9 내가 너희에게 말하노니 누구든지 음행한 이유 외에 아내를 버리고 다른 데 장가 드는 자는 간음함이니라 10 제자들이 이르되 만일 사람이 아내에게 이같이 할진대 장가 들지 않는 것이 좋겠나이다 11 예수께서 이르시되 사람마다 이 말을 받지 못하고 오직 타고난 자라야 할 지니라 12 어머니의 태로부터 된 고자도 있고 사람이 만든 고자도 있고 천국을 위하여 스스로 된 고자도 있도다 이 말을 받을 만한 자는 받을지어다

278) 마가복음 10:2-12/ 바리새인들이 예수께 나아와 그를 시험하여 묻되 사람이 아내를 버리는 것이 옳으니이까 3 대답하여 이르시되 모세가 어떻게 너희에게 명하였느냐 4 이르되 모세는 이혼 증서를 써주어 버리기를 허락하였나이다 5 예수께서 그들에게 이르시되 너희 마음이 완악함으로 말미암아 이 명령을 기록하였거니와 6 창조 때로부터 사람을 남자와 여자로 지으셨으니 7 이러므로 사람이 그 부모를 떠나서 8 그 둘이 한 몸이 될지니라 이러한즉 이제 둘이 아니요 한 몸이니 9 그러므로 하나님이 짝지어 주신 것을 사람이 나누지 못할지니라 하시더라 10 집에서 제자들이 다시 이 일을 물으니 11 이르시되 누구든지 그 아내를 버리고 다른 데에 장가 드는 자는 본처에게 간음을 행함이요 12 또 아내가 남편을 버리고 다른 데로 시집 가면 간음을 행함이니라

누가복음 16:18 [279]

▶바울 서신

고린도전서 7:10-16 [280]

디모데전서 5:14 [281]

279) 누가복음 16:18/ 무릇 자기 아내를 버리고 다른 데 장가 드는 자도 간음함이요 무릇 버림당한 여자에게 장가드는
　　　자도 간음함이니라
280) 고린도전서 7:10-16/ 결혼한 자들에게 내가 명하노니 (명하는 자는 내가 아니요 주시라) 여자는 남편에게서 갈라
　　　서지 말고 11 (만일 갈라섰으면 그대로 지내든지 다시 그 남편과 화합하든지 하라) 남편도 아내를 버리지 말라 12
　　　그 나머지 사람들에게 내가 말하노니 (이는 주의 명령이 아니라) 만일 어떤 형제에게 믿지 아니하는 아내가 있어
　　　남편과 함께 살기를 좋아하거든 그를 버리지 말며 13 어떤 여자에게 믿지 아니하는 남편이 있어 아내와 함께 살
　　　기를 좋아하거든 그 남편을 버리지 말라 14 믿지 아니하는 남편이 아내로 말미암아 거룩하게 되고 믿지 아니하는
　　　아내가 남편으로 말미암아 거룩하게 되나니 그렇지 아니하면 너희 자녀도 깨끗하지 못하니라 그러나 이제 거룩하
　　　니라 15 혹 믿지 아니하는 자가 갈리거든 갈리게 하라 형제나 자매나 이런 일에 구애될 것이 없느니라 그러나 하
　　　나님은 화평 중에서 너희를 부르셨느니라 16 아내 된 자여 네가 남편을 구원할는지 어찌 알 수 있으며 남편 된
　　　자여 네가 네 아내를 구원할는지 어찌 알 수 있으리요
281) 디모데전서 5:14/ 그러므로 젊은이는 시집 가서 아이를 낳고 집을 다스리고 대적에게 비방할 기회를 조금도 주지
　　　말기를 원하노라

2. 가정사역에 대한 신학적 흐름

가정사역을 하기 위해서는 가정에 대한 신학의 흐름을 알 필요가 있다. 그것은 가정사역을 하는 사람이 어떠한 가정의 신학을 가지고 있느냐에 따라서 그 사람이 가정사역을 어떻게 펼쳐 나가느냐가 구분되고 사역의 방향도 달라지기 때문에 우리가 가정 신학을 중요시하는 것이다.

신학의 흐름도 크게 두 가지로 나누어 살펴 볼 필요가 있다. 그 첫 번째가 신학의 관심 주제에 따른 흐름이고 두 번째는 신학적 사조에 따른 흐름을 들 수 있다.

(1) 신학의 관심 주제에 따른 신학의 흐름 [282]

1970년대에 들어서면서 가정사역계에는 상당한 변화가 일어났다. 그 이전까지는 사실 결혼과 가정에 대해서 성경 구절을 인용하는 정도의 수준이었다. 그

---

282) 가정신학에 대한 내용은 도은미 사모(브라질 선교사)의 견해, 그리고 잭 볼스윅과 주디 볼스윅이 공동으로 지은 **크리스천 가정**, 황성철 역 (서울: 두란노, 1995) 1부와 2부를 참고로 하였다.

런데 1970년대 중반에 들어서면서 이제는 "결혼과 가정에 대한 성경 신학적 접근"을 시도하게 된 것이다. 그 선두 주자가 바로 '케네스 강겔' 이라는 사람이다.

● 제 1 흐름 ; 언약의 가정 신학

1) 강겔 (Kenneth Gangel, 1977)

'강겔' 은 성경을 근거로 결혼과 가정의 목적을 처음으로 다루었는데, 특별히 가족 구성원들의 다양한 역할이나 사회 조직원으로서의 가정의 역할, 그리고 가정생활에 대한 논쟁과 문제점에 대해서 성경을 체계적으로 연구를 시도했다는 점에서 상당한 가치가 있다.[283] '강겔' 은 각 가정 멤버의 역할들이 어떠해야 하는 것에 대해 중점적으로 다루었는데, 그가 이러한 문제를 다루게 된 배경으로는 역할의 혼돈이 심했던 1970년대의 미국적 상황을 들 수 있다. 경제적으로 발달하고 맞벌이 부부들이 늘어나게 되면서 역할에 대한 혼돈이 일어날 때 '강겔' 은 남편에 대한 역할에 대해서도 옛날의 전통적인 역할이 중요하다고 강조하였다. 즉, 남자는 바깥일을, 아내는 집안일을 하는 것이 전통적이기 때문에 남편이 집에 들어 와서 집안일을 돕는다 하더라도 그것은 돕는 자로서 아내를 지원하는 것이지 당연한 역할은 아니라고 주장했다.

그는 또 사회 시스템으로서의 가정의 역할에 대해서도 설명을 시도하였다. 가정이라는 것이 모든 사회의 기본적인 단위가 되기 때문에 가정이 흐트러지면 모든 사회 시스템까지도 흔들리게 된다고 주장했다. 그는 이렇게 가정생활의 주제와 역할을 다루면서 경제적인 면, 성적인 면도 확대해서 부부로서의 올

---

283) Jack O. Balswick and Judith K. Balswick, *THE FAMILY ; A Christian Perspective on the contemporary Home,* **크리스천 가정**, 황성철 역 (서울: 두란노, 1995), 15-16.
　Balswick 부부는 1977년, Journal of Psychology and Theology(심리학과 신학 저널)에 4회 연재된 논문을 통해 결혼과 가정에 대한 성경적 접근을 시도하였다.

바른 삶을 제시했다. 그의 생각이 집약된 책으로는 "Toward a Biblical Theology of Marriage and the Family"를 들 수 있다. 그러나 대체적으로 볼 때 결혼과 가정에 대한 신학적 제시는 미흡했다고 볼 수 있다.

2) 샤르띠에(Myron Chartier,1978)

1978년에 '샤르띠에'는 하나님과 자녀 이스라엘의 관계를 가지고 가정신학을 전개해 갔다. 그는 하나님과 이스라엘 백성과의 관계를 부모와 자녀의 관계로 묘사하면서 성경을 통해 자녀된 이스라엘을 돌보시는 아버지 하나님의 일하심을 정리했으며, 이를 통해 이 땅에서 부모들이 하나님의 본을 적용하면서 살아가야 한다는 가정사역의 흐름을 만들어 간 것이다. 그래서 '샤르띠에'의 가정신학은 부모와 자녀의 관계를 중점적으로 다룬다.

'샤르띠에'는 가정이라는 것 자체가 하나님 아버지가 이스라엘 자손을 돌보는 것처럼 자녀를 돌보는 가장 귀중한 곳이기 때문에 가정이 중요하다는 신학을 정립했다. 그는 "이스라엘을 향하여 하나님께서 하신 일들이 하나의 모델로 여겨진다면, 자녀 양육은 사랑하고 돌보고 응답하고 훈육하고 베풀고 존경하고 아는 것, 그리고 용서하는 것 등이 특징이 될 것이다"라고 강조한다.[284] 당연히 자녀 양육을 중요시하다 보니 가정에서 부부의 역할보다는 부모의 역할을 더 중요하게 보았다. 즉, '샤르띠에'는 하나님이 가정을 만드신 가정 큰 목적 중의 하나가 자녀를 기르기 위함이라는 관점을 가졌기에 자녀문제가 가정의 가장 큰 관심사라고 주장하는 것이다.

3) 앤더슨(Ray Anderson, 1982)

1982년에 들어서면서 '래이 앤더슨'은 '샤르띠에'의 가정 신학은 너무 국한된 것이라고 비판하면서 가정 신학은 부모가 아닌 부부로부터 시작되어야 한

---

284) Balswick, p. 16.

다고 주장하였다. ‘앤더슨’은 가정의 출발은 부모와 자녀가 아니라 부부로부터 시작되었다는 점을 특별히 강조한다. 그러면서 ‘앤더슨’은 부부의 관계가 언약이라는 관점에서 보아야 한다고 주장했다. 그의 이러한 신학적 흐름은 그가 쓴 책 “인간이라는 사실에 대하여(On Human Being)”에서 분명하게 드러난다. 그는 “하나님과의 언약 관계 속에서 비로소 인간의 존재가 결정되듯이 부부도 마찬가지”라는 논지를 주장했다. 이러한 신학적 진리에 근거해서 언약 개념을 남편과 아내, 부모와 자식을 포함하는 모든 인간 관계들에 적용시켰다.

그는 하나님과 이스라엘 백성과의 언약에 대해서 강조하면서, 인류는 하나님과의 언약 관계에 의해서 존재한다는 언약 개념을 바탕으로 한 인류 신학을 만들고, 언약을 바탕으로 부부 관계, 부부와 자녀 관계를 설명하기 시작했다. 그래서 하나님이 이스라엘과의 관계를 맺을 때 아브라함을 통해서 언약을 맺으셨기 때문에 하나님과 이스라엘이라는 백성이 있기 위해서는 언약이라는 매개체가 있었다고 말한다. 그래서 이 언약이라는 개념을 이해하지 못하면 하나님과 백성이라는 관계도 이해할 수가 없다고 말한다.

즉 ‘샤르띠에’는 하나님이 이스라엘 백성을 돌보는 것은 그들이 자녀이기 때문에 돌본다고 주장한 반면, ‘앤더슨’은 하나님이 언약 때문에 돌보는 것이지 하나님이기 때문에 돌보는 것은 아니라는 것이다. ‘앤더슨’은 이렇게 언약이라는 관점을 중요시했다. 그래서 이스라엘 백성의 가장 근본적 소단위인 가정 안에 언약이라는 개념을 도입시켜 부부라는 관계와 부모와 자녀라는 관계의 언약적 중요성을 강조했다. 즉, 하나님의 사람들은 부부라는 관계나 부모와 자녀라는 관계를 생각할 때 세상 사람들의 그것과는 달라야 한다는 것이다. 곧 하나님이 우리들을 언약의 백성으로 만들었듯이 부부도 이러한 언약이 기반이 된 삶을 살아야 하고 자녀와의 관계도 그러해야 한다는 것이다. 당연히 이혼하는 일은 있을 수 없다고 그는 주장한다. 내가 자녀를 사랑하는 것도 언약적 개념이 바탕이 되어야 하고 자녀를 양육하는 것도 그러한 관점에서 보아야 한다고 주장한다.

 그는 또, 남자와 여자는 하나님이 달리 사명을 주셨다고 말하면서 남자에게
는 하나님께서 다스리는 권세를 주셨고, 여자에게는 순종해야 할, 다스림을 받
는 의무를 주셨다고 말한다. 그것이 근본적인 관계라는 것이다. 그리고 남자
와 여자의 관계는 보완의 관계로 창조하셨기 때문에 상호 의존과 상호 협동을
통해 온전한 관계가 이루어진다고 보았다. 그는 'Co-humanity' 라는 책과
'On Being Human' 같은 책을 통해 자신의 신학적 흐름을 설명하고 있다.

4) 앤더슨(Ray Anderson)과 겐세이(Dennis Guernsey) (1985)

 '앤더슨' 은 또 '겐세이' 와 함께 또 하나의 가정 신학을 만들어 냈는데, 그들
은 가정의 패러다임으로서 언약의 개념을 전개하였다. 그들은 'On Being
Family' 라는 책에서 언약을 이렇게 풀이했다. "하나님께서 개개인들과, 급기
야는 전 이스라엘을 응답의 역사 속으로 불러들이시는 특별한 행동들을 통하
여 당신의 백성 이스라엘과 맺으신 일방적 관계"라고 정의하고 있다(33).[285] 이
러한 언약 개념을 가정에 적용하면서 언약의 무조건성을 강조했다. 즉, 이스라
엘과 맺으신 하나님의 일방적인 관계가 중심이라는 것이다. 그래서 무조건적
인 하나님의 언약적 사랑이 가정의 근본이라는 것을 전제했다. 그래서 가족은
혈연공동체 이상의 의미를 가진다고 말하는 것이다. 이 관점에서 보면 부부가
결혼을 하는 것도 무조건적인 하나님의 사랑 때문에 하게 된다고 볼 수 있다.
두 사람이 인연을 맺은 것도 하나님의 계획하심이기 때문에, "가정은 여러분이
무조건적으로 사랑 받는 곳이며, 설령 여러분이 그럴 만한 자격이 없다 하더라
도 그와 같은 무조건적인 사랑을 기대할 수 있는 바로 그런 곳이 가정"이라고
주장하고 있다.

---

285) Balswick, 16-17.

또, 가정은 혈족 이상의 의미를 포함한다고 주장한다. 그들은 무조건적 사랑(Unconditional Love), 언약적 사랑(Covenantal Love)을 말하면서 결혼이라는 것은 무조건적인 사랑으로 언약적 사랑이 기초가 되어야 한다고 주장하였다. 그렇기 때문에 이들의 신학 개념에서는 이혼이라는 것이 절대로 용납이 되지 않는다.

5) 맥리언(Stuart McLean, 1984)

1984년에 '스튜어트 맥리언'은 '언약 언어와 가정 신학(The Language of Covenant and a Theology of the Family)'이라는 논문을 발표했다.[286] 이 논문에서 '맥리언'은 결혼과 가정의 관계들을 위한 효율적인 비유로서의 언약을 설명하고 있다. '맥리언'은 인간은 사회적 존재이며 공동체 속에서 산다고 말한다. 또, 가정과 언약은 양가 관계이며, 그래서 없어서는 안되는 관계라고 말한다. 그래서 가정을 말할 때 언약을 말하지 않을 수 없고 언약을 말할 때 가정을 말하지 않을 수 없다고 주장한다.

그런데 언약으로 맺어진 가정인데도 그 가정 안에 갈등이 있는데, 언약 관계로 맺어져 사는 사람들은 기꺼이 용서하고 또한 용서받아야 한다고 주장한다. 무조건적인 용서와 언약 관계로 맺어져 사는 사람들은 그들의 결속력을 받아들여야 한다는 것이다. 다시 말해서 일치가 이루어지지 않음으로 인한 갈등이 분명히 있지만 언약의 관계이기 때문에 무조건 용서하고 살아야 한다는 것이다.

또, 언약 관계로 사는 사람들은 규율을 관계 속에서 본보기와 질서로 받아들여야 한다고 말하고 있다. 언약 관계로 사는 사람들은 자신들 각자가 과거의 기억들을 지니고 현재를 살아가며 미래를 예견한다고 한다.

---

286) Balswick, 17.

그는 언약의 관계적 요소에 대해 다음과 같이 몇 가지 의견을 제시하고 있다.[287]

첫째, 사람들은 사회적이며 공동체를 이루고 산다. 둘째, 가정과 언약의 기초 단위는 쌍(雙, dyad)이다. 셋째, 공동체 속에서 살고 있는 개인은 조화뿐만 아니라 다툼과 갈등도 경험한다. 넷째, 언약 안에 사는 개인은 다른 사람을 기꺼이 용서해야 하고, 또 기꺼이 용서받아야 한다. 다섯째, 언약 안에 사는 개인은 자신이 서로서로 결속되어 있다는 사실을 받아들여야 한다. 여섯째, 언약 안에 살고 있는 개인은 법을 관계 안에서 양식과 질서의 형태로 받아들일 것 일곱째, 언약 안에서 살고 있는 개개인들은 과거의 기억을 돌이켜 보고 현재를 살아가며 미래를 예견할 때, 현세에 대한 자각(temporal awareness)을 갖기 마련이다(4-32).

이런 측면에서 언약 개념은 가정신학을 전개하기 위한 근본적이며 필수적인 요소라고 할 수 있는 것이다.

6) 볼스윅 부부(Jack & Judith Balswick, 1991)

볼스윅 부부는 가정의 출발점을 헌신된 언약(Covenant Commitment)이라고 보았다. 볼스윅 부부에 관한 가정신학의 개념은 '크리스천 가정'[288]이라는 책에 잘 나타나 있다. 볼스윅 부부가 제안했던 '가족관계의 신학적 기초'의 사이클은 모든 관계의 논리적 출발점을 언약적 서약으로 본다. 왜냐하면 언약적 서약의 중심에는 무조건적인 사랑이 있기 때문이다. 이 언약은 안전을 가져다 준다. 언약의 정도가 깊으면 깊을수록 가정의 관계는 성숙하여 간다. 그리고 바로 이런 안전으로부터의 사랑은 은혜를 전개시킨다. 다시 말해서 첫 언약은

---

287) Ibid., 17.
288) Ibid.

헌신된 언약으로 시작한다는 것이다.

성격의 차이, 자라난 가정 환경의 차이, 생각의 차이, 성생활의 갈등, 고부간의 갈등, 부모의 역할 등의 모든 것들이 갈등의 요소로 작용하기 때문에 결혼에 있어서 은혜가 필요하다는 것이다. 헌신으로, 언약으로 맺은 관계이기 때문에 은혜가 없으면 관계를 맺기가 힘들고 이혼하지 않을 수 없게 된다는 것이다.

그래서 언약의 사랑 관계는 은혜로운 가정환경을 조성한다고 말한다. 결혼한 후 자녀 양육이 어느 정도 본 궤도에 이르게 되면 역할 분담도 자리잡게 된다. 반면에 결혼과 삶에 대한 심리적 갈등이 일어나기도 하며, 자아 능력을 의심하게도 된다. 바로 그때 은혜 없이는 또다시 율법이 지배하는 가정으로 변하기 쉽다. 그러나 이러한 은혜의 관계에 들어간 가족 구성원들은 서로에게 힘을 부여할 수 있는 자유를 갖게 된다. 볼스윅 부부는 결혼을 하면서부터 능력 부가의 시기가 온다는 것을 기억하라고 말한다. 10년이 걸리든, 20년이 걸리든 그 능력 부가의 시기가 왔을 때 그때까지 아무것도 하고 있지 않았던 사람은 손을 놓고 한탄하면서 '내가 왜 이 모양 이 꼴이 되었을까' 라고 한탄하는 시기가 온다는 것이다. 능력 부가의 시기는 성취감이 있고 생산성도 높고 서로에 대한 신뢰도가 높아서 인정을 받게 되는 시기이기도 하다. 이 시기를 중년의 후반기라고도 말하는데 아주 생산성이 왕성하고 자리는 자리대로 잡히는 때를 말한다. 이러한 힘의 부여는 가족 구성원들 사이의 친밀함으로 성숙되어진다. 능력 받은 개개인은 더욱 친밀한 관계를 위해 성장한다는 것이다. 두 사람의 부부 관계에 있어 친밀감이 중요시되는 시기가 온다. 그래서 결혼하면서부터 부부는 친밀감에 대한 투자를 하여야만 한다고 말한다.

그런 다음 친밀감은 더 깊은 수준의 언약적 서약으로 다시금 인도된다. 벌거벗었으나 부끄럽지 않은 관계가 되었을 때, 또 언약을 생각하고 은혜를 생각하여야 한다. 그래서 볼스윅 부부는 인생 전체로서 이러한 사이클이 돌아야 하지만 하루하루의 생활도 마찬가지로 이런 사이클의 순환이 이루어짐으로 인해 더욱 더 헌신된 언약 속으로 들어가게 된다고 말하고 있다.

이것이 다음의 표에서 보여주는 '볼스윅의 사이클'이다. 이 사이클을 통해 볼 수 있는 바와 같이 어떤 가족 관계가 나선형을 이루면서 차례로 깊어지는 서약, 은혜, 힘의 부여, 그리고 친밀함의 단계로 발전하지 못한다면, 그 관계는 정체가 그것은 결국 언약이 아니라 계약에, 은혜가 아니라 율법에, 힘의 부여가 아니라 권력 소유욕에, 친밀감이 아니라 거리감에 고착되고 만다는 것이다. 이런 가족 관계의 4가지 요소는 근본적으로 하나님께서 어떻게 인간의 몸을 입으시고 인간과의 관계를 유지하셨는가에 대한 연구에서 나온 결론이다.

(그림2) 가족관계의 신학적 기초

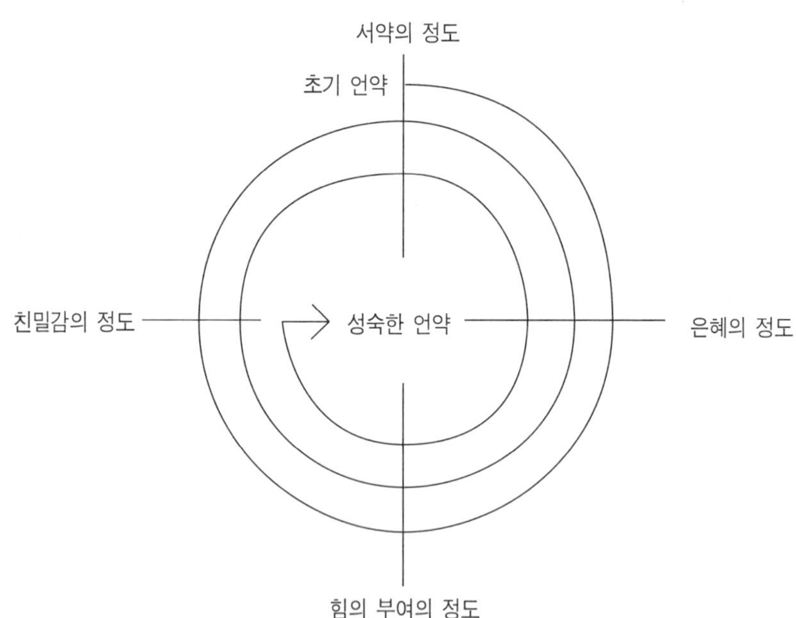

● 제 2 흐름 ; 떠남의 가정 신학

'떠남의 가정 신학' 이란 창조 신학을 근거로 한 가정 신학으로 1990년 이후에 등장하였다. 이 신학의 흐름은 에덴 동산에서부터 시작된다. 즉, 하나님의 형상을 따라 아담과 하와를 창조하셨는데, 굉장히 외로워하는 아담을 보시고 돕는 배필로 하와를 지었다. 그들이 죄를 짓고서 하나님 곁에서 떠남을 당하게 되는데, 이렇듯 가정이 깨어지는 이유는 죄때문이라고 말을 한다. 이 신학은 창세기 2장 24절[289]에 중점을 두는데 특히 "떠나"라는 구절을 기초로 신학을 세워 간다.

이 떠남의 신학은 결혼을 언약적 관점에서 보기보다는 떠남이 있어야만 온전한 결혼이 이루어진다고 보았다. 즉, 남자가 부모를 정신적으로 떠나보내야만 하는데 그러한 떠남이 없다면 그 결혼생활은 문제를 가져오게 된다고 말한다. 또 부모의 입장에서도 자녀가 결혼할 때 떠나보내야 하는데 그렇지 못할 경우 부모와 자녀의 관계 자체가 문제를 가져온다고 주장한다. 자녀가 사춘기 때 부모에게 반항하고 스스로 홀로 서려는 노력도 결국 결혼의 때에 떠나기 위한 준비 단계로 본다. 그렇기 때문에 사춘기때 부모가 어떻게 자녀를 잘 떠나보내는 훈련을 하는가에 따라 자녀의 장래가 결정된다고도 말을 한다. 이런 식으로 모든 것을 떠남으로 이해하고 떠남으로 연결 고리를 만드는 것을 떠남의 신학이라고 말한다. 결국 이 신학의 흐름은 온전한 떠남에서 온전한 가정이 이루어진다고 본다.

그래서 이 떠남의 신학은 Life Cycle을 굉장히 중요하게 여긴다.

(그림3)　　떠남의 신학에서 보는 라이프 사이클

잉태	출생	결혼	중년	사망
남자의 몸을 떠남	엄마의 뱃속을 떠남	부모를 떠남	자녀를 떠나보냄	모든 것을 떠남

---

289) 창세기 2:24/ 이러므로 남자가 부모를 떠나 그의 아내와 합하여 둘이 한 몸을 이룰지로다

특별히 동양의 유교적 사상에 뼛속 깊이 젖어있는 한국인들에게 있어서 이 '떠남의 신학'은 중요성을 갖는다. 히브리 문화권도 우리와 비슷한 상황이었기 때문에 성경에서도 유난히 '떠남'을 많이 강조하고 있는 것이다.

성경적 결혼의 원칙 중에서 우선적으로 대두되는 것이 바로 이 '떠남'의 원리이다. '그러므로 그 남자가 그 부모를 떠나…'로 부터 시작되는 하나님의 결혼 축사에서도 분명히 언급된 이 '떠남'의 원리가 유교적 전통을 가진 우리 한국 사회에서 중요한 갈등의 요소로 등장하게 된다. 이 '떠남'은 누군가로부터의 해방을 의미한다. 육체적으로나 정신적으로, 경제적으로나 감정적으로도 독립하는 것을 의미한다. 떠난다는 것은 부모의 양육을 받던 자녀의 관계에서 완전한 성인으로서의 관계 전환을 의미한다. 즉 부모와 자녀의 관계가 아닌 남편과 아내의 관계가 최우선이 되는 일대 혁신을 의미한다. 이는 단지 분가만을 의미하는 것은 아니다. 이제 독립적인 인격체로서 부모보다는 배우자에게 모든 관심을 집중하고 그 부부의 관계가 다른 무엇을 앞서는 최우선의 관계가 되어야 한다는 것이다. 결국 결혼 생활이 어렵게 되는 것은 우선 부모로부터 떠나지 못하는데서 시작된다고 본다. 그렇다고 효도를 하지 말라는 것은 아닌 것이다. 분명한 것은 그리스도인의 결혼은 두 사람의 관계에 의미를 부여해주고 인도해 주며 방향을 제시해 주는 예수 그리스도외에는 부부 사이에 아무도 끼어서는 안된다는 것이다. 즉 부모들은 자녀들 곁에 있어야 하나(Beside them), 자녀들 사이에 있어서는 안된다(Not between them)고 말한다. 따라서 떠남의 원리는 결혼 후에 부모의 의사를 존중하기는 하되 부모의 영향에서 얼마나 독립된 한 가정을 만들 수 있느냐 없느냐에 따라 그 결혼이 성공적이느냐 아니냐가 구분된다고 주장한다. 그래서 부모는 '자녀를 양육하여 출가시킴에 있어 이들을 위하여 기도하되 이 둘 사이에 서서 조종해서는 안된다'는 것이다.

떠난다는 것은 탯줄을 끊는 것을 말한다. 우리가 태어날 때 태중으로부터 독립하면서 탯줄을 한번 끊었을 때 독립적인 생명이 된 것처럼 그동안 부모의 울

타리 안에서 여러 가지 영향을 입고 자라왔지만 결혼을 하면서는 그 영향으로
부터 벗어나는 정신적인 탯줄을 끊어야 한다는 것이다. 그렇게 해서 이제는 독
립적인 인격체로서 살아가야 한다고 말한다. 이렇게 떠나지 않았을 때 갈등이
시작된다고 이들은 주장한다.

'떠남의 신학'이 이러한 기조를 가지고 있기 때문에 고부간의 갈등도 남편이
엄마로부터 못 떠나서, 아니면 엄마가 아들을 떠나보내지 못해서 생기는 갈등
으로 보는 것이다. 또, 나오미와 룻에 대해서 이야기할 때 언약의 신학에서는
두 사람의 만남을 언약의 만남이라고 보고, 그래서 헤어질 수 없는 만남이라고
해석하지만, '떠남의 신학'에서는 시어머니가 적절하게 며느리를 잘 떠나보낸
것이라고 해석한다. 이렇듯 어떠한 신학의 기반에 서 있느냐에 따라 해석의 관
점이 달라질 수도 있기 때문에 관점을 어디다 두느냐에 따라 사역의 방향도 달
라질 수 있음을 알아야 한다.

이러한 '떠남의 신학'은 문화적 배경을 바탕으로 특별히 강조된 것인데 한국
에서 이 신학적 흐름이 널리 퍼져 있다고 하겠다.

● 제 3 흐름 ; 경건한 자손의 가정신학

'경건한 자손의 가정신학'은 창조신학과 언약 신학을 근거로 한 가정 신학으
로 결혼은 경건한 자손을 얻기 위함이라고 주장한다.

이 신학적 흐름의 근거는 특별히 말라기서 2장 14-16절에 기반을 둔
다. 14) 너희는 이르기를 어찌됨이니이까 하는도다 이는 너와 네가 어
려서 맞이한 아내 사이에 여호와께서 증인이 되시기 때문이라 그는 네
짝이요 너와 서약한 아내로되 네가 그에게 거짓을 행하였도다 15) 그
에게는 영이 충만하였으나 오직 하나를 만들지 아니하셨느냐 어찌하여
하나만 만드셨느냐 이는 경건한 자손을 얻고자 하심이라 그러므로 네
심령을 삼가 지켜 어려서 맞이한 아내에게 거짓을 행하지 말지니라

16) 이스라엘의 하나님 여호와가 이르노니 나는 이혼하는 것과 옷으로
학대를 가리는 자를 미워하노라 만군의 여호와의 말이니라 그러므로
너희 심령을 삼가 지켜 거짓을 행하지 말지니라

15절에 하나님이 하나를 지었다고 말씀하는데, 여기서 하나란 '한 몸'이라
는 뜻이기도 하다. 창세기 2장 24절의 한 몸을 이룬다는 말과 마찬가지의 의미
이다. 현대인의 성경에 보면 '여호와께서 너희를 아내와 한 몸이 되게 하시지
않았느냐?' 라고 번역하고 있는데 바로 그 뜻이다. 그런데 왜 한 몸만 지었을
까? 그것은 경건한 자손을 얻기 위해서라는 것이다. 하나님이 아담과 하와를
하나님의 형상대로 지으신 목적이 있고 창조의 목적이 있는데 그것은 결국 경
건한 자손을 얻고자 함이라는 주장이다.

이 '경건한 자손의 가정신학'이 주장하는 주요한 요지는 다음과 같다.[290]

1) 부부는 4가지의 원리를 통해 건강한 가정을 이룬다 (창세기 2:24-25)

이러므로 남자가 부모를 떠나 그의 아내와 합하여 둘이 한 몸을 이룰
지로다 아담과 그의 아내 두 사람이 벌거벗었으나 부끄러워하지 아니
하니라

가정은 경건한 자손을 이루기 위해 남편과 아내로서 만나게 하신 곳인데, 그
가정에서 4가지의 원리가 이루어져야 한다는 것이다. 이 4가지 원리를 이루고
살아감으로 인해 가정은 선교의 현장으로서의 역할을 제대로 할 수 있다는 것
이다.

즉, 하나님이 아담과 하와라는 개별 인간을 만들고 둘을 하나로 만들어 가정

---

290) 전 두란노 어린이연구원 원장이던 도은미 사모 등이 대표적인 이 경건한 자녀 신학의 소유자이다.

이라는 곳으로 파송시켰는데, 그래서 부부는 선교사로서의 모습을 띠어야 되고, 남편과 아내가 한 몸으로 부부가 되어서 선교사적인 부모의 역할로서 경건한 자손에게 하나님을 경험시켜 주어야 한다는 것이 바로 '경건한 자손의 가정신학' 이다.

이러한 경건한 자손을 얻기 위해서는 우선 떠나야 하고(분리성의 원칙), 경건한 자손을 위해 영속을 해야 하며(영속성의 원칙), 그리고 하나된 자로서 연합을 해야 한다고 말한다(하나됨의 원칙). 그리고 마지막 원리는 '친밀성의 원리' 이다. '벌거벗었으나 부끄러워 하지 않는' 친밀성이 하나됨의 가정을 이루는 부부의 근본이라는 것이다. 이 친밀성이 없으면 하나됨이 이루어질 수 없다고 본다.

2) 가정은 주 예수 그리스도의 피의 언약으로 세워진 하나님의 개척 교회이다.

이런 의미에서 '경건한 자손의 가정신학' 은 하나님께서 직접 개척하신 교회가 가정이라고 말하면서 그 가정에서는 당연히 경건한 자손을 얻고자 하는 선교적인 몸부림이 일어나야 한다고 주장한다. 여기서 경건한 자손이란 내가 낳았다고 해서 내 자식이 아니라는 개념이다. 경건한 자손의 개념은 내 피를 섞어서 경건한 자손이 되는 것이 아니라 예수 그리스도의 피가 섞여야 된다는 개념인 것이다. 그래서 경건한 자손의 개념은 내 집에서만 끝나는 것이 아니라 내 집에서 번져 나가서 교회라는 큰 가정까지 확대된다. 또 교회뿐만 아니라 보이지 않는 천국의 하나님의 가정까지도 경건한 자손의 개념을 도입하고 있다. 그래서 내가 낳지 않은 자녀까지도 경건한 자손 속에 포함시켜서 선교적인 몸부림이 일어나야만 한다고 보는 시각이 바로 경건한 자손의 신학이다. 그래서 입양을 하는 것도 바로 이런 개념에서 보는 것이고, 아프리카로 선교사로 떠나는 것도 바로 이런 개념에서 해석을 한다. 이런 측면에서 아이 하나 하나에 대해 우리가 그 아이를 통해서 하나님의 형상을 보아야 하고, 우리가 무례히 행해서는 안된다는 것이다.

3) 부모는 경건한 자손을 얻기 위하여 가정 교회에서 말씀으로 양육하고 훈련하여 자녀를 그리스도의 제자로 키우는 가정의 목자이다.

이 신학은 아버지에게는 영적 축복권과 가르치는 역할이 주어져 있으며(잠 4:1),[291] 어머니에게는 영적 생명권과 동역의 역할(창 17:15-16, 잠 6:20)[292]이 주어져 있다고 본다. 또 할아버지 할머니에게는 역사권과 조상권이 주어져 있다고 말하고 있다.

4) 자녀는 하나님의 기업(경건한 자손)으로 천국 확장을 위해 다음 세대를 준비하도록 가정에 파송된 하나님의 선교사이다.

5) 가정은 선교 공동체이다.

이 신학은 가정을 선교의 몸부림이 일어나야 하는 현장으로 본다. 그래서 경건한 자손이 출생하고 또 성장하여 결혼하며, 그 부모들이 다시 노인기로 가는 이런 사이클이 모두 경건한 자손을 얻기 위한 과정으로 본다. 그래서 노인들까지도 경건한 자손을 생산할 수 있다고 본다. 그것은 나오미와 룻의 관계에서 볼 수 있듯이 룻은 육체를 통해 경건한 자손을 직접 낳았지만 나오미는 영적인

---

291) 잠언 4:1/ 아들들아 아비의 훈계를 들으며 명철을 얻기에 주의하라
292) 창세기 17:15-16/ 하나님이 또 아브라함에게 이르시되 네 아내 사래는 이름을 사래라 하지 말고 사라라 하라 16 내가 그에게 복을 주어 그로 네게 아들을 낳아 주게 하며 내가 그에게 복을 주어 그를 여러 민족의 어머니가 되게 하리니 민족의 여러 왕이 그에게서 나리라
잠언 6:20/ 내 아들아 네 아비의 명령을 지키며 네 어미의 법을 떠나지 말고

자손을 룻을 통해 낳게 된 것으로 해석한다. 이는 특히 동네 사람들이 룻이 아기를 낳았음에도 불구하고 '나오미가 아들을 낳았다'고 말하는 그 점에 강조점을 두고 있다.

> 나오미가 아기를 받아 품에 품고 그의 양육자가 되니 그의 이웃 여인들이 그에게 이름을 지어 주되 나오미에게 아들이 태어났다 하여 그의 이름을 오벳이라 하였는데 그는 다윗의 아버지인 이새의 아버지였더라 (룻기 4:16-17)

(2) 신학적 사조에 따른 가정사역의 흐름

가정사역을 하는 사람이 어떠한 신학적 사조를 기반으로 두고 있는가에 따라 가정사역의 흐름도 많이 달라진다. 곧 신학의 기반이 무엇인가에 따라 사역의 방향도 상당히 차이가 난다는 것이다.

● 제1흐름 : 인본주의가 중심이 된 가정사역

이 흐름은 한마디로 신학적인 고려가 전혀 없이 일반적인 방식으로 가정에 대해 접근하는 것을 말한다. 교회 밖에서의 가정에 대한 관심도 꾸준히 높아지고 있다. 상담학을 중심으로 한 학계에서도 가정회복에 대해 많은 관심을 갖고 있다. 그러나 신학과는 전혀 무관한 가정회복 프로그램이다. 당연히 이 방식은 영적인 접근은 의미가 없는 것으로 보며, 오직 심리적 또는 상담적 접근을 통해 가정 문제에 접근해 간다. 접근방법도 철저한 인본주의 방식이다. 그렇기 때문에 영적인 접근 방식을 이해하지 못한다.

문제는 교회 안에서도 그러한 흐름이 있다는 데에 있다. 신학적인 검토 없이, 또는 신학에 대한 이해 없이 가정사역을 하는 사람들도 있다. 이들은 프로그램의 시작이나 끝부분에 기도를 할 수는 있지만 진행방식이나 그 기저에 성령의 역사라든지 성경적인 방식 자체를 무시해 버리는 경우가 많다. 당연히 철저한 인본주의 방식으로 진행된다. 경우에 따라서는 신나고 즐겁고 유쾌한 시간을 보냈다고 생각하나 시간이 지나면 왠지 공허감을 느끼게 된다. 찬양의 시간이라고 말은 하나 부르는 곡들은 모두가 다 세상적인 건전가요나 유행가들이다. 중간 중간 순서도 보면 레크레이션 프로그램 수준들이다. 이러한 흐름의 경우 순간적인 즐거움을 줄 수는 있을지 모르나 근본적인 변화에는 이르지 못한다는 한계가 있다.

● 제2흐름 : 자유주의 신학을 기반으로 한 가정사역

상담에 있어서도 자유주의 신학이 깊이 들어와 있듯이 그러한 상담자들이 주도되는 가정사역에서도 동일한 흐름을 엿볼 수가 있다. 특별히 여성신학을 깊이 받아들이는 가정사역은 더욱 색깔이 분명해진다. 심지어 기(氣)사상이라든지, 불교적 명상까지도 이름만 달리해서 받아들이는 경우도 있다. 이들의 흐름에서는 사용 방법의 신앙적 타당성 여부는 그렇게 중요하게 생각하지 않는다. 더불어 외국에서 사용하는 방법이라면 무비판적으로 수용하는 경향이 있다. 이들은 인간관계훈련의 기법을 가정사역의 중요한 도구로 사용하고 있으며, 순간적인 변화에 치중을 한다. 그래서 내적치유를 적극적으로 활용한다. 또, 문화적 배경의 차이를 별로 고려하지 않고 방법을 도입함으로 인해 후유증을 몰고 오기도 한다.

여성신학을 깊이 받아들인 경우는, 아담과 하와의 성별까지 변화시킨다든지 여성의 역할이나 지위에 대해 지나친 왜곡 해석을 함으로 인해 여성해방운동 차원까지 끌어 올리는 경우도 있다. 특별히 여성신학을 받아들인 여성에 의해 주도되는 가정사역은 심각한 성경 해석상의 오류를 무시한 채 자신의 생각을 주입시키는데 주안점을 두기도 한다. 이러한 사역은 오히려 가정의 문제를 병들게 만드는 결과를 가져 올 수도 있음을 유의해야 한다. 최근 미국 등지에서 공부하고 돌아 온 사역자들 가운데 이런 부류가 가끔 있다.

● 제3흐름 : 통합적 입장의 가정사역

이 흐름은 자유주의 신학에 바탕을 둔 것은 아니지만 비기독교적 방식들을 쉽게 수용하여 적용하는 가정사역의 입장을 말한다. 인간의 변화와 재미, 관심도 고취에 중점을 두다보니 비기독교적 방식이라도 성경적으로 큰 문제만 없다면 도입하여 교회 내에서 사용하는 경우이다. 예를 들면 찬양 가운데 '만남' '아내에게 바치는 노래'등 유행가들도 함께 포함시켜 부르게 한다든지, 흥미 위주의 포크댄스를 친교의 방법으로 사용하는 것 등이 여기에 해당된다.

이들이 이러한 생각을 갖는 것은 상담에서의 흐름과 상통하는 것으로 이스라엘 백성들이 출애굽할 때 애굽의 물건들을 가져가는 것을 하나님께서 허락하셨듯이 세상에서 유용하게 쓰이는 방법들 역시 기독교에서 받아들일 필요가 있는 것이라고 생각한다. 즉 '발견된 진리'는 '계시된 진리'와 함께 아주 중요한 것이라고 생각한다. 한국의 상황에서는 사실상 이 흐름이 주류를 차지하고 있다.

● 제4흐름 : 선택적 통합을 주장하는 가정사역

통합적 입장의 제3흐름에 대해 경계를 표하는 흐름으로, 세상에서 유용하게 쓰이는 방법이라고 해서 무분별하게 도입하기 시작한다면 결국 편리하고 쾌락에 적극 노출되어 있는 세상적 방식들에 기독교 안의 순수하고도 성경적인 방식들이 언젠가는 지배될 수밖에 없기 때문에 미리부터 철저하게 신학적 타당성을 점검하여 도입해야 한다는 주장이다.

예를 들면 제3흐름에서는 별 문제없이 받아들이는 내적치유에 대해서도 내적치유는 동의하지만 치유의 방법은 여러 가지를 검토해서 문제가 될 소지가 있다면 그런 방법은 피해야 한다고 주장한다. 즉, '가계 저주에 대한 치유' 등은 당연히 거부하며, 특히 인본주의적이거나 자유주의적 방법 등의 문제성을 지적한다.

또, 가정사역 프로그램 진행시에도 대중가요를 사용하는 것에 대해 반대하는 입장을 표한다. 왜냐하면 치유는 오직 하나님께서 하시는 것인데 대중가요를 통해 그 사람의 심령을 움직일 수는 없다고 보기 때문이다. 즉, 대중가요를 통해 분위기 반전이 이루어진다할지라도 그것은 일시적인 것이지 본질적인 변화는 아니기 때문이라고 생각한다.

● 제5흐름 : 오직 성경만을 주장하는 보수적 가정사역

기존의 많은 목회자들이 이 부류에 속한다. 가정의 문제는 이미 설교 말씀으로 다 해결되고 있다고 주장한다. 그래서 다른 특별한 프로그램을 도입한다는 것은 하나님의 말씀을 경홀히 여길 우려가 있기 때문에 안된다고 주장한다. 특별히 교회의 성도들이 성경공부가 아닌 부부의 문제로 시간을 보낸다는 것은 교회를 약화시키는 행동이라고 비판한다. 곧 가정의 문제는 성령이 충만하면 다 해결되는 것이기에 성령을 충만하게 하는 기도나 설교 등의 방법으로 모든 문제는 해결되어야 한다고 그들은 믿는다. 내적치유에 대해서도 이들은 인정하지 않는다.

제3부

가정사역의 Framework

1. 가정사역의 범위

가정사역, 과연 어디에서부터 시작해서 어디까지 다루어야 하는가? 여기에 대한 정의가 분명해지면 가정사역의 방향이 보이게 된다. 가정사역의 범위는 다음과 같이 분류할 수 있다.

(1) 일반적인 가정사역의 범위

1) 기혼자 대상의 가정사역

① 결혼 5년 미만의 신혼부부 대상 사역

이 계층에는 하나님의 가정 설계 원리를 주축으로 하여 의사소통의 기초적 방법들, 그리고 자녀 출산에 관련된 태교 및 생후 60개월 이전의 자녀 양육에 대해 훈련시킨다.

② 결혼 6년 – 10년 정도의 부부 대상 사역

이 계층에는 역시 자녀 양육과 부부간의 의사소통, 갈등 해결의 기술, 가족의 정서적 필요의 이해 등을 집중적으로 훈련시킨다.

③ 10대의 자녀를 둔 부모 가정

이 계층에는 청소년을 둔 자녀에 대한 부모의 양육 태도, 성교육, 갈등 해결의 기술, 내적치유 등이 집중 부각된다.

④ 중년기 가정

빈둥지를 대비한 준비, 고부간의 문제 해결, 개인의 정체감 확인, 중년 위기의 해결, 제2의 신혼 회복 방안, 노년기를 대비한 훈련 등이 집중적으로 실시된다.

2) 노년기 사역

외로움을 극복하고 자존감과 가치감을 유지, 개발하는 방법, 삶의 목적 의식 개발 및 유지, 건강에 대한 내용, 죽음에 대한 준비 등이 주로 다루어진다.

3) 싱글 사역

독신 가정 (이혼자, 사별자, 홀부모, 비혼 싱글 등)을 대상으로 한 사역으로, 현재 처한 상황에서의 문제 이해하기 및 슬픔의 극복, 상한 마음의 치유, 홀로 서기 등이 집중적으로 다루어진다.

4) 미혼자 및 청소년 대상 사역

① 데이트학교

성경적인 결혼 및 이성관, 이성교제의 방법과 목표 등에 대해 가르치며, 이상적인 가정의 모형을 갖도록 한다.

② 청년을 위한 내적치유학교

결혼은 새 출발이라는 개념에서 출발하는 이 프로그램은 결혼하기 전까지 마음의 상처들을 치유함으로 인해 건강한 가정을 만들어 갈 수 있도록 준비시킨다.

③ 결혼을 앞둔 청년 대상 (결혼 예비학교)

성경적인 결혼관 및 떠남에 대한 교육, 성교육, 결혼의 현실 이해, 서로 다른 성 및 가족에 대한 이해, 남편과 아내의 역할 등 결혼에 대한 기초적인 지식과 이해를 돕기 위한 내용이 주를 이룬다.

④ 청소년 및 어린이 대상

어린 시절부터 가정의 소중함과 가족 사랑의 중요성을 일깨워주기 위한 프로그램으로 부모와 자녀, 자기 정체감, 사랑의 느낌 및 감정 표현하기, 이성 교제에 대한 이해, 대화의 방법 등에 대한 교육이 주로 실시된다.

5) 가족 전체 대상

① 가족캠프

가족 전체를 대상으로 가족간의 화해 및 하나 됨을 위한 축제형식의 프로그램.

② 가족대화학교

가족 구성원들 간의 원활한 의사소통을 돕는 프로그램

(2) 찰스 셀이 정리한 가정사역의 범위

한편 가정사역자 '찰스 셀(Charles Sell)'은 가정사역의 범위와 내용을 다음과 같이 개관하고 있다.[293]

1) 성인 대상

---

293) Charles M. Sell, *Family Ministry*, *가정사역*, 양은순, 송헌복 공역 (서울: 생명의 말씀사, 1988), 123-125.

- 남편과 아내들이 결혼, 가정, 사랑, 성, 역할, 그리스도인의 기준에 대한
  성경적 개념들을 설명할 수 있게 한다.
- 성인들이 문제 해결 능력, 적응력, 대화법, 충돌을 해결하는 능력, 다른 사
  람들과 함께 기도하는 법을 알고 계속 개발시키게 한다.
- 성인들이 정신적인 건강과 정서적인 건강에 관련된 원리를 말하고 실천에
  옮길 수 있도록 한다.
- 부모들이 자녀들을 훈계하고, 가르치고, 성교육을 시키고, 가치관을 전달
  하고 훈련시키는데 필요한 기술과 정보를 소유케 한다.
- 독신자들, 과부, 이혼한 사람, 홀부모들이 자신들의 상황과 관련된 성경적
  개념을 설명할 수 있게 한다.
- 부모들이 청소년과 관련된 문제 해결 방법을 발견하고 청소년의 특성들을
  설명할 수 있게 한다.
- 성인들이 이혼, 죽음, 그 밖의 위기들과 같은 특별한 가정 문제를 다룰 때
  성경적 자료와 정보를 논의하고 적용할 수 있게 한다.

2) 청소년 대상

- 청소년들이 결혼, 가정, 사랑, 성, 역할, 가정내의 그리스도위의 기쥬에 대
  한 성경적 개념들을 설명할 수 있게 한다.
- 청소년들이 문제 해결 능력, 적응력, 대화 기술, 충돌 해결 능력, 다른 사
  람들과 함께 기도하는 기본적인 방법들을 알게 한다.
- 청소년들이 우정, 데이트, 약혼, 배우자 선정과 관련된 성경적 기준, 목표,
  정보들을 설명할 수 있게 한다.
- 청소년들이 사춘기의 경험들을 논하고 사춘기 시절에 부모님과 적절한 관
  계를 맺는 법을 설명할 수 있게 한다.

3) 어린이 대상

- 어린이들이 가정, 성, 결혼, 가정에서의 자신의 역할에 관련된 성경적 개
  념들을 말할 수 있게 한다.
- 어린이들이 문제 해결 능력, 적응력, 대화기술, 다른 사람들과 함께 기도
  하는 방법, 충돌 해결 능력의 개발을 시작하도록 한다.

4) 모든 사람 대상

- 모두가 가정생활 창조자인 하나님께 감사드리게 한다.
- 모두가 생활 속에서 자기 역할을 받아들이게 한다.
- 모두가 가정생활과 가정생활에 관련된 그리스도인의 가치관을 감사하게
  여기도록 한다.

5) 다른 세대간의 가정 단위의 경험들

- 가족 일원들이 그리고 독신자들이 매주 다른 세대간의 그리스도인 교제를
  갖게 한다.
- 특별히 독신자, 홀 부모, 홀 부모들의 자녀들이 다른 세대간의 그리스도인
  교제를 맛보도록 한다.
- 가족 일원들과 독신자들이 정기적인 세대간의 학습과 예배 경험을 공식
  적 또는 비공식적으로 갖게 한다.

(3) 짐 라솜이 정리한 가정사역의 범위

또한 '짐 라솜(Jim Larsom)' 박사는 "평생교육을 통한 가정사역"을 주장하
면서 다음의 표와 같은 과정을 설명하고 있다.[294]

294) 양은순, '가정사역의 실제와 프로그램', **기독교 가족상담** 2, 장신대 다원화목회연구원 편 (서울: 한국장로교출판
　　사, 1994), 208. 재인용

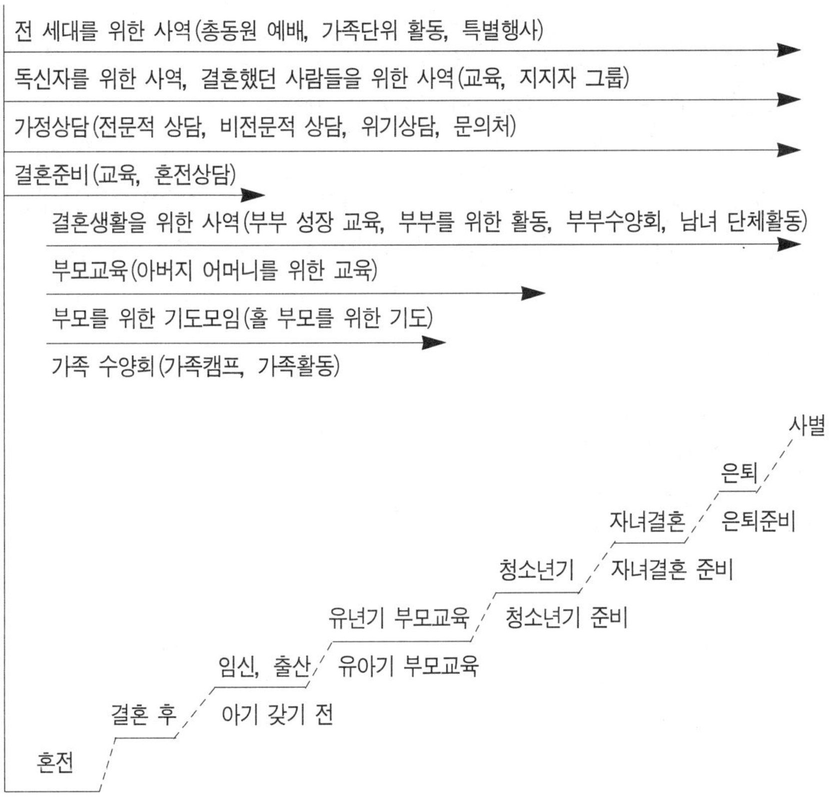

(4) 윌로우크릭 교회의 가정사역 범위와 프로그램

한편 미국에서 성장하는 교회의 모델을 제시하는 '윌로우크릭교회'가 공개한 가정사역 프로그램 또한 가정사역 프로그램의 방향 제시에 큰 도움을 주고 있다.[295] 이러한 윌로우크릭교회에 대한 사역의 구체적인 방향과 지침은 21세

---

295) Paul Braoudakis, *Willow Greek Community Church, Church Leaders Handbook*, **윌로우크릭 지도자 핸드북**, 김양석 역 (서울: 두란노, 1977).
윌로우크릭교회에서 배포하는 홍보물 참조

기 교회가 지향해야 하는 모델에 상당한 시사를 던지고 있다.

1) 결혼 준비와 신혼 부부 사역 (Marriage preparation and Development)

이 사역은 결혼을 준비하는 사람들에게 결혼할 때까지 올바른 관계를 유지시키고 하나님을 영화롭게 하는 관계를 가지도록 성경적인 통찰력을 배양하고 서로의 관계가 원만히 발전할 수 있도록 지원하며 상호 책임성을 가지도록 하는데 목적을 둔다.

특히 신혼 부부들을 위해 마련된 소그룹들을 제공함으로 인해 신혼부부들이 기초를 확립하도록 돕는 일에 전념한다. 이런 그룹들은 부부관계를 세워주고, 결혼 첫해에 감정적, 영적, 관계적 분야의 발전을 도모하는 일을 보조하도록 마련된다.

다차원적인 사역인 결혼 준비 사역의 프로그램은 다음과 같다.
- 1단계: 결혼 준비를 위한 설문 작성
- 2단계: 결혼 준비를 위한 인터뷰
- 3단계: 예비 부부 세미나
- 4단계: 개인 양육 (Personal Follow Up)
- 5단계: 피정의 시간(Post Marriage Retreat)
- 6단계: 소그룹 사역으로 지속

2) 독신자 사역

이 사역은 단순히 독신자들의 사회적인 필요를 채워주기 위해 존재하는 것이 아니다. 그보다는 그의 전인적인 필요, 즉 사회적, 관계적, 영적 필요를 목표적으로 삼아야 한다. 그것은 독신자들에 의한, 독신자들을 향한 독신자들의 사역이다. 독신자 사역부에는 4개의 중복되는 부서들을 포함하는데, 25-35세 사이의 사람들을 위한 Prime Time, 35-45세 사이의 독신자들을 위한 Focus, 45세이상의 성인들을 위한 Quest, 자녀가 있는 독신자들을 위한 포커스 홀부모 소그룹(Focus Single Parent Small Group)이라고 불리는 사역부가 있다.

3) 부부사역

부부사역의 목표는 신앙이 없는 부부들을 온전히 헌신된 그리스도의 제자로 바꾸는 것이다. 그러기 위해 복음화, 동화(同化), 제자도, 동원 등의 영역으로 나누어 사역한다. 이 그룹에서는 가족들의 필요에 항상 민감하도록 하며, 두 배우자를 동등하게 대우한다. 사역을 지원하기 위한 기도팀의 모집, 관심이 있는 부부들을 위한 전화 심방팀 등도 있으며 정기적인 팀워크 훈련을 통해 사역의 효율을 높인다.

4) 여성사역

교회에서 영향력있는 세력인 여성들에게 여성됨의 가치를 배우게 하고, 그들로 하여금 하나님이 실제로 어떤 분인지를 아는 지식에서 자라게 하며, 하나님의 은혜와 평강 가운데서 자라도록 돕는다. 여기에는 엄마들의 소그룹이나 사회생활 소그룹 들도 있다.

5) 레거시 남성사역

남성들의 삶을 변화시키도록 돕는 이 사역은 지속적인 영적 유산을 남기는 남성들로 변화시키는 운동이라 할 수 있다.

6) 회복 사역

이 사역은 결혼생활의 붕괴를 경험한 사람들에게 하나님을 경외할 결심을 갖도록 성경적인 통찰력과 관계적인 지원을 제공하기 위해 설립되었다. 회복 사역은 "정기적인 모임, 규칙적으로 성경을 배움, 정기적인 관계를 통한 지원, 정기적인 사교"라는 4가지 전략으로 시행되는데 프로그램은 다음과 같이 개관될 수 있다.

- 결혼과 이혼에 관한 워크샵: 일주일에 한번씩 8주간에 걸친 워크샵으로 진행된다. 그 내용은 결혼을 위한 하나님의 계획, 이혼, 자아 존중, 용서와 사람에 관한 성경의 가르침, 결혼 생활의 회복을 위한 서로의 필요와 기대의 이해, 대화, 화해 등이 있다.
- 후원 그룹(Support Group): 워크샵 후에 한달에 두 번, 후원그룹에 의한 모임을 가지면서 지속된다.
- 교제를 위한 모임(Fellowship Events): 결혼생활의 붕괴나 상실을 겪고 있는 사람들을 위한 프로그램으로 주로 사회적인 필요를 채워 주고자 기획된다.
- 리더십을 위한 팀(Leadership Team): 사역자 양육을 위한 팀이다.

한편 이 분야의 사역으로는 이혼과 관련된 리빌더스(Rebuilders), 부모가 리빌더스 사역부에서 결혼복원이나 이혼 회복 과정을 밟고 있을 때, 또는 사별 가족 지원부에서 가족 구성원의 죽음의 처리를 위한 과정 중에 있는 아이들을 위한 오아시스(Oasis), 임신 미혼모들을 위한 사역, 사별가족지원사역 등도 있다.

7) 홀부모 가정사역

이 사역은 홀부모와 그들의 자녀들이 하나님과 사람에 대한 그들의 관계에서 성장할 수 있는 환경을 갖도록 그들을 무장시키고 돕는 것을 목적으로 하는데 그 종류는 아이들을 대상으로 하는 프로그램인 탁아 사역, 레인보우 사역, 단짝관계 사역의 세가지와 홀부모들을 대상으로 하는 가정사역으로 구분된다. 레인보우 사역은 아이들의 감정 이해를 돕기 위해 만들어진 프로그램이며 단짝관계 사역은 한 아이를 성인과 짝지워주는 프로그램이다.

한편 가정사역은 홀로된 사람들을 위한 가르침과 활동, 휴식 프로그램등이 제공된다.

8) 포커스(Focus) 사역

이 사역은 교회에 새로 나온 32-42살의 독신 여성들을 교회에 뿌리내리게 하는 것과 그리스도를 세상에 전파하는 일에 평생을 헌신할 리더들을 세우는 두 가지 목적을 가지고 있다. 이 사역에는 전도의 밤, 공동체를 위한 행사, 소그룹을 통한 성경공부 등이 있다.

9) 프라임 타임 (Prime Time) 사역

이 사역은 18살에서 32살까지의 대학생과 직업인을 대상으로, 이 연령의 새신자들이 교회에 뿌리내리게 하는 것과 그리스도를 세상에 전파하는 일에 평생을 헌신할 리더들을 세우는 두 가지 목적을 가지고 있다. 이 사역에는 프라임 타임의 밤, 가두 그룹 참여, 소그룹 참여, 리더십 참여 등의 4단계로 진행된다.

이렇게 광범위하고도 다양한 가정사역을 펼칠 수 있으나 문제는 어떻게 가정사역을 해 나가는 것이 가장 효율적인가 하는 점이다. 특별히 한국이라는 상황을 고려하였을 때 어떠한 단계를 거쳐 시행해 나아가야 할지를 설정한다는 것은 아주 소중한 일이라 하겠다.

(5) 가족의 생활주기에 따른 가정사역의 주제 및 범위

가족을 시스템이라고 정의한다. 그것은 가족이라는 구성원 모두가 태생적 공동체이고 서로가 연결고리가 되는 존재이기 때문에 그러하다. 그렇기 때문에 각자의 삶이 다른 가족 구성원에게 영향을 미칠 수밖에 없다.

이 말은 곧 가정사역적 입장에서 가족을 돌아볼 때 삶의 주기 또는 발달 단계별로 가족 구성원 개개인이 해결해야 할 과제도 있지만 가족 구성원 모두가 함께 풀어가야 할 과제도 있다는 것을 의미한다.

바로 이러한 관점에서 가족생활 주기에 따라 가정사역적 관점에서 어떻게 바라봐야 할 것을 이해한다는 것은 아주 중요한 의미가 있다고 할 수 있을 것이다.

1) 가족 발달 단계

가족은 독자적인 정체성을 가진 생명체로 발달단계를 가진다. 곧 각 발달단계마다 공동체로서의 가족이 가지는 발달 과제와 각 개인이 가지는 발달 과제가 있다는 것이다. 문제는 가족과 각 개인에게 주어진 발달 과제를 제대로 수

행하지 못했을 때 다음 발달단계에 부정적 영향을 미치게 되며, 가족체계의 기능도 부실화된다.

우선 가족 발달을 크게 7단계로 나눌 수가 있다.

제1단계 : 결혼 전 단계

제2단계 : 신혼기 단계 (새 가정의 형성)

제3단계 : 새 가족의 형성 단계

제4단계 : 가족 형성 마무리 단계

제5단계 : 사춘기 가족 단계

제6단계 : 가족 분리 단계

제7단계 : 노년가족 단계

2) 신혼기의 가정 ; 새 가정의 형성

가. 신혼기의 가정에서 해결해야 할 과제

· 남편에게 부각되는 과제 ; 정신적인 떠남

신혼기의 가정에서 남편은 '정신적인 떠남' 이 이루어져야만 한다. 이는 공간적 떠남이 아니라 정신적인 떠남이 이루어져야 건강한 결혼생활이 가능하다는 것이다. 이것은 우선 자녀의 위치에서 자기 가정을 갖는 성인의 위치로 이동한다는 것이고, 두 번째로는 '보살핌을 받는 자' 에서 '가정의 머리' 또는 '제사장' 으로의 변화되었음을 의미한다. 그럼으로 인해 신혼기 가정의 남편은 축복권과 신앙 전수권, 말씀권을 가지고 새로운 출발을 하게 되는 것이다. 세 번째로는 성인으로서의 정체감 형성이 주요 과제 중의 하나이다.

문제는 이 시기에 아주 중요한 '정신적인 떠남' 에 영향을 미치는 요인으로는 "부모의 삶이 어떠했는가?"하는 점을 들 수가 있다. 구체적으로 살펴 보자면 "스스로 홀로 설 수 있도록 양육했는가?", "자녀가 우선이 아닌 부부 우선의 가정교육이 이루어 졌는가?" 등의 결과에 따라 정신적으로 잘 떠날 수도 있고 그렇지 못할 수도 있다는 것이다.

이 시기에 이 과제를 적절하게 해결하지 못했을 때는 몇 가지의 문제가 생겨날 수 있다. 우선 마치 청소년기의 연장선상에서 신혼생활을 하게 된다. 더불어 부모에 대한 의존적 성향이 커짐으로 인해 갈수록 독립심이 약해지게 된다. 이러한 성향은 부모의 품속에 안주하려는 습성을 길러 주고, 그러다보니 이혼·별거 등의 손쉬운 결단을 하게 된다. 한마디로 '마마보이' 로서 살아가게 된다는 것이다. 이러한 부류는 결혼은 갈등의 해결을 통해 성숙해 진다는 생각은 아예 안한다. 그러니 신혼 부부의 이혼율이 높아질 수 밖에 없는 것이다.

두 번째 문제로는 어머니와 아내와의 비교를 하게 됨으로 인해 아내에 대한 불만이 팽배해 질 수 있다. 이것이 결혼에 대한 환상을 깨게 하면서 가정의 파괴로 이어지는 것이다.

· 아내에게 부각되는 과제 ; 사랑의 패러다임 변화

이 시기의 아내에게 부각되는 가장 큰 주제는 '사랑의 패러다임 변화' 이다. 이것은 우선 사랑의 거품 현상이라고도 할 수 있는 '열정' 이라는 의식적 사랑을 '헌신' 의 사랑으로 변화시켜야만 한다. 더불어 '누리는 사랑' 에서 '섬기는 사랑' 으로, '받는 사랑' 에서 '주는 사랑' 으로 변화시켜 가야만 한다.

문제는 그러한 패러다임 변화를 일으키는데 있어 관건이 되는 것이 바로 '부모의 결혼 picture' 이다. 즉, 부모가 자녀에게 어떠한 삶의 모습을 보아 주었는가가 아주 중요한 요소가 된다는 것이다.

이러한 패러다임 변화를 제대로 하지 못했을 때 우선 신데렐라의 꿈이 깨지게 된다. 이는 우선 '현실에의 실망'을 가져오고 이는 남편과의 관계 형성에 문제가 생기는 단초가 된다. 이것은 또한 제3자에게로 전이(轉移)될 수도 있지만 남편과의 문제 발생으로 들어가는 경우도 있다. 두 번째로는 자존심에 상처가 생기고 '지지리도 운이 없는 여자'라고 생각하는 것 같이 자학하는 결과를 가져올 수도 있다. 세 번째로는 어두운 비전(Vision)을 갖게 되고 이 때문에 자포자기의 삶이나 억누르는 삶, 자학적인 삶을 살아가게 된다. 더불어 마음에 깊은 상처가 생기기 시작한다.

· 부모에게 부각되는 과제 ; 정신적인 떠나 보냄

한편 이 시기에 부모에게 주어지는 과제는 '정신적인 떠나 보냄'이라 할 수 있다. 구체적으로 보자면 우선 '품안의 자녀'에서 이제는 '축복하고 기도해 주어야 할 또 하나의 가족'으로 자녀를 생각해야 한다는 것이다. 그렇기 때문에 부모가 자녀의 부부사이에 끼어서는 안되며, 오직 예수 그리스도만이 개입할 수 있다는 점을 분명히 인식해야 한다. 더불어 '종속'의 개념에서 '독립'으로 나아가야 한다는 사실도 인식해야만 한다.

문제는 이러한 과제를 수행하는데 영향을 미치는 요인으로 '빈둥지'에 대한 대비가 얼마나 잘 되어 있는가 하는 점을 들 수 있을 것이다. 곧 자녀가 우선이 아닌 '부부' 우선의 삶을 잘 살아 왔다면 이 과제는 쉽게 수행할 수 있을 것이다.

한편 이러한 과제를 해결하지 못했을 때 생기는 문제로는 우선 부모의 실망과 포기 현상이 나타날 수 있다. 그래서 '아들 없는 셈치기'가 심각한 현안으로 떠 오를 수 있다. 그러나 사실 갈등의 포기는 더 큰 갈등을 불러 일으킨다는 점에서 이는 결코 좋은 방법이 아니라는 것을 알아야 한다. 두 번째로는 고부갈등이 표출될 수 있다. 이것은 자신이 원하는 만큼 아들이 해주지 않는다는 사

실을 인정하기 보다는 아들이 며느리에게 애정을 보이지 못하도록 며느리를
미워하는 편이 훨씬 쉽다. 더불어 아내 입장에서는 남편이 시부모와 경계를 두
지 않는다는 점에 맞서기보다는 시어머니가 참견하는 것을 미워하는 것이 훨
씬 쉽다. 그러니 고부간에 문제가 발생할 수 밖에 없는 것이다.

같은 관점에서 장모−사위간의 갈등도 지켜봐야 한다.

· 부부에게 부각되는 과제

부부에게는 새로운 가족 구성에의 적응이라는 새로운 과제가 부여된다. 즉,
결혼은 1+1이 아니라 (1+2)+(1+2)의 산수이기 때문에 1:1의 결합이 아닌 가족
대 가족의 결합이라는 것을 인식해야만 한다. 마태복음 13장의 밭에 보화가 감
추어져 있는데 그 보화를 캐내기 위해서는 밭을 사야 한다는 교훈을 마음에 담
을 필요가 있는 것이다.

이러한 과제를 수행하는데 있어서 영향을 미치는 요인으로는 지나친 개인주
의, 대인 관계 형성 능력, 부모의 Image picture 등이 있다.

더불어 만약 이 과제를 제대로 해결하지 못함으로 인해 가족간의 관계 파괴
와 부부 문제로 전이 되어 관계가 파괴되는 일들이 일어날 수 있다.

또 하나의 과제는 '결혼의 틀 조정' 이다. 이것은 각자가 가지고 있던 결혼의
틀을 서로 조정하면서 '제 3의 틀' 을 만들어 가야 한다는 것이다.

이 과제를 수행하는데 영향을 미치는 요인으로는 '수용선' 을 확대시킬 수 있
는 대화와 협상의 능력, 상대방을 존중하는 자세, 부모의 Image picture 등을
들 수 있다.

또 이 과제를 제대로 해결하지 못하게 되면 부부간의 갈등 증가, 갈등의 회
피 수단으로 '어둠의 영역' 이 증가되면서 '막힌담' 의 정착 가능성 등이 있을
수가 있다.

한편 결혼 후 부부관계에 영향을 끼치는 요인으로는 첫째 '부모'를 들 수 있는데 부모가 자녀에게 미치는 영향력은 더 말할 필요가 없을 것이다.

둘째로는 '형제, 자매의 관계'를 들 수 있다. 특별히 서로 보완적인 형제 순위의 배우자가 결혼했을 때 결혼 안정성이 높다. 예를 들면 여동생이 있는 남성은 오빠가 있는 여성과 가장 잘 지내는 경향이 있다. 그것은 남편은 리더역할에 익숙하고 아내는 동조자 역할에 익숙하기 때문이다. 그렇기 때문에 부부간에 power game이 줄어 든다. 당연히 갈등의 요소가 줄어들 수밖에 없다. 또한 이성 형제와 밀접한 관계를 갖으며 성장했기 때문에 이성에 대해 편안한 감정을 가질 수가 있다.

반면에 보완적이 아닌 결혼의 경우에는 상당한 서로의 노력이 필요하다. 예를 들면 극단적이기는 하지만 아들만 있는 집안의 장남과 딸만 있는 집안의 장녀가 결혼하게 되면 당연히 서로가 리더가 되기를 원할 것이다. 이는 집에서는 항상 자기의 말을 따라주었기 때문에 상대방이 왜 자기 말을 듣지 않는지에 대해 이해하지 못한다. 또 동성만으로 이루어진 환경에서 성장했기 때문에 이성에 대해 편안한 감정을 갖기 어렵다.

막내와 막내가 결합할 경우에는 자신들의 욕구가 채워지지 않는다는 불만, 상대방이 자신이 가진 것들을 나눠주지 않는다고 불만하는 경우가 많다. 이렇게 호소를 하는 이유로는 부모나 윗 형제가 항상 자기의 일을 처리해주었기 때문이다. 즉, 원가족에서 둘 다 '아기 취급'을 받아 왔기 때문에 상대방이 책임져 주기를 기다린다. 또, 서로 서로 '왕자'와 '공주' 취급을 바랬던 것이다. 당연히 문제가 될 수밖에 없다. 이 문제는 앞으로 한두 자녀 가정에서 일어날 수 있는 문제 중의 하나이기도 하다.

세 번째로는 '문화적 차이'를 들 수 있다. 예를 들면 남편의 경우, 자신의 문제는 자신이 처리한다는 원칙을 가지고 있다. 또, 충분히 생각하고 노력하면 모든 문제는 다 해결된다는 신념이 있다. 그런데 아내는 스트레스를 만나면 모두 함께 모여 의논하면서 해결하려고 한다. 또, 가족간의 유대가 강하며 가족 중의 누군가에게 문제가 발생하게 되면 더 강한 유대로 뭉친다. 부부의 가치관이 이렇게 다를 경우 문제가 생길 수 밖에 없다.

거기에다가 남편은 아내의 쾌활함과 자신의 가정과는 달리 마음껏 의사 표명을 하는 면에 매료되었다. 반면 아내는 남편의 조용하고 안정된 면, 스스로 모든 일을 처리하는 야심만만함에 매료되어 결혼에 이르게 되었다. 이 부부의 앞길에도 갈등이 드리울 수 밖에 없다. 문제는 매력의 원천이 갈등의 진원지가 될 수 있다는 점이다.

이 부부의 경우, 남편은 문제가 생기면 아내의 의논도 없이 혼자서 결단하고 처리할 것이다. 그런데 아내는 문제가 생기면 남편에게 기대고, 그럴수록 남편은 거리를 유지하게 될 것이다. 문제는 남편이 뒤로 물러날수록 아내는 더욱 좌절하고 외로움을 느끼게 된다는 점이다. 그러면서 아내는 상대방이 '나를 이해해주지 않는다', '무관심하다' 고 생각할 것이다. 문제가 있을 수 밖에 없다.

나. 교회에서의 과제

이 시기를 지나는 사람들에게 교회(또는 사역자)는 다음의 과제를 수행해 주어야만 한다.

① 하나님이 설계하신 가정의 모습을 가르쳐야한다.

우리가 결혼하여 가정을 이룬 목적은 무엇인가? 바로 가정의 목적을 발견하도록 도와야 한다. 더불어 우리의 가정을 통해 이루고자 하는 하나님의 뜻은 무엇인가에 대한 깊은 묵상이 있어야 한다. 그래서 가정에 대한 하나님의 뜻을 발견하도록 도와야 하는 것이다.

② '제3의 결혼 틀'을 만들 수 있도록 훈련 시켜야 한다.

신혼 부부로 하여금 남·녀의 차이를 알게 하여 서로를 이해하도록 해야 한다. 즉, 가치관의 차이, 대화방식의 차이 등에 대한 교육이 필요하다.

③ '자녀 양육기'를 대비한 '예비 자녀교육'이 이루어져야 한다.

'자녀'를 허락하신 하나님의 뜻을 알아야 한다. 그래서 어떻게 자녀를 생산할 것인가를 부부가 함께 생각하도록 한다. 따라서 이를 위해 성경적인 태교 및 자녀 양육 기초에 대한 강좌가 있어야 한다.

④ 가족 관계의 이해를 돕도록 한다.

가족 체계도나 MBTI 등을 통한 상호이해가 필수적이다. 서로를 안다는 것은 서로를 이해하는데 엄청난 도움을 주기 때문이다. 이는 곧 갈등을 예방하는 효과도 거두게 될 것이다.

다. 이 시기의 특징

이 시기는 전체 가족 생활 주기 중에서 치료가 거의 필요 없는 시기이다. 그것은 배우자의 매력을 낭만적으로 보기 때문이고, 아직까지 '사랑에 눈이 먼' 시기이기 때문이다. 그래서 부정적인 부분이 보이지 않는다. 혹시 보이더라도 애써 외면하려 한다. 문제는 환상에서 깨어나면서 부부간의 사랑에 급격히 금이 가기 시작하는 것이다. 그렇기 때문에 외부적인 현상이 아닌 근본적인 해결 방법을 찾아야 한다.

3) 새 가족의 형성과 마무리 단계 ; 부모로의 전환기

· 패러다임의 대변환

이 시기는 우선 '부부'에서 '부모'로의 대변환이 이루어지는 시기로, 맡겨진

가장 큰 과제는 자녀 양육이다.

특별히 부모는 인성 발달의 과제 수행자로서 너무나도 중요한 비중을 차지하고 있기 때문에 부모, 특별히 어머니는 그 사명을 감당해야만 한다.

에릭슨(Erik Erikson)에 의하면 Another Person이 아닌 An Individual Person으로서의 한 인간으로 완성이 되는 시기는 생리적으로는 21세까지 성장이 지속되나 심리적으로는 18세에 자아가 완성되어 두 종류의 사람으로 나뉜다고 말한다. 곧 자아 실현을 한 사람과 자아 실현에 실패한 사람으로 분류된다는 것이다.[296]

그런데 이러한 인성 형성에 지대한 영향을 미치는 존재가 바로 부모(특별히 어머니)라는 것이다. 에릭슨은 생후 60개월까지 인성의 85% 정도가 어머니에 의해 형성된다고 말한다. 에릭슨은 어머니에 의해 Basic Trust(기본적인 신뢰감), 희망의 두 가지 인성이 주로 형성된다고 한다. 이를 성경적으로 보자면 믿음과 소망, 사랑의 인성이 될 것이다.[297]

좀 더 구체적으로 살펴보자. 인간의 발달은 모태기로부터 시작된다. 우선 '태내 관성(胎內慣性)' 이라는 게 있다. 이는 모태기에서 보낸 10개월이 내 생애에 계속 잠재되어 나타난다는 것이다. 더불어 '모친 애착(母親愛着)' 은 어머니가 아이에게 가지는 애정 형태에 따른 두 가지 애착관계가 나타난다고 하는데, 첫 번째는 조기 애착형(Early Attachment)으로 출산 후 이틀 정도면 아이에게 애정을 느끼게 되고 아이를 하나의 '사람' 으로 생각하는 경우이다. 대체적으로 아이가 태어날 날을 손꼽아 기다리며 정서도 안정되어 있고, 임신중 태아에

---

296) Erik Erikson, *Identity and the Life Cycle* (New York: Norton, 1980).
　　이후의 Erik Erikson의 Life Cycle 이론은 이 책을 전반적으로 인용하였다.
297) 최순남, *인간행동과 사회환경* (경기: 한신대학교출판부, 1995), 252.
　　김종환, *상담사역론* (서울: 한국크리스찬상담교육개발원, 1999), 192-193.
　　임경수, *인간발달이해와 기독교상담* (서울: 학지사, 2004), 127-193.
　　이하 발달단계 관련 내용은 위의 세 가지 책을 종합하여 인용하였음.

게 가지는 태도도 대단히 긍정적이다.

　두 번째로는 후기 애착형(Later Attachment)이 있다. 이는 생후 9주 이전에는 아이를 '사람'이라고 생각하지 않는다. 이러한 어머니는 아이를 갖고 싶지 않았다거나 또 정서가 불안한 사람인 경우에 해당된다. 당연히 임신 중에 태아에게 가지는 태도도 대단히 소극적이다. 그렇게 되면 아이는 자신이 '환영받지 못하고 태어나는 아이'라는 무의식을 소유하게 된다. 어머니는 반면, '육아 노이로제' 또는 '육아 포기증'을 가지게 된다. 후기 애착형은 당연히 자녀에게 심각한 후유증을 남길 수밖에 없게 된다.

　출생 후부터 3개월까지는 자폐기인데 이 시기에 모성 상실이 이루어지면 자폐증을 갖는 아이가 될 수 있다. 또 3개월에서 18개월까지는 공생기 또는 공서기라고 부르는데 이 시기에 모성 상실이 이루어지면 정신분열증을 소유하게 된다. 18개월에서 36개월을 격리개별기라고 부르는데 이 시기에 모성 상실이 이루어지면 경계선 증후군을 소유하게 될 것이다. 그리고 36개월에서 60개월 사이를 오이디푸스 콤플렉스의 시기라고 부르는데 이때 모성 상실이 이루어지면 '노이로제'를 소유하게 될 것이다.

　더불어 이렇게 60개월 이내에 부분적인 모성 상실이 이루어지면 성인아이(identity confusion)를 소유하게 될 것이다.

　한편 생후 60개월에서 12세까지 인성발달에 양향을 미치는 대상관계는 선생님으로 대상 관계가 긍정적일 경우 즉각 Motivation이 작동된다. 그리고 12세 이후 18세까지는 친구가 중요한 대상관계가 된다.

　결국 어린 시절의 모든 경험들이 성장 과정에 지대한 영향을 미치게 되는 것이다.

미실다인(W. Hugh Missildine)은 그의 저서 '몸에 밴 어린 시절' 중에서 "지난 날의 어린 시절은 그 시절의 모든 감정이나 태도와 더불어 우리의 삶이 끝나는 그날까지 실질적으로 우리를 따라 다닌다"고 말하기도 하는 것이다.[298]

·가정교육의 모델

이 시기의 가정교육의 모델은 결국 성경에서 찾아야 한다. 그러나 많은 주의 백성들이 "지식이 없어서 망해간다"(호세아 4:6).

성경에서 찾는 자녀교육의 모델로는 하나님과 이스라엘 백성과의 관계를 통해 얻을 수가 있다. 하나님은 자기의 백성들을 복되고 풍성한 삶을 누리기를 원하신다. 더불어 하나님은 자기 백성의 필요를 채워주신다. 뿐만 아니라 하나님은 그 백성들을 사랑과 용서로 감싸주시며, 하나님은 그들의 백성들의 풍성한 삶을 위해 끊임없이 가르치고, 지도하고, 훈련시키신다. 이것이 성경을 통해 얻게 되는 자녀교육의 지혜요 모델이 될 것이다.

·발달 과업

이 시기를 지나는 부모들에게 주어진 첫 번째 발달 과업은 '부모된 자로서의 새로운 과업' 이다. 즉, 하나님의 경건한 자손을 만들어가야 하는 제2의 천지창조 사역이 바로 그것이다. '자녀는 부모가 뿌린 씨의 열매' 라는 사실을 기억해야만 한다. '문제 자녀는 문제 부모가 만든다' 는 것이다.

두 번째 과업으로는 부모 역할 수행에서 부딪치는 부부 문제 해결 과제가 있다. 곧 자녀양육이 중요하기는 하지만 그것이 부부문제의 제1순위 과업이 되어서는 안된다는 또 다른 2중성의 문제가 있다는 것이다. 이 과업 수행이 제대로 안되게 되면 친밀감과 분화뿐만이 아니라 결혼생활을 어렵게 만든다. 그래서

----

298) W. Hugh Missildine, *Your Inner Child of the Past, 몸에 밴 어린 시절*, 이종범, 이석규 역 (서울: 가톨릭출판사, 2002), 15-16.

수직축과 수평축을 잘 형성해 가야한다. 조화속의 독립을 이루어가야 한다는 것이다.

이 시기에 나타나는 현상들로는 크게 3가지가 있다.
① 핵가족의 삼각관계 ; 자녀에 의해 부부의 밀접한 위치가 위협을 받아 관계가 불안정해질 가능성이 농후하다.
② 부부의 친밀감 약화 ; 결혼의 질이 낮아진다. 남자는 높아가지만 여자는 낮아진다.
③ 가정과 직장 생활간의 갈등 : 특별히 맞벌이 부부인 가정의 경우에 있어서 자녀 문제로 인한 부부갈등의 가능성이 있다. 이 경우, 남편과 아내 사이에 책임감의 균형이 있어야 한다. 하나된 부부로서의 삶의 모습이 중요하다는 것이다.

한편 청소년기 자녀를 둔 가정의 과업으로 다음의 4가지를 들 수 있다.
① 융통성이 필요하다.
부모는 자녀에 대해 수용선을 높여야 한다. 눈높이를 자녀에게 맞추라는 것이다. 그래서 가족 경계의 융통성을 증가시켜야 한다. 그러면서도 부모의 권위를 조정해야 한다. 진정한 권위는 사랑에서 나온다는 사실을 잊어서는 안된다.
② 자녀를 성숙해가는 또 하나의 성인으로 인정해 주어야 한다.
부모는 자녀의 신체상의 변화를 오히려 하나님께 감사해야 한다. 더불어 이 시기에 일어나는 신체적 변화에 대한 부모의 태도가 자녀의 자아개념과 자기 평가에 엄청난 영향을 미친다는 것도 알아야 한다. 특별히 성적 자아개념의 발달에 부모의 태도가 큰 영향을 미친다.
③ 자녀에게 긍정적 역할 모델이 되어야 한다.
일반적으로 아들은 아버지를 통해, 딸은 어머니를 통해 남성과 여성이 되어

가는 것을 배우게 된다. 부모가 중요한 성역할 모델이라는 것이다. 자녀들은 스스로 이상형을 찾는 과정에서 부모가 위선자라고 느끼게 된다. 그럴 때 자녀들은 부모에게 반발한다. 그래서 나타나는 현상이 화를 내거나 부모의 충고를 거부하는 것이다.

④ 자녀에게 자율성을 심어주어야 한다.

자율성을 줄수록 부모와 자녀 간에 친밀감이 더욱 형성된다. 지나친 통제는 오히려 역효과를 가져온다.

· 사역을 위한 방향

교회에서의 사역의 방향성은 우선 무엇보다도 예방이 중요하다는 데 두어야 한다. 교회에서의 예방 교육이 절대적이다. 이를 위해 신혼 부부반 등의 운영으로 갈등의 요소를 미연에 방지하는 것이 중요하다.

이때 교회 교육에서 다루어야 할 주요 주제로는 성경적인 자녀양육의 실제, 부부와 가족간 갈등 해결, 부부와 성 문제 등이 있을 수 있다.

더불어 자녀 상담의 경우, 나타난 문제보다는 근본 원인에 대한 분석이 있어야 한다. 예를 들면 부모가 자녀에게 지나치게 개입하는 이유는 부모들이 자신의 부모와 가졌던, 또 가지고 있는 관계 때문에 그렇거나 아니면 최근 또는 예전에 배우자, 형제, 자매 등과의 관계가 악화된 경우에 그럴 가능성이 많다. 이 경우에 반드시 자녀에게 문제를 초래하게 된다. 결국 원인은 부모에게 있다는 것을 알아야 하는 것이다.

그렇기 때문에 상담 방향은 개인의 문제나 나타난 문제보다는 가족체계의 역기능 요소와 원인을 찾아 문제 해결을 시도해야 한다는 것이다.

4) 가족의 분리 단계 ; 중년기로의 진입 단계

· 또 다른 가족 개념의 변화

이 시기는 또 다른 가족 개념의 변화가 일어난다. 즉, '부부'에서 '부부+자녀'로 변해 왔었는데 또 '부부'로 변화되는 때가 이 시기라는 것이다. 이때가 바로 중년기이다.

곧, 자녀가 결혼을 함으로 인해 빈둥지가 생기게 되는데 이때 위기감정도 함께 나타나게 된다는 것이다.

에릭슨은 인생의 8계단에 비추어 중년기는 허무감이라는 위기 감정이 생기는데, 이때 의미(Meaning)를 강조하지 아니하면 위기가 닥칠 수밖에 없다고 말했다. 그런데 이 위기를 극복하는데 영향을 끼치는 존재가 바로 배우자라고 말한다.

(표4) Erik Erikson의 인생 8계단 [299]

	인생의 계단들		위기감정	위기감정을 극복하기 위해 강조해야할 덕	일생에 결정적 영향을 미치는 중요한 존재 (중요한 인간관계)
봄	1. 유아기	1 - 3	의심	신뢰	어머니
	2. 유년기	3 - 6	수치감	존중감	부모
	3. 소녀/소녀기	6 - 12	열등감	자신감	이른들
여름	4. 사춘기	12 - 19	정체 위기감	절제(인내)	친구들
	5. 청년기	19 - 35	고독감	사랑	이성
가을	6. 중년기	35 - 55	허무감	의미 (Meaning)	배우자
	7. 중년 후기	55 - 65	상실감	창조성	가족
겨울	8. 노년기	65 이후	절망감	희망	자녀/후손

융(G. C. Jung)은 특별히 중년기에 대해 이렇게 설명한다.[300] 즉, '융'은 인생의 여정을 태양이 뜨고 지는 것과 비교해서 설명하였는데, 인생의 전반부(젊

---

299) 최순남, 253-267.
300) Janice Brewi and Anne Brennan, *Mid-Life* (N.Y.: Crossroad, 1982), 1.

은 성인기/ 유아 및 아동기, 청소년기 및 성년기)와 35-40세를 기점으로 한 후반부(중년기와 노년기)로 구분하였다. 그 중에서 인생의 전반부는 외부 세계에 적응하고 조화를 이루는 시기로 에너지를 외적인 세계에 쏟는다. 반면, 인생의 후반부는 내적인 세계에 적응하는 시기로, 에너지를 정신적인 일, 영적인 일 같은 새로운 가치에 힘을 쏟게 되는 시기라는 것이다. 그런데 이 작업이 제대로 이루어지지 않을 때 '중년기 병'이 생긴다고 말한다.

· 중년기의 발달 과업

중년기의 발달 과업으로 첫 번째는 자녀의 독립 단계를 들 수 있다. 즉, 첫 자녀의 출가로부터 마지막 자녀 출가까지가 가장 중요한 과업으로 등장한다. 이때 '떠나 보냄'을 통해 부모 역할을 포기해야 하며, 부부간의 하나됨을 위한 꾸준한 노력이 있어야만 한다.

두 번째로는 중년 부모의 단계이다. 즉, 자녀 출가 후 빈둥지로 부터 은퇴까지의 시기로 가장 중요한 과업은 '제2의 인생 창조를 위한 목표의 설정'을 하는 것이고, 또 새로운 부부 관계를 창출해야 하는 과업이 있다. 이는 새로운 하나됨, 홀로서기와 하나됨이라는 과제를 수행해 가는 것을 말한다. 사위, 며느리, 손자녀와의 관계 설정도 주요한 과업 중의 하나이며, 노년 세대와의 관계 해결도 또다른 과제로 떠오른다.

세 번째로는 새로운 적응이 계속 요구되는 시기라는 것이다. 곧 육체적 적응은 물론이고 심리적 적응, 새로운 가족 구성에 대한 적응을 말하는 빈둥우리(Empty Nest) 적응, 대인관계, 직업 등에 대한 적응이 주요한 과업으로 다가온다.

네 번째로는 새로운 신앙 환경에의 적응이 요구되는 시기이기도 하기 때문에 이에 대한 과업 수행이 필요하다.

중년기에 나타나는 위기로는 우선 이혼, 별거, 정서적 이혼 등과 같은 가족의 붕괴를 들 수 있다. 또 빈둥지 신드롬, 우울증의 등장으로 상실감이 엄습해 오며, 질병과 죽음 등으로 인한 일반적인 해체 위기도 다가온다.

이때 나타나는 증상들은 다음과 같다.

① 나를 이해해 주는 사람은 아무도 없는 것 같은 절망감

② 나를 둘러싸는 적막함과 외로움, 공허감

③ 사회에서 소외되어간다는 느낌

④ 날로 약해지는 건강. 이로 인한 피로와 권태

⑤ 삶에 대한 애착의 약화, 의욕의 상실

⑥ 하루하루 달라지는 신체의 노화 및 변화

⑦ 성적인 능력의 약화. 이로 인해 일어나는 생활 욕구 감퇴

⑧ 자신에 대해 터져 나오는 불만. 생활에 대한 단조로움을 과도하게 느낌

⑨ 미래에 대한 불안감, 염려와 걱정 이로 인한 목적이나 방황의 상실.

⑩ 과거의 일들에 대한 새삼스런 분노나 쓴 뿌리

⑪ 우울증과 생에 대한 만족도 저하

⑫ 가까이 있는 주위 사람들에게 짜증을 내며, 특히 가족에게 짜증과 불만을
　　수시로 토해낸다.

⑬ 외도(外道)에 대한 동경 및 '가지 않은 길'에 대한 동경

⑭ 지킬 박사와 하이드의 양가(兩價) 감정이 충돌

한편, 중년기는 이러한 위기만 있는 것이 아니라 '결실의 시기'이기도 하다는 점에서 '기회의 시기'라고도 말한다. 즉, 제2의 인생을 시작하는 기회가 될 수도 있다는 것이다.

・중년기 사역에서 사역자가 알아야 할 중년기의 문제와 감정

① 청년초기의 자녀를 둔 중년기일 때

이때는 자녀가 자립과 권리 확보를 위해 싸우는 시기로 자녀와의 갈등은 필수적이다. 이때 자녀에게 어느 정도 자유를 허락할 것인가의 문제와 갈등이 생기게 되며, 자녀의 급격한 감정과 태도 변화에 대한 부적응, 자녀의 성장으로 인한 만족감과 자녀문제로 인한 갈등의 양면성, 자녀들이 자신들을 떠나려고 하는데 대한 슬픔과 상실감, 허무감 등이 생겨나게 된다.

② 청년중기의 자녀를 둔 중년기일 때

이때는 취업과 결혼을 앞둔 자녀들의 불안의 전이되는 시기로 자녀들의 장래에 대한 불안감, 결혼 등의 분가로 인해 부모 역할의 변동을 요구받으나 이에 대한 불안감과 불만감, 자녀에게 집착한 경우 '빈둥지 증후군' 의 증세, 상실감이나 허무감 등이 부부 관계에 전이될 가능성이 상존한다.

③ 자녀와 상관없는 부모 자신의 문제와 감정

이는 부부만 남게 되었을 때의 빈둥지 증후군으로 인한 허무감이나, 상실감이 나타날 수 있고, 부모의 죽음으로 인한 이별, 폐경기 등의 신체의 변화에 대한 당황, 건강의 급격한 쇠퇴 및 이로 인한 부부관계의 문제, 급작한 노화에 대한 불안감, 조기 은퇴나 실직으로 인한 문제 등이 부각될 수 있다.

・중년기 문제 해결을 위한 사역의 방향

중년기 문제 해결의 근본적인 문제는 우선 부부 관계의 회복으로부터 시작되어야 한다. 융은 중년기 문제의 치료 방법으로 '인생의 나침반을 바꾸는 작업' 이 가장 좋다고 말한다.[301] 그는 목적이 틀렸거나 병들어 있으면 그의 삶 전

---

301) John A. Stanford, *Healing and Wholeness* (N.Y.: Paulist Press, 1977), 93.

체가 병들게 된다고 주장한다. 그래서 부부간에 많은 대화를 서로 나누고 격려하며, 상대방의 좋은 점만을 보기로 작정하고 서를 노력해야 부부는 하나되기 시작한다는 것이다. 특히 외로운 중년의 아내에게 던지는 남편의 따뜻한 말 한마디는 아내를 감동, 감격시킨다. 그러한 노력들이 있어야 중년의 위기를 넘길 수 있다는 것이다.

더불어 스스로를 위한 '자기 계발'도 꾸준하게 해야 한다고 말한다. 운동을 통한 신체 훈련은 물론이고 자기 나름대로의 보람된 일을 갖는 것도 중요하다. 자녀가 차지하던 70-80%의 마음의 공간을 모두 내어버린 그 큰 구멍을 다시 남편의 마음과 자신의 일로써 채워 가야 한다. 이 작업이 이루어지지 않을 때 그 허전함 때문에 방황하게 된다.

그리고 믿음의 지체들과의 교제를 통한 관계의 회복도 아주 좋은 방법이다.

또, 문제 해결을 위해 항상 긍정적이고 적극적인 자세를 가져야 한다. 중요한 것 중의 하나는 하나님과의 잃어버린 관계, 특별히 열정을 회복하는 일이다. 배우자와의 관계와 하나님과의 관계만 회복되어 있다면 중년기에 닥쳐오는 어떠한 유혹이나 어려움도 이겨 나갈 수가 있다.

사실 중년을 맞는 이들이 알아야 할 가장 중요한 것은 '예방'이라는 사실이다. 그래서 이 시기를 대비해서 중년을 맞는 마음의 준비를 하도록 하는 것이 좋다. 그러기 위해 항상 나를 드러내어 놓는 연습을 할 필요가 있다. 삶을 드러내어 놓는다면 중년기 문제는 이미 반 이상 치유된 것이나 다름없다.

두 번째로는 사랑하는 사람끼리 함께 있을 시간을 마련해야 한다. 함께 있는 그 시간이 중년을 잊게 하고, 부부의 삶을 새롭게 만든다. 더불어 순간 순간 진지한 대화를 곁들이면 금상첨화일 것이다.

세 번째로, 각자가 자기 계발을 할 수 있도록 노력하고, 또 서로를 격려해 줄 필요가 있다. 항상 '새로움'에 대한 열망과 욕구가 중년을 잊게 한다. '사명감'과 '소명 의식'도 새로운 청춘을 누리게 만든다. 조금이라도 새로움이 보일 때 과감하게 칭찬해 주어야 한다. 그 감격은 오래오래 지속되기 때문이다.

네 번째로는 '부부의 하나됨'을 위해 시간과 물질과 노력을 투자하도록 하여야 하며, 다섯 번째로는 쉬운 해결 방법은 없기 때문에 신중하게 선택하도록 권면해야 한다. 더불어 항상 감사하는 마음을 갖도록 노력하며, 일곱 번째는 용서의 삶을 살도록 노력해야 한다.

여덟 번째는 일에서 의미와 보람을 찾도록 하며, 아홉 번째는 꿈을 가지도록 한다. 그리고 열 번째는 무엇보다도 중요한 것이 하나님과의 관계를 제대로 세우는 것이라는 점이다.

중년기에는 '삶의 의미'를 찾아야 한다. 내가 일생을 바쳐서 투자할만한 그 '의미'를 찾으라는 것이다. 확실한 '삶의 목표'가 있을 때, 삶에 신앙이 수반되어질 때 중년의 위기는 결코 있을 수 없다.

5) 노년기 가족 ; 황혼의 단계

·새롭게 찾아오는 중요한 과업
노년기에 다가오는 과업으로는 크게 4가지를 들 수 있다.
① **은퇴** ; 배우자와의 적응이 아주 중요한 시기이다.
② **사별** ; 남성이 홀아비가 되는 확률보다 여성이 과부되는 비율이 4배 정도나 된다. 이때 상실에 대한 슬픔을 극복하면서 앞으로의 역할에 재투자하여야 한다.

한편, 로페타(Lopata, 1973)는 사별에는 3단계의 적응 시기가 있다고 말한다.

1단계로 배우자와의 유대를 완화하고 배우자의 죽음을 수용하여야 한다. 더불어 부부가 함께 했던 경험들을 추억으로 바꾸어야 한다. 이때 주위사람들은 슬픔과 상실감을 분출하도록 격려하는 것이 중요하다.

2단계로, 일상적인 생활에 대한 현실적 요구나 자립, 가사 운영에 관심을 돌리도록 한다. 이 단계는 대체로 1년 내에 온다.

3단계로, 새로운 활동과 다른 것에 관심을 갖게 된다. 또 가족체계의 관계 재편성이 일어날 수도 있다.

③ 조부모기

인생에 대한 새로운 계약의 단계로 제2의 부모기를 맞게 되는데, 손자녀를 가까이 하면서 마음이 젊어진다고 말한다.

④ 죽음

이때는 성경적인 구원관의 확립이 무엇보다도 중요하다. 특별히 정신건강의 약화가 육체질환을 몰고 오는 수가 많다.

· 사역의 방향

우선 노년기에 상담을 필요로 하는 위기 상황으로 신체의 노화에 대한 부적응, 죽음에 대한 두려움과 위기, 역할 상실과 고독을 들 수 있다.

이때 교회에서의 사역은 노년의 삶을 보다 적극적이고 능동적이 되도록 유도하여야 한다. 무기력증은 노년기를 망치는 주 요인이 된다. 더불어 노년기를 기대감 속에 맞도록 유도한다. 이를 위해 노년기에 대해 수용적이고 낙관적인 자세를 갖도록 해 주어야 한다. 이때 필요한 것이 빌립보서 4장 11절의 자족의 원리이다. 일단 인정하고 받아들이면 평화를 되찾게 된다.

이를 위해 사역자가 가져야 할 태도는 우선 노인을 노인의 입장에서 이해해야 한다는 점이다. 그리고 노인을 사랑하는 자세가 필요하다. 더불어 지원해주려는 마음이 필요하다.

*죽음에 대한 위기 사역

사역자들은 물론이고 그리스도인들은 죽음에 대해 다음과 같은 자세가 필요하다. "우리들의 마지막 여행, 즉 영원한 여행을 시작하기 전의 첫 번째 준비 단계는 우리가 죽게 된다는 사실을 받아들이는 것이다. 두 번째 단계는 중요한 일을 처리 정돈하는 일이다. 자신과 관계된 모든 일을 정리하여야 한다(열왕기하 20:1). 마지막으로 중요한 것은 영생을 주시는 그리스도를 경험하는 것이다(디도서 2:1)"[302]

더불어 죽음의 위기 사역 원리로 다가오는 죽음을 두려워하거나 피하려고 하지 말고 예수 그리스도로 말미암아 죽음을 극복하고, 죽은 후에 맞을 영원한 세계에 관심을 갖게 해야 한다. 따라서 죽음의 위기를 극복하는 방법은 오로지 그리스도를 믿는 신앙으로만 가능하다.

한편, 노년기 사역의 방법으로 다음의 3가지 원리가 있다.
① 제 1원리 : 경청(Active Listening)
노인들의 추억을 끝까지 경청하려는 태도가 중요하다. 경청은 오락과 치유의 기능이 있으며, 정체감을 느끼게 하고 스트레스를 해소하는 계기가 된다.
② 제 2원리 : 격려
격려를 통해 위로를 주는 상담이 절실하게 필요한 때이다.
③ 제 3원리 : 권면

---

302) 빌리그래함 목사의 말이다.

　내담자의 상황을 잘 파악한 다음 그리스도 앞으로 인도하기 위한 권면이 필수적이다. 즉 구원의 문제를 필히 점검해야 하는 것이다.

2. 가정사역의 FRAMEWORK

가정사역을 하는 실제적 방법으로는 대상과 목적에 따라 다양하다고 할 수 있다. 정정숙(1994), 설은주(1997), 설은주와 이봉순(2000) 등은 각 대상별, 프로그램별로 실제적인 훈련 방법들을 간략하게 제시하고 있으며, 미국 윌로우 크릭교회의 가정사역 방법론이 각 프로그램별로 역시 간략하게 제시되고 있다.[303] 더불어 최홍준과 송길원(1996),[304] 장동학(1999),[305] 온누리교회(1997)[306] 등은 각각의 사역 자료집을 통해 사역 방법론을 소개하고 있다.

이를 정리해 보면 크게 세 가지로 나눠 볼 수 있다.

1) 대중집회 또는 예배를 통한 방법

이는 가정사역 방법의 기초적인 것으로 예배나 특별한 시간을 활용하여 설교나 세미나 형식으로 진행하는 것을 말한다. 대체적으로 동기 부여 등의 강점

---

303) Paul Braoudakis, *Willow Creek Community Church, Church Leaders Handbook.*
304) 최홍준, 송길원, *가정사역 핸드북* (경기; 기독교가정사역연구
305) 장동학, *연동교회 가정사역 자료집* (서울; 연동교회, 1999), 비매 자료집.
306) 온누리교회 편, 97 *가정사역축제 핸드북* (서울; 온누리교회, 1997), 비매 자료집.

은 있으나 구체적인 삶의 변화를 이르게까지 하는 데는 약점이 있다.

예배 시간의 가정과 상담 설교, 가정세미나 등이 여기에 해당된다.

2) 소그룹과 이벤트를 병행하는 방식

이 방법은 일반적인 소그룹의 인원을 넘어선 다수를 대상으로 할 때 조편성을 하여 소그룹의 방식을 원용하면서도 대규모로 운영하는 방식으로 결혼예비학교, 부부(가정)행복학교 등이 여기에 해당된다. 대부분의 가정사역 프로그램은 바로 이 방식으로 진행된다. 이 방식의 장점은 많은 수를 동시에 훈련시키면서도 소그룹의 강점을 어느 정도는 활용할 수 있다는 점을 들고 있다. 그러나 깊이 있는 나눔이 이루어지지는 않기 때문에 어느 정도의 한계를 가지고 있다고 보아야 할 것이다. 그러나 바로 이 점이 오히려 깊이 있는 삶의 나눔이 훈련되지 않은 참가자들에게는 부담이 덜하기 때문에 긍정적일 수도 있다.

3) 완전한 소그룹 중심의 방식

그야말로 소그룹, 즉 10명 내외의 규모로 장기간에 걸쳐 훈련을 하는 방식이다. 이 방식의 강점은 철저한 소그룹이기 때문에 깊이 있는 나눔을 할 수 있으며, 참가자 각각에 대한 인도자의 깊은 상담이 가능해지기 때문에 삶의 변화를 이끌 수가 있다는 점이다. 그러나 단점으로는 기간이 오래 걸리고 시간도 많이 투여되며 노력에 비해 적은 인원을 훈련시켜야 한다는 점을 들 수 있다.

중요한 것은 가정사역이 교회의 기초 사역이라는 점이다. 그렇기 때문에 가정사역이라는 것은 어떤 한 연령층만을 대상으로 한 사역이 아니고 전교회의 포괄적인 사역이라고 할 수 있다. 이러한 가정사역을 하기 위해서는 다양한 접근 방식이 필요하다. 당연히 또 접근 방법별로 역할 분담이 필요하다고 하겠다. 예를 들면, 많은 사람들이 모이는 집회를 통해서 하는 방법이 있고 또 소그

룹을 통해서 하는 방법이 있을 수 있다. 그런데 집회와 소그룹은 역할 분담이
되어야 된다는 것이다. 대규모 집회는 동기 부여와 같은 역할을 할 수 있다. 그
러나 삶을 구체적으로 변화시키는 일은 어차피 소그룹으로 해야만 된다. 말씀
선포도 어떻게 보면 복음의 씨를 뿌리는 사역이라 할 수 있다. 그런데 소그룹
이라는 것은 그 말씀이 삶에 구체적으로 적용될 수 있도록 가꾸어 가는 사역이
다. 그래서 단회성 세미나라든지 가정에 대한 설교로 가정사역을 했다고 생각
해서는 안 된다는 것이다. 대개 보면 5월 가정의 달에 첫 주는 어린이 설교, 둘
째 주는 부부설교, 셋째 주는 가정설교, 이렇게 서너번 정도하고 가정에 대해
서 관심을 갖고 있는 교회라고 생각한다면 그것은 큰 착각이다.

또 하나는 세분화(Segmented)된 접근이 필요하다는 것이다. 즉, 가족생활
주기 별로 각 주기에 해당되는 성도들에 대한 목회적 돌봄의 방법이 달라져야
한다는 것이다. 예를 들면 중년층을 대상으로 하는 방법이 신혼부부를 대상으
로 하는 방법과는 확연하게 차이가 난다. 어떠한 집단을 대상으로 가정사역을
할 것인가에 따라 접근 방법도 모두 달라져야 한다는 것이다.

가정사역을 교회에 도입할 때 또 하나 고려해야 할 문제는 단기적으로 보지
말고 장기적 과제로 이 문제를 다루라는 것이다. 요즘 가정사역에 대한 관심이
늘어나면서 많은 목회자들이 가정사역을 급하게 도입하려고 한다. 교회 구성
원들의 수준이나 상황은 고려하지 않고 일단 남들이 하니까 우리 교회도 안할
수 없다는 생각에 남들 하는 대로 무조건 막 도입하려고 한다. 그러나 그러한
접근은 일시적인 효과는 있지만 장기적이지 못하다. 교회는 1-2년 안에 승부
를 거는 사역이 아니다. 특별히 가정사역이라는 것이 이미 전제한 바와 같이
성도들의 마음 밭을 가꾸는 사역이요, 말씀을 삶으로 적용하는 사역이라는 관
점에서 바라본다면 당연히 장기적인 목표를 가지고 차분하게 진행해 가야 하
는 것이다.

그렇다면 단계별로 어떻게 가정사역을 접근해 나아가야 할까? 첫 번째, 가정 사역의 붐을 조성하는 시기가 있어야 한다. 우선 성도들이 가정사역이라는 것이 얼마나 중요한가를 깨닫게 할 필요가 있다는 것이다. 거의 대부분은 다른 사람들에게 자신의 가정을 열어 보이기를 싫어한다. 정말 우리 가정이 잘 살아야 되고 행복해야 된다는 것을 아는데도 불구하고 자신의 가정 문제를 남에게 꺼내 놓기를 싫어한다는 것이다. 또 많은 사람들의 착각은 '우리 가정만 이렇게 문제가 있다' 라고 생각을 한다는 점이다. 그렇기 때문에 가정의 문제를 꺼내 놓기를 두려워한다. 이런 상태에서 소그룹을 바로 들어간다든지 하면 대부분 실패할 수밖에 없다. 마음 문이 열리지 않는 상태에서는 어떠한 시도도 소용이 없다. 심지어 제자훈련이나 셀그룹을 통한 어떤 방법 등 최근의 교회에서 관심을 갖는 어떠한 사역도 성과를 거두지 못한다. 그렇기 때문에 먼저 마음 문을 열 수 있도록 하는 단계가 필수적이다. 즉, '가정이라는 것이 중요하구나', '정말 내가 생각하고 있는 부부의 행복이라는 게 이게 아니구나', '이런 문제가 나에게만 있는 줄 알았더니 그게 아니고 모두가 다 가지고 있는 문제구나' 이런 것을 깨닫게 하는 동기 부여가 상당히 중요하다는 것이다. 그런 의미에서 '가정세미나' 나 '부부 세미나' 를 먼저 시도하게 되는 것이다. 가정 세미나를 한다 할지라도 단회적이기 보다는 여러 번 시리즈 형식으로 하는 것이 효과적이다.[307] 요즈음에는 아예 가정을 주제로 하는 부흥회[308]를 열기도 한다.

이렇게 붐 조성을 한 다음 구체적으로 가정사역을 펼치기 시작한다. 곧바로 가정사역에 헌신할 사람들을 중심으로 가정사역위원회를 1차적으로 구성한다. 그러면서 동시에 목회자가 직접 가정에 대한 주제 설교를 최소한 1달에 1번씩

---

307) 가정세미나의 내용은 철저하게 치유적 접근을 하는 것이 좋다. 그저 '어떻게 하면 부부가 행복하게 살 것인가' 등의 1차원적 접근은 싱글이나 이혼, 재혼자, 실버들의 반발을 일으킬 수 있다. 따라서 영적이면서도 치유상담적 접근을 하는 가정세미나가 가정사역의 붐 조성에 큰 역할을 하게 된다. \ 그저 웃고 즐기는 세미나, 영적으로 별로 감동을 주지 못하는 세미나는 약간의 도움을 줄수는 있겠지만 그렇게 바람직하지 못하다는 점을 알아야 한다.

308) 이름하여 '가정부흥회' 라고 한다. 3-4일 정도 일정으로 새벽, 저녁 집회를 하며 경우에 따라서는 낮집회도 병행된다. 철저하게 가정에 대한 주제만을 가지고 진행되는 일종의 사경회식 부흥회라 할 수 있다. 가정부흥회도 두가지의 방식이 있다. 한 강사가 전체를 다 이끌어가는 방법도 있고 2-3명, 또는 매일 강사를 달리하여 진행하는 방법도 있다.

이라도 해 주는 것이 좋다. 이와 함께 기초적인 가정사역 프로그램을 도입한다. 가장 좋은 방법은 교회 내의 핵심적인 가정사역 멤버들을 제대로 훈련시켜야 한다는 점이다. 외부의 전문적인 가정사역기관에 위탁하여 6개월 내지 1-2년 정도 훈련받게 한 다음 그들 스스로가 프로그램을 펼쳐 나가는 것이 가장 좋은 방법이라 할 수 있다. 그러기 위해 목회자가 가정사역에 대한 비전을 가지고 있다면 가정사역위원회라는 그룹을 만들기 훨씬 이전에 먼저 전문적인 가정사역자를 양육하는 단계를 거치는 것이 지혜로운 방법이다.[309] 교회 내에 이러한 목회자나 평신도 사역자가 있는 것과 그렇지 않은 경우는 엄청난 차이를 가져온다. 특별히 전문적인 훈련을 받지 않는 사람들이 가정사역위원회에 포진하고 있을 경우 그 가정사역은 위원들의 주마간산격 가정사역 경험의 한계를 벗어나지 못하는 우를 범하게 되고 그들의 기득권만 세워줌으로 인해 가정사역의 질적 향상을 가로막게 된다는 점을 알아야 한다. 즉, 아버지학교 같은 체험을 한 사람들을 가정사역자로 세울 경우 그들은 그 아버지학교만을 강조하게 될 것이고 그 외의 방법을 가정사역에 도입한다할지라도 자신이 경험했던 단체에 전적으로 의존한다든지 또는 설익은 가정사역을 펼침으로 인해 문제를 야기할 수 있다. 이미 여러 교회에서 그러한 문제가 이미 드러나고 있다.

분명히 알아야 할 것은 가정사역은 외부 기관에 전적으로 의지해서는 안된다는 것이다. 도입 초기 때는 의지할 수밖에 없겠지만 그 교회의 사정이나 형편은 그 교회 사역자들이 누구보다도 잘 안다. 그렇기에 나름대로의 가정사역 방식을 창조해 가야만 한다. 교회의 크기나 분위기, 사회적·경제적 여건을 고려하여 나름대로의 최적의 가정사역 프로그램을 만들어가야 한다는 것이다. 그러기에 교회 자체에서 가정사역자를 전문적으로 만들어가는 것이 중요하다

---

309) 필자가 속한 연구소의 경우, 어떤 교회에서는 목회자가 가정사역을 본격적으로 도입하겠다는 전략하에 목회자를 중심으로 평신도 사역자들을 미리 탐험대로 보낸다. 열두 정탐꾼을 보내듯이 먼저 보내서 가정사역에 대한 충분한 공부를 하게하고 그들 스스로의 삶이 먼저 변화되게 한 다음에 그들을 중심으로 헌신된 가정사역을 펼쳐 나간다.

고 할 수 있다. 그렇게 양육된 사역자들이 전문적인 기관의 진보된 방법론이라든지 지식을 또 받아들여 교회 나름대로 적합하게 가공된 가정사역을 펼쳐 나갈 수가 있는 것이다. [310]

이렇게 가정사역의 붐이 조성되면서 어느 정도 인도자 그룹이 형성이 되면 그때부터 본격적으로 세분화된 그룹(Segmented Group)별로 가정사역을 도입해 나간다. 이러한 프로그램을 도입하는 것도 순서가 있다. 흐름을 고려하지 않고 가정사역 프로그램을 막 도입하다보면 나중에 프로그램들끼리 엉키게 되고 순서가 뒤죽박죽되는 우를 범할 수 있다. 또 프로그램들끼리 경쟁을 하게 되며 그럼으로 인해 단계적 양육을 체계적으로 할 수 없게 된다.

가정세미나 등을 통해 교회 내에 분위기가 고조되면 이어서 아버지학교와 어머니학교를 시작해야 한다. 아버지학교와 어머니학교, 특별히 아버지학교를 먼저 시작해야 하는 이유는 다음과 같다. 우선 그동안 많은 한국의 남성들이 세상과 벗한 삶을 살아왔다. 세상을 친구 삼아서 살아왔다는 것이다. 그러다보니까 그리스도인들의 비율이 20%가 넘는다고 말하는 이 한국 사회가 깨끗하지 못하고 순결하지 못하다. 당연히 세상 가운데서 헤매고 방황하는 삶을 살게 된다. 그 아버지들에게 특별한 회개와 결단을 촉구하는 것이 바로 아버지학교이다. 그래서 아버지학교의 가장 핵심적인 목표는 아버지들이 하나님 안에서 깨지게 만드는 것이다. 죄를 깨닫게 만드는 것이다. 그리고 '내가 이런 삶을 살아서는 안되겠다' 는 것을 알게 만드는 것이다. '내가 세상과 벗하는 삶을 살 것이 아니라 예수 그리스도를 친구 삼아서 내가 살아가겠다', '말씀을 의지해서 살지 않으면 이 세상의 즐거움이라는 것은 아무것도 없다', '세상의 모든 즐

---

310) 교회를 돕는 기관들, 이름하여 Para-Church들은 이름그대로 교회를 돕는 기관이어야 한다. 그 기관들은 전문가를 양육하여 다시 교회로 보내야만 한다. 그들이 양육한 사역자들을 그 기관이 관리하고 또 끌어 들인다면 그 기관은 이미 '교회를 돕는 기관' 이라는 본래적 의미를 잃어버린 것이 된다. 그래서 가정사역기관들은 입장을 분명히 해야만 한다. 그들 자신의 기관이 주체가 되어 전국적인 조직을 만들고 관리해 갈 것인가 아니면 사역자를 양육하여 교회로 돌려 보내고 그곳에서 그들의 이름으로 사역하게 할 것인가를 결정해야만 한다. 만약 그 기관이 전국적인 조직을 관리한다면 이미 그 기관은 교회와 많은 갈등을 지닐 수 밖에 없음을 알아야 한다.

거움이 헛되고 헛된 것'이라는 것을 깨닫게 만드는 것이다. 그래서 아버지학교 는 철저하게 기도하고 영적으로 깨어있지 않으면 실패하고 만다.

이렇게 아버지학교를 하면서 어머니학교도 동시에 하는 것이 좋다. 그렇게 하는 이유는 부부가 공통의 화제가 생기기 때문이다. 부부간에 대화가 많아야 되는데 대화를 할 수 있는 여지를 만들어 주는 것이다. 그런데 어머니학교는 아버지학교와는 관점이 약간 다르다. 아버지학교가 철저한 회개에 목표를 둔 다면 어머니 학교는 회개 쪽이 아니고 '내가 아내로서 잘못 살아왔다'는 것에 대해서 깨닫게 만드는 것이다. 즉, 자신이 여태까지 아내로서의 역할을 잘해 왔으며, 문제는 전부 남편과 자녀에게 있다고 생각을 했는데 그것이 아니라 문 제는 나로부터 시작된다는 것을 깨닫게 만드는 것이다.

이렇게 아버지학교와 어머니학교를 마치게 되면 그 다음으로 'ME'[311]를 실 시한다. 부부세미나의 개념을 포함하는 이러한 ME는 단기간에 걸쳐 시행되는 데, 이 프로그램을 통해 도전을 준 다음 이제 본격적으로 가정행복학교를 시도 하도록 한다. 가정행복학교는 우선 깊은 삶의 나눔까지는 들어가지 않는다는 강점이 있다. 나눔의 시간도 짧고 소그룹 형식으로 조를 편성하기는 하지만 마 음 문을 조금만 열어도 되기 때문에 가정사역의 초기 단계에서는 아주 적합한 프로그램이라 할 수 있다.

이 가정 행복학교를 통해서 부부간에 어느 정도 변화가 시작되면 그때부터 본격적인 공동체를 만들어 가는 소그룹 과정에 들어가게 된다. 소그룹과정을 2-3년 정도의 계획을 가지고 점차적으로 확산해 나가도록 하면 된다.

이러한 단계를 거쳐 이제 공동체의 생활화 단계라는 궁극적 목표에 다다를 수가 있다.

---

311) Marriage Enrichment Program을 일컫는 말로 1박2일 또는 단기간의 일정으로 풍성한 부부관계를 만들기 위해 시행하는 일종의 부부세미나와 워크샵을 병행하는 프로그램이다.

이러한 프로그램과 함께 동시에 진행되어야 할 것들이 미혼 캠프이다. 아직 짝이 정해져 있지 않은 청년들을 대상으로 하는 미혼캠프는 데이트학교라고도 불리운다. 또 결혼을 앞둔 예비 부부들을 대상으로 한 결혼예비학교와 내적치유학교도 이어서 진행된다. 결혼예비학교는 진정한 결혼이 무엇인지를 다시 생각하면서 결혼에 대한 비전을 세우도록 한다. 더불어 청년들을 위한 내적치유학교에서는 어린 시절의 상처와 아픔의 치유를 통해 그러한 과거의 역사들이 결혼생활에 영향을 미치지 않도록 예방하는 거듭남을 통한 새출발을 다진다.

이 결혼예비학교를 거쳐 결혼을 하게 되면 신혼부부학교로 들어가서 구체적으로 임신과 태교, 자녀의 양육 방식, 성생활 등을 훈련받게 된다. 이 과정을 수료한 사람들이 이제 ME로 들어가거나 아니면 아버지학교, 어머니학교 등으로 편입시키도록 한다.

(표5) 교회에서의 가정사역 프로그램 적용 흐름

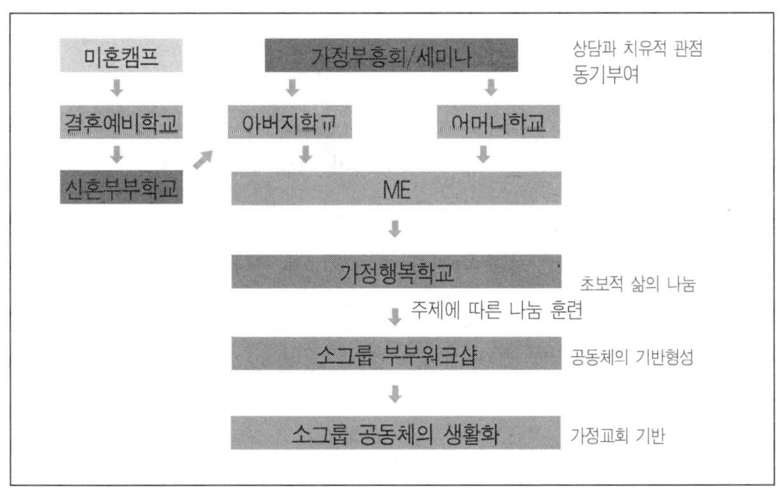

이러한 사역과 동시에 부속 사역으로 부모와 자녀사역을 들 수 있다. 부모와 자녀사역은 동시에 가족캠프 형식으로 진행될 수도 있고, 부모 따로, 자녀 따로 진행할 수도 있다.

또 다른 부속사역으로 싱글사역을 들 수 있다. 흔히 독신자라고 부르는 싱글들도 두 종류가 있다. 즉, 기혼자 독신과 비혼(非婚) 싱글로 칭하는 미혼자 독신이 있는데 기혼자 독신도 또다시 이혼자 싱글과 사별 싱글로 나눌 수 있다. 여기에 포함시켜도 되는 존재들로 별거 싱글이 있다. 이 싱글들을 통합하여 사역하기도 하지만 내용에 따라 각기 다른 소그룹으로 나누어야 할 때가 많다. 또 싱글도 젊은 나이의 싱글도 있고 나이 많은 실버 싱글도 있다. 이만큼 싱글은 세분화될 수 있다. 그 말은 곧 세분화 그룹마다 가지고 있는 욕구나 필요가 다르기 때문에 세심한 배려가 있어야 함을 말한다.

더불어 실버 사역도 본격적으로 시행되어야 한다. 이미 노인의 비율이 7%를 넘어선 우리나라는 실버사역을 절실히 필요로 하고 있다. 이 추세라면 앞으로 10년 안에 전체 교회 구성원 가운데 노인들의 비율이 최소 20-30% 수준을 넘어서게 될 것으로 예측되고 있다. 실버사역도 부부실버와 싱글 실버를 고려해서 구분된 사역이 필요하다.

그와 동시에 특수 사역의 하나로서 중독자 가정사역이 필요하다. 일중독으로부터 알코올 중독, 성 중독, 심지어는 TV중독, 교회 중독까지 포함하는 중요한 사역이다. 이와함께 장애우 사역도 준비되어야 한다. 후천적 장애도 급격히 늘어가는 추세에 발맞추어 장애자를 가진 가정의 문제도 돌아보고, 장애자들의 가정생활, 성생활, 자녀문제 등 해결해야 할 많은 문제들을 성경적으로 풀어가자는 것이다.

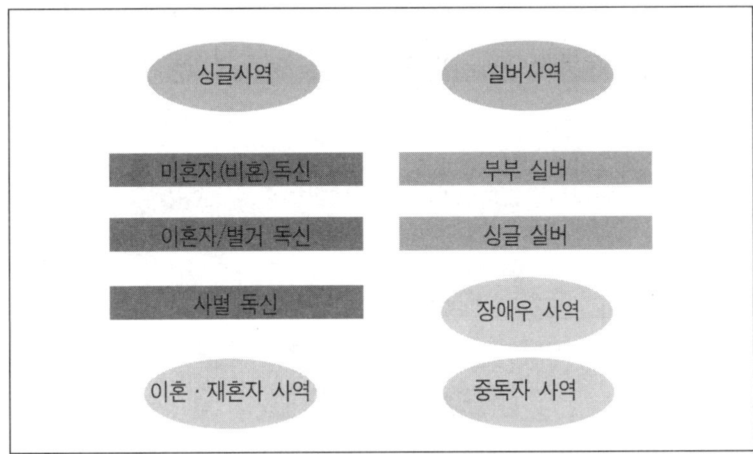

이와 별도로 행복한 가정을 만들기 위한 부수적인 프로그램들도 있다. 우선 부모와 자녀사역을 들 수 있는데 이는 다시 부모 사역과 자녀 사역으로 나눌 수 있으며, 이 대상자들이 함께 하는 프로그램으로 '10 & 40'[312] 가 있다.

한편 결혼에 관련된 프로그램으로는 임신과 출산교실, 자녀 양육교실 등도 개설할 수 있고 그 다음 단계로 가족사랑학교를 열 수가 있다. 여기에 고부관계 등 관계 만들기 프로그램들이 포함된다. 이러한 가족 관련 프로그램들을 종합하여 이벤트 적으로 벌일 수 있는 것이 바로 가족캠프이다. 가족캠프는 교회에서 여름, 겨울 수련회 등을 이용하면 훌륭하게 진행될 수 있는데 사전 준비가 많이 필요하다.

---

312) '10 & 40' 프로그램은 40대의 부모들과 10대의 자녀들이 함께하는 캠프를 말한다.

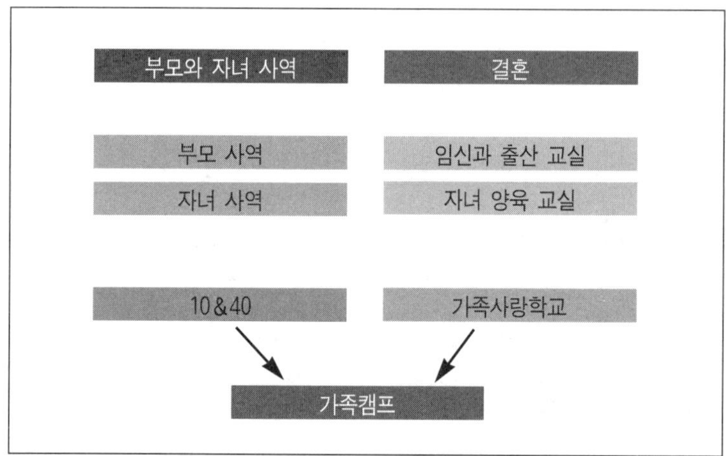

한편, 가정의 치유와 회복을 위한 프로그램으로는 부부세미나와 주말 ME를 들 수 있다. 부부세미나도 두가지로 구분할 수 있는데 첫단계의 치유에 초점을 둔 '사랑과 치유가 있는 부부세미나'와 다음 단계로 후속 프로그램 격인 '주제가 있는 부부세미나'를 들 수 있다.

그리고 주말 ME는 주5일 근무제가 도입되면서 본격적으로 시도되어야 할 프로그램으로 금요일 저녁부터 토요일 밤 또는 주일 오후까지 1박2일 내지는 2박3일 동안 온전한 쉼과 안식을 통한 치유의 시간을 갖게 된다. 이 주말 ME도 부부만을 대상으로 하기도 하고 가족 전체를 대상으로 하는 경우도 있다.

이와 더불어 부부들의 영적 성장을 돕기 위한 프로그램으로 성경속의 남성과 여성을 통해 이 시대를 살아가는 지혜를 얻는 'Men in the Bible', 'Women in the Bible'을 비롯하여 'Falling in Love with Jesus' 등이 있다.

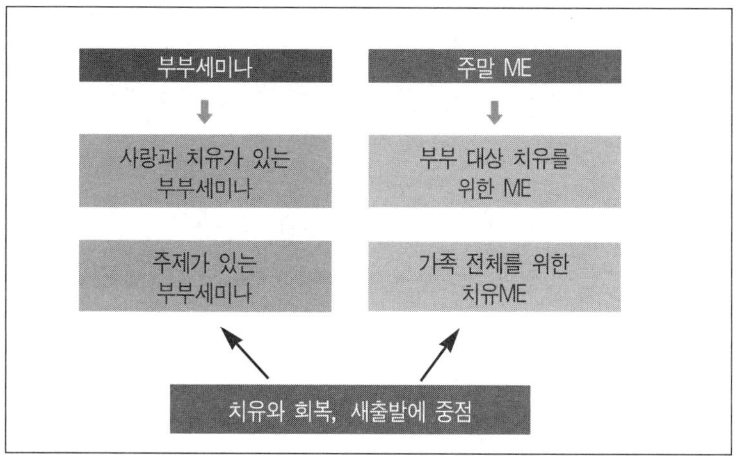

이러한 가정사역 프로그램들을 이끌어 가는 기초에는 상담과 소그룹이 있다. 가정사역 자체가 근본적으로는 마음 밭을 치유함으로 인해 하나님의 말씀이 뿌리를 내리고 그의 삶에 역사하실 수 있도록 만들어 드리는 것이기에 당연히 상담적 관점이 개입될 수밖에 없다. 더불어 이러한 프로그램의 기본에는 소그룹적 방법이 도입되지 않고서는 일회성 행사밖에 되질 않는다. 따라서 소그룹이 없는 가정사역은 힘을 잃게 되고, 상담적 관점의 접근이 없는 가정사역은 자칫 방향을 잃어버릴 가능성이 있음을 염두에 두어야 할 것이다.

가정사역의 실제

1. 부부사역(Couple Ministry) 또는 ME(Marriage Enrichment Program)

(1) 부부사역의 정의

'부부사역' 이라함은 우선 '부부관계개선교육' 이라고 일컫는 Marriage Enrichment Program (ME)을 들 수 있다. 이 프로그램은 우선 부부관계 개선을 통해 가족의 관계를 회복시키고자 하는 데 그 목적을 둔다. 그것은 부부관계의 회복이 가정회복의 첫걸음이기 때문이다. Marriage Enrichment Program은 특히 사람들이 있는 곳에서 출발하여 배우자로서의 그들이 인격(being)과 잠재력(becoming)을 향상시키는데 있다. [313]

(2) 부부사역의 역사

이 Marriage Enrichment Program은 1961년, David & Vera Mace 부부에

---

313) 정동섭, "행복한 결혼율을 높이는 것이 이혼을 막는 지름길이다", *가정과 상담* (2000, 9): 60-65, (2000, 10): 65-71.

의해 미국에서 퀘이커 교도들을 대상으로 시작되었다. 또 같은 해에는 Herbert & Roberta Otto가 결혼교육과 가정생활교육을 실시한 것으로 나타나 있다. 그들은 주말 이틀 동안 'More Joy in Your Marriage'라는 프로그램을 부부대상으로 진행하였다(Otto, 1976).

또, Mace부부는 1973년에 부부관계개선부부협회(ACME: Association for Couples in Marriage Enrichment)를 창립하게 된다. 이 단체는 미국 50개주와 여러 나라에 회원을 두고 활발한 운동을 펼치고 있다.

1960년대 중반에는 Leon & Antoinette Smith 부부가 부부의사소통 프로그램 (Marriage Communication Lab)을 개발하였고, 1966년에 제1회 지도자 훈련 프로그램을 실시(월요일 12시부터 금요일 12시까지 실시함)하였다.

그리고 가톨릭에서는 부부일치운동(ME; Marriage Encounter)이라는 이름으로 Marriage Enrichment Program이 진행되고 있는데, 1962년 Gabriel Calvo 신부의 지도 아래 스페인에서 28쌍의 노동자 부부를 모아 주말을 보냄으로 시작되었으며, 1967년에 미국에, 1973년에 한국에 소개되었다. 한국에서는 천주교에서 시작되어 개신교도 동참하게 된다. 가톨릭의 ME는 금요일 저녁부터 일요일 저녁까지 실시한다.

한편 1974년에는 Norman Wright가 Christian Marriage Enrichment Seminar를 개발하였고, 1981년에는 Larry Hof와 William Miller가 창조적인 부부관계개선 프로그램(Creative Marriage Enrichment Program)을 개발하여 선을 보였다. 또 YMCA는 1970년대 초부터 일반 부부들을 대상으로 한 '적극적인 파트너(Positive Partners)' 프로그램을 진행하고 있다.

한편, 학문적으로 개발된 Marriage Enrichment Program 으로는 Sherod Miller, Elam Nunnally, Daniel Wackman 등이 1960년대 말 박사과정 연구에서 미네소타 부부의사소통 프로그램(Minnesota Couples Communication Program)을 개발하였는데, 이 프로그램은 '부부 사이의 말하기와 듣기

(Couples Communication)’로 불리는데 부부간의 의사소통과 부부과정의 민감성을 개발하는데 초점을 두었다. 대개 5-7쌍씩 한 그룹이 되며 한번에 3시간씩 총 12시간을 진행한다. Bernard Gurney(1977)는 로저스의 상담이론과 행동 수정, 사회학습이론을 활용하여 관계증진(Relationship Enhancement RE) 프로그램을 개발하였다.

이렇게 Marriage Enrichment 운동이 촉발되게 된 배경으로 다음과 같은 4가지를 들 수 있다. 우선 첫 번째로, 그리스도인들까지도 날로 증가하는 이혼율을 들 수 있으며, 두 번째로는 결혼 자체가 위협받는 위기상황에 도달하기 이전에는 결혼한 부부들이 상담하기를 꺼려한다는 사실을 들 수 있을 것이다. 세 번째로는 일방적 권위에서 상호적 권위로의 전환, 자기 주장과 남녀 평등을 강조하는 여성 해방운동의 확산을 들 수 있으며, 네 번째로는 집단 경험과 개인의 자아성취를 부추겼던 인간 잠재력 개발운동의 확산을 들 수 있을 것이다.

이러한 Marriage Enrichment 운동의 필연성은 우선 많은 부부들이 결혼에 대비한 훈련을 거의 받지 않았다는 사실을 들 수 있으며, 두 번째로는 약혼한 남녀 대부분은 그들의 결혼을 위해 준비하기 보다는 결혼식을 더 준비한다는 것과 세 번째로 올바른 배우자를 찾지 못한 것이 아니라 올바른 배우자가 되는 것을 배우지 못했다는 데 있다.

한국에서는 특별히 가톨릭의 ME(Marriage Encounter)[314]가 대표적이라 할 것이다. 가톨릭의 ME는 금요일 저녁 8시부터 일요일 오후 5시까지 2박 3일간 열리는데, 흔히 ‘주말체험’으로 불리우는 이 ME는 서울 장충동의 ‘성 베네딕트 피정의 집’과 경기도 안양의 ‘아론의 집’ 등 전국 28곳에서 진행된다. 77년 3월부터 한국에서 시작된 이 ME는 전국적으로 연간 약 150회 정도 열리고 있

---

314) 가톨릭의 ME는 2002년 3월말에 25주년을 맞았다. 25년 동안 11만 쌍이 수료한 이 프로그램은 참가자 중 15% 가량은 비신자로 알려져 있다.(중앙일보 2002. 3. 28. 15면, 조선일보 2002. 3. 29. 18면, 한국일보 2002. 3. 29. 21면, 한겨레신문 2002. 4. 2, 33면 참조)

는 것으로 알려졌다. 이 프로그램은 결혼한 지 5년 이상된 부부들만 참가 자격이 주어지며, 모임마다 25-30쌍 정도가 참여하게 된다. 대체적으로 인도 신부와 ME를 먼저 경험한 3쌍 정도의 봉사부부가 준비한 발표를 듣고 부부별로 느낌을 나누고 대화를 하게 하는 등의 16개 항목으로 구성된 프로그램을 진행하게 되는데, 특별히 부부가 모든 일상의 스트레스를 떠나서 서로에게만 관심을 집중하도록 배려하는 것이 특징이다. 참가비는 통상 20-25만원 선이다.

물론 개신교에서도 변형된 ME들이 그동안 유지되고 있었다. 즉, 1박 2일 부부세미나 등의 이름으로 실시되어 왔던 것들이 그것이다. 특별히 주 5일 근무제가 본격 거론되면서 ME는 가정사역계의 화두로 떠올랐다. 그동안 1박2일이라는 프로그램의 한계, 즉, 주일에는 교회 밖 프로그램을 할 수 없다는 시간적 한계로 ME가 활성화되지 못하였으나 주 5일 근무제가 본격화 되면서 이제는 ME가 가정사역의 주요한 프로그램으로 등장할 가능성이 높아졌다. 그만큼 비중이 커졌다는 것을 의미한다. 이렇게 되면 그동안 사실상 가톨릭이 독점해왔던 주말 ME는 이제 개신교에서도 활성화될 수 있을 것으로 보인다.

(3) 부부사역의 의의

그렇다면 결혼한 부부에 관한 교육을 왜 해야만 하는가? 첫째로 서로에 대한 비현실적 기대를 들 수 있다. 결혼할 때는 단점에 눈이 먼 채 결혼한다. 이는 후에 결혼 또는 상대방에 대한 비현실적인 이미지와 배우자라는 실제 인물 사이의 충돌로 이어진다. 이러한 결혼 후의 현실적인 적응을 위해 Marriage Enrichment Program은 절대적으로 필요하다.

부부들이 갖는 비현실적인 기대(Parrotts, 1998)는 다음과 같은 4가지가 있을 수 있다.[315] 첫째, 결혼하면 부부가 다 똑같은 것을 기대할 것이다. 둘째, 우

---

315) Les & Lesile Parrott, *Saving Your Marriage Before it Starts* (Michigan: Zondervan, 1995), 13.

리 부부관계는 앞으로 더 좋아질 일만 남았다. 셋째, 우리 부부의 앞날에 나쁜 것은 모두 사라질 것이다. 넷째, 내 배우자는 나의 부족한 면을 온전하게 채워줄 것이다.

두 번째로는 비성경적인 가치관을 들 수 있다(Katter, 1988).[316]

이러한 가치관들로는 다음과 같은 것들을 들 수 있다. 첫째, 뜻대로 안되거나 불행하다고 느끼면 이혼하면 된다. 둘째, 성(sex)은 사랑의 본질이다. 셋째, 나는 나의 유익을 구하겠다. 넷째, 배우자와 부정적 감정을 나누어서는 안된다. 다섯째, 그리스도인은 결코 화를 내어서는 안된다. 여섯째, 나에게는 일정한 수준의 물질적 풍요를 요구할 권리가 있다. 일곱째, 내가 원하는 모든 것은 나에게 필요한 것이다. 여덟째, 아내는 무조건 남편에게 복종해야 한다.

세 번째로는 비인간화 성향을 들 수 있는데, 조직, 산업화, 높은 이동성, 이혼과 별거, 대리 부모와 아버지가 없는 아이들, 낮은 도덕 기준, 바쁜 스케쥴, 세속화와 물질주의, 금이 간 가족관계, 사회학적 균열(다른 사회집단이 전통적으로 가정이 수행하던 역할과 책임을 대행하고 있음을 의미) 등의 요인들이 개인과 배우자의 자아상을 비인간화 시킬 수 있다.[317]

이러한 비인간화 성향은 서로가 소외를 경험하게 한다는 것이다. 특별히 TV 시청 등은 부부간의 의사소통을 줄이게 하며, 현실세계가 아닌 이상 세계에서, 환상 속에서 살게 만드는 역할을 하고 있다고 말한다.

네 번째로는 가족생활 주기와 위기를 들 수 있다. 사람들은 가족생활 주기를 거치면서 행복과 만족도에는 굴곡이 있다. Eveiyn Duvall(1985)은 8단계 가족생활주기를 말하고 있는데, 1단계로 (자녀없는) 결혼한 부부, 2단계로 (첫 아이

---

316) 정동섭, "행복한 결혼율을 높이는 것이 이혼을 막는 지름길이다" 재인용
317) Gangel의 1972년도 발표 논문, E.M. Duvail & B. C. Miller, *Marriage and Family Development* (New York; Haper & Row, 1995), 정동섭의 전게 논문에서 재인용.

출생에서 30달까지의) 자녀생산 가족, 3단계로 취학전 아이를 가진 가족(첫 아이 3살-6살), 4단계로, 학동기 자녀를 둔 가족(첫아이 7-13살), 5단계로 10대 자녀를 둔 가족(첫 아이 14-20세), 6단계로 성인 자녀를 진수시키는 가족(첫아이는 결혼하고 막내는 떠남), 7단계로 중년부모(빈 둥지에서 은퇴까지), 8단계로 늙어가는 가족(은퇴에서 두 배우자의 죽음까지) 등이 그것이다.[318]

볼스윅(Balswick) 부부(1999)는 가족생활 주기를 근원가정으로부터 분화되는 결혼 전 단계, 부부역할에 적응하는 혼인 초기 단계, 새 아이에게 적응하는 새가족 단계, 새로운 가족들에게 적응하는 완성된 가족단계, 가족체계에 융통성이 필요한 사춘기 자녀 단계, 가족의 떠남을 수용해야 하는 진수기, 외로움과 노쇠과정을 수용해야 하는 진수 후기 등으로 구분하고 있다.

그런데 가족주기에서의 각 단계는 각각 특이한 요구와 좌절, 근심과 기쁨, 그리고 만족을 지니고 있다. 각 단계마다 배우자에 대한 요구는 다르다. 욕구의 유형은 단계마다 변화하며, 다른 단계로 전환할 때 압박감과 위기를 경험하게 된다는 것이다.[319]

다섯 번째로 사회문화적 변화를 들 수 있는데, 위계질서에 의해 유지되던 전통적인 결혼에서 사랑과 평등에 기초한 동반자 결혼으로 전환되었다는 점이다. 이는 부부들이 현재 소유하지 못하는 완전히 새로운 형태의 기술들을 요구하고 있다.

(4) 부부사역의 내용과 특징

한편 Marriage Enrichment 교육의 특징(Dyer & Dyer, 1989)으로 Mace 부부는 다음과 같은 것을 들고 있다.[320] 결혼한 부부관계의 성장을 목표로 하

---

318) Ibid.
319) Jack O. Balwick & Judith K. Balswick, 48-51.
320) 정동섭, "행복한 결혼율을 높이는 것이 이혼을 막는 지름길이다".

기 때문에, 인도자 부부가 함께 지도 하고 그들의 관계를 나눈다. 또, 학습은 경험적이므로 부부가 직접 해봄으로 배우는 것을 격려한다.

부부대화는 필수적이다. 따라서 인도자들이 모델을 보이고, 대화를 격려한다. 취약점을 드러내는 솔직한 지도력이 필요하며, 인도자들은 그들의 경험을 나누면서 관계적 성장을 지향해야 한다. 그리고 지도자들과 참여적 진행자는 자신의 결혼을 개선하려 노력해야 하며, 세대간 연대로 배운 것을 다음 세대 젊은 부부에게 전수한다는 특징도 있다.

기술을 가르치는 부부교육은 모든 연령과 단계에 적절하며, 결혼이 우선순위이므로 돌아보고 양육하는 것을 계속하려 한다. 그리고 모든 문화, 종파에 열려 있으며 모든 결혼에 열려 있다. 질적인 지도자훈련을 제공하는데 부부를 인도하기 위해 지도자들을 훈련한다. 지속적인 변화들을 ME 그룹에서 기술을 실습한다는 특징도 있다.

관계향상을 위해 좋은 의사소통을 한다. 갈등을 창조적으로 사용하는데, 관계를 개선하는 성장요인이 된다. 창조적 친밀감을 갈망하는데 솔직한 나눔을 통해 친밀감을 유지한다. 동반자 결혼은 같은 팀에서 대등한 파트너로 대우한다.

한편 외국에서 시행되고 있는 Marriage Enrichment Program에 대해 볼스윅 부부 (Jack & Judith Balswick)는 구체적으로 그 내용과 효과 등을 분석한 바 있다.[321]

우선 노만 라이트(Norman Wright)의 경우 Christian Marriage Enrichment를 실시하고 있는데, 두 개의비디오를 통해 미혼자나 기혼자 모두가 사용할 수 있도록 되어 있는데 성경에 기초한 좋은 프로그램으로 인정받고 있다.[322]

---

321) Judith Balswick & Jack Balswick, "Marital Enrichment Program Evauation", Family Ministry Vol. 17, No 1(2003, Spring): 12-37.
322) Norman H. Wright, *Communication: key to Your Marriage* (Ventura, CA: Regal Books, 1998). NormanH. Wright, *Relationships that Work* (And Those Don't) (Ventura, CA: Regal Books, 1998).

결혼 전 개인간의 배우자 선택 훈련 프로그램(Partner Premarital Interpersonal Choices Training Program)을 만든 존 반 에프(John Van Epp)가 만든 시리즈는 6개의 비디오 테이프들과 토론 소책자, 성경 공부와 인도자 가이드를 포함하고 있는데, 자신의 관계 연결 모델과 지식, 신뢰, 의존, 헌신, 성(性) 등의 5가지 내용을 포괄하고 있다.[323] 핸드릭스(Harville Hendrix)는 결혼에 있어 Imago 개념에 기초한 프로그램을 진행하고 있다. 그는 부부 개인의 마음 속에 이상적인 부모의 상이 있는데, 그 이상향을 현재의 배우자가 충족시켜 주지 못할 때 갈등이 일어난다고 보고 있다. 그래서 그러한 역학 관계를 다룸으로써 개인의 성장과 관계의 성장을 도모하는데 목적을 둔다. 이 프로그램은 부부들을 위한 비디오와 워크북 등으로 구성되어 있다.[324]

팻 러브(Pat Love)와 존 그래이(John Gray)가 주축이 되어 리처드 스튜어트(Richard Stuart), 글래서 부부(Bill & Carleen Glasser), 핸드릭스(Harville Hendrix), 미쉘 와이너-다비스(Michele Winer-Davis) 등과 함께 만든 '살아 있는 사랑시리즈(Living Love Series)' 는 실제적인 실습 과제들을 준다는 데 흥미가 있으며, 워크샵도 이어진다는 특색이 있다.

이 프로그램에서 진행되는 과목을 보면, 리처드 스튜어트(Stuart)의 "긍정적인 관계를 만들라(Create a Positive Relationship)"(Caring days, Negotiation, Authority, Decision making & Future planning의 내용으로 되어 있음), 빌과 칼렌 글래서(Glasser & Glasser)의 "바른 선택을 하라(Make Right Choices)"(Solving Circle, Basic Needs, Seven Deadly Habits, Language of Closeness, Choosing Solutions 등의 내용으로 되어 있음), 핸드릭스(Hendrix)의 "의식적인 의사소통(Conscious Communication)"(Mirroring, Validating, Commitment Exercises 등의 내용으로 되어 있음),

---

323) John Van Epp의 Homepage, http://www.nojerks.com/overview.htm [22, 2004, November].
324) Harville Hendrix, *Getting the Love You Want: A Guide for Couples*(New York: Henry Holt and Co., 1988).

등의 내용이 있다.

이어서 게이와 캐슬린 핸드릭스(Gay & Kathlyn Hendricks)의 "깊어진 관계 (Acceptance, Commitment, Time for each other, Receiving and Giving Compliments 등의 내용으로 되어 있음)", 미셀 와이너-다비스(Michele Winer-Davis) 의 "점차 떨어지기(Getting Unstuck)" (Defining Love, Goal Setting, Takes one to Tango 등의 내용으로 되어 있음), 팻 러브(Love)의 "사랑하는 성관계 창조하기(Creating Loving Sexuality)" (Chemistry, Deepening, Beyond Yourself-Centeredness 등의 내용으로 되어 있음), 존 그래이(Gray)의 "살아 있는 열정을 유지하기(Keeping Passion Alive)" (Venting, The Feeling Letter, Responsibility, Visualization 등의 내용으로 되어 있음) 로 구성되어 있다.[325]

지미 에반스(Jimmy Evans)에 의해 고안된 "Marriage on the Rock" 프로그램은 책과 녹음 테이프, 비디오 테이프로 구성되어 있으나[326] Marriage Enrichment Program으로 사용하기에는 그렇게 적당하지 않다고 볼스윅 부부는 언급하고 있다.[327]

레스 페롯과 레슬리 페롯(Les & Leslie Parrott)의 "Saving Your Marriage Before it Starts"는 두개의 비디오와 책, 여성들을 위한 워크북, 남성들을 위한 워크북, 인도자 지침서, 결혼 멘토 소책자 등으로 구성되어 있는데, 이 프로그램은 2시간 수업의 8주 과정이나 주말 수양회, 단기 세미나 등에서 사용할 수 있도록 되어 있다.[328] 볼스윅 부부는 아주 탁월한 프로그램이라고 평가한다.[329]

데이빗 아프와 클라우디아 아프(David & Claudia Arp)에 의해 만들어진

---

325) Balswick, 17.
326) Jimmy Evans, *Marriage on the Rock* (Amarillo, Texas: Majestic Media, 1994).
327) Balswick, 18.
328) Lesile & les Parrott, *Saving Your Marriage Before it Starts*(Grand Rapids, MI: Zondervan, 1995).
329) Balswick, 18-19.

"Ten Great Dates to Energize Your Marriage"와 "The Second Half of Marriage: Facing the Eight Challenges of the Empty-Nest Years" 프로그램은 비디오 시리즈로 되어 있는데, 특별히 잘 고안된 인도자 지침서는 이 프로그램을 활용하는데 큰 도움을 준다.[330]

미셸 와이너 데이비스(Michele Weiner-Davis)가 만든 "The Marriage Breakthrough"는 20쪽짜리 인도자용 가이드가 포함된 30분짜리 대화식 비디오 5개와 "Keeping Love Alive"라는 책으로 구성되어 있다.[331]

가나 연구소(Cana Institute)와 브리젯 브레난스(Bridgett Brennans)가 만든 "The Marriage Connection: Wedding the Spiritual & the Practical" 프로그램은 워크샵이나 수련회 장소에서 활용하기 좋게 만들어져 있다. 다루는 주제로는 Covenant, Contract, Values, Finances, Conflict, Lovemaking(사랑의 관계뿐만이 아니라 가사 일과 육아도 포함됨), The Healing Power of Love 등이 있다.[332]

엘리스 프라이링과 로버트 프라이링(Alice & Robert Fryling)이 고안한 "Marriage Enrichment Small Group Format"은 "A Handbook for Marriage Couples", "A Hankbook for Engaged Couples", "Marriage: God's Design for Intimacy" 등의 3권의 책으로 구분되어 있는데, Motivation, Money & Possessions, Spiritual Growth, Moods & Emotions, Sexual Fulfillment, Failure & Forgiveness, Setting Goals 등의 주제로 구성되어 있다.[333]

제임스 립섬과 마르다 립섬(James & Martha Reapsome)이 만든

---

330) David Arp & Claudia Arp, *The Second Half of Marriage: Facing the Eight Challenges of the Empty-Nest Years* (Grand Rapids, MI: Zondervan, 1996).
331) Michele Weiner-Davis, *Divorce Busting* (New York: Simon & Schuster, 1992).
332) Cana Institute의 Homepage, http://www.canainstitute.org/resources.html [20 November 2004].
333) Alice & Robert Fryling, *A Handbook for Married Couples* (Downers Grove, IL: Intervarsity Press, 1984).

"LifeGuide Bible Study" 시리즈의 한 부분인 "Marriage: God's Design for Intimacy"는 성경 구절들을 각 장의 목표로 사용하고 있으며 reflection과 discussion 등을 포함하고 있다. 특별히 책 마지막 부분의 Leader's Note는 프로그램을 인도하는데 많은 도움을 준다.[334]

제프 헬톤과 로라 헬톤(Jeff & Lora Helton)이 만든 "Authentic Marriages: How to Connect with Other Couples Through a Marriage Accountability Group"과 "Authentic Marriages Workbook"은 소그룹 환경을 통해 건강한 부부관계를 위해 서로를 책임 지기 원하는 부부들을 위해 계획 되어졌다. 특별히 'Before the Group', 'During the Group', 'After the Group' 등의 section을 통해 그룹 진행에 대한 지침과 스스로 해야 할 활동들을 제시하고 있으며, tasks & tools, check-in discussion questions, focus for the evening, group interaction time, reflections & practial application for marriage 등의 section 구성이 뛰어나다고 할 수 있다.[335]

또한 소규모 성경 공부 그룹들을 위해 마련된 풍성한 관계 시리즈인 Bethany House Marriage Materials도 Marriage Enrichment Program의 발전에 큰 공헌을 하였다. 마티슨과 해리스(Matteson & Harris)가 저술한 "What if I Married the Wrong Person: Help and Hope on the Question Nearly Every Couple Asks"는 감각적이고 영감을 주는 내용들로 개인이나 부부 또는 소그룹에 적합하도록 편집되어 있다.[336]

또 로버트(Robert, 감리교 목사)와 드보라 브루스(Debora Bruce)의 "Reclaiming Intimacy in Your Marriage: A Plan for Facing Life's Ebb and Flow Together"(1996)는 8주 과정으로 되어 있는데, 결혼 생활을 견고하

---

334) James & Martha Reapsome, *Marriage: God's Design for Intimacy*(Downers Grove, IL: Intervarsity Press, 1999).
335) Jeff & Lora Helton, *Authentic Marriage Workbook* (Chicago, IL: Moody Press, 1999).
336) Richard Matteson & Janis Long Harris, *What if I Married the Wrong Person: Help and Hope on the Question Nearly Every Couple Asks* (Minneapolis, MN: Bethany House Publications, 1996).

게 하기 위한 감정적, 실제적, 영적인 유대들을 강화하기 위한 내용으로 꾸며져 있다.[337]

더불어 갈보리채플의 목사인 스티브 카(Steve Carr)의 "Married and How to Stay That Way! A Treasury of Radical Solutions Based Solely on God's Word "는 각 장마다 그룹 토의 질문과 실행에 옮겨야 할 행동목록을 제시하고 있다는 점에서 특색이 있다.[338]

게리 채프먼(Gary Chapman)의 Marriage Enrichment Program은 "Five love Languages: How to Express Heartfelt Commitment to Your Mate",[339] "Toward a Growing Marriage: Building the Love Relationship of Your Dreams",[340] "Five Signs of a Loving Family",[341] "The World's Easiest Guide to Family Relationships"[342] 등으로 구성되어 있는데, "Five love Languages: How to Express Heartfelt Commitment to Your Mate"의 경우, 뒤 쪽에 포괄적인 학습 안내와 비디오/오디오 판이 들어 있으며, 부부나 소그룹에서 사용될 수 있다.

"Toward a Growing Marriage: Building the Love Relationship of Your Dreams"는 성장 평가 단원을 포함하고 있는 것이 특징이다. 게리 채프먼의 프로그램들은 주로 서로를 이해하며 관계를 증진시키는 내용들로 꾸며져 있다.

사회운동가인 알 크로웰(Al Crowell)은 "Love in the Trenches: A Couples Guide to Overcoming the Power Struggle", "I'd Rather Be Married: Finding Your Future Spouse"등의 교재를 내 놓았는데, 부부나 교회의 소그

---

337) Balswick, 23.
338) Steve Carr, *Married and How to Stay That Way! A Treasury of Radical Solutions Based Solely on God's Word* (Phoenix, AZ: ACW Press, 1998).
339) Gary Chapman, *Five love Languages: How to Express Heartfelt Commitment to Your Mate* (Chicago: Northfield, 1992).
340) Gary Chapman, *Toward a Growing Marriage: Building the Love Relationship of Your Dreams* (Chicago: Moody Press, 1996).
341) Gary Chapman, *Five Signs of a Loving Family* (Chicago: Northfield, 1997).
342) Gary Chapman & Randy Southern, *The World's Easiest Guide to Family Relationships* (Chicago: Northfield, 2001).

룹 공동체에서 사용하기 좋도록 되어 있으며, 비디오의 session들은 listening & validating, using anger as a constructive asset, making do-able requests, making friends with your feelings, growing in self knowledge, relationship as a spiritual path 등을 다루고 있다. "Id Rather Be Married: Finding Your Future Spouse"는 미혼 남녀들을 위해 만들어져 있다.[343]

한편 덴버대학교의 15년에 걸친 연구 프로그램인 Prevention and Relation Enhancement Program(PREP)와 Christian PREP는 정신 건강 전문가들이나 상담가들, 성직자들, 평신도 지도자들에게 지도자 훈련과정을 개최하여 이 프로그램을 사용할 수 있도록 돕고 있는데, 이를 위해 인도자의 역할, 선택, 훈련과 멘토, 평가 등의 내용을 다루고 있는 포괄적인 소책자가 있는데, 이것은 사반나 맥메인 (Savanna McMain)이 저술하였다.

PREP는 4주에서 10주 정도의 시간표를 가진 형식으로 소그룹 부부들을 위해 기획 되어졌다. 또 3가지 형태의 비디오 시리즈 교재는 하워드 마크맨 (Howard Markman), 스콧 스탠리(Scott Stanley), 수잔 블룸버그(Susan Blumberg)가 공저한 "Fighting for Your Marriage" 책의 인도대로 따라하도록 되어 있다.[344]

또 Christian PREP는 스콧 스탠리(Stanley), 다니엘 트래든(Daniel Trathen), 사반나 맥메인(Savanna McMain), 밀트 브라이언(Milt Bryan) 등이 공저한 "A Lasting Promise: A christian Guide to Fighting for Your Marriage"(1998)를 주교재로 하여 사용하도록 되어 있는데, 부부가 실천하여야 할 핵심적인 관계 테크닉을 담은 비디오가 첨부되어 있다.[345]

---

343) Al Crowell, *Love in the Trenches: A Couples Guide to Overcoming the Power Struggle and I'd Rather Be Married: Finding Your Future Spouse* (Oakland, CA: New Harbinger, 1996).
344) Howard Markman, Scott Stanley, Susan L. Blumberg, *Fighting for Your Marriage: Positive Steps for a Loving and Lasting Relationship* (San Francisco: Jossey-Bass, 1995).
345) Scott Stanley, Daniel Trathen, Savanna McMain & Milt Bryan, *A Lasting Promise: A Christian Guide to Fighting for Your Marriage* (San Francisco: Jossey-Bass, 1998).

가정건축가 시리즈로 유명한 데니스 레이니(Dennis Rainey)는 "Starting Your Marriage Right: What You Need to Know and Do in the Early Years to Make it Last a Lifetime"이라는 프로그램을 운영하는데, 여기에는 Building Your Marriage, Improving Your Communication, Growing Together in Christ, Mastering Money, Building Teamworks, Overcoming Stress, Resolving Conflict 등의 주제들로 구성되어 있다.[346]

아마릴로 대학(Amarillo College)의 테리 하그레이브(Terry Hargrave)가 저작한 "The Essential Humility of Marriage"는 원래 therapist들을 위해 만들어진 것인데 가정사역자도 유익하게 활용할 수 있다. 여기서는 realisties of marriage, marital stability, family of origin issues, conflict patterns, power issues in work/finance, parenting, sexual infidelity, building trust 등을 다루고 있는데, 16개의 부부연습 과제들, 평가, 기준, 그리고 상담자의 역할을 집중하여 잘 설명하고 있다.[347]

(5) 부부사역의 접근 방법

한편, 결혼한 부부들을 위한 이 사역은 다양한 접근 방법이 있다. 우선 자녀들의 연령대를 중심으로 세분화될 수도 있다.

1) 결혼 5년 미만의 신혼부부 대상 사역

2) 결혼 6년 – 10년 정도의 부부 대상 사역

3) 10대의 자녀를 둔 부모 가정

4) 중년기 가정

---

346) DennisRainey, *Building Teamwork in Your Marriage* (Ventura, CA: Gospel Light, 1996).;
Dennis Rainey & Barbara Rainey, *Starting Your Marriage Right: What You Need to Know and Do in the Early Years to Make it Last a Lifetime* (Nashville, TN: Thomas Nelson, 2000).
347) Terry Hargrave, *The Essential Humility of Marriage* (Phoenix, AZ: Zeig, Tucker& Theisen, 2000).

가정사역은 가능하면 세분화된 소그룹으로 하는 것이 가장 좋다. 그러나 중소교회의 경우 이러한 세분화된 소그룹으로는 역동성의 문제나 효율성의 벽에 부딪치게 된다. 대체적으로 1,000가정 이상을 넘는 교회라면 세분화된 접근이 가능하지만 그 미만이라면 크게 결혼 10년 미만의 초기 부부팀과 결혼 10년 이상된 중년 부부팀으로 나누어 접근하는 것이 현실적이다.

더불어 일정과 방법에 따른 구분도 다양하다. 우선 가장 간단하고도 초보적인 부부사역으로 단기 세미나를 들 수 있다. 단기 세미나는 2시간 정도의 일회성 세미나, 3일 내지 4일 정도 일정의 저녁시간 부부세미나 또는 가정부흥회, 3-4일간의 아침, 저녁 연속 가정부흥회 스타일의 세미나, 1박 2일 정도의 초단기 워크샵, 2박3일 내지 3박4일 정도의 단기 워크샵 등으로 나눌 수가 있다. 여기서 세미나와 워크샵을 구분하는 것은 세미나라 함은 단지 말씀 위주의 전달 시간을 갖는 것을 말하며 워크샵은 특정 주제를 실제 훈련하도록 하는 시간을 갖는 프로그램을 말한다. 따라서 세미나는 대체로 설교나 특강 스타일이 되기 때문에 동기 부여 정도는 되지만 삶을 변화시키는 등의 지속적인 효과는 기대하기 힘들다. 그러나 워크샵을 하게 되면 특정 주제를 가지고 깊이 나눌 수도 있고 실제로 적용하도록 함으로 인해 많은 변화와 도전을 주게 된다.

이러한 단기 세미나 외에 8주-10주 정도의 학교 형식의 워크샵이나, 6개월 내지 1-2년 정도의 중장기 워크샵도 있다. 이렇게 긴 시간 동안 하는 이유는 머리로 들은 지식을 삶으로 실제 적용해 보고, 그것이 습관이 되어 남을 수 있도록 하기 위함이다.

또 실행방법도 교회 자체 프로그램으로 진행할 수도 있고 교회 밖의 전문기관에 위탁하여 진행할 수도 있다. 또 하나의 새로운 접근 방법으로 교단의 노회별이나 지역연합으로 하는 방법도 있다. 날이 갈수록 부부 프로그램의 필요성은 증가하나 교회내의 사람들끼리 했을 때는 장단점이 있다. 만약 대형교회라 하면 자신의 단점을 노출한다 해도 별 문제가 되지 않지만 중소형교회에서 자신을 과감하게 노출한다는 것은 아무래도 한계를 가질 수밖에 없다. 따라서 초대교회의 공동체 같은 진정한 삶의 나눔을 통한 깊은 만남은 아무래도 어려워지는 것이 현실이다. 이러한 문제점을 극복하는 좋은 방법이 지역 연합으로 프로그램을 진행하는 것이다. 초교파적 연합을 하든지, 아니면 같은 교단 내 동일 노회 교회 연합으로 하는 방법을 추천하고 싶다.

다시 말해서 동기 부여 같은 간단한 세미나 등은 교회 자체 프로그램이 좋지만 실제적인 삶의 변화를 위해서는 타교인과의 연합이 훨씬 효율적이고 깊이 접근할 수 있다는 점을 알아야 한다.

(6) 부부사역의 목표

한편, 윌로우크릭 교회의 경우는 부부사역(Couple Ministry)의 목표를 다음의 4가지로 두고 사역하고 있다.[348]

① 복음화 : 우리의 공동체들 가운데 그 비율이 꾸준히 증가하고 있는 부부들에게 다가가는 것

② 동화(同化) : 필요에 기초한 관계와 영적 성장의 장(場)으로 부부들을 연결하는 것

③ 제자도 : 부부들을 그리스도께 온전히 헌신하도록 제자화하는 것.

④ 동원 : 지역과 세계적인 범위에서 부부들을 하나님 나라의 충격이 전해지는 전략적인 장(場)으로 개입하게 하는 것.

윌로우크릭 교회의 경우 역시 철저한 소그룹이 중심이 된 부부사역을 하고 있는 것으로 알려져 있다.

---

348) Paul Braoudakis, 317.

(7) 종류 1 ; 단기 세미나

　다수의 성도들을 대상으로 한 세미나는 주로 결혼 생활에 대한 점검을 위한 동기 부여에 그 목적을 둔다. 배우자의 삶을 다시 한번 돌아보게 만들면서 회개와 결단을 촉구하게 만든다. 따라서 단기 세미나라 할지라도 이론이나 지식 전달 위주로 하면 큰 효과를 보지 못하기 십상이다. 그저 '아, 괜찮다' 정도의 반응만을 보일 뿐이다. 그래서 이러한 단기 세미나라 할지라도 전략적인 접근이 당연히 필요하다.

　결혼한 부부라면 누구든지 문제가 있을 수밖에 없고 상처를 알게 모르게 가지고 있다. 더불어 자라 온 환경 가운데 많은 상처들을 가지고 있다. 그러한 상처들이 부부생활을 풍성하게 만드는데 장애물로 등장한다. 세미나에서는 바로 이러한 점들을 부각시켜 주어야 한다. 다시 말해서 자신의 삶을 되돌아보면서 예수 그리스도 안에서 내가 지금 무엇을 어떻게 해야 할 것인지를 점검하게 만들고 또 결단하도록 유도하는 것이다. 가정세미나 시간이 그저 웃고 즐기는 시간이 되어서는 안 된다. 그저 유익한 교양강좌 시간이 되어서도 안 된다. 아무리 간단한 세미나라 할지라도 그곳에는 하나님의 말씀이 중심이 되어야 하고 성령의 역사를 기대하는 시간이 되어야 한다. 그래야 감동이 있고 변화가 있다. 그러한 바탕 위에 부부 생활에 대한 여러 가지 구체적인 방법들을 제시해 주는 것이 좋다. 따라서 이론적이라기보다는 구체적으로 실제적인 접근이 있어야 한다. 더불어 상담적인 접근이 있어야만 한다.

　외부 강사를 섭외할 때도 바로 이러한 점을 유의해야 한다. 더불어 강사 부부의 삶이 어떠하고, 강사의 삶이 어떠한지도 잘 살펴보아야 한다. 사람은 말로 변화되지 않는다. 입으로 나오는 언어뿐만 아니라 강사의 모든 행동과 표정, 그리고 영적인 커뮤니케이션을 통해 은혜를 받게 된다.

이러한 단기 세미나에서 다루면 좋을 내용은 다음과 같다.

① 상처의 치유와 사랑의 회복

* 요지 : 사람은 누구나 상처를 가지고 있다. 그 상처는 부모로부터, 또는 선생님이나 친구들로부터, 아니면 사랑하는 사람들이나 중요한 타인들로부터 받을 수가 있다. 그 상처들이 지금의 나를 지배하면서 부부관계나 인간 관계를 파괴하는 주춧돌로 작용하는 것이다. 우리는 그 실체를 알아야만 한다. 모르면 사단의 계략에 언제든지 넘어갈 수밖에 없다. 그래서 자신의 삶에 대한 묵상이 아주 중요하다. 이렇게 자신을 되돌아보고 그 상처들을 치유하기 위한 것이 바로 내적치유이다. 더불어 더 이상 상처를 주지 않기 위해 우리는 무엇을 어떻게 해야 하는가? 그 구체적인 방법들을 익히도록 한다. 그리고 우리의 삶에 적용하도록 권면한다.

② 부부의 사랑만들기

* 요지 : 부부관계가 자꾸 냉전으로 가는 데는 그만한 이유가 있다. 많은 부부들이 사랑할 줄을 모른다. 말로는, 그리고 생각으로도 사랑한다고 하면서도 정작 사랑을 하는 방법을 몰라서 문제가 되는 경우가 많다. 사랑은 사랑하는 사람의 방식대로 사랑해 주는 것이다. 그렇다면 배우자가 원하는 사랑의 방식은 무엇일까? 남녀간에는 어떠한 차이가 있길래 내가 생각하는 사랑의 방식을 받아주지 않는 것일까? 그것을 이해하도록 한다.

③ 자아상의 회복

* 요지 : 나는 지금 어떠한 자아상을 가지고 있는가? 그 자아상은 하나님이 원하시는 자아상인가? 아니면 사단의 노리개 감이 될 수 있는 그러한 자아상인가? 당신의 자아상을 병들게 만든 것은 무엇인가? 병든 자아상이 우리의 삶에,

그리고 신앙에 미치는 영향은 무엇인가? 또 병든 자아상을 회복하기 위해서 우리는 무엇을 어떻게 해야 하는가? 나의 자아상을 진단하고 배우자의 자아상을 객관적으로 살펴보며 그 자아상을 건강하게 만들도록 한다.

④ 하나님이 원하시는 부모

* 요지 : 부모는 그냥 되는 것이라고들 생각한다. 결혼해서 아이를 낳으면 저절로 부모가 된다고 생각을 한다는 것이다. 그러나 천만의 말씀이다. 하나님께서 내게 위임해 주신 자녀 창조와 양육의 사역은 하나님의 사역을 대신한다는 엄청난 사명감이 없다면 문제가 생길 수밖에 없다. 내 힘으로, 내 생각으로 자녀를 기른다는 생각은 하지 말아야 한다. 항상 하나님 앞에서 자신을 돌아보면서 하나님께서 내게 맡겨주신 이 자녀를 어떻게 양육해야 할지 하나님 앞에 날마다 시시때때로 서야 한다. 자녀를 잘 키우고 싶다면 내가 먼저 그리스도 안에서 바로 선 부모가 되어야 한다는 점을 강조한다.

(8) 종류 2 ; 학교 형식의 워크샵

1) 개관

단기 세미나나 워크샵이 동기 부여와 함께 의식의 전환을 위한 계기가 되었다면 이제 그러한 생각을 구체적으로 삶에 적용하고 훈련시키려는 시도가 이어져야 한다. 그래서 대형 교회 중심으로 시도되는 것이 학교 형식의 워크샵이다. 이러한 학교 형식의 워크샵을 인도하는 대표적인 교회가 서울 온누리교회(하용조 목사)와 부산 수영로교회(정필도 목사)이다.

문제는 이러한 학교 형식의 워크샵은 대형교회가 아니면 사실상 힘들다는데 있다. 인적 자원의 측면에서도 그렇고 비용 면에서도 만만치 않기 때문에 '그림의 떡'이 될 가능성이 많다. 그렇다고 좋다고 하는 그 프로그램을 그저 꿈속에서만 상상하고 말 수도 없기 때문에 중소교회 목회자들의 마음은 더욱 아프기만 하다.

그래서 다시한번 지역교회 연합 행사로 이러한 학교형식의 워크샵을 운영할 필요성이 대두되게 된다. 아니면 노회에서 운영하고 소속교회가 함께 참여하는 방법도 좋다.

2) 학교 형식의 워크샵 실행을 위한 준비 단계

① 명칭

학교형식의 워크샵 프로그램의 명칭은 서울 온누리교회의 경우 '하나님의 가정 훈련학교'이고, 부산 수영로교회의 경우 '가정행복학교'이다. 이런식으로 나름대로의 이름을 붙이면 된다. 유사하게 사용되는 명칭으로는 '부부사랑학교', '부부행복학교', '가정천국학교' 등이 있다.

② 참여 부부의 수

조직만들기에 앞서 참여 부부 수를 먼저 정하는 것은 그 숫자에 따라 조직의 크기나 형태가 달라지기 때문이다. 가장 적합한 학교 형식의 워크샵 참여 부부수는 1기당 20-30부부 정도이다. 물론 더 많은 부부들을 수용할 수 있으나 그 경우는 또 더 많은 봉사자들을 필요로 한다. 부산 수영로교회의 경우, 많을 때는 50-60부부까지 수용하고 있으나 물론 봉사자들의 숫자도 그만큼 늘어나야만 한다. 따라서 초기에는 20-25부부 정도로 시작하고 2-3기가 지난 다음 자체적으로 봉사자들을 뽑을 수 있을 때 5-10부부 정도씩 늘려 가면 될 것이다.

③ 조직 만들기

학교 형식의 워크샵(앞으로는 '가정행복학교'로 통일해서 쓰기로 한다)을 운영하기 위해서는 많은 전문 스탭들을 필요로 한다. 조직의 기본은 단기 워크샵

때의 그것과 유사하지만 그 운영 방식에 있어서는 훨씬 전문화되고 깊숙해야
한다.

　가. 조장부 : 가정행복학교를 포함한 모든 가정사역 훈련은 소그룹을 우선으
로 한다. 따라서 가정행복학교 지원자들 역시 30-40부부를 받는다 할지라도
운영은 철저하게 소그룹 위주로 해야만 한다. 결국 조별 편성을 하고 각 조당
그 조를 인도하게 될 조장(Leader)을 배치해서 조의 운영을 활성화시킬 필요
가 있다. 조장은 각 조에 배치된 명단을 미리 입수해서 자신의 조에 해당된 부
부들을 위해 기도를 해야 하고 시작 며칠 전부터 참석 확인을 다시 해야 하며,
참가 당일 날 또 다시 확인하고 당일 도착할 때 영접하는 역할을 맡는다. 강사
의 강의에 이어 계속되는 워크샵의 인도를 맡고 또 문제가 생길 경우 우선 대
처하는 역할도 맡으며, 첫 모임 이후 지속적인 연락을 통해 가정행복학교를 잊
지 않도록 하는 일도 해야 한다. 계속해서 이 부부들을 그리스도 안에서 바로
서기 위한 기도를 게을리 하지 말아야 하고, 수료한 이후라 할지라도 지속적인
관심을 가지면서 다음 단계의 훈련을 받을 수 있도록 도와주어야 한다. 다시
말해서 소속된 지원자 부부의 멘토 역할을 해 주어야 한다는 것이다. 따라서
조장의 이름도 '멘토 mentor' 라고 불러도 좋다.

　'멘토' 는 당연히 부부가 해야 하며, 그 수는 4-5부부당 한 부부 정도가 되어
야 하므로 만약 25부부를 받는다면 최소한 5부부에서 7부부 정도의 '멘토' 가
필요하게 된다. 결국 예비 '멘토' 까지 합쳐서 10부부 정도가 준비되어야만 한
다. '멘토' 는 소그룹의 모든 진행을 도맡아야 하므로 기본적으로 가정사역 훈
련을 1-2년 정도 받은 사람이어야 하고 가능한 한 상담 훈련 역시 받은 사람이
면 가장 적합하다고 할 수 있다. '한국가정상담연구소' 에서는 2년 과정의 '가
정사역학교' 를 통해 이러한 '멘토' 들을 양육하고 있다.

나. 관리부 : 관리부는 가정행복학교의 시작에서부터 끝까지 모든 관리를 도 맡아 한다. 우선 참가자 부부들을 모집하기 위한 현수막과 리프렛 또는 전단의 제작에서부터 시작하여 학교 기간동안 자리의 배치, 실내 장식(Decoration), 음향 설비, 신디사이저와 피아노의 준비, OHP 또는 빔 프로젝트, 칠판(화이트 보드) 및 보드 마카, 카메라 및 녹음, 녹화기의 준비 등을 해야 한다. 뿐만 아니 라 강사의 안내와 접대까지 도맡아 해야 하므로 많은 일손이 필요하다. 관리부 는 꼭 부부가 함께 할 필요는 없다. 다만 최소 10여명의 인원이 배치되어 업무 분야별로 맡은 바 일을 할 수 있도록 해 주어야 한다. 물론 책상 배치 등은 전 체 인원이 총동원되어 한다 하더라도 음향 설비 관련 2-3명, 책상 및 실내 데 코레이션 2-3명, 강사 접대 책임 1명, 카메라와 녹화기, 녹음기 책임 1명 등이 기본적으로 배치되어야 한다.

다. 찬양부 : 찬양부는 가정행복학교 기간 동안 찬양 인도를 맡아 한다. 찬양 대는 책임자 1명과 찬양대원 5-6명, 신디사이저와 기타, 다른 악기 등을 연주 할 수 있는 연주자 등이 필요하다. 책임자는 그 중 한 명을 지정하여 악보와 관 련 OHP의 전체 준비를 맡도록 한다. 찬양부는 특히 그 날 워크샵 주제에 알맞 게 찬양곡을 준비해야 한다. 따라서 찬양부의 팀장은 강사 또는 조장부의 팀장 과 긴밀히 협의하여 그 날 주제에 알맞는 찬양 선곡에 유의하여야 한다. 찬양 이 그날 주제와 너무 동떨어지거나 분위기 고양을 잘못할 때 그날 강의 진행이 나 워크샵 전체가 흐트러질 수 있다. 찬양부는 또 찬양 인도 뿐만 아니라 워크 샵 진행 과정 중의 묵상이나 기타 이벤트 과정 가운데 필요한 음악 등을 전반 적으로 지원하는 일도 맡는다.

라. 봉사부 : 봉사부는 주로 가정행복학교 참가자들을 위한 식사 준비 및 제 공, 간식 등을 맡는다. 특별히 스탭들을 포함하여 50명 이상의 대규모가 식사

를 해야 하므로 식사 준비에 만전을 기해야 한다. 메뉴는 복잡하지 않으면서도 깔끔하게 준비하여야 한다. 이 봉사부에도 최소 10여명의 인원이 배치되어야 한다. 특별히 봉사부는 모임 2-3일전에 메뉴 결정과 함께 당일 아침부터 음식 준비를 해야 하므로 사전에 준비할 것이 많은 부서이므로 이러한 시간 투자를 할 수 있는 사람들로 배치해 주어야 한다.

마. 자녀섬김부 : 가능하면 가정행복학교에 자녀를 동반하지 않도록 요청한다. 그러나 유아를 둔 가정이 맡기는 것이 여의치 않을 경우 어쩔 수 없이 자녀를 동반하게 된다. 이 경우 이 자녀들을 학교 시간동안 대신 맡아주는 역할을 '자녀 섬김부'에서 하게 된다. 자녀 동반 여부는 우선 참가 신청을 받을 때 자녀 동반 여부를 미리 확인해야 한다. 만약 자녀 동반 여부 확인시 동반 자녀가 없을 때는 다른 부서로 배치해서 봉사하도록 하면 된다.

특별히 1박2일 등의 야외 행사때는 당연히 자녀 동반을 할 수밖에 없다. 이 경우는 자녀 섬김부가 별도의 프로그램을 가지고 돌봐 주도록 해야 한다. 인원은 자녀의 수에 따라 유동적일 수 있다.

④ 기본 준비 과정

일단 조직이 완료되면 첫 모임을 기도회로 시작한다. 이후 정기적인 기도 모임을 가져야 한다. 첫 모임은 최소 2달전부터는 시작되어야 한다. 기도 모임후 각 부서별로 체크리스트를 만들어 각 임무별로 담당자를 정하고 추진 상황을 점검해 간다. 이 조직을 '가정사역위원회' 또는 '가정행복학교 운영위원회' 등의 이름으로 부르는게 좋다.

이 위원회는 상설 조직으로 운영되어야 한다. 그래서 학교 기간 동안에는 봉사를 하고 그 기간 외에는 위원들 수련회와 가정 및 상담에 관련된 그룹 스터디를 하는 식으로 운영하면 좋다.

위원회는 매주 정례 모임을 갖고 학교 시작 1주일 전에는 2회 정도 모여서 준비 상황을 점검한다. 그리고 당일에는 시작 2시간 전에 전원 집결하여 기도 회를 갖고 위원장의 지시사항 전달에 이어 맡은 바 임무에 들어가도록 하면 된다.

(표9) 가정행복학교 준비물 체크리스트

분 야	점검 내용	특기 사항	담당자
기본 운영	1) 학교 운영 조직표 및 역할배분표 2) 세부 일정 계획표 3) 강사 초청 계획표 4) 총괄 진행 계획서 및 예산서		
참가자 모집	1) 안내 리프렛 또는 전단, 포스터 2) 현수막 3) 참가신청서 4) 참가자 조별 배정표 및 멘토 배정 5) 교재 및 악보		
조장부	1) 세부 일정에 따른 진행 담당자 2) 각 과목별 인도자 지침서 3) 이벤트 세부 준비물 4) 수료증		
관리부	1) 자리배치도 2) 실내 데코레이션 계획 및 준비 3) OHP 또는 빔 프로젝트 4) 칠판 및 보드마카 5) 음향 설비(마이크, 앰프, 스피커 등) 6) 녹음, 녹화 장비 및 테이프		
찬양부	1) 찬양팀 구성표 2) 각 시간별 찬양곡 배정표 및 악보 3) 찬양 가사 OHP 4) 신디사이저 및 악기		
봉사부	1) 식단 계획표 및 담당자 2) 간식 계획표 및 담당자		
자녀섬김부	1) 유아 및 자녀 위탁 신청서 2) 교사 배정표 3) 교육교재 및 놀이기구		

3) 기본 프로그램

프로그램은 1박2일을 위주로 하는 경우와 저녁 프로그램으로 하는 경우는 완전히 달라지게 된다. 여기서는 현실적인 면을 감안하여 주중 프로그램으로 설계를 했다. 만약 1박2일 프로그램을 하게 된다면 단기 프로그램의 순서를 참고하면서 여기 제시될 기본 프로그램을 합한다면 이상적인 프로그램으로 만들어질 수 있을 것이다.

특별히 주제의 순서가 아주 중요하다. 같은 주제들이라 할지라도 어느 주제가 앞으로 가느냐에 따라 모임의 분위기가 달라진다. 따라서 그 모임의 특별한 특성이 없는 한 주제를 함부로 바꾸는 일은 삼가는 것이 좋다.

* 제1강 하나님의 가정설계 [349]

이 과정에서는 가정이 얼마나 소중하며 하나님의 고귀한 뜻과 계획이 담겨 있는지를 깨닫게 함으로써 가정에 대한 새로운 인식을 갖도록 하는데 목적이 있다.

- 우선 배우자는 내가 택한 것이 아니라 주님이 주신 것이고 고귀한 존재라는 근본적 개념 변화를 가져 올 수 있도록 충분히 설명하여야 한다. 즉, 우리 가정은 하나님의 작품임을 깨닫게 한다.
- 돕는 배필에 대한 확실한 개념 정립을 할 수 있도록 하고 참석자들이 돕는 배필이 되겠다는 결심을 할 수 있도록 인도한다.
- 우리 가정의 목표는 무엇인지 점검하는 기회를 갖도록 한다. 무엇을 위해 우리는 살고 있는지도 점검한다.
- 성경적 결혼의 4가지 원칙을 깨닫게 하고 우리 부부의 갈등 포인트가 어디인지 분명히 깨닫도록 한다.
- 가정의 회복이 왜 그렇게도 중요한지에 대한 분명한 확신을 갖도록 한다.

---

349) 이 과정은 한국가정상담연구소가 제안하는 가정행복학교의 주요 내용들이다

■ 이 과정을 진행하면서 유의할 점

- 돕는 배필의 개념, 배우자 결정은 하나님이 하신 것이라는 점, 가정의 머리는 남자라는 점 등에 대해 분명한 개념 정립이 될 수 있도록 돕는다.
- 한국 가정의 특성상, 분리의 원칙이 잘 이루어지지 않아 갈등을 일으키는 경우가 많다. 특히 남편들에게 이런 문제의 근원을 이해하도록 한다.
- 특별히 삶의 나눔을 통해 결혼의 4대 원리에 대한 점검을 하도록 하며, "내가 당신과 결혼한 20가지 이유"를 쓰도록 함으로써 첫사랑을 새롭게 회복할 수 있도록 돕는다.

■ 주요 내용

1) 하나님의 작품인 가정에 대한 설명
2) 가정에 대한 하나님의 목표
3) 성경적 결혼의 4가지 목표
  - 떠남의 원리
  - 연합의 원리
  - 하나됨의 원리
  - 친밀성의 원리
4) 성경적 결혼의 의미
5) 깨어진 결혼, 그리고 회복
6) 성경적 가정으로의 회복이 왜 중요한가?

*제2강 부부의 사랑만들기

이 과정에서는 부부 생활 및 가정 생활에 있어서 사랑의 중요성 및 사랑의 구체적인 표현 방법을 알게 하는데 목적이 있다. 특별히 피부의 접촉이 얼마만큼이나 중요한지에 대해 깨닫게 하며 피부 접촉을 생활화하도록 하는데 이 과정의 주요한 목적이 있다.

- 사랑이 왜 중요한가에 대한 인식을 분명히 하고, 그 사랑은 표현되어야만 사랑으로서 가치가 있다는 사실을 분명히 느끼도록 하여야 한다.
- 사랑을 전달하는 5가지 방법에 대해 충분히 깨닫게 하고 그 중에서 배우자가 가장 원하는 방식으로 사랑을 표현할 수 있도록 훈련시킨다.
- 피부 접촉이 왜 중요한지에 대해 깨닫게 하고 접촉이 부족할 때 생기는 접촉 결핍증의 폐해에 대해 알게 한다.
- 포옹과 키스 같은 피부 접촉에 대한 부끄러움, 민망함 등의 생각에서 벗어나게 한다. "자녀들에게 남겨줄 수 있는 최고의 유산은 부모가 사랑하는 모습을 보여주는 것"이라는 말이 인상깊게 남도록 한다.
- 포옹의 여러 방법 등을 설명하면서 그러한 포옹들을 생활화하도록 유도한다.

■ 이 과정을 진행하면서 유의할 점

- 이 과정은 특별히 우리 조상들의 삶을 통해 우리가 무의식적으로 잘못된 사랑의 모형을 전수받았음을 깨닫게 하고 예수안에 들어 온 우리들이 그 잘못된 삶의 뿌리를 끊고 새로운 방식으로 사랑을 표현할 수 있도록 도전을 주어야 한다.
- 항상 삶에의 적용이 중요하다. 가정의 소중함을 깨달았다면 사랑의 가정을 위한 실제적 적용이 이루어지도록 하여야 한다. 5가지 포인트에 대한 실제적 적용을 결단할 수 있도록 하고 특별히 참석 부부마다 이를 점검하여 그러한 표현 방법들이 삶에 녹아들수 있도록 하여야 한다.

■ 주요 내용

- 사랑이란 무엇인가?
- 사랑은 어떻게 표현되어져야 하는가?

– 구체적 사랑 표현의 5가지 방법

– 중요한 방법; 피부 접촉, 어떻게 할 것인가?

*제3강 남녀의 차이와 부부 역할

이 과정에서는 남녀의 차이에 대한 올바른 이해를 통해 서로를 제대로 알게 하고, 남편과 아내의 성경적 역할에 대해 알게 하는데 목적이 있다.

– 우선 남녀의 차이에 대한 성경적 기초를 살펴 본다.

– 남녀의 차이에 대한 일반적 오해를 나누고 그 결과로 어떤 문제점들이 있었는지 나눈다.

– 결혼제도 안에서 남녀의 이러한 차이를 어떻게 극복해 갈 것인지에 대해 공부하고 또 함께 나눈다.

– 성경이 말하는 남편과 아내의 역할을 잘 알게 한 다음 현재 나와 배우자의 역할 수행이 잘 되고 있는지, 문제점이 있다면 무엇인지, 또 어떻게 해 나갈 것인지에 대해 토의 하도록 한다.

■ 이 과정을 진행하면서 유의할 점

– 궁극적인 것은 서로 다른 성에 대한 차이를 이해함으로써 배우자를 있는 그대로 수용하자는 것이다. "나와 다른 것은 다를 뿐이지 틀린 것은 아니다" 라는 생각을 갖게 한다.

– '서로의 차이를 통한 하나됨' 의 의미를 깨닫도록 '서로의 차이' 가 갈등의 씨앗이 아니라 '온전한 하나됨' 과 '조화를 통한 발전' 을 위한 하나님의 뜻임을 깨닫도록 하여야 한다.

■ 주요 내용

– 남녀의 차이를 알아야 하는 이유

– 여러 측면에서의 남녀의 차이

- 남편의 역할, 아내의 역할
- 부부 역할의 조화가 가정생활에 미치는 영향

*제4강 부부와 의사소통

이 과정에서는 우리 입에서 무의식중에 나오는 말들이 사람을 죽이기도 하고 살리기도 한다는 것을 깨닫게 함으로써 말에 대한 새로운 인식을 갖도록 하는데 목적이 있다. 또한 이 과정에서는 우리가 평상시 하는 의사소통의 방법이 얼마나 잘못된 것인지를 깨닫게 하고 성경적인 의사소통 방식이 무엇인지를 알게 하는데 목적이 있다.

- 우선 말이 얼마나 무서운 것인지에 대해 다시금 느끼게 한다.
- 우리가 부부간에, 자녀에게, 대인관계에서 가슴의 말, 생명의 언어를 왜 써야 하는지, 이제까지는 어떤 말들을 쓰고 있었는지를 절실히 깨닫도록 한다.
- 부부, 가정생활에서 혼의 언어인 생명의 언어를 하겠다는 결심을 다지도록 한다.
- 그동안 부부간에, 자녀에게 했던 말들을 회고하게 하고, 회개하는 시간을 가져 다시는 사람을 죽이는 말을 하지 않도록 인도한다.
- 우선 부부간 대화 유형을 체크한 후 부부가 서로 비교해 봄으로써 그 차이를 알게 한다.
- '경청'과 '나 전달법'에 대한 충분한 이해를 하게 하고 실습해 봄으로써 일상 생활에서도 적용해 볼 수 있도록 한다.
- 의사소통의 방법을 새롭게 깨닫게 하고 이의 구체적인 적용 방법을 알게 한다.
- 다시한번 잔소리의 폐해를 깨닫게 하고 생명의 말을 쓰는 것도 상기시킨

다.

■ 이 과정을 진행하면서 유의할 점

- 나도 모르게 한 말이 배우자에게 엄청난 상처를 주고 한을 심어 주었으며, 또 자녀의 성격까지 바꿔버리는 무지를 범했다는 고백이 나와야 한다. 이런 고백이 나오지 않더라도 이에 관련된 예화를 말해 줌으로써 간접적으로라도 깨닫게 해 준다.

- 의사소통 기법의 향상을 위해 리더들은 필히 PET[350] 훈련을 받는 것이 좋다.

- 문제는 실습이다. 그러기 위해서는 리더 스스로가 '경청'과 '나 전달법'에 대한 이해가 충분해야 하고, 또 생활화되어 있어야 한다. 참고로 제시한 자료나 책들을 보고 자꾸 익히도록 한다.

■ 주요 내용

1) 말의 영향력

2) 부부관계에서의 대화, 왜 중요한가?

3) 대화를 잘 하지 못하는 이유는?

4) 우리 부부의 의사소통 스타일은?

5) 의사소통에 있어서의 남녀의 차이

6) 어떻게 대화할 것인가?

    - 경청의 원리

    - 말하기 원리

***제5강 부부와 건전한 자아상**

이 과정에서는 자신이 가지고 있는 자아상의 실체를 발견하고 그 자아상이

---

350) PET란 미국의 심리학자 Tomas Gorden에 의해 창안된 '부모역할훈련'을 말하는 것으로 세계 29개국에서 활발하게 보급되고 있는 프로그램이다. 우리나라에서는 '한국심리상담연구소'(소장 김인자 서강대 교수)를 주축으로 200여명이 강사로 활동하고 있다.

부정적인 자아상이라면 그 원인을 찾아 내며 긍정적 자아상으로 전환하기 위한 시도 및 열등감을 극복하게 하는데 이 과정의 목적이 있다.

- 우선 자신의 자아상이 어떠한지를 살펴 보도록 한다.
- 그 자아상이 왜 생기게 되었는지 그 원인을 찾아 보도록 한다. 이 과정에서는 바로 이루어지지 못하더라도 자신의 삶에 대한 묵상을 지속하도록 한다.
- 열등감이나 부정적 자아상을 긍정적 자아상으로 전환하기 위한 방법을 깨닫게 하고 그 방법을 생활에 적용하도록 한다.
- 행복과 불행은 항상 자신의 선택에 달려 있음을 알게 하고 항상 긍정적 선택을 할 수 있도록 돕는다.

■ 이 과정을 진행하면서 유의할 점
- 이 과정은 자신에 대한 삶의 묵상 방법을 제시해 주며 자신에 대해 새롭게 발견하는 시간을 갖도록 도와야 한다. 우리들은 흔히 내 성격이 '이렇다'는 생각은 하지만 그 성격이 왜 그렇게 형성되었는지에 대해서는 생각해 본 일도 없고 생각조차도 안한다. 바로 그 문제점을 지적하면서 이제 그것을 생각해 보고 찾아보자고 말하고 시도해 보도록 도와야 한다.
- 자신의 자아상에 대해 '옳고 그른 것'이라는 식으로 판단하고 정죄해서는 안된다. 지금 중요한 것은 그 모든 것을 객관적으로 보며 현실로 받아 들여야 한다는 것이다. 있는 그대로를 받아 들이면서 앞으로를 위해 이것을 어떻게 전환해 갈것인지에 대해 초점을 맞추도록 한다.
- 자아상을 찾는 좋은 방법으로 MBTI나 TA(교류분석) 같은 성격 검사를 해 보는 것도 좋다. 또 자존감 설문지도 있다.
- 특별히 하나님께서 우리를 얼마나 귀히 여기시고 사랑하시는지를 깨닫도록 한다. 리더들은 꼭 이사야서 43장 묵상을 점검하고 이 말씀을 매일 계

속 묵상하도록 하고 느낀 소감에 대해서 나누도록 하여 자존감을 높이도록 한다.

■ 주요 내용
- 자아상이란 무엇인가?
- 자아상의 형성 과정
- 자아상의 형성에 영향을 미치는 요인
- 자아상의 영향
- 나의 자아상은?
- 긍정적 자아상의 개발
- 열등감의 극복
- 행복은 선택이다.

* 제6강 갈등과 가정의 위기

이 과정에서는 부부 갈등의 요인과 해결 원리, 그리고 분노 및 부부싸움에 대한 원리 등을 알게 함으로써 있을 수밖에 없는 갈등을 치유하고 예방하게 하는데 목적이 있다.

- 우선 갈등에 대한 새로운 인식을 갖게 함으로써 갈등이 있는 것이 문제가 아니라 어떻게 해결해 가는가가 중요한 것임을 깨닫게 한다.
- 우리 부부가 가지고 있는 갈등의 요인들을 스스로 진단하게 하여 해결 방법에 접근하도록 한다.
- 갈등의 해결 원리를 깨달아 그대로 시도해 볼 수 있도록 한다. 또, 부부싸움에 대해서도 10가지 수칙을 지키도록 하겠다는 결심을 갖도록 한다.
- 무엇보다도 부부간, 또는 가족간 갈등의 실체를 꺼내 놓을 수 있도록 유도하고 그 갈등의 해결을 위해 부부가 함께 기도하고 노력할 수 있도록 한

다. 특별히 고부간 갈등, 자녀와의 갈등에 대한 객관적인 Retreat을 해보
도록 하고, 그 점들에 대해 부부가 서로 나누도록 한다.

■ 이 과정을 진행하면서 유의할 점

이 과정은 사실 가정행복학교의 하이라이트에 해당된다. 따라서 이 과정을
인도할 때는 특별히 더 열심히 기도로 준비하여야 한다. 특별히 집단 상담을
이끌어 가는 상담자로써의 자세를 잃지 않도록 유의한다. 리더는 정답을 주는
사람이 아님도 다시 한 번 깨달아야 한다.

– 특별히 "내가 가지고 있는 갈등 리스트"를 이 과목이 들어 가기전에 미리
  숙제를 주고 생각해 보도록 하고, 이 과목을 공부한 후에 다시 정리하여
  부부 또는 그룹이 나누도록 한다. 주의할 것은 부부 갈등의 리스트는 스스
  로가 자연스럽게 꺼내 놓아야지 강제로 시킨다고 해서 되는 일도 아니다.
  또, 부부가 먼저 갈등 리스트를 나눈 다음 부부 견해 차이가 큰 사항에 대
  해서는 리더가 먼저 상담한 다음에 그룹에 내어 놓는 지혜도 필요하다. 부
  부 갈등 리스트를 잘못 다루면 이것이 또 다른 상처로 남을 수 있음을 유
  의해야 한다.

■ 주요 내용
– 사랑과 갈등의 함수 관계
– 부부 갈등의 원인
– 우리 부부가 가지고 있는 갈등
– 가족간의 갈등 유형
– 성격에 따른 부부 갈등의 유형
– 갈등의 결과
– 갈등의 해결 방법
– 부부싸움의 원리

*제7강 부부와 성

이 과정에서는 우선 "性은 부끄러운 것"이라는 고정 관념을 깨뜨리고 또 "性"이 부부 관계에 있어서 너무나도 중요하게 작용하는 요소임을 알게함으로써 '성'에 대한 새로운 개념을 갖게 하는데 이 과정의 목적이 있다.

- 우선 '성'에 대한 부정적 개념을 버리고 새로운 인식을 갖도록 한다.
- '성'은 하나님이 주신 고귀한 선물임을 깨닫게 하고, '성'을 주신 하나님의 목적을 분명히 알게 한다.
- '성'은 내가 누리는 것이 아니라 배우자를 위해 '섬기는 것'이라는 새로운 개념을 갖도록 만든다.
- 남녀의 '성에 대한 차이'를 이해하도록 하고, 풍성한 성생활을 위한 지혜를 생활화 하도록 한다.
- 성에 대한 부부 갈등은 전혀 예기치 못한 방법으로, 강도가 강하게 부각될 수 있음을 알게 하고 '성생활'에서의 '헌신'과 '십자가의 사건'을 강조하도록 한다.
- 우리가 누리는 성생활의 기쁨을 통해 하나님께 영광 돌릴 수 있을 알게 한다.

■ 이 과정을 진행하면서 유의할 점
- '성'은 숨기는 것만이 능사가 아니다. 부부가 '성'에 대해서 서로를 숨길 때 생각치도 않던 엉뚱한 곳에서 갈등은 터져 나온다. 바로 그것을 깨닫게 한다.
- 역시 실습이 중요하다. 풍성한 성생활을 위해 새로운 방법들을 시도해 보도록 권유해 본다. '성'에 대한 새로운 접근은 부부 생활의 분위기를 완전히 바꾸어 버린다. 이 과정 만큼은 유모어나 재미있는 예화 등을 많이 시도해 보도록 한다. '성' 이야기만 나오면 항상 딱딱해지는 분위기를 고려하

도록 한다.
- 이 과목이 성에 대한 테크닉을 가르치는 시간이 아님을 유의하라. 그것보
  다는 하나님이 만들어 주신 성에 대한 원리를 분명히 깨닫게 하고 이러한
  깨달음을 통해 부부간의 진정한 하나됨으로 나아 갈 수 있음을 알게 하라.
- 특별히 남편들에게 '헌신'의 중요함을, 아내들에게 '온전히 자신을 드림'
  을 강조하여 성문제로 인한 갈등이 일어나지 않도록 한다.
- 성에 관련된 부분은 가능하면 부부가 서로 나누도록 하고 전체적인 나눔
  은 개괄적인 부분에 한정하도록 한다.

■ 주요 내용
- 성에 대한 새로운 인식
- 성에 대한 하나님의 원리
- 성에 대한 남성과 여성의 차이
- 연령에 따른 성반응
- 성반응 주기
- 성 문제로 인한 갈등
- 행복한 성생활을 위한 제언

* 제8강 부부와 경제생활
■ 이 과정의 목표
- 우선 돈과 물질에 대한 성경적인 원리를 알게 하고 물질에 대한 청지기 정
  신을 갖도록 하는 데 이 과목의 일차적인 목적이 있다.
- 물질이 부부의 하나됨을 가로막는 큰 요인으로 작용하게 됨을 알게 하고
  물질에 있어서도 투명함을 통해 온전한 하나됨에 이르도록 한다.

- 돈에 대한 남녀의 차이를 깨달아 돈문제로 인해 갈등을 일으키지 않도록 한다.
- 돈을 지혜롭게 쓰는 방법을 알게 하여 돈문제로 실족하는 것을 미리 막도록 한다.
- 결국 풍요와 빈곤은 물질의 과다에 있지 않고 우리 마음에 있음을 알게 한다.

■ 이 과정을 진행하면서 유의할 점
- 아무리 선한 의도라 할지라도 부부간에 합의가 되지 않은 돈의 사용은 문제가 있음을 알게 한다. 이때 헌금이나 '뒷 주머니' 문제가 갈등의 요소로 많이 나타나게 되는데 이에 대한 성경적인 답을 주도록 해야 한다.
- 특별히 리더 부부간에 이러한 문제로 갈등한 부분이 있으면 먼저 내어 놓으면 참가자들이 쉽게 이 문제에 접근할 수 있다.
- 중요한 것은 지금까지의 삶이 아니라 앞으로의 삶이다. 과거의 문제 때문에 갈등하기 보다는 회개를 통한 지금, 그리고 앞으로의 삶에 있어서 살아가는 방식을 결단하도록 하는 것임을 잊지 말자.

■ 주요 내용
- 돈이란 무엇인가?
- 돈에 대한 남녀의 차이
- 돈에 의한 부부 갈등
- 돈, 어떤 생각으로 어떻게 벌어야 하는가?
- 돈, 어떻게 써야 하는가?
- 돈, 풍요와 빈곤의 차이

*제9강 부부와 자녀교육

■ 이 과정의 목표

이 과정에서는 우선 자녀교육의 근본적 책임과 방법에 대해 알게 하고 어떻게 하는 것이 성경적이고 하나님이 기뻐하시는지에 대해 개념을 새롭게 하는데 이 과정의 목적이 있다.

- 자녀는 부모의 소유물이 아니라 하나님이 주신 귀한 선물이라는 점을 인식하도록 한다.
- 자녀가 비록 어리지만 하나님이 주신 영과 인격을 가진 존재라는 사실을 깨닫게 한다.
- 자녀 훈계 방법 때문에 부부간과 자녀와의 관계도 엄청나게 손상되고 있다. 바른 자녀 훈계 방법에 대해 확실히 알도록 한다.
- 자녀교육에 있어서 '아버지 역할' 의 중요성을 깨닫게 하고 자녀는 부모가 함께 만들어가는 공동의 작품이라는 사실을 잊지 않도록 한다.

■ 이 과정을 진행하면서 유의할 점

- 자녀 교육의 방법은 모두가 많은 관심을 가지면서도 그 방법에 대해서는 경험론적인 것이나 자신들의 고집만을 최고로 치는 어리석음을 범하고 있다. 세상 사람들의 그것에 절대 지지 않겠다는 생각도 강하다. 따라서 먼저 우리 자녀를 어떤 사람으로 만들 것인지 그 목표를 세우게 하여야 한다. 세상적으로 성공한 사람인지 아니면 무엇보다도 하나님을 제대로 섬기는 사람을 원하는지… 그리고 이 자녀가 '내 소유' 인지, 아니면 '하나님의 선물로 나는 청지기' 라는 사실을 믿는지… 성경 말씀을 어디까지만 믿는지…. 신앙이 좋다는 사람도 자녀교육에 대해서만큼은 세상 사람보다 더한 우리 그리스도인들의 실태를 곰곰이 따져 보도록 한다.
- 자녀 문제는 곧잘 명분이 있는 부부싸움으로 번진다. 다른 부부 문제는 대

충 덮으면서 '에이, 참자!' 하면서 대신 자녀 문제가 튀어 나오기만 하면, 조금 전에 화났던 것까지 합쳐서 큰 싸움으로 번진다. 자녀 때문에 싸우는 것, 정말 자녀 때문인가? 아니면 내 분풀이 하는 것인가? 혹시 내가 못했던 한풀이 하는 것은 아닌가? 자녀 교육보다는 우선 부모 교육이 필요한 것은 아닐까?

- 자녀 문제는 어느 한쪽의 책임이 아니라 부부 공동의 문제임을 알게 하고 부부가 서로 열린 마음으로 자녀 문제를 나누도록 한다.
- 중요한 것은 자녀문제는 결국 부부 문제에서 비롯됨을 알게 한다. 부부의 삶이 잘못 되었다면 자녀 문제는 필연적임을 깨닫도록 하는 것이 중요하다. 따라서 '자녀 교육' 문제는 결국 '부부 교육' 으로 귀결됨을 주지시키도록 한다.

■ 주요 내용
- 부모가 변해야 자녀도 변한다.
- 언제부터 자녀교육을 시작할 것인가?
- 자녀는 부모가 뿌린 씨의 열매이다.
- 하나님의 자녀로 양육하기 위해 필요한 지혜
- 어떻게 가르칠 것인가?
- 자녀교육, 누구의 책임인가?
- 부모에게 주는 교훈

*제10강 : 가정과 영성
■ 이 과정의 목표
- 풍성한 부부의 삶, 결국은 부부의 영성에 달려 있다는 것을 알게 하는 것이 이 과의 목표이다.

- 부부간의 사랑과 하나님을 향한 영성은 아주 밀접한 관계에 있다는 사실을 알게 하고 부부가 함께 영성을 풍성하게 유지하기 위한 방법을 찾아서 훈련하도록 한다.
- 가정예배에 대한 새로운 시각을 열어 주도록 한다.
- 부부는 팀 사역자이기 때문에 하나님의 나라를 확장하는 동반자로서의 하나된 부부임을 다시 한번 정립하도록 한다.

■ 이 과정을 진행하면서 유의할 점

- 그룹에 직분의 고하를 떠나 하나님의 영접 여부를 다시금 확인하는 시간을 갖도록 한다. 의외로 직분자 중에도 믿음이 불확실한 경우가 있음을 유의하도록 한다.
- 영성과 가정의 행복은 비례함을 알게 하고 "사랑하지 않는 자는 하나님을 알지 못함"과 아울러 "하나님을 알지 못하는 자는 진정한 사랑을 할 수 없음"을 집중 부각시킨다.
- 전통적인 가정예배의 모습을 벗어나 기쁨으로 드리는 가정예배가 될 수 있도록 서로가 나누고 또 결단하도록 한다.
- 하나님 나라는 곧 가정에서부터 시작되고 이를 통해 확장해 간다는 사실을 분명히 기억하도록 한다.

■ 주요 내용
- 영성과 가정의 행복
- 가정예배를 통한 영성회복
- 부부와 팀 사역, 그리고 헌신
- 진정한 사랑과 영성의 의미

4) 진행 방식

나눔이 없는 가정사역은 껍데기에 불과하다. 따라서 가정행복학교의 초점을 나눔에 두어야 한다. 그러기 위해서라도 '멘토'의 역할이 중요한 것이다.

이 가정행복학교는 보통 다음과 같은 방식으로 진행된다 (저녁 7시에 시작하는 경우).

- 7:00 - 7:40 오는 부부들을 멘토들이 입구에서 마중한다. 오는대로 저녁 식사를 한다. 식사는 봉사팀들이 1인분씩 Serving하는 방식도 있고, Buffet 방식으로 각자가 덜어먹는 방식도 있다. 혼잡함을 덜고 대화를 나누기 위해서라면 1인 접시 방식으로 서빙을 해 주는 것이 좋다.

- 7:40 - 8:00 자연스럽게 찬양을 한다. 찬양은 그 날 주제에 알맞는 곡을 고른다. 찬양은 찬양팀이 앞에서 인도를 한다. 찬양곡 중 강사와 협의하여 그날의 주제곡 1곡을 선정해서 집중하여 부르는 것도 좋은 방법이다. 찬양곡은 가능하면 OHP 가사를 통해 함께 부르도록 하고 어려운 곡은 택하지 않는 것이 좋다. 고개를 숙이면서 악보를 봐야 한다면 그만큼 일체성이 흐트러진다.

- 8:00 - 9:00 주제 특강

- 9:00 - 9:40 주제 특강에 대한 나눔의 시간을 갖는다. 각 조별로 나누되 인도자가 각 부부들이 발표할 기회를 충분히 준 다음 의견을 종합한다. 인도자(멘토)는 결론을 내리려고 하지 않는 것이 좋다. 이때 주제 강사는 각 조별로 돌아 다니며 무슨 나눔 들이 있는지 파악하고 마무리 강의를 준비한다. 조별로는 발표할 사람을 미리 선정하고 기록하도록 한다.

- 9:40 - 10:00 주제 나눔의 발표. 자유스럽게 조별로 나와 주된 내용들을

발표하도록 한다.

- 10:00 - 10:30 강사는 주제 나눔에서 나왔던 이야기들을 중점적으로 하여 마무리 강의를 한다.
- 10:30 축복의 찬양을 하고 기도를 한 뒤 마치도록 한다. 만약 이벤트가 있는 날이라면 약간씩 시간을 앞당기는 것이 좋다.

5) 종강 이벤트

이벤트는 종강때 이루어진다. 결혼 갱신식의 의미를 가지는 종강이벤트는 강의 시간과는 별도로 11번째 모임에서 하는 것이 가장 좋다. 이때 사랑의 고백을 담은 편지쓰기, 상처의 치유 시간 등을 함께 갖는 것도 좋은 방법이다. 그리고 마무리로 결단하는 의미로 성찬식 또는 애찬식을 갖는다.

종강 이벤트에서 고려해 볼 수 있는 내용들은 다음과 같다.
- 사랑의 편지쓰기 : 사랑을 고백하는 편지를 쓰거나 아니면 '나에게 72시간만이 남아 있다면?' 등의 주제를 주고 글을 쓰게 한 다음 배우자가 교환하여 읽도록 한다. 그 중 몇 사람은 발표하도록 한다.
- 은혜의 나눔 : 특별히 많은 곡절을 겪은 부부가 있다면 과정을 나누고 함께 중보 기도도 하며, 더 깊은 치유를 위한 시간을 가질 수도 있다.
- 결혼 갱신식 : 새로운 출발을 다짐하는 결혼 갱신식을 갖는 것도 의미가 있다.
- 성찬식 : 결단을 다지는 성찬식을 갖는 것도 좋다.

6) 다양한 학교형식의 프로그램들

한편 교회성장연구소에서 평신도사역자 훈련 프로그램으로 실시하는 가정성장학교의 내용은 다음과 같다.[351]

---

351) 교회성장연구소 편, *가정성장학교 인도자용 지침서* (서울: 교회성장연구소, 2000)

제 1강 : 가정의 중요성 (가정, 천국의 모형입니다)

제 2강 : 성경적인 가정상 (가정, 하나님께서 설계하셨습니다)

제 3강 : 행복한 부부 1 (가정성장, 부부사랑에서 출발합니다)

제 4강 : 행복한 부부 2 (부부사랑. 어느 부분도 소홀히 할 수 없습니다)

제 5강 : 아버지의 위치 (아버지, 한 가정의 제사장입니다)

제 6강 : 어머니의 역할 (어머니, 가정의 버팀목입니다)

제 7강 : 부모 공경의 축복 (효도, 건강과 성공의 비결입니다)

제 8강 : 성경적인 자녀교육 (자녀, 사랑받고 자라야 할 존재입니다)

제 9강 : 가정의 경제활동 (돈, 지배당하지 말고 지배하십시오)

제10강 : 가정의 문제해결 (대화와 용서, 문제해결의 열쇠입니다)

제11강 : 가정과 교회성장 (가정성장, 교회성장의 밑거름입니다)

제12강 : 하나되는 가정을 위하여 (가족을 위해 특별한 하루를 만드십시오)

교회성장연구소의 '가정성장학교'는 도입하면서 간단한 글을 읽게 만드는 '들어 가면서', 사례를 통해 주제를 환기시키는 '두가지 사례' 또는 '체크리스트'나 '간단한 테스트', 성경 속에서 주제를 찾아보는 '성경과의 만남', 주제에 대한 구체적 연구를 하는 '주제 연구', 적용을 위한 '적용하는 시간', '가정성장을 위한 영서', 간단한 명구를 적은 '행복의 샘물' 등의 형식으로 편집되어 있다.

하이패밀리(전 기독교가정사역연구소)에서도 '가정을 깨운다'는 가정 제자훈련 워크샵을 실시하고 있는데 그 내용은 다음과 같다.

제 1강 : 이제 새로워져야 합니다

제 2강 : 가정, 하나님이 세우셨습니다

제 3강 : 애정과 존경, 가정을 세우는 두 기둥입니다

제 4강 : 차이, 다를 뿐 틀린 것은 아닙니다

제 5강 : 자아상, 건강해야 합니다

제 6강 : 대화, 입술의 30초가 가슴의 30년이 됩니다

제 7강 : 부부싸움, 잘하고 삽시다

제 8강 : 성(性), 성공(成功)하고 사셔야죠

제 9강 : 자녀양육, 아무리 바빠도 부모노릇은 하고 살아야지요

제10강 : 돈, 애정의 척도랍니다

제11강 : 예배, 축복의 통로입니다

제12강 : 세상, 우리가 세워야 합니다

하이패밀리의 '가정을 깨운다'는 가벼운 유모어로 시작하는 '웃어 보십시오', 자신을 돌아보거나 가정을 진단하는 '살펴 보십시오', 말씀을 묵상하는 '묵상하십시오', 한 주간에 해야 할 일을 점검하는 '시작하십시오', 그리고 좋은 글을 모은 '기억하십시오' 등의 순으로 편집되어 있다.

한편, 온누리교회가 실시하는 '하나님의 가정 훈련학교'는 1993년 4월부터 시작하여 많은 훈련 부부들을 쏟아 내었는데, 온누리교회의 가장 인기있는 프로그램 중의 하나로 정착되었다. 온누리교회는 사역 매뉴얼을 통해 '하나님의 가정훈련 학교'의 사역을 자세하게 설명하고 있다.[352]

① 목표 ; 하나님의 가정훈련학교는 온누리교회의 모든 가정을 대상으로 가정 단위의 성경적 훈련 과정을 통하여 하나님과의 관계를 회복시켜 줌으로서 가정 공동체의 지체들이 원래 하나님께서 원하시는 삶을 누리며 살아가는 가정으로 양육되고, 그리스도인 가정이 하나님의 형상을 회복할 수 있도록 도우

---

352) 온누리교회 편, 30-117.

며, 온누리교회를 이들 모범적인 크리스천 가정들이 모여 이루는 교회, 즉 하나의 큰 가정 교회(The Family-Church-Family)로 건설하기 위한 역할을 수행하는 데 그 의의가 있다.

또한 교회의 목회방향에 맞추어 가정사역의 중요성을 확산시킴으로서 개념적 신앙에서 벗어나 삶 속에서 예수 그리스도의 사랑을 실천하고 드러내는 신앙적 가정을 이루어 이를 바탕으로 평신도 사역의 일꾼을 육성하고, 더 나아가서는 세계를 향한 선교의 사명까지 자각하도록 돕고자 한다.

이를 위하여 모든 지원자 가정들로 하여금, 가정이란 하나님의 은혜로 이루어 진것임을 깨닫게 하고, 하나님의 은혜 가운데 자신을 치유하고, 은혜의 눈으로 배우자와 자녀를 보는 훈련을 통해 가정을 회복하고 가정제도를 만드신 하나님의 섭리에 따라 온 가정이 하나가 되어 선교, 헌신에의 결단을 하도록 격려하는 데 그 목적이 있다.

② 필요성 ; 공동체적인 삶을 통한 보다 실천적인 프로그램으로써 하나님의 가정의 모습을 회복시키고자 한다.

③ 조직 및 담당 역할 ; 지원자 4-5 가정을 한 조로 하여 운영되는데 그 조를 책임지는 조장(Table Leader)들과 찬양부, 모든 지원을 하는 관리부, 지원자 가정의 자녀들을 맡아 주는 자녀부(Holy Scout)로 편성된다.

④ 준비 과정 ; 모든 진행팀은 매주 수요일 새벽에 모여 제반 준비와 정책 결정을 위해 기도 모임을 갖는다. 그리고 봉사팀 자매들은 매주 목요일 오전 10시에 교회에 모여 구체적인 사항을 가지고 합심기도한다. 찬양팀은 월요일 오후 8시에 모여 찬양곡을 선정하고 연습을 한다. 정례 모임은 주일 오전 11시-오후 1시에 가지며, 1부에 찬양과 코이노니아, 특강, 2부에 팀별 준비 모임과 통성 기도를 드린다. 그리고 띠 금식기도와 준비 수련회를 갖는다.

⑤ 프로그램 ; 모두 다섯 번의 모임을 갖는데 프로그램 주제는 다음과 같다.

- 첫째 만남(토요일 오후 6시-주일 오후 5시, 1박2일/야외) ; 하나님의 은혜

(구원을 허락하신 하나님), 내적 치유(나는 누구인가, 나의 아픔과 상처의 원인은?, 가정생활 가운데 알게 모르게 주고받는 상처의 치유)
- 두 번째 만남(토요일 오후 5시-10시/교회) ; 부부 생활(창조의 원리와 가정제도의 목적, 성경적인 가정 생활의 원리, 남편 책임과 아내 책임)
- 세 번째 만남(토요일 오후 5시-10시/교회) ; 대화(깊은 대화인 부부의 성, 사랑의 대화)
- 네 번째 만남(토요일 오후 5시-10시/교회) ; 자녀양육(어떻게 사랑할 것인가? 어떻게 훈육할 것인가?), 공동체 훈련(가족 공동체 훈련)
- 다섯 번째 만남(토요일 오후 6시-주일 오후 5시, 1박2일/야외) ; 하나님의 가정(좋은 아빠, 경건한 자손), 헌신(삶의 목적, 하나님의 우리에게 향하신 목적)

7) 하워드 클라인벨의 부부 프로그램

일방적인 세미나로 부부의 삶을 변형시킨다는 것은 사실 한계가 있다. 그런 측면에서 볼 때 '하워드 클라인벨' 의 '풍요로운 결혼생활을 위한 워크샵' (Intentional Marriage Method)[353]은 단기간에 하면서도 상당한 효과를 거둘 수 있는 좋은 방법이라 하겠다.

'하워드 클라인벨' 의 '풍요로운 결혼생활을 위한 워크샵' 의 방법으로 제시하는 결혼기법 4단계는 다음과 같다.

먼저 이 프로그램을 진행하기 위해서는 부부가 얼굴을 마주하고 대화할 수 있는 장소가 필요하다. 대화의 방해를 받지 않기 위해서는 다른 부부들과 너무 가까이 앉지 않도록 하는 것이 좋다.

① 제 1단계

---

353) Howard Clinebell, *Growth Counseling for Marriage Enrichment,* **부부성장과정,** 이종헌 역 (서울: 대한기독교서회, 1990)

부부 각자에게 배우자의 장점을 생각나는 대로 모두 적게 한다. "나는 당신의 ....을 좋아합니다"는 식으로 공개적으로 배우자를 칭찬하게 한다. 그리고 각자가 자기에 대해 칭찬한 것들을 자기 메모지에 기록한다. 다음에는 칭찬한 내용들을 얼마나 잘 듣고 기록하였는지 바꾸어 읽어 보도록 한다. 이렇게 하는 것은 의사소통의 기술을 향상시키려는데 목적이 있다.

② 제 2단계

이번에는 각자가 가지고 있는 욕구가 무엇이고, 바라는 것이 무엇인지 알기 위해서 각자가 필요한 것을 기록하게 한다. "나는 당신의 ....이 필요합니다", "나는 당신이 .....을 해 주기를 원합니다", "나는 당신이 ...... 했으면 좋겠습니다"는 식으로 적는다.

다 적은 다음 각자가 기록한 것을 말한다. 상대방은 다 듣고 난 후에 들은 것을 자기의 요구사항 뒷면에 기록한 다음, 배우자의 기록을 살펴보고 자기의 요구를 얼마나 잘 듣고 기록하였는지 확인한다. 여기서 상대방의 요구 사항과 나의 요구 사항이 비슷하면 A로 표시하고, 요구가 반대되지는 않으나 약간 차이가 나는 것은 B라고 표시한다. 그리고 두 사람의 의견이 완전히 대립되거나 상충되는 것을 C라고 적도록 한다.

③ 제 3단계

각자에게 A, B, C의 세 종류의 욕구가 있음을 파악하였기 때문에 제3단계의 과제는 이것을 어떻게 실천할 것인가에 대한 것이다. 각자에 대한 요구사항을 다시 한번 확인하고, 또 어떻게 바꾸어야 할지에 대해 서로가 계획이 필요한 단계이다. 그리고 계획한 것을 어떻게 바꾸려고 하였는지 그 과정을 기록하도록 한다.

④ 제 4단계

클라인벨 박사의 부부 워크샵의 마지막 단계로 공동의 욕구를 실천하고 채우는 과정이다. 이 단계에서는 특별히 소그룹 모임(4-6쌍)에서 함께 계획을 나누고 다른 부분의 욕구가 무엇인지 비교하고 격려하도록 한다. 각자가 돌아가면서 현재 진행되고 있는 노력에 대해 경험을 나누고 보고하도록 한다.

이런 클라인벨 박사의 프로그램은 꼭 4주가 아니더라도 더 연장될 수도 있다. 이 4단계를 철저하게 훈련시킨다 해도 좋은 결과를 가져올 수가 있을 것이다.

(9) 종류 3; 중장기 소그룹 부부 모임

소그룹을 통한 가정사역 훈련 방식은 보통 6개월을 기본 단위로 하고 있으며, 격주 12주로 진행된다. 초급을 마친 후 전문 사역자를 위한 중급과정을 거치게 된다. 주로 30대 중반 이후의 부부들을 대상으로 하는 이 프로그램은 몇 가지의 특색을 가지고 있다.[354]

그 첫째는 우선 철저하게 부부 단위로만 모인다는 점이다. 부부가 함께 신청하지 않으면 일단 접수 자체가 불가능하다. 이렇게 부부 단위로만 모이는 이유는 부부 단위로 모여서 함께 공부하고 나누게 될 때 부부 갈등이나 문제 해결은 폭발적인 힘을 갖게 된다는 결론에서 그러하다. 그래서 홀로 신청을 해 올 경우 철저한 준비 기도를 통해 꼭 부부가 함께 참석하기를 권유한다.

둘째는 강의 위주가 아니라 '나눔'(Sharing)을 주로 하는 워크샵(Workshop) 형태로 진행된다는 점이다. 물론 주제에 대한 강의가 40-60분 정도 있은 후 보통 2-3시간 정도, 그 주제에 대한 자신의 삶의 나눔이 있게 된다. 이 과정에서 자신의 삶에 대한 문제점을 발견하고 서로를 치유하게 되는 일들이 벌어진다.

세 번째 특색은 소그룹 위주로 진행된다는 점이다. 각 리더별로 4-5부부 단

---

354) 중장기 소그룹 부부모임은 현재 한국가정상담연구소의 기본 프로그램으로 활용되고 있다. 여기서 나오는 주요 내용들도 현재 진행되고 있는 상황들을 소개한 것이다.

위로 모이게 된다. 소그룹으로 진행되기 때문에 집단 역동(Group Dynamics)에 의한 문제 해결 접근도 용이해지는 강점이 있다. 또 부부 소그룹 집단이기 때문에 집단의 지지력이 큰 힘을 발휘할 때도 있다. 그래서 부부간에 마주 앉아서는 도저히 해결할 수 없는 문제도 이 소그룹에 참여하게 되면 눈치 보지 않고 소신껏 말할 수 있고, 더불어 부부싸움이 만약 일어난다 하더라도 쉽게 해결되며 또 특정 문제에 대한 접근 및 해결이 훨씬 쉬워지는 효과도 거둘 수 있다.

넷째는 장기적 프로그램이기 때문에 '머리의 변화'가 아닌 '삶의 변화'를 유도한다는 점이다. 30-40년 동안 굳어진 삶의 스타일을 바꾸기란 쉽지가 않다. 그렇기 때문에 1-2 시간의 세미나로 삶을 바꾼다는 것은 극히 힘들다고 할 수 있다. 그런데 이 프로그램은 6개월의 장기적 일정이란 강점 외에도 '체크리스트'를 통한 생활 요소 점검을 통해 꾸준히 삶의 변화를 유도한다는 점에서 다른 가정사역 프로그램과는 상당한 차이가 있다.

다섯째, 내적치유를 통한 부부 문제 해결을 시도하고 있다는 점이다. 6개월 과정 프로그램 중에는 1박2일의 '부부 영성훈련'(내적치유의 시간)을 의무적으로 갖게 되어 있다. 내적 치유 전문가를 주강사로 하여 진행되는 이 프로그램은 대개 6개월 과정 중의 2/3가 넘은 시점에서 실시되는데, 이 프로그램을 통해 많은 치유가 일어나고 있다.

여섯 번째, 이러한 모든 일련의 과정들이 가정에서 모인다는 점이다. 가정이란 장소는 우선 사람들의 마음을 푸근하게 해 준다. 경직되지 않는 분위기 조성은 곧 마음 문을 여는데 큰 몫을 하게 된다. 더불어 리더(인도자)의 삶을 있는 그대로 보여줄 수도 있다. 이 때문에 리더의 가정에서 6개월 과정을 음식으로, 시간으로, 정성으로 섬긴다는 것은 팀에 속한 부부의 문제 해결을 하는 커다란 촉진제 역할을 하게 되는 것이다.

물론 소그룹 부부 모임 프로그램이 갖는 문제점도 없지 않다. 우선 부부가 꼭 참여해야만 한다는 점이다. 이 점이 강점이면서도 약점이 될 수 있다. 그것은 부부가 함께 이런 프로그램에 참여할 정도면 그래도 부부 관계에 대한 문제의식을 가지고 있거나 최악의 부부 상황이 아닌 경우가 많기 때문이다.

또 하나의 약점은 리더가 늘어남에 따라 리더 양육 프로그램이 철저하지 않으면 자칫 부실한 리더의 그룹은 심각한 문제를 발생시킬 소지가 있다는 점이다. 다시 말해서 리더 부부 스스로가 소명감과 헌신이 있지 않으면 소그룹들은 상당한 문제를 일으킬 수밖에 없다. 그래서 리더로 세움 받기 위해서는 철저한 교육과 삶을 통한 훈련, 그리고 헌신이 요구된다. 그러나 이러한 과정이 조금이라도 무시된다면 리더의 수가 늘어나면 늘어날수록 엄청난 영적 부실공사로 인해서 문제를 야기시킬 수 있는 여지가 얼마든지 있다는 점을 고려해야 한다. 특히 부부워크샵 6개월 과정의 리더는 교과 과정을 가르치는 선생의 입장이 아니라 영적인 지도자요 삶의 인도자로서의 역할을 해야만 하기 때문에 열정만 있다고 해서, 또 많이 안다고 해서 리더로 세워져서는 안된다.

또 하나는 리더 가정에서 모인다는 점이 역시 강점이면서도 약점이 될 수 있다. 리더의 가정을 모두 개방하여야만 한다는 점에서 헌신된 리더가 아니면 참으로 힘들 수가 있다. 인간은 영적인 감각이 있기 때문에 리더의 그 날 표정을 보고서도 리더의 부부 사이가 어떠한지, 가족간에 문제는 없는지 금방 드러나게 되어 있다. 그리고 말로만 하는 교육인지 삶으로 드러나는 교육인지 바로 눈치 채게 된다. 그만큼 리더가 성숙되어 있지 않으면 소그룹을 통한 6개월 과정의 문제점은 바로 드러나게 되고 훈련에 악영향을 미칠 수가 있게 된다.

이러한 문제점에도 불구하고 가정에서 리더의 헌신으로 주도되는 워크샵 스타일의 6개월 과정은 부부의 삶을 변화시키는 아주 좋은 방법으로 인정받고 있다. 어떻게 보면 장기적인 집단 상담의 성격도 띠고 있기 때문에 치유의 효과는 상상을 초월할 정도로 힘있게 나타나기도 한다.

다음은 소그룹 부부 모임 6개월 과정에 대한 원리와 실제이다.

1) 소그룹을 통한 6개월 부부 모임의 기본 원리들

① 6개월 워크샵 과정은 최상의 집단 상담 프로그램이다.

영성과 직결되는 부부 문제의 치유를 위해서 집단 상담의 기법을 많이 활용한다. 그런데 이 6개월 워크샵같이 완벽한 상담 프로그램은 보기 드물다. 그래서 과정 하나 하나가 가지고 있는 무한한 의미를 살려서 빠뜨림없이 지침대로 진행해 가야만 하는 것이다.

이 워크샵은 기본적으로 리더의 가정에서 모이며, 식탁의 교제, 찬양과 기도, 주제에 대한 QT 나눔, 독후감 나눔, 주제 강의, 주제에 대한 삶의 나눔, 마무리 기도 등의 순으로 진행된다.

우선 리더의 가정에서 모인다는 것도 큰 의미를 담고 있다. 모이는 곳이 가정이라는 것은 사무실 같은 딱딱한 분위기를 피할 수 있고, 가정이라는 특성 때문에 마음 문을 쉽게 열 수 있다는 강점이 있다. 그것도 리더의 가정에서 모인다는 것은 주님이 제자의 발을 씻기며 먼저 섬겼듯이 리더의 섬기는 자세를 통해 모본(模本)으로서의 훈련받는 부부의 생활에 직접적인 영향을 준다. 그들에게 우리 부부도 언젠가는 저렇게 될 수 있을 것이라는 소망을 주기도 있다. 그래서 리더 부부의 삶을 보면서 그들의 생활 목표를 설정하기도 하는 것이다. 리더 가정에서 모인다는 것이 이렇게 큰 의미를 가진다.

또, "식탁의 교제"는 마음과 마음을 열어주고 연결해 주는 훌륭한 도구이기도 하다. 특히 리더(상담의 입장에서는 상담자)에게 신뢰와 감사를 줄 수 있는 좋은 계기가 된다. 상담에서는 이러한 마음의 문을 열어 분위기 조성이 되는 것을 "래포(Rapport)"라 하는데 이 Rapport를 형성하는데 상당한 시간과 노력이 필요하다. 이 워크샵에서는 리더가 손수 장만한 이러한 식탁의 교제로 자연스럽게 형성이 된다.

"찬양과 기도"는 워크샵 과정이 인간의 지식이나 의지로 진행되는 것이 아니라 항상 주님을 의지하고 주님 안에서 이뤄짐을 다시 한번 확인하는 계기가 된다. 따라서 결코 '인본주의적'이 아닌 하나님을 의뢰하는 워크샵임을 강조하는 시간이기도 하다.

"주제 강의"는 상담 기법으로 본다면 '비지시적 상담'의 효과를 촉진시키는 역할을 한다. 리더는 선생이 아니고 상관(上官)도 아니기 때문에 기도하는 가운데 내담자(참석자) 스스로가 깨닫게 하는 것이 좋은 방법 중의 하나이다. 사실 부부 생활에 대한 성경적 원리에 대해 너무나 무지한데서 부부 문제가 심각해졌거나 무뎌진 경우가 많기 때문에 이러한 주제 강의는 이를 다시한번 깨닫게 하는 촉진제 역할을 하게 된다. 따라서 '주제 강의'를 결코 소홀히 다루어서는 그만큼 내담자 스스로 깨닫게 하는 것을 늦추는 결과를 가져오고야 만다. 따라서 리더는 교재의 기본 내용에 대해서는 물론이고 주제에 관련된 여러 참고 문헌이나 예화 등을 충분히 익혀서 짧은 강의지만 요약되면서도 핵심적으로 전달할 수 있도록 노력해야 한다. "주제 강의"가 흐트러지면 곧 이어지는 "삶의 나눔"의 내용도 산만해 진다.

"독후감 나눔" 역시 "주제 강의"와 마찬가지로 스스로 깨닫게 하는데 있어 중요한 역할을 차지한다. 주제 강의로는 다 전달하지 못하는 미묘하고 섬세한 부분까지도 책은 다 전달해 준다. 그래서 "책만큼 좋은 스승도 없다"는 말이 있는 것이다. 더불어 2주간 동안 가정 사역과 관련한 책을 접하게 함으로써 가정 사역 훈련의 끈을 놓치지 않게 하는 훌륭한 보조 도구로서의 역할도 있다. 주제 강의와는 또다른 놀라운 은혜, 역사가 일어난다. 내면으로부터의 정서적 치유, 깨달음을 가져다 준다. 그래서 "독후감 과제"는 매우 강조해야 할 과정 중의 하나이다.

"삶의 나눔" 시간은 그야말로 당일의 주제와 관련된 자신 및 부부의 삶을 나누는 시간이다. 이 시간에 상담 및 내적 치유가 일어나기도 한다. 그야말로 보조자와 지지자가 있는 집단 상담이나 다를 바 없는 소그룹 부부 모임만의 분위기에 젖게 되는 것이다. 사실 식탁의 교제나 주제 강의도 바로 이 '삶의 나눔'을 위해 준비된 것이라 해도 과언이 아니다. 리더는 상담의 기본 원리를 잘 지켜 가면서 주제를 떠나지 않도록 잘 인도하여야 한다. 상담이 단 1회로 모든 것의 해결이 불가능하듯 소그룹 워크샵은 12회 6개월 지속되는 장기적 프로그램임을 감안하여 리더는 절대 성급해서는 안된다. 삶을 드러내 놓다가 보면 오늘의 주제와는 동떨어진 ―다음 주나 그 다음의 주제와 관련된 내용― 나눔이 있을 때는 리더가 그 흐름을 다시 당일의 주제로 몰고 가는 테크닉이 필요하다. 또 리더는 "삶의 나눔"이 토론 시간이 아님을 유의해야 한다. 리더가 해답을 제시해 주는 "물어 보세요" 시간도 아님을 명심해야 한다.

"마무리 기도"와 "결단"은 6개월 워크샵 과정의 꽃이라고도 할 수 있는 "삶에의 적용"을 강조하는 시간이기도 하고 "삶의 나눔"을 통해 드러낸 갈등이나 부부 문제의 치유를 성령 하나님께 의탁하는 시간이기도 하다.

이 뿐만이 아니다. 소그룹 리더들은 또 1:1, 2:2의 개별 접촉(사실은 상담의 연장이나 다름없다)을 수시로 한다. "적용"에 대한 점검과 격려, 개별적 상담으로 이어지는 이 만남은 또 다른 깊은 의미가 있다.

이처럼 6개월 기본 과정의 어느 하나가 중요하지 않은 것이 없다. 장기적 집단 상담 프로그램을 이끌어 간다는 입장에서 각 과정 과정, 그리고 한 회, 한 회를 이끌어 가야 한다.

② 6개월 소그룹 부부 모임의 핵심은 '삶의 나눔'과 '삶에의 적용'이다.

이미 지적한 바 있지만 소그룹 부부 모임의 핵심은 바로 위의 두가지이다. '삶의 나눔'을 충분히 할 수 있도록 리더들은 우선 상담자로서의 기본적 자세를 잃지 말아야 하고 다름 참석자들의 방해나 잡음도 적절하게 통제할 수 있어야 한다. 또, 자신의 아픈 부분이나 상처(마음속에 숨겨져 있었거나 숨겨 놓았던 억압된 느낌, 감정, 한)들을 내어놓게 되면 반드시 따르게 되는 허전함을 위해 리더는 그리스도의 사랑이 그 자리를 대신할 수 있도록, 또 깨끗이 치유될 수 있도록 기도로서, 또 권면함으로써 채워 주어야 한다. 더불어 '드러냄' 이 꼭 필요한 사람이나 그것을 시도하는 사람에 대해 성령님의 인도하심을 위해 순간적인 화살 기도나 지속적인 기도가 필요하다.

'삶의 적용' 역시 매우 중요한 요소이다. 적용이 없는 훈련은 또 다른 지식을 머리 속에 담는 것이나 다름없다. 이 과정은 다른 세미나나 부흥회와는 달리 철저한 삶에의 적용을 최우선으로 하고 있다. 우리들은 보통 들은 대로 변화되지 못하는 약점을 가지고 있기 때문이다. 단 한가지라도 철저하게 생활화할 수 있도록 리더와 다른 참석자가 모두 감독이 되어 지켜보면서 독려하고 격려하는 그런 체제가 이 워크샵이다. 따라서 체질화, 인격화, 자기화, 습관화가 될 수 있도록 리더는 '좁쌀영감' 이 되어 체크하고 권면하며 격려하여야 한다.

이를 위해 우선 팀원들끼리 '상호 감독자' (Checking Partner)가 될 수 있도록 짝을 지워 주어야 하고, 리더도 매주 1회 이상 전화로 점검해야 한다. 점검할 사항은 나누어진 '체크리스트' 에 잘 기입하고 있는지, 얼마나 잘 적용하고 있는지, 특히 지난 주 모임의 적용 약속 사항은 얼마나 적용되고 있는지 등을 나누어야 한다. 철저한 적용을 유도하기 위해 벌금제를 도입하는 것도 하나의 방법이다.

③ 소그룹 부부 모임의 최종 목적은 '하나님과 나와의 관계' 를 바로 세우는 것을 통해 '하나님 나라를 전파' 하는 것이다.

우리가 가정사역 훈련을 받는 궁극적인 목적은 '하나님과의 관계 회복' 이다. 부부 관계가 풍성해지고 서로간의 담이 허물어지면 그 자리에 주님이 자리하시게 된다. 그 풍성한 기쁨을 우리는 세상에 전해야 하는 것이다. 리더들은 6

개월 과정에 참여한 부부들에 대해(직분에 관계없이) 그리스도의 새 생명을 소유하고 있는지 개인적으로 점검해 볼 필요가 있다. 만약 구원의 확신이 없거나 주님을 영접하지 못했다면 이를 확신시키는 작업을 먼저 하고 이를 통해 생활 구원의 단계까지 이르도록 도와주어야 한다. 구원의 확신이 없거나 생활 구원이 이루어지지 않은 그리스도인은 주님의 영광의 빛을 가릴 뿐임을 분명히 알아야 한다.

2) 본을 보이는 리더가 되기 위한 Basic Life

① 항상 영적으로 깨어 있기 위해 그리스도인의 기본적인 삶에 충실해야 한다.

워크샵의 리더라는 직분은 우선 영적으로 바로 서 있지 않으면 그 그룹은 언제든지 좌초해 버릴 위험성이 다분하다. 사단은 그러한 팀과 리더, 소속원들을 그냥 두지 않는다. 리더가 흔들리면 그 팀원 전체가 흔들리게 되어 있다. "나의 손에 우리 팀 4-5부부의 영성도 달려 있다"는 막중한 책임감을 느껴야 한다. 물론 리더 이전에 그리스도인으로서의 합당한 삶을 위해서도 이러한 기본적인 삶은 절대적으로 필요하다. 이를 위해 리더들은 '경건의 시간, 성경 읽기, 암송과 묵상, 定時 기도, 교제 및 전도의 삶' 등을 놓치지 말아야 한다.

② 리더 부부는 본을 보이는 섬김의 삶을 살아야 한다.

훈련받는 부부들의 삶의 변화를 원한다면 우선 리더 부부부터 모본(模本)이 될 수 있는 삶을 살아야 한다. 부부 생활을 아무리 좋게 꾸미고 싶어도 인간은 영적인 존재인지라 금방 드러나고야 만다. 얼굴 표정은 사랑을 위장하나 마음 속의 구름과 폭풍우는 결코 숨길 수가 없다는 것이다. 하나님의 제자로서, 또, 사역자로서, 영적으로 드러나는 삶을 살지 못하면 팀원들에게 결코 좋은 영향을 미칠 수 없다.

또 하나, 리더 부부의 삶에서 드러난 문제점들을 오히려 적나라하게 공개함으로써, 훈련받는 부부들에게 긍정적 영향을 미칠 수가 있다. '공사중'인 부부로서 리더 부부의 약점이나 문제점들을 드러내 보인다는 것은 훈련받는 팀원들에게 자극을 주어 '우리도 내어놓아 볼까?' 하는 용기를 내게 만든다.

음식으로, 시간으로 대가 없이 섬기면서 자신의 문제점까지도 스스럼없이 드러 내어놓는 리더들을 보면서, 팀원들은 큰 감동과 함께 위로와 격려를 받으며, 자신에 대한 채찍으로 삼을 수 있다는 것을 알아야 한다.

3) 워크샵에 들어가기 전의 사전 준비

① 먼저 기도가 필요하다.

성령님의 도우심 없이 어느 일도 불가능함을 다시 한번 깨닫고, 모든 과정을 주께서 주장하여 주시도록 간절히 기도하라. 우선 리더 부부 자신들을 위해서 기도하라. 참으로 겸손하게, 그러면서도 삶을 진실하게 드러내 보일 수 있게 해 달라고 기도하라. 그리고 그룹에 소속된 각 부부들을 위해서 기도하라. 특히 첫 모임 전에는 그 부부들이 이 모임을 사모하게 해 달라고 기도하기 바란다.

② 오늘 모임의 주제에 대한 준비가 필요하다.

우선 오늘 주제에 관련된 성경을 깊이 묵상하고 또 관련된 자료들을 다시 한번 찾아본다. 그리하여 주제에 관련된 내용들을 온전하게 이해하고 내 것으로 만들어야 한다. 여기에 대한 내용들은 리더들을 위한 상세한 지침까지 담긴 가이드북에서 다시 다루고 있다.

③ 모임 장소와 시간에 대해 준비한다.

* 모일 장소에 대한 준비 : 항상 집에서 모이는 것이지만 기왕이면 조금 더 신경을 쓰면 더욱 좋은 분위기에서 워크샵을 인도할 수 있다. 예를 들면 온도는 더운 것보다는 오히려 약간 낮은 쪽이 나으며, 조명도 형광등보다는 백열등이 분위기를 편안하게 만든다. 좌석은 리더 부부가 입구쪽 중심에 앉는 것이 섬기기가 편리하다.

* 모이는 시간에 대한 준비 : 첫 모임 때는 리더 부부가 직접 전화하여 모임 시간을 확인하여야 하고 두 번째 모임부터는 반장 부부가 이 역할을 잘 감당하도록 한다. 정해진 시간에 늦지 않도록 항상 유의하여야 한다. 항상 10분전에는 도착하도록 강조한다.

④ 음식을 준비한다.[355]

그룹 구성원들에게 대접할 식사는 항상 간편식으로 하는 것을 원칙으로 한다. 항상 리더 부부가 준비하여야 하므로 너무 부담스럽지 않게, 그러나 정성은 가득 담아서 차리면 된다. 음식을 만들면서도 이 음식을 먹고 마시는 우리 모든 조원들이 큰 힘을 얻고 변화하게 해 달라고 기도하라.

가끔은 소속된 조원들이 한 두 가지 반찬을 준비하여 와서 보태는 것도 좋으나 가능하면 그들에게는 전혀 부담을 주지 않고 '거저 주는' 리더의 모습을 배우게 하는 것이 더욱 좋다.

6개월 과정이 끝나면 그들은 다른 무엇보다도 먼저 리더 부부의 정성껏 섬기던 모습이 가장 인상에 남는다고들 이야기한다. 따라서 리더 부부 가정에서 모이지 않고 돌아가면서 모인다는 것은 이러한 학습 효과를 놓치는 것이다. 더불어 그 음식을 장만하려고 무척 부담을 갖게 되고 또 세세한 일들에 신경을

---

355) 참고로 실제로 행해졌던 메뉴는 다음과 같다(계절에 따라 약간 다름).
　- 첫 모임(2차)과 마지막 모임(11차): 부페식(탕수육, 잡채, 튀김류, 김치, 나물 무침, 소고기 볶음, 오징어 무침, 샐러드, 깜풍기, 골뱅이 무침, 과일 등)
　- 3차~10차 모임 : 오징어 덮밥, 송이 덮밥, 돼지고기 볶음 비빔밥, 해물 매운탕, 카레 라이스 또는 스튜 믹스, 샤부 샤부, 삼계탕, 갈비탕, 육개장 등

쓰게 되므로 당일 충분한 워크샵이 이루어지지 않는다. 다만 12회 과정이 끝나고 연장으로 만나게 될 때에는 소속된 팀원 가정을 순방하면서 만나는 것은 적극 권장할 만하다. 음식을 장만하면서, 또 치우면서 중요한 것은 리더 부부 중 특히 남편의 행동이다. 남편은 섬김의 본을 보여야 한다. 상을 차릴 때 도와주는 것은 물론이고 요리를 만들 때도 기왕이면 앞치마를 두르고 아내를 도와주는 모습이 참으로 아름답게 보인다. 또 설거지는 반드시 남편 몫이라는 인상을 남겨 주어야 한다. 가능하다면 10번 모일 때 한 번 정도의 요리를 남편이 직접 해서 준비하는 것도 시도해 볼만하다. 소속된 조원들이 아내를 사랑하는 첫 번째 행동을 부엌일 돕기나 설거지로부터 시작되는 경우가 많음을 유의해야 한다. 그러나 설거지는 공부 시간의 확보를 위해 워크샵이 끝난 후 남편과 아내가 도우면서 같이 하는 것이 좋다. 이 시간이 당일 워크샵의 부부 평가 시간이기도 하다. 간식 준비는 식사후 그릇을 치울 때 간단히 준비하는 게 좋다.

⑤ 첫 모임인 경우에는 세심한 배려가 필요하다.

우선 팀원(조 구성원)을 배당받게 되면 그들을 위해 기도한다. 참으로 이 모임을 사모하게 하여 제1순위로 두고 빠지지 않게 하며 큰 은혜를 받을 수 있도록 기도한다. 그리고 각 부부들에게 리더 명의의 편지문을 발송한다. 이 편지문에는 리더에 대한 소개 및 모이는 장소와 시간, 약도 등의 안내가 들어가야 한다. 그리고 자녀는 데려오지 않도록 거듭 당부하도록 한다. 이는 자신 부부와 다른 부부에게 방해를 주지 않고 온전히 집중할 수 있기 때문이다. 2주에 한 번은 이웃이나 친척에게 맡길 수 있는 관계를 형성하도록 권면한다.

첫 모임이 있는 날은 현관이나 대문 앞에 장소를 안내하는 게시물을 붙여두면 찾기가 편리하다.

(예)

환영합니다!!

○○교회 부부 모임

☞ **4층 2호로 오십시오** ☞

4) 워크샵의 진행

① 식탁의 교제

먼저 식사 기도로 식탁의 교제를 시작한다. 식사 기도는 참석자들이 돌아가면서 하는 것을 원칙으로 한다. 식사 시간은 그저 먹는 것으로 그치지 말고 2주간에 있었던 삶의 나눔을 하게 하는 것이 좋다. 식사가 끝나면 빈 그릇은 바로 치우고 차나 다과를 든 다음 바로 워크샵에 들어가도록 한다.

대개 7시에 모이면 식사와 다과까지 합쳐 8시를 넘기지 않도록 한다.

② 찬양과 기도

찬양을 한다는 것은 오늘 모임에 대한 성령님의 임재를 기원하는 것이다. 따라서, 임재에 대한 기원이나 주님 찬양같은 기쁜 복음 성가를 찬양드리는 것이 좋다. 항상 기도하는 마음으로 찬양드리게 할 것이며, 찬양곡의 가사를 잘 묵상하면서 찬양 드리도록 한다. 기왕이면 부부가 손을 잡고, 눈을 마주하며 배우자에게 성령님이 임재하시도록 기원하는 마음으로 찬양드리면 더욱 좋다.

시작 기도는 반드시 리더가 한다. 오늘 모임을 하나님께서 주관해 달라는 소원 기도를 한다. 리더의 대표 기도 전에 오늘 모임을 위한 합심 기도도 진행하면 더욱 좋다.

③ 마음의 문을 여는 시간 – 나눔 1

- 다시 한번 삶의 나눔을 한다. 좋았던 일보다는 싸웠던 일, 갈등했던 일 들이 더 좋다. 리더 부부 먼저 드러내 놓도록 한다.
- '체크 리스트' 점검 : 체크 리스트는 돌려보면서 격려와 칭찬을 한다. 잘못되거나 문제가 많았다고 생각되는 부부에 대해서는 왜 그랬는지, 어떻게 극복했는지 등을 질문하면서 삶의 나눔을 계속한다.

- 독후감 나눔 : 참석한 수대로 복사하여 함께 나누도록 한다. 그대로 읽기보다는 "느낀 점 1-2가지, 적용할 점" 등에 초점을 맞추어 발표하도록 한다. 혹시, 초신자가 있거나 책을 읽기가 부담스러운 사람이 있을 경우는 그 사람에 대해서만 특별 관리하도록 한다. 예를 들면 초신자의 경우 신앙 성장에 도움이 될만한 책들을 권해 주는 것이 오히려 좋다.
- 내 마음 그리스도의 집 (로버트 멍어, IVP 소책자)
- 형제를 위하여 깨어지는 삶 (케파 셈팡기, IVP 소책자)
- 너 자신을 사랑하라 (월터 트로비쉬, 생명의 말씀사 소책자)
- 그리스도를 닮아감 (짐 화이트, 네비게이토 소책자)

책을 읽기가 부담스러운 사람들에 대해서는 소책자 위주로 과제를 내면 된다.

- 해가 되는 말 덕이 되는 말 등(네비게이토 책은 요약 소책자가 있음) 테이프 청취 소감 역시 많은 은혜가 된다.
- 적용 사항 점검 : 지난 모임 때 독후감 나눔 및 강의 후 나눔에서 적용하기로 했던 사항들을 점검한다. 이를 위해 리더는 교재에 있는 '삶에의 적용'을 1부 복사해서 점검하도록 한다.
- QT 또는 묵상 나눔 : 주제에 따라 미리 배부된 주제 QT 나눔으로 진행한다.
- 전환을 위한 접촉의 시간 : 피부 접촉은 마음 문을 열게 한다. 긴장도 해소시켜 준다. 부부가 서로 안마를 해준다든지, 마사지 등을 해주는 시간을 2-3분 정도 갖도록 한다.

이러한 '나눔-1' 시간은 1시간 30분 정도가 적합하다. 아무리 길어지더라도 2시간을 넘지 않도록 조절하는 것이 좋다.

④ 주제 강의

당일 주제에 대한 충분한 이해와 숙지를 한 상태라야 만이 주제 강의는 핵심적이고 은혜롭게 이끌어 갈 수 있다. 그러나 절대 설교한다거나 강의, 또는 가르친다는 입장보다는 해설한다거나 간증한다는 태도를 가져야 한다. 시간은 주제에 따라 차이가 있으나 40분 내외면 적합하다. 길더라도 1시간을 넘지 않도록 한다. 주제 강의를 진행하면서 중요한 부분은 합독한다든지 교독하면 주의를 집중시킬 수가 있다. 항상 자신의 예화를 중심으로 많은 예화를 들려주는 것이 현실감이 있다.

⑤ 주제에 대한 삶의 나눔 – 나눔 2

주제 강의가 끝나면 10분 정도 시간을 주어 교재 마지막 부분의 "삶의 나눔"을 적게 한다. 그리고 나서 돌아가면서 각 항목별로 발표하고 나누게 한다. "집단 토의"와 "집단 상담"이 혼재된 "삶의 나눔" 시간은 리더의 기술력이 절대적으로 필요한 시간이다.

리더가 이 시간을 이끌면서 주의해야 할 점은 다음과 같다.

- 우선 리더는 참석 부부에게 말할 수 있는 충분한 시간을 주도록 한다. 이때 주의할 것은 제한 시간을 주어 끊기보다는 오히려 주제에서 벗어날 때 리더가 슬쩍 개입해서 다시 돌아오게 하는 것이 좋다. 또, 한 사람의 시간이 길어지더라도 그 부부의 삶이 전체 참석 부부에 긍정적 영향을 미칠 것이라는 판단이 서면, 주제에서 벗어나지 않는 범위 내에서 그대로 두는 것이 좋다.

- 리더는 결코 성급해서는 안된다. 결론을 빨리 내야 된다는 생각은 버리라. 결론은 결국 문제 부부 자신들이 내야 한다. 리더나 주위 부부들은 그것을 깨닫도록 유도해 주는 역할을 하도록 한다. 인생에 있어서 누구에게나 모두 해당되는 정답은 없다. 따라서 어느 문제가 돌출되었을 때 주위의 부부

들에게도 정답을 제시하라기보다는 이 문제에 대해 어떻게 느끼는지 그 감정을 교환하도록 하는 것이 좋다.

- 침묵도 인내로서 기다릴 필요가 있다. 겉으로는 침묵하지만 마음속으로는 그 동안에도 수많은 말들이 오고가고 있다. 삶을 드러내 놓는 과정에서 일시 침묵이 있을 경우 잠시 기다려 주는 것도 그 부부를 위해 좋다.

- 삶을 드러내 놓는 어느 순간에도 리더는 그곳에 집중해야 한다. 항상 말하고 있는 그 사람의 입장이 되어 감정을 함께 느끼고 공유해야 한다. "나와 똑 같은 감정"을 가진 다른 사람이 있다는 점에 그 사람은 힘을 얻고 더 깊은 묵상과 나눔에 들어갈 용기를 낸다.

- 가끔은 교통 정리를 해야 할 필요가 있을 때가 있다. A가 자기 입장을 말하고 있을 때 답답한 그의 배우자가 중간에 끼어서 다른 말을 하고자 할 때는 끼어든 그 배우자를 "잠깐만 A의 말을 더 들어보도록 합시다"라는 식으로 제지하여야 한다. 또 다른 부부가 그 문제에 대해 의견이나 해답을 제시하고자 할 때에도 마찬가지로 제지하여야 한다.

- 리더는 말을 절제하여야 한다. "나는 교통 정리자"라는 입장을 버려서는 안된다. 나눔의 시간에 리더에게 상처를 받으면 그 사람은 더 이상 내놓지도 않고 훈련 효과도 떨어진다. 또 리더를 신뢰하지 않게 된다.

"삶의 나눔"을 할 때에는 항상 적용할 사항을 스스로 결정하게 하여 실천하도록 유도한다. 그 적용 약속 사항에 대해서는 부부가 항상 기도노트에 적고 생활화 될 때까지 기도하도록 한다.

⑥ 광고 및 마무리 기도

우선 다음 모임의 일시를 정확히 하도록 한다. 가장 좋은 방법은 첫 모임때 아예 6개월치를 확정해 놓고 특별한 경우만 변동하도록 하는 것이 좋다. 광고 할 때는 다음 주의 과제와 적용 사항을 다시한번 상기시켜야 하며, 전화 교제도 당부한다.

마무리전에 부부가 오늘 주제에 대해 5분 정도 서로 나누도록 한다. 무엇을 느끼고 결심했는지에 대해 부부간의 대화를 갖도록 한다. 이 대화에서 서로를 위한 기도 제목도 정리하도록 한다. 그 다음 부부가 손잡고 서로에 대한 기도 제목으로 함께 기도한다. 부부 기도가 끝나면 리더가 마무리 기도를 함으로써 모임을 끝낸다.

⑦ 모임 종료 후에 해야 할 일

우선 참석자들이 차를 타고 가는 것을 확인할 수 있도록 대문 앞이나 주차장까지 나가서 배웅하도록 한다. 나눔 시간에 특별히 격렬한 상태였던 사람에게는 특별히 손을 잡아주고 격려하는 시간을 갖는 것도 유익하다. 뒷마무리, 특히 설거지는 남편 주도하에 하는 것이 원칙이다.

⑧ 모임 후의 2주 동안 할 일 :

항상 모임에 대한 기도가 끊이지 않아야 하고, 특히, 각 부부들에 대해 구체적인 기도를 하도록 한다. 또한 영적인 침체나, 부부 갈등이 있을 때는 별도의 전화를 한다든지 직접 만남을 통한 교제를 하도록 한다.

5) 다루어지는 주제

한국가정상담연구소가 제시하는 부부워크샵의 주제는 다음과 같다.
• 제 1주제 : 하나님의 가정설계
     ① 하나님의 작품인 가정
     ② 첫사랑의 회복
     ③ 성경적인 결혼의 4가지 원칙

④ 건강한 결혼이란?

• 제 2주제 : 가정과 사랑

　　　① 격려와 칭찬하기

　　　② 섬겨주기

　　　③ 함께 시간을 보내며 대화하기

　　　④ 신체적인 접촉하기

• 제 3주제 : 가정과 대화

　　　① 대화의 장벽

　　　② 대화의 원리

　　　③ 대화의 방법/경청

　　　④ 대화의 방법/말하기

• 제 4주제 : 남녀의 차이와 부부 역할

　　　① 남녀의 차이

　　　② 서로를 이해하기

　　　③ 남편의 역할

　　　④ 아내의 역할

• 제 5주제 : 가정과 건전한 자아상

　　　① 나의 자아상은?

　　　② 자아상의 형성

　　　③ 자아상의 영향

　　　④ 나 자신을 사랑하기

• 제 6주제 : 갈등과 가정의 위기

　　　① 내 마음의 그릇

　　　② 고부간의 갈등

　　　③ 부모 자녀간의 갈등

　　　④ 깨어진 마음의 회복

• 제12주제 : 가정과 영성
　　　① 영성과 가정의 행복
　　　② 가정예배를 통한 영성회복
　　　③ 가정예배, 어떻게 드릴까?
　　　④ 부부와 팀사역, 그리고 헌신

(10) 종류4: 단기 워크샵형 부부세미나

소그룹을 통한 6개월 부부 모임의 경우는 많은 시간과 에너지가 투입되어야 하는 반면, 그런 모임에 참석할 수 있는 동기 부여를 위해서는 단기 워크샵형 부부 세미나가 제격이다.

단기 부부 세미나는 나름대로의 효과가 있다. 그것은 가정을 다시 한번 돌아보게 하거나 성경적인 가정으로의 회복을 시도해 보겠다는 자극과 동기 부여를 해 줄 수 있다는 강점이 있다.

우리나라에서는 몇 개의 가정사역기관들이 단기 부부세미나를 실시하고 있는데 가정 체계화가 잘 되어 있는 부부 세미나는 '극동방송'이 년2-3회, 국내와 해외에서 개최하는 4박5일 부부세미나이다. 또 주수일 장로 부부가 하는 1박2일의 부부 세미나 역시 아주 특징적인 것으로 알려져 있다.

이러한 단기 부부세미나에서 다뤄지는 내용은 소그룹 과정에서 다뤄지는 내용 중에서 일부만을 발췌하여 '동기 부여' 위주로 강의하고 결단을 할 수 있도록 유도한다. 극동방송의 부부 세미나의 특징은 여타의 부부세미나가 강의 위주로 진행되는 것에 비해 훈련된 리더에 의해 조별 워크샵이 강도 높게 진행되며, 별도의 부부 치유 시간을 통해 깊은 내적치유까지 함께 진행된다는데 있다.

대체로 1박2일이나 2박3일 내지 3박4일의 일정으로 진행되거나 3주 또는 4주, 아니면 3-4일 정도의 특정 시간을 활용해 진행되는 단기 워크샵은 프로그램의 일정에 따라 아주 융통성있고 다양하게 진행할 수가 있다. 특별히 그 집단의 성격이나 부부들간의 문제 등을 어느 정도 파악하고 있다면 워크샵의 초점이 당연히 달라질 수 있는 것이다. 따라서 여기서 제시하는 프로그램은 하나의 간단한 예시 정도로만 참고하면 좋을 것이다.

■ 단기 워크샵형 부부세미나의 개요

① 목표

단기 워크샵의 목표는 분명하다. 강한 동기 부여와 함께 장기적인 가정사역 프로그램에 들어 갈 수 있도록 그 터를 닦는 작업이라 할 것이다. 단기 세미나로 사람이 크게 변화되기를 기대한다면 무리이다. 경우에 따라 엄청난 변화를 가져오는 부부도 있다. 그러나 개교회 차원에서 실시하는 부부 워크샵에서는 너무 많은 욕심을 내지 말아야 한다. 도전을 받았다는 사실이 중요하고 각성을 통해 회개에 이르도록 그 길을 열어 주었다는 것이 중요한 것이다. 따라서 너무 큰 욕심보다는 진정으로 그 참가자 부부들이 마음 문을 열고 대화하기를 원하며, 이를 통해 부부간의 관계가 회복될 수 있는 단초를 연다는 데 그 의의가 있다. 당연히 이를 통해 하나님과의 관계를 다시 정립하고 더불어 하나님과 다시 한번 만나는 계기가 되도록 프로그램을 짜야 한다.

② 일정

교회의 사정에 따라 1박2일, 2박3일, 3박4일 등의 경우로 잡을 수 있으나 대개 휴가 기간중이나 여름 또는 겨울의 교회 수련회를 대체하는 형식으로 한다면 2박3일 내지 3박 4일도 가능할 것이다. 그러나 도저히 그렇게 시간 내기가 힘들다면 금요일 저녁과 토요일을 이용한 1박2일도 가능하다. 요즘에는 여러 교회들에서 토요일과 주일을 활용한 1박2일도 시도되고 있다. 물론 주일에는 동행한 목회자의 인도로 예배를 현지에서 드린다는 조건에서이다. 이 역시 중소교회에서는 시도하기 힘든 여건이라 할 것이다.

③ 장소

교회 내에 숙박시설이 있다면 쓰는 것도 가능하다. 그러나 이러한 부부 워크샵의 경우는 환경이 아주 중요한 역할을 한다. 따라서 외부의 시설을 활용하는 것이 좋다. 그것도 가능하면 부부가 함께 잠을 잘 수 있는 시설이면 더욱 좋을 것이다.

④ 적정 인원

워크샵의 형태로 운영하기 위해서는 무엇보다도 인원이 많아서는 안된다. 아무리 많아도 20부부를 넘지 않도록 하는 것이 좋다. 가장 좋은 경우는 10쌍 내외이다. 또 일단 5쌍을 넘을 경우는 4-5부부당 리더 부부를 배치하는 것이 좋다. 예를 들면 20부부가 참여한다면 4-5 리더부부가 있으면 좋다는 것이다.

⑤ 준비 단계

무엇보다도 중요한 준비는 역시 기도이다. 이 워크샵을 인도하는 스탭 뿐만 아니라 참여하는 부부들이 기도로 준비할 수 있도록 해야 한다. 꾸준한 기도를 위해 당번을 정해 연속기도를 한다든지 일일 기도 당번을 정한다든지, 일정 시간을 정해 함께 기도로 준비 한다든지 등의 방법을 사용하는 것이 좋다.

스탭들은 당연히 기도모임을 정례화해야 한다. 더불어 일정 시간에 순번을 정해 기도하는 '띠 금식기도'도 권장할만하다. 스탭들은 우선 전체 진행상황을 도상으로 그리면서 빈틈이 없도록 준비해야 한다. 그리고 최소한 2개월 전부터 준비위원회(스탭 전원)를 확정하고 기도로 준비하기 시작한다. 참가자 확보를 위한 전단 또는 리프렛, 포스터 등을 제작하여 배포, 게시하고 참가자 들을 설득하면서 인원을 확정해 나간다. 경우에 따라서는 현수막 등을 게시하는 것도 좋은 방법이다.

⑥ 조직

우선 전체 워크샵을 책임지고 인도해 갈 대장이 있어야 하고, 실무적인 일을 총괄하는 총무, 금전적인 부분을 책임지는 회계, 리더들이 속해있는 '조장부', 찬양을 인도할 '찬양부'. 모든 시설물과 준비물들을 챙기고 관리하는 '관리부', 식사와 기도로 후원하는 '봉사부', 만약 어린 자녀들이 있는 부부들이 있을 경우에는 자녀들을 돌볼 '자녀섬김부' 등이 있어야 한다.

⑦ 자리의 배치

역동성을 높이기 위해 일자형(一字形)보다는 U자형(U-Shape)이 좋다.

⑧ 강사

강사는 우선 한 부부가 중심이 되어 이끌어 가는 것이 좋다. 물론 전체 강좌 중에서 1-2개 정도는 다른 사람에게 맡기는 것이 좋은 방법이다. 강사를 각기 다르게 할 경우 통일성이라든지 전체적인 분위기를 파악하는데 실패하기 때문에 효율성이 떨어진다. 전체를 주관할 강사는 아무래도 전문적인 훈련을 받은 사람이 하면 좋다. 개교회에서는 이러한 전문 강사를 보유하기가 쉽지 않다. 따라서 대개 외부 강사를 초빙하는게 보통이다. 그러나 교회 자체적으로, 또는 지역교회에서 대표 부부들을 5-6부부 선정해서 1-2년 정도 훈련을 쌓게 만든다면 얼마든지 이러한 프로그램을 인도해 갈 수 있을 것이다.

이런 관점에서 대형교회는 별 문제지만 중소교회의 경우, 노회별로나 지역교회별로 연합하여 가정사역자 부부를 1-2년 정도의 시간을 두고 투자하는 것이 좋다. 물론 그 투자 기간동안에는 전문 강사를 초빙하는 것이 가장 현실적인 방법이 될 것이다.

한편 한국가정상담연구소에서는 국내의 경우 1박2일 내지 2박3일, 해외에서는 관광을 겸하여 4박5일 동안 진행된다. 4박5일 해외 부부세미나의 경우 다음과 같은 일정으로 진행된다.

♥ 제 1 일

| 18:30 | 공항 집결 |
| 21:00 | 인천공항 출발 |

♥ 제 2 일

02:10	괌 도착후 호텔 투숙
08:00 – 09:00	아침 식사 (호텔 뷔페)
09:00 – 12:00	(세미나와 워크샵) 서로를 치유하는 부부
12:00 – 13:00	점심식사(현지식)
13:00 – 18:00	관광 및 수영, 휴식
18:00 – 19:00	저녁식사 (한식)
19:00 – 22:00	(세미나와 워크샵) 부부 사랑만들기
22:00	취침

♥ 제 3 일

08:00 – 09:00	아침 식사 (호텔 뷔페)
09:00 – 12:00	(세미나와 워크샵) 나를 향한 여행
12:00 – 13:00	점심식사(현지식)

13:00 – 18:00 관광 및 수영, 휴식/

18:00 – 19:00 저녁식사 (한식)

19:00 – 22:00 (세미나와 워크샵) 성생활에 성공하는 부부

22:00 취침

♥ 제 4 일

08:00 – 09:00 아침 식사 (호텔 뷔페)

09:00 – 12:00 (세미나와 워크샵) 행복한 가정만들기

12:00 – 13:00 점심식사(현지식)

13:00 – 18:00 관광 및 수영, 휴식/ 자유시간

18:00 – 19:00 저녁식사 (한식)

19:00 – 22:00 (세미나와 워크샵) 부부 사랑 축제

22:00 취침

♥ 제 5 일

03:10 괌 아가나 국제공항 출발

07:10 인천공항 도착

07:30 해산

2. 중년 부부를 위한 사역

(1) 배경

우리나라 부부들의 경우 사실상 가정에 대한 정상적인 교육이 전무했던 시절에 성장했으니만치 부부가 어떻게 살아야 하는지를 모르고 그저 부모들이 살아왔던 부부에 대한 상, 결혼에 대한 이미지 그림(Image Picture)만 가지고 살다보니 갈등은 일어날 수밖에 없고 상처를 주는 삶을 살아 왔던 것이다.

기초적인 가정사역 프로그램에 참여하고 나면 "아! 이렇게도 살 수 있구나" 하는 생각들을 가지게 된다. 그래서 "좀 더 풍성하게 살아야겠다. 이렇게 살아서는 안 되겠다"는 등의 결단을 다지게 되는 것이다. 문제는 과거의 상처들이 지금의 나를 지배함으로 인해 자꾸 실족하게 된다는 것이다. 따라서 중년의 부부들을 위한 사역에서는 바로 이러한 문제들을 다루어야 한다. 풍성한 삶을 살려는 부부들이 좌초하지 않고 이제 굳건히 기초를 다지게 할 수 있도록 과연 무엇을 해야 하는가를 배우고 훈련하도록 해야 한다는 것이다.

특별히 이렇게 중년 부부를 대상으로 하는 사역을 일반적인 부부사역과 분리를 시킨 것은 그 내용과 지향점이 다르기 때문이다. 즉, 일반적인 부부 사역이 부부 문제 전반을 다루고 있는 것이라면 중년 부부를 위한 사역은 중년이라는 시점에 초점을 맞추면서 중년의 시기에 다가오는 위기를 예방하고 극복하기 위한 맞춤식 프로그램이라 할 수 있을 것이다.

(2) 'Half Time' 의 중년기 사역

중년기를 '사추기(思秋期)' 라고 부른다. 마음이 어쩐지 빈듯하고 인생을 살만큼 살았는데도 하나도 갖추어진 것이 없는 것 같고, 경제적으로 안정이 되었기 때문에 돈을 어느 정도 마음대로 쓸 수 있는 시기, 그리고 사회적으로도 자기가 서야 할 자리를 어느 정도 차지한 그 시기가 바로 중년기이다. 그런데 '중년기' 라 하면 단어 자체가 원숙함을 물씬 풍기지만 '사추기' 라 하면 웬지 바람결에 뒹구는 가을 낙엽과 같이 얄상한 감정의 변화를 묘사한 듯 보인다.

그런데 이 중년기를 '하프타임(Half Time)' 으로 부르기도 한다. 곧 전반전을 마치고 후반전에 들어가야 할 준비를 하는 시기라는 뜻이다. 하프타임(halftime)으로 소개된 이 개념은 운동 경기 중간의 휴식처럼 그런 시간을 통해 남은 인생을 보람 있는 일로 채워가기 위한 자아 성찰을 이루는 것을 말한다.

하프타임은 지난 1998년 미국의 유명한 케이블 TV 사장인 밥 버포드(Bob Burford)씨가 '성공에서 의미로의 전환' 을 주장하며 저술한 '하프타임' 에서 나온 개념이다. 미국에서 통용되는 하프타임은 정년퇴임한 사람들에게 남은 인생에 새로운 의미를 제시하고, 보람 있게 살아갈 수 있도록 이끌어 주는 데 집중하고 있다.

이 하프타임 개념은 중년을 지나는 많은 사람들에게 도전을 주고 용기를 주었다. 그가 쓴 '하프타임' 이라는 책에서 전반전, 하프타임, 후반전으로 나누어

인생을 살아가는 방법과 함께 구체적인 지혜를 주고 있다. [356)

이를 바탕으로 중년을 대상으로 한 '하프타임 사역' 이 활발하게 펼쳐지고 있다.

물론 한국에서는 모든 세대를 포함하는 광의의 개념으로 사역하고 있지만 중심은 역시 중년이다. 이 하프타임 사역은 경기 침체와 고용 불안 등 여러 문제로 어려움에 처한 사람들에게 자신의 현 위치를 정확하게 진단하고, 정체감을 회복하게 한 후 예수님 안에서 인생의 목표를 새로 정립하도록 삶의 의미와 목표를 제시해 주는 프로그램이다. 특히 갑작스레 찾아온 인생의 고비에서 정체감에 혼란을 느끼고 있는 모든 이를 위로하고 회복시킨다는 점에서 괜찮은 프로그램으로 꼽히고 있다.

이 하프타임 세미나의 주제는 "당신은 하프타임이 필요합니다"로 정하고 전반전을 뛰는 사람들, 후반전을 준비하는 사람들, 다시 뛰는 사람들, 같이 뛰는 사람들, Hi Life 선포식 등으로 나눠 진행된다. [357)

첫째, 자신에 대한 정확히 진단하는 프로그램이다. 현재 자신이 나아가는 인생의 방향을 점검하고 얼마 동안 더 살 수 있을 지 예상하며, 앞으로 남은 생을 어떻게 설계할 것인지에 대한 기대예상 수명도 계산한다. 또 가정, 직업/일, 건강/레저, 재정, 대인관계, 영성 등 6가지 삶의 영역을 원으로 표시해 자신이 각 영역에 얼마나 시간을 할애하고 있는지 확인하고 균형이 깨진 부분을 발견하게 한다.

둘째, 인생의 항로를 확인하는 커리어 앵커가 있다. 자신의 능력의 범주, 자질, 동기, 가치관등의 요소를 감안한 직업가치관 파악을 목적으로 하며 자신의 정체성을 진단하고 자신의 잠재 분야를 새롭게 발견하는 기회이며 이를 바탕으로 인생사명서를 작성한다.

356) Bob Buford, Halftime, *하프타임*, 김성욱 역 (서울: 낮은울타리, 2000)
357) '하프타임코리아' 의 홈페이지, www.halftim.co.kr 에서 발췌

셋째, 인생사명서를 근거로 자신의 후반의 삶에 대한 사명을 키워나가는 구체적이며 실현가능한 방법을 기술한다. 참여한 모든 이들 앞에서 다짐한 사명서를 읽고 자신이 찾은 핵심가치 그리고 인생사명서에 대한 결단과 헌신을 다짐한다.

넷째, 자신의 인생사명서에 의한 세부적인 행동계획에 따른 모티브를 제공하며 이를 토대로 하나님께 서약하는 중보기도회를 연다. 즉 자신이 정한 인생에 동행할 하나님을 만나는 시간으로 마련된다. 또한 간증과 찬양을 통해 예수님을 인격적으로 만날 수 있도록 배려한다.

다섯째, 치밀한 계획서와 신앙으로 무장한 참가자들이 다시 세상으로 나아가는 일종의 파송식 (Hi Life 선포식)을 갖는다

한편, 하프타임 사역에서는 인생의 중반기에서 다음과 같은 점들을 점검해 보기를 권한다.

첫째, 나는 '나이' 라는 고정관념의 감옥에 갇혀 있지는 않는가?

고정관념은 '고장난 생각' 이라는 사실을 깨닫게 되기를 바란다. 고정관념은 우리를 묶고 다시 한번 새로운 출발을 하는데 우리를 지체하게 만드는 것이다.

둘째, 나는 인생의 마스터 플랜(Life Master Plan)을 갖고 있는가?

어떤 건물도 설계도 없이 지어진 건물은 없다. 하나님은 우리 모두의 인생에 분명한 계획을 가지고 계시고 그 일을 이루기 위해서 우리를 보내셨다. 그러기에 자신의 인생을 돌아보면 전반생을 잘 살았는지, 그리고 남은 시간동안 하나님의 완전한 계획을 따라 앞으로 잘 살아갈 것을 점검하는 시간이 필요하다.

셋째, 나는 늘 새로운 것을 찾아서 도전하고 있는가?

만약 어떤 사람이 전반전에 실패를 경험했다면, 후반전에서 새로운 도전을 시도하는 것은 결코 쉬운 일이 아니다. 그러나 무언가를 이루기 위해서는 두려움을 무릅쓰고 전반전에 생각으로만 머물렀던 것을 실행에 옮길 수 있는 기회를 가져야 한다.

넷째, 나는 늘 호기심을 갖고 새로운 것을 배우고 있는가?

하프타임을 통해 진단해 보고자 하는 것은 "새로운 것을 배우려는 유연함과 포용성을 가지고 있는가 '이다. 진정한 후반전을 살아가기 위해서는 새로운 것을 배우는 열린 사고가 필요하다.

다섯째, 나는 치열하게 매일 매일을 만들어 가고 있는가?

시간이란 하나님이 주신 선물이다. 그러나 시간은 한정적이다. 자신에게 주어진 시간을 어떻게 활용하는가 하는 것은 하프타임을 통해 점검해야 할 중요한 과제이다. 시간을 잘 활용한다는 것이 매일 매일을 만들어가는 것과 같은 것이다.

여섯째, 나는 나의 분야에서 획을 그을 수 있는 역량을 갈고 닦는가?

헨리 데이빗 소로우의 '월든' 중에서 "그대의 눈을 안으로 돌려 보라, 그러면 그대의 마음속에 여지껏 발견 못하던 천(千)개의 지역을 찾아내리라. 그곳을 개발하라"고 했다. 하나님은 우리를 지으실 때 무한한 능력을 주셨다. 이 점을 잊어서는 안된다.

일곱째, 나는 할 수 없는 이유를 일부러 찾지 않는가?

어니 J 젤린스키의 '느리게 사는 즐거움'(Don't worry, Be Happy)에 이런 말이 나온다. "우리가 하는 걱정거리의 40%는 절대 일어나지 않을 사건들에 대한 것이고, 30%는 이미 일어난 사건들, 22%는 사소한 사건들, 4%는 우리가 바꿀 수 없는 사건들에 대한 것들이다. 나머지 4%만이 우리가 대처할 수 있는 진짜 사건이다. 즉 96%의 걱정거리는 쓸데없는 것이다."

하프타임에서 이야기하고 싶은 것은 당신을 향한 그분의 계획을 발견하라는 것이다. 포기하지 말라는 것이다.

(3) 중년을 위한 부부사역의 내용 [358]

---

358) 이는 한국가정상담연구소가 행하고 있는 중년을 위한 부부사역의 주요 내용이다.

중년을 향한 사역에서 가장 기본적인 것이 가족치료를 통한 내적치유의 과정이다. 더불어 풍성한 삶을 위한 심층적인 부부생활의 원리들을 더욱 다져가야 한다.

1) 나는 누구인가?

나는 어떠한 성장과정을 가지고 있는가? 나의 역사는 어떠한가? 자신의 가족력과 배우자의 가족력을 통해 우리 부부에게 어떠한 공통점이 있으며 어떠한 문제 요소들을 가지고 있는지 살펴보도록 한다. 특별히 지나온 과거나 지금의 나를 지배한다는 입장에서 일단 서로를 깊이 이해할 수 있도록 만들어 준다.

2) 역기능 가정과 성인아이

자신의 흘러온 삶을 알았으면 나의 성장과정에서 역기능 가정의 요소는 어떤 것들이 있었는지를 깨닫게 한다. 또, 그러한 요소들이 지금의 나에게 어떠한 영향을 미치고 있는지 깊이 묵상하도록 한다. 더불어 우리 부부의 삶에 영향을 미치고 있는 역기능적인 요소들이 또, 우리 자녀들에게 전수되고 있지는 않는지 살펴보도록 만든다. 그래서 그리스도안에 들어온 우리 부부의 삶의 뿌리, 가치관의 뿌리가 세상이나 나의 과거가 아닌 그리스도안에 내릴 수 있도록 만들어 주어야 한다.

3) 마음의 상처 치유

특별히 마음의 상처들이 있다면 스스로 치유할 수 있는 힘을 가진 사람도 있지만 도움을 받아야만 하는 경우도 있다. 스스로의 마음의 그릇을 살펴보도록 만들고 무엇을, 어떤 문제를 해결해야 하는지 찾아본다. 그래서 그 상처들을 치유함으로 인해 마음을 옥토 밭으로 만들 수 있도록 도와준다.

4) 중년의 위기와 극복

중년의 시기에 들어서면서 중년은 위축되기도 하고 좌절하기도 한다. 성경 속에서 중년의 위기를 겪었던 다윗이나 사울의 삶을 통해 우리가 교훈 받아야 할 점은 무엇이고 또 그들의 삶 속에서 나를 돌이켜 보도록 만든다. 나에게 있어서 중년의 위기 요소는 없는가? 그 위기들을 예방하고 또는 극복할 수 있도록 하기 위해 나는 지금 무엇을 해야 하는지를 살피고 몸에 배이도록 만든다.

5) 중·노년 부부의 성

청춘 시절에 있어서 부부의 성과 중년 이후의 부부의 성은 관점도 다르고 접근 방식도 달라야 한다. 하나님께서 이 땅을 살아가는 부부들에게 주신 성의 원리를 다시 한번 점검하면서 특별히 중·노년 부부들이 성을 통한 풍성함을 어떻게 누리며 살아갈 것인지 실제적으로 배우고 적용하도록 만든다. 더불어 성문제 클리닉의 관점에서 해결과 함께 예방을 할 수 있도록 만든다.

6) 나의 인생 리뉴얼 플랜(Renewal Plan)

지금까지의 삶을 되돌아보고 앞으로 남은 삶을 다시 한번 점검하면서 하나님께서 우리 부부에게 주신 사명과 함께 나에게, 그리고 우리 부부에게 있는 달란트를 재점검하게 만든다. 이를 통해 인생의 푯대를 다시 한번 검토하게 만든다. 그리고 그 푯대를 향해 달리기 위해 지금 나는 무엇을 해야 하며, 앞으로 삶의 주기별로 나는 어떠한 자세로 서 있어야 하는지를 계획하도록 만든다. 이를 통해 인생도, 영성도 새롭게 부흥하는 계기를 만들도록 한다.

7) 자녀, 그리고 청지기

잘 성장해 온 자녀를 돌아보도록 만든다. 자녀들에게 나는 어떠한 영향력을 미쳤는가? 긍정적인 영향력은 무엇인가? 그리고 부정적인 영향력은 무엇인가? 이제 떠나보내야 하는데 떠나보내기 전에 정리해야 할 것은 무엇인가? 부모로서 내가 사과하고 용서를 구할 일은 없는가? 나는 잘 떠나 보낼 수 있는가? 떠나 보낸 후에 나는 이들을 위해 무엇을 해야 하는가? 나는 과연 청지기적인 정신을 가지고 있는가? 이 모든 것들을 점검하면서 부모로서 자녀를, 그리고 인생의 선배로서 자녀를 되돌아보도록 만든다.

8) 황혼과 인생의 면류관

노년에 대해 우리는 어떻게 대해야 하는가? 어떻게 맞이해야 하는가? 생각하기 싫은 주제일 수도 있지만 노년은 사실 신혼부터 준비해야 한다는 관점에서 특별히 중년을 맞은 부부들은 더욱 적극적으로 노년을 생각해야만 한다. 노년의 의미는 과연 무엇인지? 영적으로, 정신적으로 건강한 노년을 맞이하기 위해 우리는 지금 무엇을 준비해야 하는지를 알아보도록 한다.

9) 이별, 그리고 천국

중년에 접어들면 언제든지 죽음을 생각하고 살아야 한다. 죽음에 대한 성경적인 의미는 무엇인가? 그리고 크리스천으로서 죽음에 대해 어떠한 생각을 가지고 살아야 하는가? 우리 주위의 사람들이 죽음을 당했을 때 나는 어떻게 해야 하는가? 우리가 소망하는 천국은 과연 무엇인가? 이런 등등의 죽음에 대한 새로운 관점을 제시해 줌으로 인해 건강한 죽음관을 갖도록 만든다.

3. 신혼 부부 사역

(1) 신혼부부 사역의 현황

신혼부부사역은 아직까지 정착되어 있지 않은 상황이다. 그것은 부부대상 사역 자체가 자리를 제대로 잡지 못했기 때문이다. 대체적으로 부부 사역이 정착되면서 그 세분화의 일환으로 신혼 부부 사역과 중년부부 사역, 또는 신혼부부, 유아 자녀, 청소년 자녀, 청년 자녀, 자녀를 떠나 보낸 부부 등으로 세분화된 부부 사역을 펼치게 되는 것이다. 그런 의미에서 신혼 부부 사역은 준비되지 못한 결혼을 한 그들에게 정말로 필요함에도 그들을 잘 돕지 못하고 있음을 인식해야 한다. 특별히 결혼한 지 5년 미만된 부부들의 공식적인 이혼율이 41.3%[359]에 이르고 있음을 감안한다면 신혼부부 사역은 더욱 강조되어야 한다. 일부 교회에서도 이의 중요성을 감안하여 신혼 부부들이 몰려 있는 나이가 젊은 선교회가 주관하여 신혼 부부사역을 대신하고 있으나 아직까지는 미미한

---

359) 2002년 3월에 통계청이 발표한 2001년의 혼인 및 이혼 통계 결과에 의함

상황이다.

이 신혼 부부사역에 가장 적극적인 교회가 역시 온누리교회이다. 온누리교회는 이미 오래전부터 부부사역인 '하나님의 가정훈련학교'에서 분리된 '신혼부부학교'를 운영하고 있다. 이 신혼 부부학교의 목적은 신혼부부들에게 하나님께서 허락하신 가정제도의 원리와 목적을 가르치고 충성한 삶을 살 수 있는 성경적인 원리들을 가르쳐서 하나님이 주신 설계도에 따라 자신들의 가정을 아름답게 이루어가도록 돕는다고 명시하고 있다.[360] 온누리교회의 신혼부부학교는 결혼한지 5년 이하의 부부들을 대상으로 하며, 신혼부부학교를 비롯하여 신혼부부 양육 모임, 주말의 쉼터, 어머니교실 등을 함께 운영하고 있다. 신혼부부학교는 매년 5월과 10월의 두 번에 걸쳐 개설하며, 5회에 걸쳐 모임을 갖는데 그중 2번은 1박2일로 교회밖에서 프로그램을 진행한다. 다루는 주제는 하나님의 은혜, 내적치유, 가정제도의 원리와 목적, 가정경제, 부부의 대화, 부부의 성, 아내와 남편의 역할, 부부 갈등의 해소, 가족관계, 자녀교육, 아버지 등을 다룬다.

(2) 신혼 부부 사역의 방향

신혼부부의 사역과 일반적인 부부사역, 특히 중년 부부 사역과는 무엇이 달라야 하는가?

기본적으로 접근 개념부터가 달라야 한다. 우선 신혼부부는 '사랑에 눈이 어두운' 시기에 들어가 있다. 그래서 갈등에 대한 나눔을 해도 깊이가 없다. 어떻게 보면 중년의 부부들이 보기에는 '간지러운 사랑 싸움' 정도에 지나지 않기 때문에 중년 부부들과 신혼부부들이 함께 그룹에 참여한다면 역동성은 당연히 떨어질 수밖에 없다.

---

360) 온누리교회 편, 19-28.

더불어 신혼 부부 그룹과 중년 그룹은 관심사가 다르다. 우선 신혼 부부 그룹은 '환상적 사랑기'에 있기 때문에 '사랑에 대한 독점욕'이 당연히 강한 때이고, 더불어 새롭게 가족으로 태어날 신생아에 대한 관심이 집중되는 때이기도 하다. 첫 임신 또는 둘째아이 임신과 함께 첫째 자녀 양육에 온통 관심이 있기 때문에 웬만한 부부문제는 덮혀 질 수밖에 없다. 그렇기 때문에 가정사역도 당연히 초점이 달라야 한다는 것이다.

따라서 이들에게는 하나님께서 제정하신 가정의 원리와 설계도를 마음 깊숙이 다지게 만들면서, 이들 부부에게 주신 다음과 같은 하나님의 가정 설계도를 직접 그리도록 만들어야 한다.

- 하나님께서 그 가정을 통해 이루고자 하는 뜻이 무엇인가?
- 그 뜻을 이루시기 위해 우리 부부에게 주신 달란트는 무엇인가?
- 우리 가정의 푯대는 과연 무엇인가?
- 그 푯대를 향해 달리기 위해 지금 나는 무엇을 해야 하며, 5년후, 10년후, 20년후의 우리 부부의 모습은 어떻게 되어 있어야 하는가? 그리고 각 인생의 시기별로 우리 부부는 각자, 그리고 함께 무엇을 해야 하는가?
- 자녀는 몇 명을 낳을 것이며, 그 자녀들을 어떻게 양육해 갈 것인가?
- 그 자녀들을 주시는 하나님의 뜻은 무엇인가?

이러한 기본적인 설계도 외에도 풍성한 삶을 위한 원리들을 배우고 익히도록 해야 한다.

- 부부간의 의사소통은 어떻게 해야 하는가?
- 부부간의 성생활은 어떻게 해야 하는가?
- 부부 역할은 어떠해야 하는가?
- 경제생활에 대한 성경적인 원리는 무엇인가?

또 하나 중요한 것은 부부 갈등을 예방하고, 혹시 갈등이 일어나더라도 치유의 자생력을 가질 수 있도록 도와주어야 한다.

- 나는 누구인가? 자아상의 문제로 인한 부부 갈등 여지는 없는가?
- 각자의 성장과정에서 있었던 마음의 상처는 없는가? 그 상처들이 지금의 나를 지배하고 있지는 않는가? 성인아이적 기질은 어떠한가?
- 서로를 이해하기 위해 무엇을 해야 하는가?
- 가족간의 갈등의 씨앗은 없는가?

특별히 자녀를 생산하는 시점이므로 여기에 좀 더 많은 관심을 가져야 한다.
- 태교는 어떻게 해야 하는가?
- 자녀 양육의 구체적인 방법
- 아버지로서, 어머니로서 나는 어떻게 살아가야 하는가?

이러한 4가지 관점에서 신혼부부 사역은 준비되어야 한다.

특별히 신혼기의 가정은 미래의 삶에 대한 투자를 하는 시가라는 점에서 다음의 점들을 집중적으로 다룰 필요가 있다.

1) 남편의 '정신적인 떠남'

결혼을 하는 순간부터 남편은 자녀의 위치에서 자기 가정을 갖는 성인의 위치로 이동한다는 것을 의미한다. 그것은 곧 '보살핌을 받는 자'에서 '가정의 머리'요 '제사장'으로의 변화를 의미한다. 그렇기 때문에 성인으로서의 정체감을 형성할 필요가 있다. 이러한 떠남을 위해 '정신적인 떠남'에 영향을 미치는 요인을 살펴 봄으로 인해 떠나지 못하여 생길 수 있는 문제들을 미리 예방하도록 해야 한다. 즉, 부모의 삶을 돌아 봄으로 인해 스스로 홀로 설 수 있도록 양육했는지, 또한 자녀가 우선이 아닌 부부 우선의 가정교육이 이루어 졌는지를 살피도록 한다. 만약 이 떠남의 문제가 해결되지 않는다면 마치 청소년기의 연장선상에서 신혼생활을 하는 것이나 다름없다. 그래서 부모에 대한 의존적 성향이 커지게 된다. 당연히 갈수록 독립심이 약해질 수밖에 없다. 또, 부모의 품속에 안주하려는 습성이 있어서 이혼·별거 등에 대해 손쉬운 결단을 하는 원인이 된다. 또, 어머니와 아내를 비교함으로 인해 아내에 대한 불만이 팽배해 지게 되고 이는 곧 결혼에 대한 환상을 깨면서 가정의 파괴로 이어진다. 바로 이 점을 교육하여야 한다.

2) 아내의 '사랑의 패러다임 변화'

결혼하기까지 아내는 '열정' 이라는 의식적 사랑 속에서 살아 왔다고 해도 과언이 아니다. 어쩌면 사랑의 거품현상을 겪고 있는 것이다. 이를 '헌신' 의 사랑으로 변화시켜야만 한다. 그래서 '누리는 사랑' 에서 '섬기는 사랑' 으로, '받는 사랑' 에서 '주는 사랑' 으로 대전환을 이루어야 한다는 것이다. 그런데 그렇게 하기를 원하면서도 제대로 되지 못하는 요인으로 부모의 결혼 picture를 들 수 있다. 결혼이란 조정과 합의를 통해 새로운 결혼의 틀을 만들어 가야만 한다. 그런데 그 제3의 틀이 만들어지지 못함으로 인해 신데렐라의 꿈이 깨지게 되고, 자존심에 상처를 입게 되며, 그래서 자학을 하는 수도 있다. 더불어 어두운 Vision을 갖게 되는데, 이는 자포자기의 삶이나 억누르는 삶, 자학적인 삶으로 이어질 가능성이 많다. 그러면서 마음의 깊은 상처가 생기기 시작하는 것이다. 이 점이 아내들에게 먼저 깨닫게 해야 할 사항이다.

3) 부모의 '정신적인 떠나 보냄'

신혼부부를 대상으로 교육할 때 신혼 부부의 양가 부모를 대상으로 초청 교육을 하는 것도 바람직하다. 그들에게는 자녀 부부가 우선 '품안의 자녀'에서 '축복하고 기도해 주어야 할 또 하나의 가족'임을 분명히 알도록 해야 한다. 더불어 '종속'적인 관계에서 이제는 '독립'적인 관계로 전환되었음을 인정해야만 한다. 그러기 위해 '빈둥지'에 대한 대비를 해야 하는데 이는 '부부' 우선의 삶을 사는데부터 시작된다는 점을 교육해야 한다. 만약 해결하지 못했을 때는 '아들 없는 셈치기'라는 실망과 포기가 이어지거나 고부갈등의 표출로 연결될 수 있음을 알게 한다.

4) 부부의 새로운 적응

신혼부부는 이제 '새로운 가족 구성에의 적응'을 하도록 훈련시켜야 한다. 즉, 결혼은 1+1이 아니라 (1+2)+(1+2)의 산수라는 점, 결혼은 1:1의 결합이 아닌 가족:가족의 결합이라는 점을 분명히 알고 새로운 가족에 잘 적용할 수 있도록 도와야 한다.

그리고 이러한 적응을 방해하는 요인으로 ① 지나친 개인주의, ② 대인 관계 형성 능력, ③ 부모의 Image picture 등이 있음도 알려 주어야 한다. 이를 해결하지 못했을 때 생기는 문제로는 ① 가족간의 관계 파괴, ② 부부 문제로 전이 되어 관계가 파괴된다는 점을 분명히 할 필요가 있다.

더불어 '결혼의 틀'을 조정해야만 한다. 즉, 각자가 가지고 있던 결혼의 틀을 서로 조정하면서 '제3의 틀'을 만들어 가야 한다는 것이다. 이 조정에 영향을 미치는 요인으로는 ① 대화와 협상 능력과 '수용선' 확대, ② 상대방을 존중하는 자세, ③ 부모의 Image picture 등을 들 수 있다. 그리고 해결하지 못했을 때 생기는 문제로는 ① 부부간의 갈등 증가, ② '막힌 담'의 정착 가능성 등을 들 수 있다. 막힌 담은 결국 갈등의 회피수단이 되며, 부부간에 '어둠의 영역'

이 형성된다는 점에서 조심하여야 한다.

또 하나, 결혼 후 부부관계에 영향을 끼치는 요인으로는 몇 가지가 있는데 그 실체를 깨닫도록 만드는 것이 중요하다. 우선 부모의 존재가 영향을 미치며, 그 다음으로는 형제 자매와의 관계를 들 수 있다. 대체적으로 서로 보완적인 형제 순위[361]의 배우자가 결혼했을 때 결혼 안정성이 높다. 그러나 보완적이 아닌 결혼의 경우[362]에는 많은 노력이 필요하다. 그리고 문화적 차이도 영향을 미친다.

5) 신혼부부학교에서의 과제

신혼부부학교에서는 다음의 주제들에 대해 특별한 관심을 가질 필요가 있다.

① 하나님이 설계하신 가정의 모습을 가르쳐야 한다. 우리가 결혼하여 가정을 이룬 목적은 무엇인지, 그 가정의 목적을 발견하도록 도와야 한다. 즉, 우리의 가정을 통해 이루고자 하는 하나님의 뜻은 무엇인지, 가정에 대한 하나님의 뜻 발견하도록 인도해야 한다는 것이다.

② '제3의 결혼 틀'을 만들 수 있도록 훈련 시켜야 한다. 남·녀의 차이를 알게 하여 서로를 이해하도록 해야 한다.

③ '자녀 양육기'를 대비한 '예비 자녀교육'이 이루어져야 한다. '자녀'를 허락하신 하나님의 뜻을 생각하면서 어떻게 자녀를 생산할 것인지, 성경적인 태교 및 자녀 양육 기초를 배우도록 한다.

④ 가족 관계의 이해를 돕도록 한다. 가족 체계도나 MBTI 등을 통해 상호 이해의 폭을 넓히도록 돕는다.

---

361) 보완관계의 형제 관계란 예를 들면 여동생이 있는 남성과 오빠가 있는 여성과 가장 잘 지내는 경향이 있다는 것이다. 물론 남성의 경우 그 여동생과 사이가 좋아야 한다는 것을 전제로 한다. 여성의 경우도 오빠하고 관계가 좋았을 경우 관계 형성에 탄력을 받게 된다.

362) 극단적인 case로 아들만 있는 집안의 장남과 딸만 있는 집안의 장녀가 결혼했을 경우를 말한다. 이 경우 서로 리더가 되기를 원하기 때문에 관계에 손상을 가져 올 우려가 많다. 더불어 막내와 막내의 결합도 서로 의존하려는 욕구 때문에 갈등이 생길 수 있다고 말한다.

(3) 대상

일차적 대상은 결혼한 지 5년 이하의 부부들이다. 그러나 인적 자원이 풍부하지 못할 때는 조금 더 범위를 넓혀도 될 것이다.

(4) 준비

신혼부부 사역에서는 우선 모임의 시간을 길게 갖기가 곤란한 돌발 상황들이 많이 발생한다. 또 유아들의 동반이 많음으로 인해 이들에 대한 대책을 세우는 것이 필수적이다. 따라서 신혼부부학교가 열리는 기간에는 임시 탁아방을 개설하여 신혼부부들이 공부에 전념할 수 있도록 만들어 주어야 한다. 그래서 유아들을 돌보는 봉사자들이 필수적이다.

특별히 유아들을 돌보는 봉사자들은 부모로부터 아이의 특성과 음식 등에 대한 설명을 이름과 함께 꼭 메모하고 그 특징서를 휴대하는 것을 잊지 말아야 한다.

부모로부터 받아야 할 유아의 정보는 다음과 같다.

- 아기의 이름
- 성장 개월 수
- 이유식, 유아식에 관한 정보
- 특별한 버릇이나 돌볼 때 주의사항
- 특기사항
- 비상연락망(바로 곁에서 돌봐 주지만 그래도 적어 놓는 것이 좋다)

이러한 항목들을 부모로부터 인계받아 돌보아 주도록 한다. 다른 준비들은 부부 모임의 준비과정을 참고하면 된다.

(5) 과정

신혼부부 모임의 과정은 부부모임과 유사하나 단지 초점을 달리 해야 한다

는 차이가 있다.[363]

■ 제 1과정 : 하나님의 가정설계

구체적인 것은 일반부부과정의 '하나님의 가정설계'를 참고하면 된다. 그러나 신혼 부부과정에서 더욱 관심을 가질 것은 우리 부부에게 주어진 인생의 목표를 정리하는 것이다. 그래서 이들 부부에게 주신 다음과 같은 하나님의 가정설계도를 직접 그리도록 만들어야 한다.

– 하나님께서 우리 가정을 통해 이루고자 하는 뜻은 무엇인가?

– 그 뜻을 이루시기 위해 우리 부부에게 주신 달란트는 무엇인가?

– 우리 가정의 목표(푯대)는 과연 무엇인가?

– 그 푯대를 향해 달리기 위해 지금 나는 무엇을 해야 하며, 5년후, 10년후, 20년후의 우리 부부의 모습은 어떻게 되어 있어야 하는가?

– 인생의 예상 라이프 사이클 그리기 ; 각 인생의 시기별로 우리 부부는 각자, 그리고 함께 무엇을 해야 하는가?

■제 2과정 : 부부와 사랑

■제 3과정 : 부부의 의사소통

■제 4과정 : 남녀의 차이와 부부 역할

■제 5과정 : 가정과 자녀

– 태교는 어떻게 해야 하는가?

– 자녀 양육의 구체적인 방법

– 아버지로서, 어머니로서 나는 어떻게 살아가야 하는가?

– 자녀는 몇 명을 낳을 것이며, 그 자녀들을 어떻게 양육해 갈 것인가?

– 그 자녀들을 주시는 하나님의 뜻은 무엇인가?

■제 6과정 : 부부와 성

---

363) 이 과정은 한국가정상담연구소가 제시하는 1차 워크샵 내용이다.

■제 7과정 : 부부와 자아상

이고그램이나 MBTI등을 통해 자신에 대해 더 성찰하게 하고 부부간의 차이를 알게 한다. 이를 통해 부부갈등의 요소들을 미리 알아 예방하도록 한다. 가장 중요한 것은 서로를 이해하게 만드는 것이다.

■ 제 8과정 : 서로를 이해하기

각자의 가족력과 라이프 스토리를 통해 서로를 깊이 이해하도록 만든다. 특별히 "각자의 성장과정에서 있었던 마음의 상처는 없는가?, 그 상처들이 지금의 나를 지배하고 있지는 않는가?, 성인아이적 기질은 어떠한가?, 서로를 이해하기 위해 무엇을 해야 하는가?, 가족간의 갈등의 씨앗은 없는가?" 등을 알아보도록 한다.

■ 제 9과정 : 부부와 경제생활

■ 제 10과정 : 부부와 영성

하나님의 가정을 만들기 위해 우리 부부가 해야 할 일은 무엇인가? 가정예배는 어떻게 드려야 하는가? 팀 사역자로서 부부의 삶은 어떠해야 하는가? 이러한 점들을 생각하도록 만든다.

또 다른 관점에서 구체적인 성경적 지침을 학습하고 훈련하는 내용으로 다음과 같이 제시될 수 있다.[364]

제1부. 나는 당신을 나의 배우자로 받아들입니다.

　　제 1과 결혼은 하나님이 제정 하셨습니다.
　　제 2과 우리는 한 가정을 꾸며가고 있습니다.
　　제 3과 결혼은 하나의 언약입니다
　　제 4과 하나님의 사랑이 우리의 모범입니다.

제21과 우리는 재정에 관한 하나님의 계획에서 배울 수 있습니다.

제22과 우리의 결혼이 죽을 때까지 지속될 수 있을까요?

제23과 왜 결혼 생활 가운데 갈등이 생겨날까요?

제24과 갈등은 해소될 수 있습니다. 정말 그럴까요?

제25과 우리의 결혼 생활은 어떻게 더 만족스러워질 수 있을까요?

제26과 나는 당신을 사랑할 것을 선서합니다: "예"

이 워크북은 성경적인 지혜를 제시하는 '연구하기'와 그 말씀을 바탕으로 삶에 적용하는 '적용하기', 그리고 마지막 부분에 주제에 맞는 결론과 결단의 내용으로 구성되어 있다.

4. 남성사역

(1) 남성사역의 필요성

"서구 사회는 역사상 거대한 기로에 놓여 있다. 인간으로서 우리의 생존자체가 수백만의 가정에서 남성 리더십이 발휘되느냐 아니냐에 달려 있다고 생각한다. (중략) 나는 가정을 보존할 수 있는 열쇠가 남편들에게 있다는 것을 추호도 의심도 없이 믿는다."(제임스 돕슨)[365]

'돕슨'의 이러한 지적은 지금도 그대로 유효하다. 아니 그러한 상황은 더욱더 심각해지고 있다. 어떻게 보면 가정의 붕괴는 남성의 흔들림에서부터 시작된다고 봐도 과언이 아니다. 아버지가 가정에서 제 역할을 하지 못하면 가족 구성원 모두가 흔들리게 된다. '스티브 파라(Steve Farrar)'는 그의 저서에서 아버지의 이러한 역할을 '포인트 맨(Point Man)'이라고 지칭했다. 그는 이러한 "혼돈된 사회 가운데서 가정을 인도한다는 것은 적군이 점령한 지역에서 소

---

365) James C. Dobson, *Straight Talk to Men and Their Wives* (Waco, Tex.: Word, Inc., 1980), 21. Steve Farrar, *Point Man* (서울: IVP, 1999), 13.에서 재인용

규모 정찰대를 이끌고 가는 것과 같다"고 표현한다. 결국 자신들의 가족을 이끄는 첨병이 제 역할을 하지 못하면 많은 사상자들을 낳게 된다고 말한다. 그래서 이혼도 하고 자녀들도 타락의 길로 접어들며 낙태와 약물중독, 자살들이 나타나게 된다는 것이다.

문제는 그 '포인트 맨' 들이 제자리에 서있어야 함에도 불구하고 서야 할 자리에 없으며, '포인트 맨' 으로서의 사명도 잘 감당하지 못한다는데 있다. 당연히 가정이 흔들릴 수 밖에 없다. 거기에다가 '우먼 파워(Woman Power)' 라고 일컫는 사회적 환경은 남성들을 더욱 위축되게 만들고 있다. 갈수록 가장으로서의 권위가 무너지고 있다. 더불어 진정한 남성의 가치가 혼돈되는 사회에 우리는 살고 있다.

중요한 것은 남성들이 이렇게 제자리를 찾지 못함으로 인해 가정이 무너지고 덩달아 교회도 흔들린다는 사실이다. 더불어 권위의 붕괴는 도미노 현상을 몰고 오는데 가장인 남성의 권위 실종은 곧 학교에서의 선생님들의 권위 붕괴로 이어지고 있으며, 이는 사회 질서의 무너짐으로 연결되게 된다. 이로 끝나면 얼마나 좋을까마는 결국 하나님의 권위에까지 손상을 끼치게 된다는 점에서 심각하다고 할 수 있을 것이다.

이러한 측면에서 남성들을 제자리에 세우려는 운동들이 일어나게 되었다. 즉, 가정의 제사장으로서의 남자, 가장으로서의 남자, 교회의 진정한 영적 지도자로서의 남자로 바로 세우려는 '남성 바로세우기 운동' 이 태동하게 된 것이다.

바로 이러한 관점에서 남성사역은 교회의 몸을 세우는 사역이라 할 수 있다. 김연택(2000)은 그의 논문에서 남성 사역의 목표를 이렇게 정리하고 있다.[366]

---

366) 김연택(전 대한신학대학원대학교 총장, 일심교회 담임목사)가 프라미스 키퍼스 컨퍼런스에서 배포한 "21세기 건강한 교회와 남성사역" 논문 중에서 인용함.

- 하나님의 말씀을 전달한다(전도) ; 엡 3:10
- 하나님의 가족과 교제한다(교제) ; 갈 6:2, 10
- 하나님의 임재를 찬양한다(예배) ; 마 4:10 ; 요 4:23-24
- 하나님의 백성들을 교육한다(제자훈련) ; 히 6:1
- 하나님의 사랑을 나타낸다(사역) ; 요 13:35 ; 고전 12:27

김연택은 또, 같은 논문에서 다음의 다섯 가지 필요를 만족시킴으로 성숙에 이르도록 한다고 말한다.
- 사람들의 영적인 필요
- 사람들의 육신적인 필요
- 사람들의 감정적인 필요
- 사람들의 사회적인 필요
- 사람들의 도덕적인 필요

김연택은 사도바울의 사역을 남성사역의 한 모델로 제시하면서 한국교회는 남성사역을 통해 21세기 건강한 교회를 지향해 가야한다고 결론을 맺고 있다.

(2) 남성사역을 위한 운동들

미국의 프라미스 키퍼스(Promise Keepers) 운동으로부터 기폭제가 된 남성사역은 우리나라에서도 남성사역의 중요성이 부각되면서 많은 교회들에서 도입되고 있고 또 도입하려는 움직임을 보이고 있다.

'약속을 지키는 사람들' 이라는 이름의 프라미스 키퍼스(Promise Keepers) 운동은 1990년, 빌 매카트니를 비롯한 2명의 평신도가 차를 타고 가면서 기도로 시작되었다. '남성회개 각성 운동' 으로 처음에는 1,000명을 초대하였으나

단 72명만이 참석을 했다고 한다. 그러나 이 운동은 전국적으로 확산되면서 1997년 워싱턴 DC 대회의 경우에는 140여만명이 참석할 정도로 엄청난 성장을 보였다.[367]

프라미스 키퍼스는 하나님 앞에서 7가지 약속을 지킨다는 선언을 하고 있는데 즉, 그리스도를 영화롭게 하고, 다른 사람들을 도우며 살고, 영적 · 도덕적 · 윤리적 · 성적인 순결을 지켜 나가고, 아내를 사랑하며 자녀를 돌봄으로 가정을 튼튼하게 하고, 교회 목회자를 귀히 여기며 봉사하고, 인종적 · 교파적인 장벽을 넘어 주안에서 연합을 이루고, 그리스도의 지상 사명과 계명에 충성하자는 것이 그것이다. 프라미스 키퍼스는 비단체 성격으로 무명(無名)주의를 유지하고 있으며, 수평주의와 팀 사역, 그리고 대형 이벤트를 중심으로 하여 진행된다. '남성을 남자되게 하라' 는 비전을 가진 이 운동은 지금도 활발하게 미국 전역에서 사역을 펼치고 있다.

프라미스 키퍼스 사역의 주요한 기초는 다음과 같다.[368]

① 왜 '프라미스 키퍼스' 인가?

이 사회의 모든 아내들, 아이들, 온 교회들과 지역사회들이 오늘날 절실하게 필요로 하는 것이야말로, 진리를 더럽히지 않고 자신이 말한 것에 진실하며, 신뢰할 수 있는 순결한 남성들이라는 사실에 모두 동의하고 있다.

② 약속을 지키는 사람은 어떻게 세상에 영향을 주는가?

프라미스 키퍼스는 세상에서 '소금'과 '빛' 이 되라고 하신 예수님의 명령을 주목한다(마태복음 5:13-14). 우리는 "그들로 다 나 여호와의 이름을 부르며 일심으로 섬기에 하리니"(스바냐 3:9)라고 말씀하신대로 이와 같이 남성들이

---

367) 두란노 편, "남성회복운동을 소개합니다", **두란노목회자료큰백과** 27 (서울: 두란노, 1997)795-796.
368) Ibid., 796-822.

주님의 이름을 부르도록 하여 하나님의 나라가 도래하도록 하는 일에 헌신하고 있다.

우리는 남성들이 일평생의 약속을 하게 하여 지키도록 함으로서, 예수 그리스도를 위하여 세상에서 주요하게 영향을 줄 수 있음을 믿는다.

- 예수 그리스도와의 약속은, 용서와 희망과 힘의 유일한 원천이신 그리스도를 믿을 것을 약속한다.

- 가족과의 약속으로, 존중하며 배려하고 영적 주도력을 갖출 것을 약속한다.

- 친구들과의 약속으로, 다른 기독교인 남성들과 지지적이면서도 중요한 관계를 확립하기로 약속한다.

- 교회와의 약속으로, 자신들의 시간과 에너지 자원들을 적극적으로 드릴 것을 약속한다.

- 지역사회와의 약속으로, 큰 계명(사랑하라)과 큰 사명(복음 전파)에 헌신할 것을 약속한다.

프라미스 키퍼스의 비전은 신실하게 임무를 수행함으로서 잠재적인 영향력을 끼친다는 광범위한 그림을 주 내용으로 한다. 즉, 기도와 겸손으로 무릎꿇고 연합하기 위해 발로 뛰는 남성들 가운데 역사하시는 하나님의 세계적인 운동이라는 것이다.

③ 비전

이 비전이 구체화되기 위해서는 네 가지의 주요한 필수 조건들이 있다.

a. 자신을 깨고 회개함

인간은 자신을 깨고 회개함으로써 하나님과 화해할 때, 그는 회복된 관계 속에서 하나님께 새롭게 나아갈 수 있다(시편 51:17).

b. 화해와 조화

성경에서 말하는 화해는 사람이 먼저 자신과 하나님과의 관계를 수직적으로 올바르게 하고, 둘째로 그 이웃들과의 관계를 수평적으로 올바르게 정립함으로서 이루어진다(요한복음 17:20-21).

c. 다시 태어남

하나님의 말씀과 성령에 순종함으로서, 사람은 그리스도의 몸 안에서 다시 태어 나도록 변화할 수 있다(에스겔 36:26).

d. 그리스도의 복음을 깨닫고 증거함

프라미스 키퍼스는 다른 사람들의 필요를 살피고 그에 대처하면서, 한 세대의 경건한 남성들과 교회들과 사역들을 연결하여, 그리스도를 위한 영적이고 사회적인 영향력을 지니는, 기도와 복음 전파의 세계적인 운동이 되는 것을 원칙으로 한다(마태복음 28:19-20).

④ 프라미스 키퍼스의 7가지 약속들

약속을 지키는 사람들은 다음과 같은 일에 헌신한다.

- 예배, 기도 그리고 성령의 능력을 통한 하나님의 말씀에의 순종을 통해서 예수 그리스도에게 영광을 돌린다.

- 자신의 약속을 지킬 수 있도록 자신을 도울 수 있는 형제들이 필요하다는 사실에 유념하면서 다른 남성들과의 활력있는 관계를 추구해 간다.

- 영적, 도덕적, 인종적, 성적인 순결함을 훈련한다.

- 사랑, 보호, 성경적인 가치를 통해 결혼과 가족의 토대를 견고하게 다진다.

- 자신이 속한 교회의 임무를 지원하기 위해 교회 목사님을 존경하고 그를 위해 기도드리며, 적극적으로 시간과 자원들을 제공한다.

- 어떤 인종이나 교파의 장벽을 뛰어 넘어 다다르면서 성경 말씀에 따른 통합의 가치를 높이 든다.

– 큰 계명(마가복음 12:30-31)과 큰 사명(마태복음 28:19-20)에 순종함으로 서 세상에 영향을 끼친다.

프라미스 키퍼스는 스타디움 대회 행사를 주축으로 하여 교육사역 프로그램들도 진행하고 있다.[369] 즉, "효과적인 남성 선교를 위한 기초 세미나(Foundations for Effective Men's Ministry Seminars)"와 "순결한 남성 확립 세미나(Building Men of Integrity Seminars)"는 교회의 크기와 교인 수에 관계없이 효과적인 남성 선교를 체험하며 활성화시키고 있다.

한국에서의 남성사역은 '두란노' 아버지학교 운동본부가 대표적이다. '주님, 제가 아버지입니다' 라는 슬로건을 내걸고 전국적인 규모로 사역을 하고 있는 두란노는 "아버지학교는 이 땅의 아버지들이 그리스도 안에서 경건한 남성, 가정의 목자, 교회의 지도자로 사명을 감당 할 수 있도록 격려하여, 사회를 변화시키는 영적인 운동을 펼쳐 나간다"는 비전 선언문을 제시하면서 다음과 같은 8가지의 사명 선언문을 제창하고 있다.[370]

① 말씀과 기도로 하루를 시작한다.

② 성적인 순결을 지킨다.

③ 매일 아내를 격려하며, 자녀를 축복한다.

④ 부모를 공경하고, 형제간의 우애를 지킨다.

⑤ 매주 가정예배를 드린다.

⑥ 정성을 다해 교회를 섬긴다.

⑦ 일터에서 정직한 일꾼이 된다.

⑧ 아버지학교 사역에 기쁨으로 동참한다.

---

369) Ibid., 821-722
370) 두란노 아버지학교, '아버지학교 비전선언문, 사명선언문', **주님, 제가 아버지입니다** 제3호 (1999. 12), 3. 이 사명선언문은 1998년 12월 12일에 열린 Vision Night에서 제정되었다.

이러한 두란노의 남성사역은 1995년 10월에 있었던 도은미, 황은철 부부의 아버지학교로부터 시작되었다. 이후 추부길, 권준, 김성묵 등이 2차 재도약을 준비하였고, 지금은 김성묵이 아버지학교의 대표가 되어 활발한 사역을 펼치고 있다. 아버지학교 운동본부는 아버지학교 뿐만이 아니라 본격적인 남성 부흥 운동을 펼친다는 계획 아래 그 사역의 폭을 넓혀 가고 있다.

다음은 두란노 아버지학교 운동본부의 주요 계획 및 전략들이다.[371]
● 남성 부흥운동의 비전
남성부흥운동은 이 땅의 남성들이 깨어 일어나 그리스도 안에서 그리스도 안에서 남자답게 강건하여, 남성으로서의 자존감을 지키고, 책임을 다하며, 거룩한 삶을 살아가도록 격려하며, 이 땅을 부흥시키는 영적 운동을 펼쳐 나간다.

● 남성 부흥운동의 3대 전략
– 아버지학교를 통해 아버지들로 하여금 남성부흥운동의 핵이 되도록 격려한다.
– 헌신자 학교를 통해 소그룹 지도자 및 남성부흥운동의 헌신자를 양육시킨다.
– 월요 남성집회를 통해 남성들을 격려하고, 남성부흥운동을 확장시킨다.
한편 두란노 아버지학교는 다음과 같은 주제를 가지고 진행된다.
　　　① 아버지의 사명
　　　② 아버지의 남성
　　　③ 아버지의 영향력
　　　④ 아버지의 영성
이렇게 4주를 기본으로 하되 5주에는 아내 초청잔치를 벌이기도 한다.

---

371) Ibid., 6-7.

두란노 아버지학교가 확산되어 가면서 기독교 가정사역연구소(현 '하이 패밀리')도 아버지학교를 시작하게 된다. '하나님, 제가 아버지입니다'로 슬로건을 정하고, 1999년 '아버지학교 워크북'을 출간하면서 본격적으로 시작된 하이 패밀리의 아버지학교는 '아버지 면허증'이라는 새로운 개념을 내세우며 사역을 펼치고 있는데, 대체적으로 6회의 모임을 갖는다. 특이한 것은 주별 주제를 정하지 않고 성경 본문을 기본으로 하여 진행된다는 점이다. 한편 사용되는 6주의 성경 본문은 다음과 같다.

① 사무엘 상 2:12-26

② 누가복음 15:11-32

③ 창세기 9:18-29

④ 잠언 7:1-27

⑤ 창세기 48:1-22

⑥ 말라기 4:6

한편, 두란노의 아버지학교에 참여한 바 있었던 추부길은 다른 차원의 아버지학교를 한국가정상담연구소를 통해 시작한다. 2000년 공개적으로 아버지학교 워크북과 인도자 가이드, 비디오 매뉴얼 등을 내어 놓으며 시작된 한국가정상담연구소의 아버지학교는 '아담아, 네가 어디에 있느냐?'는 슬로건을 내 세우고 있는데, 5주 과정으로 진행되는 주제는 다음과 같다.

① 아버지인 당신

② 남편인 당신

③ 남자인 당신

④ 예수 그리스도와 하나인 당신

⑤ 아내와 함께하는 사랑의 축제

한국가정상담연구소의 아버지학교는 각 주제마다 '문을 열며', '나의 삶을 되돌아 보며', '삶이 있는 나눔', '나를 돌아보기', '생각해 봅시다', '삶에의 적용', '더 나은 내일을 위하여', '실천해 봅시다' 등으로 구성되어 있다. 특별히 이 아버지학교는 소그룹을 기본으로 하여 교재가 만들어져 있다는 것이 특색이다.

한편 가정사역 기관들의 도움을 받거나 혹은 독자적으로 각 교회들도 활발하게 남성사역을 펼치고 있다. 온누리교회는 두란노와 함께 아버지학교 운동을 하기에 차치하고서라도 부산 수영로교회, 여의도순복음교회, 연동교회, 안양 새중앙교회, 주안장로교회, 예능 교회 등 여러 교회에서 아버지학교를 중심으로 남성사역이 펼쳐지고 있다.

특별히 연동교회 같은 경우는 자체적으로 개발한 남성사역을 펼치고 있는데 이를 '아브라함 교실' 이라 부르고 있다. 연동교회는 특히 중년 남성들을 대상으로 이 사역을 펼치는데 이는 첫째, 20대 남성들은 아직 가정에 대한 중요성을 실감하지 못하는 시기이나, 50대는 거의 자신과 가치관을 바꾸지 않으려는 심리적 마음이 있기 때문이며, 둘째는 사실상 예수님도 30대에 일하셨고, 셋째 30대 중년이야말로 한국 사회와 교회에 있어서 개혁의 물결 역할을 담당할 수 있는 능력을 가지고 있기 때문이라고 밝히고 있다.[372]

연동교회는 또 아브라함 학교 사역전략에서 아내에 대한 광고를 집중하여 남성들의 참여를 유도하고 있으며, 일정은 1박2일로 하고 있다. 내용은 먼저 조별로 묶어 준 다음 프라미스 키퍼스 비디오 상영, 잃어버린 남성의 감정을 찾아주기 위한 감수성 훈련, 아브라함 교실 선배의 간증 그리고 강의가 이어진다. 강의는 '성경속의 아버지', '아버지라고 부르고 싶은 이름', '아버지의 사명과 영향력, 그리고 영성' 이라는 3가지 내용으로 진행된다. 마지막으로 워크샵과 결단의 순서를 통해 마무리한다.[373]

---

372) 장동학, 42.
373) Ibid., 44-49.

이러한 아버지학교 외에도 남성들을 대상으로 한 목회들이 여러 단체들과 교회들에서 시도되고 있다. 그 중의 하나가 '기독실업인회'이다. 남성 성도들 가운데서 사업을 하는 성도들이 따로 모여 기독교적인 정체성을 가지고 세상에서 승리하기 위한 성경공부와 교제를 갖는데, 신앙에 대한 열의가 옅은 남자들을 넓은 범위의 신앙공동체로 묶을 수 있는 한 방법으로 제시되는 남성사역이라 할 수 있다.

이 기독실업인회는 미국의 대공황 때 생겨난 모임으로 출발은 중소기업을 하는 남성 성도들이 모여 가볍게 성경 공부를 하고 친교를 나누는 모임으로 출발했다고 한다. 그런데 이 모임은 점차 발전하여 이제는 세계적인 모임으로 발전하였다. 기독실업인회 모임은 꼭 그러한 단체에 속하지 않더라도 각 교회에서도 운영해 볼만한 남성사역이라 할 수 있다.

그리고 여러 교회에서 남성사역의 일환으로 운영되고 있는 것이 동호회 모임들이다. 이른바 취미와 레저를 결합한 동호 모임은 남성 성도들의 특성상 교제를 통한 교회 멤버화를 이루는데 좋은 방법으로 시도되고 있다. 그러나 처음부터 성경공부, 기도모임을 병행할 수도 있지만 너무 욕심을 내서는 안된다. 즉, 동호모임은 철저하게 교제하고 우정의 공동체를 만드는데 주력하고 이를 통해 그 다음 단계로 넘어가는 징검다리를 삼는 것도 하나의 방법이 될 것이다. 그렇다고 친교에만 치중한다면 또다른 부작용이 있을 수도 있기 때문에 동호회의 책임자는 항상 영적인 면을 고려하면서 목적이 분명한 동호회가 되도록 하여야 할 것이다.

부부모임을 활성화하는 것도 남성 사역의 한 방법이다. 이는 열심히 있는 여성 성도들을 중심으로 믿음이 약한 남성 성도들을 함께 불러 모으는 방법이다. 이렇게 되면 자연스럽게 남자들끼리의 친교도 강화되면서 남선교회를 활성화시킬 수도 있다.

이밖에도 남성 구역 모임, 직장 심방, 신우회 조직 등도 남성사역의 방법으로 활용될 수 있을 것이다.

한편 미국 '윌로우크릭 교회'의 남성사역[374]은 그 목표를 교회에 다니지 않는 남자들이나 교회에 나오기는 하나 깊은 관계가 형성되어있지 않은 남자들에게 하나님과의 관계를 형성함으로써 헌신된 그리스도인으로 만드는데 두고 있다. 사역의 비전은 영적유산을 남기는 남성들로 변화시키는 운동이라고 정의하고 있는데, 이 비전을 실현시키기 위한 방법으로 사역 목표를 달성하기 위한 중소그룹 규모의 다양한 활동을 전개하고 있으며, 다양한 행사를 통해 소그룹과 연결시켜 제자화하고 온전히 헌신된 그리스도의 제자들로 만든다는 전략을 가지고 있다. 또, 남성들로 하여금 예수 그리스도와 가족, 친구들, 교회와 지역사회에 약속을 하고 그것을 지키는데 필요한 환경을 제공함으로써 그들이 성경적인 진리를 삶을 통해 드러낼 수 있도록 돕는다.

윌로우크릭 교회 남성사역의 구체적인 프로그램으로는 다음과 같은 것들을 들 수 있다.

① 지역별 남성 조찬 모임 (LAGACY)

지역별로 불신 남성들을 조찬 모임에 초대하는 프로그램으로 남성들에게 다른 남성들과 교회가 아닌 환경에서 실생활에서 일어날 수 있는 여러가지 일들에 대해 바람직한 삶의 방향을 나누고 토론하며, 이러한 기회를 통해 성경적인 바른 길을 제시함으로 인해 하나님을 만날 수 있도록 돕는데 목적을 두고 있

---

374) Paul Braoudakis, 347-351.
　　윌로우크릭교회에서 배포하는 홍보물 참조

다. 이를 통해 기도하게 만들고 교회내의 소그룹으로 인도해간다.

② 남성 소그룹

교회에 속한 모든 남성들에게 소그룹 참여를 강력히 권고하는데, 한 그룹당 4-8명으로 구성된 소그룹은 한달에 2-3회 정도 모임을 갖는다. 이 모임들은 남자들끼리 모여 깊은 우정을 나눔으로 인해 관계를 형성시켜 나가는데 주안점을 둔다. 현재 70여개의 소그룹들이 시카고에서 운영되고 있는 것으로 알려져 있다.

③ 대규모의 그룹 모임

대규모의 그룹 모임의 예로는 연례 남성 조찬 모임이나 연 2회의 아버지 세미나를 들 수 있다. 그리고 아버지와 딸 모임이 있는데 이는 함께 외출하여 데이트 하는 날로 운영되고 있다. 아버지와 아들 모임도 있는데 대체로 농구 토너먼트가 이때 진행되며, 아버지와 아들 캠프는 안전하고 위협이 없는 환경에서 진행되는데, 아버지와 아들과의 관계, 남자와 하나님, 남자와 남자라는 주제에 초점을 맞추어 진행하는데 철저히 소그룹을 통해 프로그램이 이루어진다. 한편, 아버지와 딸 캠프도 열리는데 아버지와 아들 캠프와 마찬가지로 기억에 남는 경험이 될 수 있도록 준비한다.

그리고 이러한 캠프를 통해 하나님을 신뢰하면서도 그 분의 지혜와 인도하심을 구하는 신실한 기도에 전념하도록 만들어 간다. 또, 이 캠프에서는 한 아버지와 한 자녀만의 동반을 허용하며, 3일 정도의 일정으로 진행된다. 이 3일간의 경험을 토대로 3일간에 벌어지는 관계가 일상의 삶에서 지속되도록 만든다. 그리고 이 기회를 통해 아이를 제자화시켜 나아가도록 한다. 이와 더불어 '프라미스 키퍼스 컨퍼런스(Promise Keepers Conference)', 남성 세미나 등도 주관하고 있다.

④ 중간 규모의 모임

중간 규모의 모임으로는 정기적인 지역별 조찬 모임이나 도심에서의 남성들의 봉사 프로젝트를 들 수 있을 것이다.

⑤ 소그룹 모임

소그룹 모임으로는 남성 소그룹 모임과 아버지 소그룹 모임, 남성들의 구도자 소그룹 모임 등을 들 수 있다.

한편, 이러한 프로그램을 진행할 때 유의해야 할 사항으로는 우선 남성사역 프로그램은 프로그램 자체가 아니라 남성들 간의 관계에 초점을 맞추어야 한다는 점이다. 더불어 꼭 정형화된 틀을 유지하려고 하기 보다는 신축성과 다양성을 가져야 하며, 너무 많은 것을 조급하게 하려고 하지 말아야 한다.

그리고 이 남성 사역의 주안점은 우선 소그룹 모임에 초점을 두어야 한다는 점이다. 즉, 그룹 스터디(Group Study)를 통해 참가자들의 영적인 성장, 기도, 책임성, 관계 만들기에 초점을 맞추어야 하는데, 이는 남성들끼리의 모임이 혼성그룹보다 더 깊은 수준의 대화가 가능하기 때문이다. 그리고 남성 소그룹의 규모에도 관심을 기울여야 하는데, 처음부터 크게 하려고 하지 말아야 한다. 처음에는 소그룹으로 하면서 점차 크게 확장시켜 나아가려 해야 한다. 더불어 여성사역과의 차이점으로는 남성사역의 가장 큰 장애물이 남성들의 시간 관리와 친밀감에 대한 두려움이라는 점을 간파해야 하는데, 그래서 바로 이 두 가지 점에 초점을 맞추어 참가자들을 밀어주고 격려할 필요가 있다.

남성사역에 있어서 중요한 지침으로는 영적 성숙에 초점을 맞추라는 것이다. 영적 성숙이 이루어지면 당연히 교회 사역에 쉽게 참여하게 될 것이기 때문이다. 한편 남성사역에 효과적인 모임의 규모는 중간 규모의 집회와 활동에 초점을 맞춘 그룹들이 가장 효과적으로 운영되고 있다고 말하고 있다.

(3) 남성사역의 궁극적 목표

결국 남성사역의 궁극적인 목표는 남성들로 하여금 예수 그리스도를 닮아가는 삶을 살아가도록 하는데 있다. 만약 그 가정에서 아버지들을 바로 세우는데 목표를 둔다면 지극히 차원 낮은 남성운동을 하고 있는 것이다. 그러한 운동은 교회가 아니더라도 일반 사회 단체에서도 얼마든지 할 수 있다. 실제로 그러한 아버지 모임들이 일반 사회에서 많이 생겨나고 있다. 중요한 것은 그러한 접근으로는 분명히 한계가 있다는 것이다. 즉, 수십년동안 그들에게 굳어진 삶의 스타일이나 가치관을 순식간에 바꿀 수는 없다. 언뜻 바꿔지는 것 같이 보이지만 근본적인 변화는 상당한 기간이 걸려야 한다. 결국 영적인 대전환이 없다면 남성사역의 효과는 일천할 수밖에 없다. 그렇기에 다른 가정사역 프로그램도 그렇지만 특별히 남성사역의 궁극적 목표는 그들이 하나님을 새롭게 발견하게 함으로써 거듭남의 체험을 이루게 하고 그를 통해 하나님의 성품을 닮아 가도록 하는데 두어야 한다는 것이다.

(4) 남성사역의 방법

남성사역의 대표적 프로그램으로 '아버지학교'가 있다는 것은 이미 언급한 바와 같다. 그런데 이 아버지학교는 분명한 목표를 가지고 있어야 한다. 즉, 아버지학교를 부부훈련에 들어가기 위한 전 단계로서의 토양을 가꾸는데 있다는 것이다. 여성사역 중의 하나인 어머니학교도 마찬가지이지만 아버지학교가 그 프로그램 자체로도 훌륭한 역할을 해 내지만 더욱 더 중요한 것은 남편 또는 아내로서의 자신을 점검한 다음 부부 훈련 프로그램(Marriage Enrichment Program)으로 바로 진입할 수 있도록 하여 아버지학교와 어머니학교에서의 동기 부여와 결단의 마음을 곧바로 삶에의 훈련의 장으로 이끌어서 삶을 변화시키는 디딤돌로 삼는다는 것이다.

그래서 아버지학교와 어머니학교 프로그램은 분리하지 않고 동시에 운영하는 것을 원칙으로 해야 한다. 즉, 낮 시간에는 어머니학교를, 같은 날 저녁시간에는 아버지학교를 운영한다든지, 아니면 동시간에 진행함으로써 바로 공감대를 만들어 주며 부부 대화의 소재를 제공해 준다. 이로 인해 부부간 친밀도를 상승시키는 중요한 역할을 하게 된다. 그리고 한국가정상담연구소의 경우, 각각 4주 프로그램을 진행한 다음 5주째에는 부부가 함께 하는 프로그램을 만들어주기 때문에 부부중 어느 한 사람의 문제가 아닌 부부가 함께 변하고 노력해야 한다는 개념을 심어주게 된다.

이러한 의도하에 아버지학교와 어머니학교가 진행됨으로 인해 내용도 아버지학교는 그저 '남성' 만의 측면이 아닌, 아버지로서, 남편으로서 자신을 돌아보게 만든다. 또 어머니학교 역시 '여성' 의 측면에서의 접근뿐만이 아니라 어머니로서, 그리고 아내로서 자신을 돌아보게 만들기 때문에 실제적으로 마음에 와 닿게 된다. 그리고 결론은 역시 예수 그리스도 안에서 제자된 남편과 아내로서의 삶을 점검하도록 만든다.

아버지학교 프로그램은 대체로 4주 또는 5주간 진행된다. 5주 프로그램의 경우, 전 4주는 남성들만의 모임으로 진행되며, 5주차는 아내들과 함께 하는 시간으로 진행된다. 물론 이 아버지학교는 중소교회 단독으로 운영하기에는 한계가 있다. 그러나 이 프로그램을 부부사역의 징검다리로 사용한다면 얼마든지 가능한 것이 또 이 아버지학교이다. 권하고 싶은 것은 이 프로그램 역시 중소교회가 연합하여 운영한다면 훨씬 더 좋은 결과를 얻을 수가 있을 것이다.

한편 아버지학교를 운영하는 요일은 최소 3-4시간 정도 진행해야 하므로 토요일 저녁을 택하는 것이 가장 알맞다. 그 외 요일의 경우 지각자와 늦게 끝나는 것을 고려한다면 많은 문제점들이 발생할 수 있다.

5. 여성사역

(1) 여성사역의 필요성

이 시대를 한마디로 '여성상위의 시대' 라고들 말한다. '우먼 파워(Woman Power)' 라는 신조어가 생겨났으며 이로 인해 남녀의 역할 혼돈은 상당한 수준에 이르러 있다. 특별히 여성해방운동이 가져온 후유증과 역할 혼돈은 부부간의 관계를 깰 만큼 도를 지나쳐 있다고 할 것이다. 이는 페미니스트인 여성작가 로라 도일(Laura Doyle)이 쓴 '아내여 항복하라(The Surrendered Wife)' 라는 책에도 잘 나타나 있다. 이 책에서 '로라 도일' 은 남녀 평등을 주장하며 가정의 주도권 싸움을 벌이면서 결국 큰 위기를 맞게 되었으나 남편에게 항복해야 행복한 가정을 이룰 수 있다는 지혜를 얻고서야 가정의 안정을 되찾았다고 주장하고 있다.[375] 이러한 여성 해방 운동은 결국 성경의 진리까지 왜곡되는 사태를 가져오고야 말았다. 이미 성경에서 하나님에 대한 인칭대명사를 남성

---

375) Laura Doyle, *The Surrendered Wife, 아내여 항복하라*, 서현정 역 (서울 : 그린북, 2001).

이 아닌 중성으로 번역한다든지, 아담을 생명의 잉태자라는 특면에서 여자라고 주장하는 이들까지 나오게 되었다.

이러한 성 정체성의 위기와 역할 혼동은 결국 잘못된 자의식의 확대를 가져오게 된다. 즉, 자신에 대한 과대평가와 함께 역할에 대한 왜곡 평가를 가져 왔으며, 배우자에 대한 지배의식이 확대됨으로 인해 관계의 파괴를 몰고 왔다.

분명한 것은 여성이 제 위치에 서질 못한다면 우선 가정의 권위가 무너지게 된다는 점이다. 당연히 그 가정의 자녀에게 영향을 미치게 된다. 그러니 가정도 무너지거나 힘을 잃게 되는 것이고, 교회 역시 흔들리게 되는 것이다.

이젠, 하나님이 세우신 기본적인 질서로 돌아가야만 한다. 원래의 여성으로 돌아가자는 것이다. 여성들이 자신이 과연 누구이며, 어떠한 존재인지를 알아야 한다. 더불어 하나님께서 여성에게 특별히 부여해 주신 모성애를 부여받은 자로서의 아내라는 측면을 되새겨야 하며, 제사장의 동역자로서의 아내라는 관점에서 자신을 냉철하게 비추어보아야 한다. 여성사역은 이러한 관점에서 이 시대가 절실히 요망하는 사역이며, 바로 그러한 관점에서 준비되어야 한다.

(2) 여성사역을 위한 운동들

미국과 한국의 여성사역을 비교해 보면 상당한 차이가 있다. 즉, 미국은 새신자 또는 불신 여자들을 대상으로 한 사역이 핵심인 반면, 한국에서의 여성사역은 기존 여성 성도를 대상으로 한 사역이 핵심이다. 이렇게 사역의 핵심이 다른 이유는 신앙의 생활화 측면인 것으로 보인다. 좀 더 구체적으로 말하자면 미국의 경우는 전도와 관계 형성을 위한 도구로 여성사역을 활용하나, 한국에서는 기존 신자들의 삶의 변화를 통한 은혜 추구에 더 초점을 맞추고 있다. 어떻게 보면 한국에서의 여성사역은 사실상 전무하다고해도 과언이 아니다. 그동안 한국교회는 성도의 관리라는 차원에서만 여성사역을 해왔다고 해야 할 것이다.

1) 윌로우크릭 교회의 여성사역

먼저 가장 활발한 여성사역을 펼치고 있는 미국 '윌로우크릭 교회'을 돌아보자.[376]

윌로우크릭 교회의 여성사역은 교회에 다니지 않거나 교회에 연결되어 있지 않은 여성들에게 신뢰와 사랑의 관계를 만들어 줌으로 인해 그들을 온전하게 헌신된 그리스도인들로 만들어 가는데 그 목적을 둔다. 그래서 이들이 온전히 헌신된 제자가 되어 가도록 돕는데, 그 증거로는 하나님에 대한 성경적인 지식을 늘려 가는 것, 성령의 인도하심을 받는 인생을 사는 것, 사랑스러운 관계를 개발하는 것, 자신의 믿음을 다른 사람들과 나누는 것, 자신의 영적인 은사를 사용하여 교회에서 봉사하는 것 등을 들 수 있다.

이러한 여성사역의 배경으로 여성들은 교회에서 영향력 있는 세력이라는 관점하에 여성들의 교회에 대한 태도와 행동이 미래를 길러내고 현재의 모양을 만들어간다는 철학을 갖고 있다. 이런 연유로 여성사역이 교회내의 핵심 사역이라고 생각한다. 더불어 여성들이 섬김을 받을 때 교회와 그 가족, 그리고 공동체가 함께 그 혜택을 받는다고 믿는다. 그리고 여성들은 할 일이 많기 때문에 시간을 투자할 만한 가치가 있다는 것을 보여 주어야 하고, 자신들이 잘 해낼 수 있는지도 알고 싶어 한다고 믿는다. 또, 여성들은 자신들의 영적, 정신적 발전을 원하는데, 그들은 인생에 있어서 인격적, 관계적, 정서적, 정신적, 영적인 영역에서 일어나는 수많은 도전들을 받아들이면서 그것들을 뛰어넘기 위해 애를 쓴다고 생각한다.

---

376) Paul Braoudakis, 339-346.
　　월로우크릭교회에서 배포하는 홍보물 참조

그들은 여성사역의 비전을 다음과 같이 정리하고 있다.

① 각 여성은 자기의 인생 사이클에 맞는 여성됨의 가치를 배우도록 한다. 자신의 계절에 맞는 지혜를 배움으로 인해 처한 계절을 잘 극복할 수 있도록 한다. 그리하여 그 계절에 영적, 인격적으로 더욱 성숙할 수 있도록 하며, 만족하는 환경을 만들도록 한다. 그러기 위해 자신의 인격적인 가치를 둘 수 있도록 하고, 자신을 이해하고 용납함으로 인해 스스로를 포기하고 다른 대안을 찾으려는 압력을 버리도록 만들어 준다.

② 각 여성들이 하나님이 실제로 어떤 분인지를 아는 지식이 지속적으로 자라도록 한다(벧후 3:18). 더불어 여성들의 영적 필요를 섬기는 것이 여성사역의 주요 임무이기도 하다. 이를 위해 소그룹을 통해 가르침이 이어지며, 성경공부도 하도록 한다. 이를 통해 과거에 잘못 가졌던 하나님에 대한 오류나 선입견 등을 버리도록 한다.

③ 각 여성이 하나님의 은혜와 평강 가운데서 자라도록 한다(벧후 1:2). 또, 만족하는 법, 그 분의 평화를 누리도록 하는 법을 배우게 함으로 인해 영적인 성장을 도모한다. 이러한 은혜 속에서 성장하고 예수 그리스도와의 개인적인 관계를 발전시킴으로 인해 그리스도 안에서의 자신의 가치를 깨닫도록 만든다.

④ 각 여성이 다른 여성들에게서도 이러한 성장이 일어나도록 지원한다. 그리스도 안에서 성숙된 여성들은 다른 여성들을 또 돕게 된다. 자신이 그러한 성장을 해 왔듯이 다른 여성들도 그렇게 성장해 가도록 돕는 것이다.

한편, 사역의 가치는 여성사역부의 근간이 되는 이상(理想 Ideals)이 되는데, 다음의 5가지로 정리해 볼 수 있다.

① 모든 여성들은 하나님께 중요한 존재들이다. 따라서 그들은 우리에게도 중요하다.

② 성경적인 진리는 문화적으로 여성들과 관련이 있다.

③ 신자에게서 그리스도에 대한 온전한 헌신은 가능하다.

④ 삶의 변화는 소그룹에서 가장 잘 일어난다.

⑤ 사역은 팀에서 가장 잘 성취된다.

⑥ 영적 은사에 따라 신자들이 어디에서 어떻게 봉사해야 할지를 결정한다.

⑦ 탁월함은 하나님을 영화롭게 하고 그분의 성품을 반영한다.

이러한 여성사역의 대상은 우선 교회에 속한 성인 여성이라고 할 수 있는데, 특히 구도자들과 새신자들, 그리고 온전히 헌신된 그리스도의 제자가 되기 위해 전념하는 신자들에게 초점을 맞춘다고 하겠다.

한편, 여성사역은 복음 전도와 아웃리치, 그리고 그리스도인의 성숙화라는 3가지 전략을 갖고 있는데, 복음 전도와 아웃리치는 사역을 여성의 직장으로 확대하며, 구도자 친구들을 자신들의 그룹으로 초청하고 찾아오는 구도자들을 잘 섬길 수 있도록 지도자들과 그룹 구성원들을 훈련시킨다. 또, 연례 아웃리치 행사들과 엄마들과 이웃들을 위한 아웃리치 공예의 밤을 잘 활용하며, 소그룹이 연합하여 지역적인 중간 규모의 아웃리치 행사들을 유치할 수 있도록 도와준다. 그리스도인의 성숙이라는 측면에서는 여성사역들은 삶의 변화와 관련된 것이며, 삶의 변화는 소그룹 내에서 가장 잘 일어난다고 본다. 그리고 여성의 인생에는 다양한 계절들이 있는데, 각 계절의 단계마다 그 계절에 속한 여성들을 위한 소그룹들이 필요하다. 일부 그룹들은 교회 내에서 모임을 갖기도 하지만 일부는 교회 밖의 가정들에서 모임을 갖기도 한다. 이러한 가정 모임을 통해 지역 공동체의 여성들을 초청하게 된다. 명심해야 할 것은 서로에 대한 지지와 교제가 소그룹의 중요한 목표이기는 하지만 그것은 어디까지나 부차적인 것에 불과하다. 궁극적인 목표는 성경 공부를 통해 영적, 인격적 성장을 이루도록 하는데 있다는 점이다.

이러한 여성사역의 소그룹 형태를 살펴보면 우선 엄마들의 소그룹이 있는데, 경건치 못한 세상에서 경건한 아이들을 키우려고 노력하는 어머니들에게 영적인 방향과 지혜들을 제공한다. 한편, 자녀에 따른 소그룹으로 취학전 아이들, 초등학교 학생들, 십대들, 여러 인종의 아이들 들을 들 수 있으며, 부모의 유형에 따른 소그룹으로는 그리스도를 믿지 않는 엄마들을 대상으로하는 구도자 그룹과, 비 전업주부 그룹인 사회 생활을 하는 엄마들을 들 수 있다. 특별히 비전업 주부그룹에게는 그들만의 독특한 필요들을 돕는다.

주제별 강의 소그룹들로는 매년 봄과 가을에 여성들의 영적 성장을 돕기 위한 10-12주 짜리 강의를 개설하고 있는데 이러한 강좌의 목적은 여성들이 자신들의 가치를 하나님이 느끼시는 대로 이해하고 그분에 대한 더 깊은 지식을 얻으며, 이 지식을 그들의 삶에 적용하도록 돕기 위함이다. 이 강좌 역시 소그룹을 기본으로 운영한다. 즉, 교실내에서 여러 소그룹들로 나뉘게 된다.

사회생활(Market Place) 소그룹은 직장 여성들은 공동체 내의 여러 가정에 모여서 바른 사회생활과 직장 생활에 대해 성경으로부터 배운다. 특별히 관리직 여성을 위한 사역은 한달에 한 번 만찬 모임을 갖고 서로를 격려한다. 그리고 하나님께서 독특한 상황에 어떻게 관여하시는지를 서로에게서 배우는 기회를 제공하는데, 소그룹들은 또한 직장 동료들끼리 가벼운 아침식사를 들면서 형성되기도 한다.

일부 여성들은 소그룹보다 일대일 제자훈련을 선호하기 때문에 이 그룹을 개설해 놓기도 한다. 그리고 여름 방문 성경공부(Summer Drop-In Bible Study)도 있는데, 이는 여름 시간은 여성들이 매주 모임을 갖는데 어려움이 있기 때문에, 비공식적인 아침 방문 성경공부를 개설한다. 이 과정은 매주 독립되어 있어서 한 주를 빠져도 문제가 없도록 구성되어 있다.

여기에서 일하는 자원 봉사자의 직위들로는 우선 코치를 들 수 있는데, 코치 한 명이 4-5명의 소그룹 지도자를 담당하여 소그룹 지도자들을 격려하고 지원한다. 또, 영적성장 소그룹 지도자가 있는데, 이들은 소그룹의 책임자들이다. 그리고 예비 지도자가 있는데 이들은 소그룹 지도자들을 지원하고 보조. 지도자가 될 준비를 한다. 한편, 제자훈련 지도자는 한두명의 여성들과 일주일에 한번씩 만나서 영적 성숙을 이루도록 하는 지도자들이다. 마지막으로 사무실 자원봉사자들은 다양한 행정업무를 보조한다.

이러한 여성 사역의 원칙들로는 다음과 같은 것들을 들 수 있다.

① 여성들을 소중히 여기라.

여성들에게 하나님께서 은사를 주셨으며, 하나님이 그들을 소중히 여기신다는 사실을 알리라. 여성들을 나무에 비유할 수 있는데 그들의 뿌리가 깊어지면, 그들은 하나님을 향해서 꽃을 피우게 된다.

② 당신 주위의 여성들을 알라.

그들의 특성을 파악하라. 어떠한 존재들이며, 상황은 어떠한가? 어디에서 사는가? 또, 그들의 필요를 파악하라. 특정한 상황에서 그들에게 중요한 것은 무엇인가? 그들의 관심사와 고민은 무엇인가? 그들이 무엇을 가장 필요로 하는가? 그러한 필요들이 충족되었을 때 삶의 다른 영역에까지 큰 파급효과를 가져올 만한 것이 무엇이겠는가?

특별히 여성들이 원하는 4가지의 기본적 필요를 알아야 한다.

a. 우정 ; 여성들은 다른 여성들로부터 무엇인가를 공급받기 원하고 필요로 한다.그들은 있는 모습 그대로 받아들여져야 한다. 그들은 인격적, 직업적, 영적, 관계적으로 성장하는 방법에 관해 제안과 도전들을 받기 원한다. 그들은 자신의 감정과 행동에 대해 확인받고 싶어한다.

b. 자신감 ; 여성들이 자신감을 잃어 버릴때 불안감과 열등감이 오도록 되어
   있다. 처한 환경에서 분명한 자신감을 갖기를 그들은 원한다.
c. 존중과 인정 ; 여성들은 자신들이 존중과 인정을 받고 있는지 알고 싶어한
   다.
d. 하나님에게서 자신의 가치를 깨닫기 ; 여성들은 자신이 하나님께 가치가
   있으며 그 분에게 소중한 존재라는 것, 그리고 그 분 안에 다른 필요들을
   충족시킬 수 있는 자원이 있음을 이해할 필요가 있다.

③ 여성들의 미래의 모습에 대해 낙관적인 비전을 가지라.

여성들을 위한 당신 교회의 비전은 무엇인가? 여성들은 그 필요가 다양하기 때문에 사역 또한 여성들에게 다양한 기회를 제공해야 한다.

여성들에 대한 4중 비전으로는 다음과 같은 것들을 들 수 있다.
a. 각 여성이 자기 인생의 특정한 계절에 여성됨의 가치를 배우게 한다.
b. 각 여성이 하나님이 실제로 어떤 분인지 아는 지식에서 자라도록 한다.
c. 각 여성이 하나님의 은혜와 평강 가운데서 자라도록 한다.
d. 각 여성이 다른 여성들에게서 이와 같은 성장이 일어나도록 후원하도록
   한다.

④ 지도자들을 훈련시킨다.

어떤 사람이든 자신의 사역 영역에서 주인 의식을 더 많이 느끼면 느낄수록 더 헌신하게 되고, 사역의 필요 또한 더 잘 이해하게 된다. 헌신되고 경건한 리더들이 건전하고 효과적인 사역의 열쇠이다. 잘 훈련된 리더들은 그들이 하는 일에 더 큰 자신감과 효율성을 가진다.

⑤ 당신 자신과 당신의 지도자들을 돌보라.

지도자들은 자기 자신들을 돌보는 일에 본보기가 되어야지 '힘에 부칠 정도'
의 일을 하는 성취자가 될 필요는 없다.

⑥ 양질의 프로그램을 제공하라.

여성들이 시간을 투자할만한 가치가 있는 것인지, 영적인 성장에 도움이 되
는 것인지를 판단하도록 하라.

⑦ 평가하고 재평가하라.

일이 잘 되어 가는지, 개선의 여지는 없는지 자주 평가하라.

2) 노스웨스트 성서교회의 여성사역

한편 미국의 노스웨스트 성서교회(Northwest Bible Church)의 경우 여성
사역의 범위를 폭넓게 정의하면서 다양한 프로그램을 펼쳐가고 있다.[377]

'노스웨스트 성서교회'는 여성사역 담당 목사를 중심으로 낮 프로그램부,
저녁 프로그램부, 특별행사부, 접대부, 선택강좌부, 홍보부, 마음과 마음부, 아
웃리치부 등의 조직을 구성하고 여성사역을 활발하게 펼치고 있다.

'노스웨스트 성서교회'는 여성 사역이 이렇게 다양화되고 구체화될 수 있다
는 좋은 예가 될 것이다. 다음은 각 부서별로 역할 정리(Job Description)를 해
놓은 것이다.

A.여성 사역 목사 (Minister to women)

– 보고 관계: 부목사와 장로

---

377) Vickie Kraft, **Women Mentoring Women** (Chicago: Moody Press, 1992).

– 주요 역할 : 여성 사역 프로그램을 관장

■ 책임

① 여성 사역

- 화요일 아침과 목요일 저녁에 있을 여성 사역 프로그램을 매주 계획.
  추진, 집행
- 화, 수요일마다 성경공부 준비, 가르침.
- 여성 사역팀과 정규적인 만남.
- 사역팀원들의 책임 완수에 협조.
- 새 여성 사역팀원 모집.
- 성경교사 모집
- 선택 강좌 교실의 리더 모집을 도움.
- 상담 사역을 지원하기 위한 훈련.
- 제자도, 리더십 개발.
- 요청시 개별 상담 제공.
- 여성 사역 예산 준비. 관리
- 요청시 각 그룹에 강연. 예) 싱글 모임, 젊은 엄마들, 청소년 그룹.
- 병원 방문
- 달라스 신학교(Dallas Theological Seminary)로부터 온 여성 인턴들을
  감독.
- 연중 행사로서의 리트릿. 기타 특별한 행사 참여 및 감독.
- 여름에 "토요 스페셜"감독
- 교회내의 그리고 사회 속의 여성들을 위한 모든 사역을 승인, 감독, 사회
  속의 여성들을 위한 사역이라면 다음과 같은 것들이 있다.

    a. 위기 임신 센터와 R.E.A.C.H.

      b. 유방암 환자 후원 모임

      c. 상담 자원 봉사

      d. 낙태로부터의 회복 모임

      e. 노숙자, 매 맞는 자들을 위한 피난처

      f. 엄마들이 엄마들에게(젊은 엄마를 위한 후원)

      g. 전문직 여성 모임

      h. 사별 여성을 위한 후원 모임

  － 후원회 스탭들과 함께하는 매월 성경 공부

② 스탭들과 장로회간의 조정(Coordination)

 － 매주 스탭과 모임에 참석.

 － 부목사에게 매주 보고

 － 요청시 장로회에 서면 혹은 직접 보고

③ 기타 책임

 － 다른 교회에서 여성 사역팀을 신설할 때 전화, 편지 혹은 개인적 면담으
   로 지원.

 － 다른 교회 모임이나 리트릿에서 자주 강연.

 － 달라스 신학교에 있는 여성 사역 과목에 객원 강사로서 지원

B. 여성 사역국 국장

 － 보고 관계: 여성 사역 목사

 － 주요 역할: 여성 사역국을 관장하고 사역국이 세션중이지 않을 때 사역
             목사를 권고, 지원

■ 책임

- 여성 사역 모임을 관장

- 부서의 부원들과 각자 책임을 완수하고 있는지 살펴봄

- 모임의 시간, 안건을 계획. 모임시 녹음 준비.

- 부원들에게 행사, 모임 날짜가 명시된 달력 제공.

- 사역국 안에 있는 모임간에 교류가 있도록 하는 일.

- 사역국이 세션중이지 않을 때 정기적으로 사역 목사와의 만남.

- 화요 모임을 위한 안건을 짜고 선택 강좌 리더들에게 공지사항을 준비, 알리는 일.

- 사역국 모임 회의록 서기로서 비서를 지명할 것.

- 직책을 맡고 있는 국원들을 후원, 격려하는 일.

C. 낮 프로그램부 총무

- 보고 관계: 여성 사역국 국장
- 주요 역할: 아침 프로그램을 관장

■ 책임

- 교사들의 시설물에 대한 요구사항이 잘 충족되고 있는지를 살펴봄.

- 사용된 장비가 모두 제자리에 돌아와 있는지 살펴봄.

- 선택 강좌 리더들과 정기적으로 접촉을 유지하기 위해서 선택 강좌 총무와 협력.

- 선택 강좌 리더들의 강의 기간이 끝나면 개인적으로 감사 편지를 줄 것.

- 헌금을 거두고 장부를 기록. 날짜/출석/헌금 챠트를 만들 것.

- 음악 인도자, 피아니스트를 선출함에 있어서 여성 사역 목사를 지원(찬

양 시간은 9:30-9:40 엄수. 때로는 강의 후에 한곡 추가될 수 있음)

- 테잎 주문을 받고 배포하는 일; 한 사람을 지목하여 로비에 테잎을 갖고 앉아 있다가 강의 전후 테잎에 대한 질문에 답해 주도록 한다.
- 테잎, 헌금, 그리고 테잎 주문서를 교회 사무실로 갖다 주는 일.
- 사역국원들을 격려, 후원하는 일.

D. 저녁 프로그램부 총무

- 보고 관계: 여성 사역국 국장
- 주요 역할: 저녁 프로그램의 집행을 관장

■ 책임
- 교사들의 시설물에 대한 요구 사항이 잘 이루어지고 있는지 살펴봄.
- 사용된 장비가 모두 제자리에 돌아와 있는지 살펴봄.
- 선택 강좌 리더들의 강의기간이 끝나면 개인적으로 감사편지 전달.
- 음악 인도자, 피아니스트를 선출함에 있어서 여성 사역 목사를 지원.
- 테잎 주문을 받고 배포하는 일.
- 수요일 저녁 다과를 책임질 것. 때로는 커피 외에 몇 가지 더 준비하기도 함.
- 매주 출석 인원을 기록하여 사역 목사에게 넘겨줄 것.
- 세션 종강 저녁 식사 모임에서 접대부 총무를 지원.
- 수요일 저녁 사람들을 맞이하는 일 등등 도움.
- 다른 사역국원을 격려, 지원.

E. 아웃리치부 총무

- 보고 관계: 여성 사역국 국장
- 주요 역할: 현존하는 아웃리치 사역을 관장. 기회가 있는 대로 새로운 사역을 발굴 하고 조직화하는 일.

■ 책임

- 아웃리치 사역의 예비 리더들의 명단을 미리 여성 사역국 목사에게 제출하여 승인을 거치게 한다.
- 아웃리치 사역 인도자들로부터 보고를 받으며, 적어도 한 달에 한 범 전화를 하거나 만남으로써 그들을 지원, 격려한다.
- 새로운 사역을 조사하여 교회 내에서의 실현 가능성을 타진하여 여성 사역국에 보고하고 모임에서 최신 정보들을 여성 국원에게 알린다.
- 아웃리치 참여를 요구하는 기회들을 놓치지 않도록 한다.
- 교회 내 사회 봉사 활동 기회에 대한 정보의 흐름을 조정한다. 공고, 서명모집, 접수 등의 다양한 방법을 동원하여 참여를 촉구한다.
- 국원들을 격려하고 지원한다.

F. 접대부 총무

- 보고 관계: 여성 사역국 국장
- 주요 역할: 접대에 관련된 활동을 담당

■ 책임

- 각 세션이 끝나면 밤 프로그램 총무와 함께 저녁 혹은 점심 식사 모임을 기획하고 이 일을 도울 여성을 선출함.
- 접대부와 특별 행사부의 임무가 겹칠 때에 특별 행사부의 총무를 지원

함.

- 화요일 아침 시간의 다과를 책임진다. 커피 이외의 것들을 준비하기도 한다.

- 선택 강좌 리더들을 위한 오리엔테이션 모임을 책임진다.

- 각 세션 종강 후 선택 강좌 리더들을 위한 선물을 준비한다.

- 세션 중에 선택 강좌 리더들을 위한 점심 식사 모임(테이블 장식, 메뉴)을 담당한다.

- 각 세션 중에 음료수를 포함한 점심 식사 모임을 각 클래스에 제공. 이 때 2주전에 선택 강좌 리더들에게 알리도록 한다.

- 사역국 모임시 커피, 냉·온수, 그리고 가능하면 간단한 다과를 제공한다.

- 연말 여성 사역국 리트릿에 음료수 및 다과 제공.

- "토요 스페셜"에 다과 제공.

- 부원들을 후원, 격려.

G. 특별 행사 총무

- 보고 관계: 여성 사역국 국장
- 주요 역할: 정규적인 주 단위 프로그램과는 별도로 모든 특별 행사를 주관. 이를테면 리트릿, 점심 식사 모임, 세미나.

■ 책임

- 특별 행사 조직화에 협력할 수 있는 위원회 선발.

- 가능성 있는 프로그램을 조사하여 그 실현 가능성에 관해 여성 사역국에 보고(강사 선발은 사역국 결정에 따르게 됨)

- 특별 행사부 총무의 책임과 접대부 총무의 책임이 겹칠 경우 필요하면 접대부 총무 지원.
- 사역국 내의 다른 부원들을 격려, 후원.

H. 선택 강좌부 총무

- 보고 관계: 여성 사역국 국장
- 주요 기능: 각 세션을 위한 선택 강좌 리더 모집. 여성 사역국과 선택 강좌 리더 사이에서 연계 역할.

■ 책임
- 여성 사역국과 함께 일할 여성을 교회 내에서 발굴.
- 프로그램의 다양성과 균형을 유지하기 위해서 각 세션의 선택 강좌들을 조정.
- 선택 강좌 리더들로부터 선택 강좌에 대한 설명을 입수하여 안내서를 만들고 간사에게 복사 부탁.
- 선택 강사 리드들을 도와 교실에서 장비를 설피하고 필요한 물품을 구임하는 일 (오버헤드 프로젝터, 칠판, 녹음시설, TV모니터 등). 이러한 필수품 목록을 비서에게 넘김.
- 각 세션 전에 교실에 필요한 물품들을 간사에게 알려 스케쥴을 담당하게 함.
- 교실에 장비가 제대로 갖춰졌는지 점검.
- 선택 강좌 리더들의 필요사항 점검 및 사역국으로부터의 공지 사항 전다.
- 특별 행사부 총무와 함께 "토요 스페셜" 행사를 담당함.

– 점심식사 모임 및 특별한 알림 사항에 관해 선택 강좌 강사들과 접촉.
– 다른 부원들을 격려 및 후원

I. 홍보 및 탁아부 총무

– 보고 관계: 여성 사역국 국장
– 주요 역할: 필요 사항이 생길 때마다

■ 책임
– 프로그램 진행 중 돌봐주어야 할 아이들의 숫자를 유아실 책임자에게
  전해주는 일.
– 필요한 사항이 있으면 여성 사역국에 보고.
– 여성 사역 활동이 진행 되는 중 아이들 돌보는 탁아 사역 관장.
– 정규적인 활동이나 특별 행사가 있을 때 포스터, 선전물, 신문 광고 등을
  통한 홍보를 담당함.
– 교회 게시판의 게시물 부착 책임.
– 사역국원들을 후원하고 격려하는 일.

J. 마음과 마음부 총무

– 보고 관계: 여성 사역국 국장
– 주요 역할: 연소자, 연장자 여성의 마음과 마음 사역을 관장.

■ 책임
– 행정 업무를 도와줄 조수를 선출하여

a. 연소자, 연장자 여성 사이의 짝짓기를 도와줌

b. 필요하면 짝 짓기 재 시도를 도움.

c. 친교 행사를 공식화 하고 담당할 수 있도록 도움.

- 짝짓기 운영 위원회를 위해서 연소자, 연장자 연령층으로부터 회원을
선정함.

a. 전화를 통하여 짝지은 파트너들이 계속적인 관계를 갖도록 돕는다.

b. 커피, 차, 친교행사, 광고 등의 준비를 돕도록 한다.

- 할 수 있다면 다른 교회에서도 마음과 마음 프로그램을 시작할 수 있도
록 지원.

- 사역국원들을 후원하고 격려.

K. 여성 리트릿 계획

① 미리 계획하라; 1년 전에
- 리트릿 센타 방문, 예약
- 사역국이 강사를 선정

* 4개월에서 6개월 전에
- 강사의 강연들을 하나로 통합할 수 있는 주제를 하나 선정한다.
- 각 위원회 회장 선출

a. 홍보

b. 등록

c. 숙소 담당

d. 환경미화

e. 촌극, 오락

f. 음악

g. 자유시간 활동

* 2개월 전
- 강사와 연락하여 팜플릿에 쓴 강사 사진을 부탁. 할 수 있다면 소그룹 토의시간에 사용될 질문을 준비해 달라고 부탁.
- 홍보 시작

* 4주전
- 등록 접수 시작
- 안내 팜플릿 준비: 시간표, 사귐을 위한 질문지, 리트릿 센타 안내도, 토요일의 자유활동, 감사의 글, 노트를 위한 여백 페이지 등이 포함되도록 할 것.
- 위원회 회장들을 위한 선물 구입.

② 책임을 분담하라(위원회 활동 명세서)
  * 홍보 디자인, 선전, 게시판 등을 위한 준비
  - 교회학교 클래스에 연락 및 광고
  - 포스터 제작 및 전시

* 등록
- 신청서 디자인 및 배부
- 등록비 접수 및 등록
- 1차, 2차 지망이 표시된 양식을 따라 방 배정표 작성(어떤 숙소는 편의에 따라 "조기" 혹은 "후기"로 표시될 수 있다.)

- 등록자엑 자세한 안내 편지 발송.
- 캠프에 등록처 설치
- 이름표 및 각종 자료 제공
- 장학금 지원 가능
- 위원회 회원들에게 등록 신청서를 줄 것.

* 숙소 담당
- 숙소 분위기 정리하고 방문객 환영
- 캠프에 일찍 와서 테이블 준비
- 커피 테이블 설치 및 차를 위한 온수 준비
- 환경미화 위원회로부터 올 장식물로 테이블 장식
- 각 숙소 담당자에게 커피 주전자 2개, 커피(레귤라, 카페인 없는) 제공
- 담당자 테이블을 항상 정리, 정돈

* 환경 미화
- 숙소 담당자, 강사의 방, 저녁 식사 장소등을 위해 테이블 설치
- 여성들에게 줄 작은 선물 준비(박하사탕, 북마크, 낭장고용 매그닛)
- 숙소, 강당, 식장 등의 장식물 만들기

* 촌극/ 오락
- 노래, 촌극, 단막극 등을 사용하여 첫 번째 연속 강의 특별 환영 행사를
  펼침.
- 토요일 밤을 위한 계획 – 장기 자랑, 촌극 경연 대회, 일반 뮤지컬 흉내
  내기

* 음악 담당자
  - 찬양 인도자 및 피아니스트 선발
  - 각 세션에서 특별 음악 연주자 선정(솔로, 듀엣, 악기 연주 등)
  - 노래 책자 준비 또는 오버헤드 프로젝트용 투명 용지 준비

* 자유 활동
  - 4번의 자유 활동 인도, 운영할 인물 선정
  - 리트릿에 앞서 자유 활동 시간을 공포
  - 활동에 대한 등록, 경비(있다면)접수
  - 리트릿 센타 안에 적당한 장소가 있는지 알아보며 있다면 리트릿 시작
    할 때 준비물 설치

L. 특별 오찬회(점심 식사 모임)계획

다음과 같은 기회를 제공하기 위해 여성들에게 오찬회를 베푸는 것이다.
  - 여성들이 여성 사역 프로그램에 능동적으로 참여할 수 있도록.
  - 친구 및 가족들을 인도하여 복음을 접할 수 있도록 하기 위해서.

① 미리 계획할 것
  - 6개월 전: 강사 선정(여성 사역국에서)
  - 2-4개월 전: 주제를 선정하여 홍보 및 오찬회에서 사용; 강사와 연락하
    여 강의에 대한 얘기를 나누고, 팜플릿 등에 쓸 강사 사진 부탁
  - 2개월 전: 위원 회장 선출
  - 2-3주전: 오찬회 전날 부엌일 및 장식을 도울 자원 봉사자 모집 신청서
    를 배부.

- 오찬회 날: 위원회 회원들과 봉사자들에게 조그만 감사 표시를 할 것
  (예: 크리스마스 날이라면 크리스마스 장식품 1개씩)

② 위원회 활동 명세서
 * 홍보
  - 초청장, 티켓, 포스터 디자인
  - 홍보부 담당자와 함께 광고, 게시판, 안내문 준비

 * 메뉴
  - 참석자 수를 고려하여 뜨거운 음식과 찬 음식의 비율 결정.
  - 가능하면 주제와 일치될 수 있는 메뉴.
  - 음식 주문, 준비

 * 장식
  - 이름표, 꽃, 센터 피이스(테이블 중앙을 장식하는 꽃)등이 포함된 환영
    테이블 준비
  - 각 테이블마다 센터 피이스를 놓는다.
  - 강단 장식

 * 음악
  - 찬양 지도자 선정
  - 피아노 반주자
  - 특별 음악을 할 사람 선정
  - 사람들 도착 시간에 녹음된 음악 혹은 피아니스트 연주를 들려줄 수 있
    다.

M. 마음과 마음 차 모임 계획

　노스웨스트 성서 교회의 마음과 마음 위원회는 매년 오후의 차모임을 주선하고 있다. 우리는 그것을 "두 사람이 차를"이라고 부르며 3월 첫 금요일 오후 2시에 갖고 있다. 물론 이 모임에는 교회 정규출석 여성들이 모두 초대된다. 그럼에도 적절한 계획을 세우기 위해서 필수적으로 등록을 받는다. 또한 영·유아에서 유치부 어린이들의 탁아활동을 제공한다.

　이 차 모임은 몇 가지 목표를 염두에 두고 있다. 첫째로 비강제적인 분위기에서 마음과 마음 사역을 공식화 하는 것이다. 우리는 자료를 제공하며, 연장자 여성의 간증을 들려주고, 젊은 여성이 나이든 여성과 함께 즐거운 시간을 나눌 수 있는 기회를 제공한다. 이 모임은 마음과 프로그램을 등록하는 시간이 아니다. 하지만 많은 연장자 여성들이 여름의 이 모임을 참석한 후 차를 마시며 듣고 경험한 것을 숙고하여 그 해 가을 마음과 마음 프로그램에 합류하게 됨을 자주 보곤 한다.

　두 번째로 이 차 모임은 파트너들로 하여금 서로 친구같은 느낌을 갖도록 즐거운 분위기를 마련한다. 위원회는 이러한 기회를 통하여 우아하고 사랑 넘치는 방법으로 여성들을 섬기는 법을 배우는 것이다. 여성들은 이 자리에서 그들을 깊게 돌보는 손길을 느끼게 된다. 더 나아가 여성들은 매우 여성적인 아름다운 행사로 그들을 인도하는 놀라운 그 무언가를 느끼게 된다. 우리는 이 시간이 사귐과 영적인 북돋움으로 충만한 시간이 되어 크리스천 여성이라는 기쁨을 더욱 맛보는 그러한 시간이 되기를 원한다.

　차 모임 주에 우리는 강사를 초빙하여 간증을 듣거나 책 감상, 소개 혹은 전적으로 하나님께 의탁한 삶에서 우러나온 영적 체험기를 듣는다. 여기엔 언제나 관심을 충분히 끌만한 토픽이 있기 마련이다. 우리는 매주 성경공부 스타일을 그대로 복제 한듯한 인상을 주지 않으려고 노력한다. 우리 여성들은 이 마음과 마음 차모임에 깊이 감명을 받아 왔으며 초대 손님 중 몇몇이 그리스도를 구주로 믿게 되는 역사가 있어왔다.

우리 여성들은 마음과 마음 차 모임을 사랑하며 매년 그것을 고대하고 있다. 물론 시간도 들고, 계획도 치밀하게 세워야 하지만 재미도 있다. 창의적으로 하라. 공식, 비공식적인 차모임에 관한 책을 읽고, 여러분 교회의 여성들을 참여시켜라. 젊은 여성들은 이런 프로그램을 통하여 접대 기술을 익히기도 한다. 여성들이 결속감을 갖고 이러한 사업을 추진했다는 사실에 우리는 매우 행복감을 느꼈다. 무엇보다 먼저 준비하는 과정에 사랑으로 섬기는 태도를 계속 유지하고 모든 일이 하나님의 영광을 위해 이루어질 것을 기도하라.

① 장소 준비 및 테이블 설치

    손님들을 위한 둥근 테이블

    커피, 차 음식, 테이블

    흰 식탁보

    강사 연단

    피아노

    이름표와 안내서를 비치한 테이블

    녹음 및 음향시설

    꽃꽂이 및 센터피이스

    은제 티셋트 두벌

    커피 주전자 여유분 2개 – 재빨리 보충하기 위해서

    유리 혹은 은제 물 주전자 2개

    주전자 밑에 까는 흰 린넨 천 4장

    은제 쟁반 여유분

    몇 개의 가지 촛대, 길고 흰 초 도자기 컵과 접시

레이스가 있는 흰색 냅킨

유리 물컵

스푼, 포오크

접은 냅킨

각설탕 집게 혹은 2개의 스푼

레몬 조각을 담는 유리접시

박하 사탕 그릇

② 책임

음식마련

이름표

꽃

피아니스트

노년층 여성의 간증, 강사

차 시중드는 사람

커피 시중드는 사람

환영자

차와 커피 보충, 공급

게시판 광고

그룹에게 알리기 및 초청

짝이 된 파트너들에게 초대장

탁아준비

교회 학교 광고

강사와 피아니스트를 위한 선물 및 감사 표시

③ 차 모임의 음식상

　커피, 차, 다과

　맛과 향이 좋은 커피

　맛과 향이 좋은 차

　박하 잎과 레몬 조각을 띄운 냉수

　레몬 조각 (가운데를 반쯤 갈라 놓음) – 차 테이블에 준비

　차와 커피를 위한 사각 혹은 가루설탕

　버터 바른 박하 – 차와 커피 테이블에 준비

④ 음식 아이디어

　분량을 한 입에 먹기 좋게 준비

　차 샌드위치– 빵 껍질 제거

　등 등 ……

N. 토요 스페셜 계획

① 목적

　– 여름철 동안 연락할 수 있도록

　– 여성 사역 프로그램을 접하도록 하기 위해서

　– 친구와 가족들을 인도하여 복음에 접하도록 하기 위해서

② 특별 행사 전담자의 책임

　– 사역국이 강사와 날짜를 정하게 한다.

　– 선택 강좌부 총무와 함께 4개의 강좌, 4명의 리더를 선택.

　– 선택 강좌 리더들에게 클래스의 정원, 과목에 대한 설명을 제출케 하여
　팜플릿 자료로 삼음.

- 참가자들이 도시락을 싸올 것인지 아니면 배달할 것인지를 결정.
- 등록 팜플릿 디자인. 홍보부 총무에게 이외의 홍보부탁.
- 3주 내지 4주 전에 미리 접수 시작

③ 창의적인 식사계획

여성 사역프로그램이 각 세션에서 식사 문제에 대한 계획을 구체적으로 끝난다.

때때로 사람들에게 각자 샐러드나 디저트를 가져오게 한다. 한 선택강좌마다 디저트를 두 접시로 제안하는 것이 좋다. 음료수는 사역국에서 제공한다.

또 어떤 때는 파이빵을 빵집에서 주문하거나 라자냐를 여러 팬에 구워 오기도 한다. 사역국에서는 샐러드나 디저트를 준비한다.

저녁에는 사역국에서 음식을 준비하고 사람들이 적은 비용을 치르게 하는 것이 매우 간편하다. 디저트를 가져와야 하는 신경을 쓰지 않아도 되고 편안한 분위기에서 식사를 즐길 수 있다. 가능하면 메뉴나 다양한 분위기를 연출하려고 노력한다. 이것이 사람들에게 기대감과 즐거움을 주기 때문이다. 테이블 장식, 축제 같은 분위기는 조금만 노력하면 간단히 이루어 낼 수 있다.

O. 선택 강좌에 대한 제언

* 크리스천의 삶
    성경 암송
    제자도 훈련
    평신도 상담훈련
    삶으로서의 제자도
    기도: 영적 운동의 열쇠

성서적 상담의 기초

선교활동

혼자하는 성경공부

하나님 바라보기

성경공부 후의 삶

베드로전서

출애굽기에 나타난 하나님의 성품

뉴에이지 운동

기도의 능력

QT

그리스도의 발자취를 따라

담대한 목소리, 떨리는 두 무릎(어른 전도)

씨앗을 심으며 (아동 전도)

인격 성숙을 위한 서로의 기도

* 가족 프로그램

영양: 건강한 가족이 되는 열쇠

테니스

에어로빅

시간관리 및 가정관리

집에서 손님 접대하는 법

가정에서의 교육방법

어려운 때를 위한 가정교육의 원리

중국요리

케익 데코레이션

P. 아웃리치 사역

① 무숙자에 대한 아웃리치

우리는 1년 여 동안 달라스 라이프 재단(무숙자를 위한 피난처)을 통하여 헌 옷가지, 가재집기, 화장실용품, 개인 용품 등을 수집, 운반하는 사역을 해왔다. 또한 성경과 찬송가를 공급하였으며 매주 여성을 위한 성경공부, 매달의 생일 파티, 기금 모금을 위한 장바구니 영수증 모으기 운동도 했다. 나중에는 매맞는 여성과 아이들을 위한 피난처도 지원했다. 옷가지와 일상 용품을 모아서 알뜰 시장을 열기도 하고, 신생아 용품, 분유, 기저귀를 제공하는 화요 아침 선물 마당을 추천하고, 크리스마스엔 예수님을 위한 복음적 생일 파티를 여는 등의 방법으로 피난처 후원사업을 하였다.

최근엔 새로운 무숙자 피난처에 다리미, 다리미대, 청소용품 등의 필수품을 제공하고 있다. 또한 전도활동의 일환으로 지저스(Jesus)라는 영화를 상영하기도 하며 남성사역(Men's Ministry)과 함께 노력을 기울이고 있는데, 남성사역에는 빌딩 외관을 페인트로 단장해 주었다.

이 사역은 임신 위기를 겪고 있는 여성을 돕고 있다. 원치 않는 임신을 한 여성에게 낙태 말고 다른 대안을 제공하는 일과 관련되어 있음은 두 말할 것도 없다.

② R.E.A.C.H

이 사역은 여성들의 영적, 정서적, 성숙을 도모하면서 여성들과 지속적인 관계를 유지한다. 이를테면 전화방문을 하고, 의사에게 그들을 데려가 주며, 도움이 필요한 곳으로 인도하는 등의 일을 함으로써 말이다. 때로는 출산교실에 동반하며 출산실까지 동행해주는 경우도 있다. R.E.A.C.H 그룹은 임신부, 영·유아 의류, 신생아 용품을 수집하고 있다.

③ 위기 임신센터(Crisis Pregnancy Center. CPC)

이 크리스천 사역은 예기치 않은 임신을 한 여성을 집중적으로 돕는 사역이다. 낙태에 대한 실제적, 건설적인 대안을 제시하며 임산모의 정서적, 실제적 영적인 필요성을 채워준다. 우리는 여성들을 훈련시켜 위기 임신 센터에서 카운슬러가 되도록 격려하며, 낙태 핫라인에서 봉사하거나 아기들을 돌보게 하는 등 어떤 면으로든 이 사역을 돕게 한다. 우리는 정기적으로 매월 헌금함으로써 우리 지역의 위기 임신 센터를 지원한다.

④ 낙태로부터의 회복

이 사역은 낙태로부터 상처를 입은 사람에게 선한 사마리아인이 되고자 하는 것이다. 10주간의 성경공부를 통하여 이 사역으로부터 섬김을 받은 여성들을 하나님께서 낙태를 어떻게 생각하시는가를 배우며 모임시간을 통하여 하나님의 용서하심과 은혜를 경험한다. 이중에는 다른 여성들도 치유하심을 입도록 자신들의 이야기를 간증하는 사람도 있다.

⑤ 웨스트 달라스 사역

우리 사역국 여성 중엔 도시 빈민 학생들을 가르치고, 삶의 의욕을 북돋아주는 개인지도 프로그램 참여자가 있다. 이 프로그램은 주 단위 여성 사역 프로그램에 선택 강좌로서 제공된다. 자원봉사자들은 고등학교에 가서 일대일로 학생을 만나며 그들이 교실로 돌아가면 그들을 위해 기도한다. 여성 사역 프로그램이 세션중이지 않을 때도 이 프로그램은 계속된다. 이 사역의 목적은 학생들에게 인성발달의 역할 모델을 제시하여, 고등학교 졸업을 격려하고, 교육의 기회를 더 깊게 추구하도록 돕는데 있다.

⑥ 병원 선교위원회

이 그룹은 병중에 있거나 수술한 여성 환자들을 영적으로 돕는 모임이다. 가까운 가족 중 입원 환자가 있는 경우에도 병원과 가정 방문이 이루어진다. 그들의 형편에 따라 위원회 회원들이 카드를 보내기도 하고, 전화를 걸거나 음식을 집으로 보내기도 한다.

⑦ 사랑의 음식

이 위원회는 교회의 수요 저녁 식사 모임에서 먹다 남은 음식을 활용하면서 비롯되었다. 자원 봉사자들이 여분의 음식을 더 만들어 일회용 그릇에 담아 교회 냉장고에 저장해둔다. 이 음식은 환자의 가족, 출산모, 교회 내에서 음식 구제가 필요한 이들을 위해 쓰여진다.

⑧ 새로운 엄마들(New Mothers)

이 위원회는 교회 안에서 출산이나 입양으로 최근 새로운 아기를 맞아들인 여성들을 사역한다. 병원이나 가정을 개별 방문하여 지원과 격려를 보여주는 것이 목적이다. 골든 북에서 나온 아이들을 위한 기도, 시편 127편 3절이 서예체로 프린트된 인쇄물을 작은 선물로 사용하고 있다. 올해에는 엄마 되기와 자녀 키우기에 관련된 구절들을 암송용 카드로 만들어 선물을 새로운 엄마들에게 줄 참이었다.

⑨ 새교우 환영그룹

이 위원회는 교회 사무실에서 교회 방문자 카드를 받아서 여성들에게 전화를 걸어준다. 교회에 올 것을 환영하며 여성 사역 프로그램을 소개한다. 또한 교회 활동에 대한 그들의 궁금증을 풀어주기도 한다.

⑩ 교회 사무실 자원 봉사자

교회 사무실이 특별 프로젝트 혹은 넘치는 우편물로 일손이 딸릴 때 돕는 사람들이다.

⑪ 시민창구(Citizen's Awareness Table)

이 창구는 마을, 지역구, 더 나아가 전국적인 이수에 대해 정보를 접수할 수 있는 곳으로서 여성사역 세션 중에 운용된다. 이 창구를 통해 여성들은 정치적 과정에 행동으로 참여함으로써 결과의 차이를 만들 수 있다고 권유받는다. 지역구 대표들에게 전화, 편지, 개인적 접촉, 신문사 편집장에게 편지 쓰기 그리고 특별히 알 것을 아는 유권자가 되기 등을 통해서 행동이 취해진다.

⑫ 부모가 부모에게

이것은 초등학교부터 중고등학교 학부형들에게 실시하는 약물남용 방지 워크샵이다. 우리교회에서는 2명의 여성이 약물 방지 트레이닝 센터에서 훈련을 받고 6학년부터 고3학생들을 대상으로 하여 워크샵을 주최하고 있다. 여성 사역프로그램에서는 모든 여성들이 ⑴ 약물방지 대책위원이 되기를 기대하며 ⑵ 자녀들의 학교에서 학부형 워크샵을 제공하게끔 추진할 것을 기대하고 있다.

⑬ 사랑의 방(Sharing Closet)

이 방은 휴가차 본국에 들른 선교사들, 교회식구, 기타 도움이 필요한 이들을 위한 것이다. 깔끔하게 손질된 헌옷, 가재도구, 그리고 공간이 있으면 잘 손질된 중고가구를 수집해 놓는다.

⑭ 특수선교 프로젝트

가장 꾸준히 지속되는 프로젝트가 테잎 선교이다. 주중 성경공부를 녹음하여 전 세계에 퍼져 있는 우리의 여성 선교사들에게 발송한다. 선교사를 위한 개인별 기도카드 만들기, 아프리카 선교사를 위한 모기장 만들기, 어린이 전도 클럽을 위해 글 없는 책과 콩주머니 만들기, 단기 선교사를 위한 재정 지원, 루마니아에 성경 살 돈과 옷 기증, 우리의 남성사역과 고등학교 사역에 자재비를 대주면서 과테말라에 사별 여성을 위한 집 짓기 등이 특수 선교의 프로젝트이다.

현재는 오스트리아 자매결연 교회를 통하여 난민에게 성서를 제공하며 그들이 아파트를 얻을 때 가정 꾸리기(homemaking)을 위한 새출발 킷트(start kit)를 제공한다.

⑮ 12단계 연구모임

이 그룹은 일주일에 한 번씩 만나 의존적인 행동이 정서적으로 건강한 라이프스타일로 바뀌어 주님을 보다 효과적으로 섬길 수 있도록 격려하고 지원하는 모임이다. 우리는 '12단계: 영적여행(San Diego: Recovery)' 을 교재로 사용하고 있다.

⑯ 특별도움을 필요로 하는 어린이를 위한 후원 모임

특별도움을 필요로 하는 아이를 가진 한 부모가 자원 봉사하여 이 그룹을 조직했다. 정규 클래스에서는 도움을 못 받는 모든 나이의 어린이를 위한 주일 클래스이다.

⑰ 엄마가 엄마에게(Mom to Mom)

어린이를 가진 엄마들의 힘을 북돋워주기 위한 선택 강좌로부터 이 모임이 파생되었다. 한 달에 한 번 모임, 적절한 강사선택, 엄마와 자녀의 소풍, 엄마와 아빠를 위한 발렌타인데이 저녁 식사모임, 연쇄기도, 환한 색깔로 유아실 페인팅 등이 이들이 돕는 일이다. 경험 많은 엄마가 초빙되어 자신의 지혜를 나누기도 한다.

⑱ 자영업, 전문직 여성을 위한 저녁 성경공부

일하는 여성을 섬기는 성경공부이다. 교회에서 모이며, 일하는 현장에서 부딪치게 되는 구체적인 문제들을 성서적 원칙을 적용하여 잘 다룰 수 있도록 돕는다.

⑲ 업리프터(Uplifters)

이 그룹은 유방암 환자를 아웃리치 사역으로서 돕는다. 가족이나 환자가 필요로 할 때 일대일의 관계를 맺으며, 매년 유방암 검진 차량을 교회 안에 이틀 동안 설치하고(여성사역의 주요 세션이 진행되는 날과 일치시킴) 의사와의 약속시간을 조정하는 일을 맡고 있다.

⑳ 암환자 후원회(CanSupport)

암환자 혹은 암환자를 간병하는 이들을 지원하기 위한 모임이다. 매월 점심 때 만나며, 모임과 점심시간 사이를 이용하여 전화를 통하여 연락을 유지하고, 그럼으로써 신앙과 돌봄의 분위기를 유지한다. 실제적인 방법으로 서로를 섬기면서 기도와 영적인 후원을 아끼지 않는다.

㉑ 사별여성 후원 모임 (손에 손잡고)

이 그룹은 미망인이 된 여성이 슬픔을 극복하고, 정기모임과 흥미로운 야외 견학을 알아야 할 정보들을 묶어서 하나의 팩킷으로 내놓았다. 어떤 여성이 사별하면 이 모임의 회원 한 사람이 그녀에게 할당되어 개인적으로 그녀를 섬긴다. 레스토랑에서 한 달에 한 번 주일 저녁 식사를 나누며 때때로 함께 외출하여 교제를 나눈다.

Q. 기타 가능성 있는 사역

① 양로원 사역

이 그룹에서는 양로원에 있는 교회 사람들의 이름을 입수하여 꽃, 카드, 쿠

키 등 조촐한 기념품을 가지고 방문할 수 있다. 때로는 여성들이 특별한 음악을 연주하기도 하고 성경공부, 수공예 시간을 인도할 수도 있을 것이다.

② 할아버지, 할머니 입양하기
이 사역은 노인들이 사는 집을 방문하여 그들을 모시고 외식을 한다든지 아니면 다른 친절한 행동을 함으로써 그들의 삶을 밝게 할 수 있는 방법을 모색한다.

③ 이혼으로부터의 회복모임
이혼 후에 일어날 수 있는 적응 과정에 직면한 여성들을 지원하고 격려할 수 있을 것이다. 어른 아이(adult children)가 이혼을 경험하고 있는 여성을 포함시킬 수도 있을 것이다.

3) 한국에서의 여성사역

한편, 한국에서의 실질적인 여성사역은 '아버지학교'에 대한 대응으로 시작되었다고 할 수 있다. 물론 여성사역이라고 이름 붙이지는 않았지만 여성들을 대상으로 하는 전문적인 사역은 간헐적으로 있어 왔다. 그러한 사역으로는 태아교육 세미나, 부모, 자녀교육 세미나, 고부학교 또는 며느리학교 등을 들 수 있을 것이다.
특별히 '어머니학교'가 최근 들어 각광을 받으면서 여성사역의 필요성이 대두되고 있는 상황이라 할 수 있다. 어머니학교는 '두란노'와 '한국가정상담연구소'가 대표적이며, 교회에서는 주안장로교회, 부산 수영로교회 등이 활발하게 이 사역을 펼쳐가고 있다. 참고로 한국가정상담연구소가 운영하는 어머니학교는 아버지학교와 같은 포맷으로 구성되어 있는데 그 과정은 다음과 같

다.[378]

> 제 1과정 : 어머니인 당신
>
> 제 2과정 : 아내인 당신
>
> 제 3과정 : 여자인 당신
>
> 제 4과정 : 예수그리스도의 딸인 당신
>
> 제 5과정 : 남편과 함께하는 사랑의 축제

이러한 여성사역의 궁극적인 목표는 자신의 정체감을 알게 함으로 인해 진정한 여성의 삶이 무엇인지 깨닫도록 하는데 있다.

한국에서의 여성사역은 아직까지도 미흡하다. 앞으로 여성들의 삶의 현장을 고려한 다양한 여성 프로그램들이 개발되어야 할 것이다.

---

378) 이 과정에 대해서는 한국가정상담연구소가 발간한 '어머니학교 워크북'과 '어머니학교 워크북 인도자 가이드'에 자세히 소개되어 있다.

6. 청년사역

(1) 청년사역의 의의

가정사역이 확산되면 될수록 개교회에서 관심을 기울이는 것 중의 하나가 '미혼자' 들을 대상으로 한 가정사역 프로그램이다. 가정사역 프로그램은 결국 예방사역이라 할 수 있다. 그런 관점에서 보면 미혼자들을 대상으로 한 가정사역은 매우 중요하다고 하겠다. 최근 들어 많은 교회들에서도 이러한 미혼자 대상 사역을 늘리고 있고, 어느 교회들의 경우는 미혼자 대상 가정사역 프로그램을 수료하지 않은 커플에 대해서는 담임 목사의 주례가 허용되지 않을 정도로 강화하기도 한다.

미혼자 대상의 청년사역 프로그램은 하나님 안에서 풍성한 부부생활을 하기 위한 출발점이다. 이런 프로그램을 통해 훈련받은 부부와 그렇지 않은 부부의 삶의 모습은 현격하게 다를 수밖에 없다. 성숙한 그리스도인 부부로서 살아가기 위해서는 이러한 프로그램을 통한 훈련이 절대적이라 해도 과언이 아니다.

특별히 청년사역은 우선 '새 출발을 위한 준비' 라는 중요한 의미를 갖는다. 여기서 '새 출발' 이란 '결혼' 을 의미한다. 창조사역의 관점에서 결혼은 영적으로나 정신적으로 너무나도 소중한 의미가 있다. 영적인 의미로는 독립된 제사장으로서의 출발을 의미한다고 할 수 있다. 즉, 그동안에는 제사장의 권한을 부모가 가지고 있었으나 결혼을 하면서 그 남자가 제사장적 권한을 가지고 떠난다는 것을 의미한다. 청년사역에서는 바로 영적인 떠남의 준비를 시켜야하는 영적인 혼수감을 준비시켜야 하는 것이다.

더불어 정신적인 의미로는 배우자를 위한 최상의 선물인 자신을 준비시켜야 한다는 점을 들 수 있다. 당연히 육체적으로도 순결해야 하지만 정신적으로도 회복된 질그릇을 준비시켜야 한다. 즉, 그동안 깨어지고 상한 질그릇같은 마음을 청년의 때에 회복시켜 새로운 출발을 할 수 있도록 준비하여야 한다는 것이다. 이러한 의미에서 청년사역에서 내적치유를 강조하게 되는 것이다.

또 다른 의미에서의 새출발이란 이제는 혼자가 아닌 둘이 하나가 되는 삶의 시작이라는 점을 알고 2인 3각 경기에 적응하기 위한 준비가 필요하다. 즉, 그동안에는 혼자서의 삶이었지만 이제부터는 둘이 하나인 듯 살아가야 한다. 그동안 혼자서 모든 일을 계획하고 추진해 왔다 하더라도 이제부터는 무엇이든 함께 해야 한다는 것이다. 하나님과의 관계에서도 그동안에는 혼자였지만 이제는 관계 속에서 충만한 삶을 살아가야 한다. 많은 젊은이들이 혼자서는 신앙생활을 잘 하다가도 두 사람 이상의 관계 속에 들어가면서 신앙이 흔들리는 경우를 본다. 그것은 관계 속에서의 신앙훈련이 되어 있지 않았기 때문이다. 그래서 청년의 믿음은 믿을 것이 못된다고 말을 한다. 그것은 일 대 일의 관계에서는 신앙생활을 잘 했을지라도 관계속의 신앙훈련이 잘 되어 있지 않으면 언제든지 무너지기 때문에 그러하다. 그러한 의미에서 청년 사역에서는 결혼 이후의 관계 안에서 하나님과의 풍성한 관계를 준비시키는 아주 중요한 일들이 일어나야 하는 것이다. 이러한 새출발의 의미를 고려한 결혼예비교육이 청년사역에서 필요한 것이다.

청년사역은 또, 하나님의 나라 건설을 위한 베이스캠프(Base Camp)를 준비하는 때이기도 하다. 그래서 새로운 영적 의미에 대한 분명한 목표를 설정하도록 해야 한다. 따라서 결혼하기 전에 결혼에 대한 의미와 목표를 분명히 설정하도록 하는 것도 아주 중요하다.

더불어 인간 관계의 훈련도 중요하다. 이제는 혼자만의 삶이 아닌 '둘' 그리고 '가족+가족'에 관련된 관계의 훈련이 필요하다는 것이다. 결혼은 일 대 일의 만남이 아니다. 가족과 가족의 결합이라는 것을 분명히 인식하고 공동체 울타리 속에서의 행복한 삶을 설계할 수 있도록 만들어 주어야 할 것이다.

(2) 청년사역의 종류

청년사역은 우선 크게 둘로 나눌 수가 있다. 그 첫째가 아직 짝이 정해져 있지 않은 미혼 청년들을 대상으로 한 '미혼 캠프(Camp)' 또는 '데이트학교'가 있고 두 번째로는 짝이 정해진 커플들을 대상으로 하는 '결혼준비학교'가 있다.

좀 더 구체적으로 말하자면 결혼 전 교육(Premarital Education) 또는, 결혼준비(Premarital Preparation), 결혼 상담(Marital Counseling) 등의 개념 등이 여기에 포함된다.

(3) 청년사역을 위한 운동들

청년들을 위한 결혼예비사역은 비교적 역사가 깊다. 미국의 보스턴 대학에서 1924년, Groves에 의해 결혼 및 가정생활 준비라는 이름으로 첫 번째 강좌가 열렸고, 1930년대 초에는 Merrill-Palmer연구소에서 처음으로 결혼준비교육이 시작되었다(Stahmann & Salts, 1993).[379] 오랜 역사 끝에 지금도 활발한 결혼예비사역들이 펼쳐지고 있는데 그 대표적인 예로 다음과 같은 프로그램들을 들 수 있다.[380]

① Minnesota Couple Communication Program
  - 창안자 : Miller, Nunnally, Wackman(1960년대 후반, 1982년 개정)
  - 형식 : 강의, 실습, 피드백, 과제 수행
  - 목표 : 직접적이고도 개방적인 의사소통 능력의 향상(관계 규칙과 상호작용을 돕는 기술 차원, 규칙과 상호작용을 변화시키도록 도와주는 기술) -〉 자기 노출과 의사소통의 증진
  - 내용 : 의사소통 기술 습득, 상호 작용 양상에 대한 지각의 기술 습득 4단계
      a. 각성핸들 b. 의사소통 교환, 경청, 갈등 해결 기술 c. Hill의 상호작용 매트릭스 d. 1-3단계 재실습
  - 효과 : 단기적으로 효과는 있으나 장기적 지속은 안되며, 공감 수준에서의 변화는 있는 것으로 보임.
  - 특징 : 가장 오래 널리 사용되고 체계 이론과 의사소통 이론이 배경이다.

② (Premarital) Relationship Enhancement
  - 창안자 : Guerney (1964, 1977)
  - 형식 : 8시간~2회, 4시간 2회로 총 4회(2 4시간)강의, 시범실습

---

379) 박미경, "예비부부를 위한 결혼준비교육 프로그램", 석사학위논문, 부산대학교대학원, 1997. 2.
380) Ibid., 86.

- 목표 : 직접적, 개방적 표현하기, 공감적 경청 기술 활용, 부부 의사
소통 개선으로 만족스럽고 기능적인 관계형성, 듣기와 말하기 기술에
초점을 둔 의사소통 기술 습득 → 의사소통과 관계 강화의 증진
- 내용 : 4단계
  a. 청자와 화자의 역할연습(자신의 정서, 생각, 원망을 정확하게 표현하
     고, 느낌을 수용, 상대에게 전달)
  b. 배운 역할 연습
  c. 갈등영역에 대한 의사소통
  d. 커플의 갈등 해결
- 효과 : 단기적으로 효과는 있으나 장기적으로 지속은 안됨 대인관계개
선을 위하여 활용, 공감적 수용, 부부 적응, 의사소통의 면에서 효과가
있으며, 비교적 어려움이 없는 커플 등에게 효과적이고 효율적임. 그러
나 커플의 관계에 깊이 있는 접근 못하는 제한점이 있음.
- 특징(분석) : 예비부부, 부부, 모녀, 부자 등을 대상으로 사용되었는데,
로저스의 내담자 중심 치료적 접근이며 행동수정이론과 사회학습이론
에 근거하고 있음.

③ Growth Counseling for Marriage Enrichment
- 창안자 : Clinbell(1979)
- 목표 : 요구일치를 통한 부부관계증진, 친밀하고 개방적 부부관계, 인격
존중과 책임, 평등과 자유
- 내용 : 4단계
  a. 관계의 힘 인정, 확인
  b. 성장영역의 확인
  c. 변화를 위한 재계약

　　d. 행동

　- 특징분석 : 인간잠재력 접근법과 결혼지향 방법이 기본이며, 혼전, 신혼
　　부부, 중년, 장년의 주기별로 프로그램이 있음.

④ Prevention and Relationship Enhancement Program

　- 창안자 : Markman Stanley, Floyd Guerney (1980년대)

　- 형식 : 형식1 →1 회에 2시간-2시간 30분씩 6회를 하며 4-8쌍을 다룬
　　다. 형식2 →1주 동안에 20-40쌍을 한꺼번에 다룬다.

　- 목표 : 결혼의 어려움과 이혼을 예방

　- 내용 : 효과적으로 말하기, 듣기, 의사소통 유형, 커플간 즐거움 추구,
　　문제해결, 수용과 친밀감 증진, 신뢰성 생활

　- 효과 : 단기적으로 효과가 있었으며, 장기적으로 남편은 효과가 있는 반
　　면, 아내는 효과가 감소되었음.

⑤ Premarital Assessment Program

　- 창안자 : Salt, Bucker(1983)

　- 형식 : 6회로 12주 동안 진행되며, 결혼 3달 후 체크한다. 방법은 질문
　　과 평가, 과제로 한다. 형식은 이전 회의 과제를 나눈 다음 과제에 대한
　　토론, 새 주제 소개, 새 과제 부여의 순으로 진행한다.

　- 목표 : a. 상대가 실제로 결혼하기를 원하는 사람인가 재평가와 확인을
　　통해 관계의 질을 평가한다(효과적인 의사소통, 문제 해결 능력, 갈등 협
　　상) b. 문제(친구, 가족과 친척관계, 종교, 가치, 오락, 재정, 양육, 성, 애
　　정)를 검토한다. c. 미래에 전문가의 도움을 쉽게 받을 수 있도록 한다.

　- 내용 : 커플의 데이트 역사, 개인과 커플의 기대 · 목표 · 역할 · 요구, 가
　　족 · 육아 · 재정 · 친구 · 오락, 의사소통과 갈등해결 · 가치와 성

- 특징(분석) : 개별 커플별로 평가하며 교수적 상담접근법을 사용한다.
  기본적으로 발달적, 구조적 개념 틀을 가지며, 발달적 가족생활주기 개
  념을 갖고 있다. 한 회기에 다루어지는 내용이 너무 많은 편이며 기술훈
  련이 없다. 또 12주는 너무 길다.

⑥ TIME
- 창안자 : Dinkmeyer와 Carlson(1986)
- 형식 : 10회 모임을 가지며, 소개, 독서, 토론, 연습, 과제 할당의 순으로
  진행한다. 리더는 부부가 한다.
- 목표 : 커플이 사랑하고 지지하는 관계를 확립하기 위해 필요한 기술을
  배우고 적용한다.
- 내용 : 책임 수용, 격려, 우선권과 가치, 정직하고 일치적인 의사소통,
  선택기술, 갈등 해결 과정, 갈등 해결 과정의 적용, 평등한 결혼
- 특징(분석) : 아들러 접근, 사회심리적 접근을 하며, Dinkmey와
  Mckay(1976)의 STEP과 STEP/Teen의 개념과 유사하다. '격려'는
  TIME에서 기본적 방법이다.

⑦ Preparation for Marriage Workshop
- 창안자 : Nickols와 Nicklos
- 형식 : 1회에 2시간씩 6회를 하는데 강의와 연습이 있다.
- 내용 : 혼전상담, 의사소통, 갈등해결, 역할기대, 가치, 인간의 성, 재정
  관리

⑧ Marriage Preparation Handbook
- 원전 : British Columbia Council for the Family, 2판(1984)

- 형식 : 1회 2시간씩 8회
- 목표 : 결혼에 대해 잘 준비함으로 결혼과 가족해체 예방에 도움을 준다. 또, 커플이 풍부하고 의미있는 관계를 형성하는 것을 도와 준다. 그리고 커플이 서로의 가족배경과 지각, 가치를 이해하는 기회를 제공하며, 대인간 의사소통과 문제해결 기술을 가르쳐서 편안하고 정직한 결혼관계를 이끄는 데 목적을 둔다. 또, 커플에게 돈과 믿음은 관리가 요구된다는 것을 자각시키며, 부모기를 위해 준비가 필요함을 깨닫게 한다.
- 내용 : 결혼준비, 의사소통, 갈등, 지지 체계 구축, 시간과 돈을 벌고 사용하는 생활의 공유, 성생활, 헌신, 결혼 계획

⑨ A Resource Book For Instruction
- 원전 : British Columbia Council for the Family
- 형식 : 1회에 2시간씩 9회를 하며, 주제 소개, 토론, 역할극, 과제 할당의 순으로 진행한다.
- 목표 : 인지적(일반적인 대인관계), 정서적(효과적인 의사소통, 기본적인 가사 관리, 건강유지에 대한 실질적인 정보) 목표 성취
- 내용 : 기대와 현실, 정체감과 가치, 관계에서의 역할, 의사소통(듣기와 말하기 친밀감), 창조적인 갈등, 성생활, 생활양식, 미래성장

한편, 한국에서의 결혼예비교육도 비교적 다양하게 펼쳐져왔다. 계명대학교 사회교육원의 신부대학 강좌를 비롯하여, 서울 YMCA의 결혼 강좌, 한국가정법률상담소 교육원의 혼인준비교실, 새세대 육영회의 예비부모 교육, 두란노의 결혼예비학교, 여의도순복음교회의 결혼예비교실, 사랑의 교회의 결혼예비교실, 가톨릭교회의 선택, 기독교가정사역연구소의 결혼예비학교, 동안교회의 예비부부교실, 예수가정영성회의 결혼학교, 대학생선교회의 결혼예비학교, 새

가정선교회의 결혼예비학교, 예수가정창조회의 예비신랑신부학교, 영락교회의 결혼준비교실, 가정선교교육원의 사랑의 동산 프로그램 등이 있다.

한편 결혼준비 프로그램에 대한 연구로는 김혜석의 '결혼준비 성인교육 프로그램 개발 연구'를 비롯하여[381] 정민자의 결혼준비 교육 프로그램 개발,[382] 오윤자 등의 건강한 가족생활을 위한 결혼준비교육 프로그램 개발연구,[383] 박미경의 예비부부를 위한 결혼준비교육 프로그램[384] 등이 있다. 그리고 황성철이 펴낸 '결혼준비학교'가 교육 교재로 잘 정리되어 있다.[385]

가장 체계화된 결혼예비교육으로는 미국 '윌로우크릭 교회'의 결혼준비(Marriage Preparation)사역을 들 수 있다.[386]

① 사역의 목적 ; 결혼을 준비하는 사람들에게 성경적인 통찰력, 관계 면에서의 보조와 책임성을 제공하여 시간의 시험을 견디고 하나님을 영화롭게 하는 관계가 세워지게 하는데 있다. 또, 커플들이 관계의 성숙과 궁극적으로는 결혼준비 상태를 평가하도록 돕는데 있다.

② 사역의 배경 ; 다음의 9가지 사역 철학을 가지고 사역을 행한다.
  - 예수 그리스도께서 한 개인인 당신과 어떻게 관계를 맺으시는지를 이해함으로 인해 배우자와의 관계 맺는 법을 배우도록 한다.
  - 결혼과 가정의 힘에 의해 교회의 경건한 성품과 사역의 효율성이 드러난다.
  - 성경적 진리를 배움으로 인해 사람들의 기대나 계획과 다를지라도 하나

---

381) 김혜석, "결혼준비 성인교육 프로그램 개발 연구", 박사학위논문, 이화여자대학교대학원, 1990
382) 정민자, "결혼준비교육 프로그램의 개발에 관한 연구 I", **대한가정학회** 제34호 4호, 1995.
383) 오윤자, 유영주, "부부관계향상 프로그램 개발연구", **한국가정관리학회지** 제12권 2호, 1994.
384) 박미경, "예비부부를 위한 결혼준비교육 프로그램".
385) 황성철, **결혼준비학교** (서울: 아름다운 세상, 2000).
386) Paul Braoudakis, 387-398.

님의 뜻에 기꺼이 순종하도록 만든다.

- 죄악된 생활이나 행위에 빠져 있는 커플들에 대해 교회는 책임이 있다.
- 많은 커플들이 미성숙한 가정배경이나 영적인 문제 때문에 결혼의 기본이 되는 개인적, 관계적, 영적 측면에 문제가 있고, 또 그 문제들을 깨닫지 못하고 있다.
- 약혼과 결혼은 주요 전환기를 대표한다. 이러한 새로운 전환기를 맞는 커플들은 그리스도와 서로에 대한 교훈을 충분히 받을 수 있다.
- 연애는 건강하고 균형 잡힌 결혼을 세우는데 필요한 관계적, 영적 성장을 위한 충분한 시간을 제공한다.
- 결혼 전 준비와 후속 조치들은 결혼의 장기적인 건강이라는 면에서 의미 있는 차이를 만들 수 있다.
- 약혼한 커플들의 우정을 개발하는 것은 결혼 초기의 후속 조치를 안정된 관계 속에서 이루어지게 한다.

③ 프로그램 ; 프로그램은 다음의 6단계로 나뉘어 진다.

***제1단계 : 결혼 준비 서류 봉투**

- 최초의 전화 통화를 통해 접촉한 후에 그 커플들에게 프로파일과 설문지들이 든 서류 봉투를 발송한다. 그 커플들이 서류들을 기입하고 반송하면 그 커플들과 면담 일정을 잡는다.

***제2단계 : 결혼 전 인터뷰**

- 인터뷰를 통해 커플들의 결혼 준비 상태를 평가한다.
- 회신 받은 프로파일 또는 인터뷰 내용 중에 특별한 문제가 없다면 그 커플들은 결혼 날짜를 잡아도 좋다는 허락을 해 준다. 그러나 만일 문제가 되는 이슈들이 있다면 또 다시 인터뷰 일정을 잡고, 과제를 주거나 워크숍에 참가할 것을 제안한다.

＊제3단계 : 세미나

- 결혼 세미나와 결혼 전 예산 세미나에 참석하도록 한다.
- 커플들에게 추천 도서 읽기와 테일러-존슨(Taylor-Johnson) 기질 분석을 하도록 한다.

＊제4단계 : 개인적인 후속 조치

- 예비 커플들은 상담했던 기혼 부부 커플과 계속 연락을 하면서 공식적, 비공식적 제자 훈련의 기회를 갖도록 한다.

＊제5단계 : 결혼후 수련회

- 결혼 후 주말 수련회에 참석하도록 하고 그동안의 부부관계를 재검토하는 시간을 갖는다.
- 특별히 부부간의 의사소통 양식을 살펴보고 헌신을 새롭게 하는 시간을 갖는다.

＊제6단계 : 소그룹

- 결혼 후 6-14개월 된 신혼부부들에게 관계성과 책임성, 그리고 실제적인 훈련을 하도록 디자인된 소그룹 그룹에 참여하도록 한다.

④ 자원 봉사자 ; 이 사역을 행하는 자원 봉사자들은 몇 가지 분야의 담당자로 나뉘어 진다. 먼저 결혼준비 인터뷰 담당자가 있는데, 기혼 부부들로 구성된 이들 담당자들은 결혼 예정 부부들을 면담하면서 상담 및 친밀 관계를 형성한다. 이들은 결혼에 관련된 상담을 할 수 있는 능력을 갖춘 사람들이다. 특별히 이들은 커플들이 결혼 준비가 되어 있는지를 평가하고 그들에게 실질적으로 도움을 주는데 목표를 둔다. 또 결혼 예식 담당자는 결혼 예식 전반의 모든 세부 사항들에 대해 도움을 주는 역할을 한다. 한편, 소그룹 인도자들은 우선 결혼 준비 인터뷰 담당자들을 제자훈련 시킬 책임을 진다. 그들은 월 단위로 만나 서로를 지원하고 이슈와 사역을 토의한다. 그리고 결혼한 신혼부부들을

소그룹으로 지원하는 역할을 맡는다.

한국에서의 결혼예비사역으로 대표적인 프로그램은 두란노의 결혼예비학교를 들 수 있다.[387] 이 사역의 목적은 이 사역이 결혼을 준비하는 한 쌍의 남녀가 그들의 Date 과정과 약혼과정, 결혼식을 지나 평생토록 결혼생활에 대한 성경적 가르침과 훈련되지 못하여 시행 착오를 거듭하여 깨어지기 쉬운 문제를 미리 점검하고 예방함으로써 성숙하고 행복한 부부관계를 통해 하나님께 영광을 돌리게 하기 위하여 돕는데 있다. 특히 미래를 위한 예방교육과 과거를 위한 상담치료가 균형있게 조화되어 이들의 결혼생활의 실제적 필요를 적극적으로 돕는 교육이라 할 것이다.

결혼예비사역의 철학으로는 다음의 10가지가 있다.
① 예수 그리스도가 개인적으로 당신과 어떻게 관계되며 그 관계를 통해 배우자와의 관계를 배운다.
② 부모를 떠나기 전에 가족과 온전한 관계가 되어 있지 못할 경우 속 사람이 치료를 받을 수 있도록 한다.
③ 성경의 진리를 통해 삶의 원리를 적용하고 순종하는 것을 배운다.
④ 배우자 선택의 확신이 없을 경우 하나님의 뜻 앞에 다시 점검할 수 있는 기회를 갖는다.
⑤ 결혼은 추상적이 아니고 현실임을 직시하고 상황에 맞는 훈련에 임한다.
⑥ 약혼 기간 동안에 배우자의 부모나 가족관계의 이해를 돕는다.
⑦ 신체적으로 건강함을 체크하고 서로를 위해 체력을 증진시킨다.
⑧ 약혼예배, 결혼예배 등 예식에 관한 준비를 도모하게 한다.

---

387) 온누리교회 편, 7-10.

⑨ 배우자뿐만이 아니라 같은 상황에 있는 예비부부들과 영적 교제 그룹을 만들어 준다.

⑩ 결혼 생활에서 일어 날 문제에 대비해 일대일로 상담을 해 준다.

한편 두란노 결혼예비학교의 프로그램으로 성경적 결혼관, 건강한 자아상, 부부의 역할, 부부의 성, 부부의 대화, 경제생활, 자녀교육, 가족관계, 헌신 등이 준비되어 있다. 그리고 특별순서로 정신, 정서, 심성 검사를 통해 개별상담과 그룹상담, 모의 결혼식, 월별 생일파티, 세미나 기간 중에 결혼한 부부의 간증, 부모 초청, 매주 선물 교환, 결단 헌신예배 등이 있다.

한국가정상담연구소도 '결혼준비학교'라는 교재를 펴내고 청년사역에 적극적으로 뛰어들고 있다.[388] 한국가정상담연구소의 결혼준비학교는 특별히 성경적으로 분명한 결혼과의 정립에 초점을 맞추어 진행하는데 그 내용은 다음과 같다.

① 결혼 바로 알기
- 결혼의 정의
- 결혼 제도 알기
- 결혼의 원리
- 결혼을 하는 이유
- 결혼 생활의 반석이 되는 예수 그리스도

② 배우자를 이해하기
- 차이를 이해하기
- 차이는 성장과 성숙의 밑거름이 된다.
- 가족사(Family History)를 통한 서로를 이해하기

---

388) 한국가정상담연구소, **결혼준비학교** (서울: 한국가정상담연구소, 2004).

- 서로를 이해하기 위하여

③ 결혼에 대한 기대와 환상

- 배우자에 대한 기대

- 결혼에 대해 갖는 3가지의 기대

- 결혼생활의 3단계

- 서로를 이해하기

- 결혼생활 시뮬레이션(Simulation)

- 행복한 결혼생활을 위해

④ 부부의 역할과 책임

- 서로의 필요를 채워주기

- 부부의 역할과 책임

- 의사결정

⑤ 의사소통과 갈등

- 부부간의 의사소통

- 의사소통의 수준

- 갈등에 대한 이해

- 갈등의 해결

⑥ 행복한 성

- 하나님의 아이디어에 의해 창조된 성

- 성의 4가지 목적

- 성에 대한 편견과 오해

- 성에 대한 남성과 여성의 차이

- 성에 대한 세계관의 차이

- 풍성한 성생활을 위한 10대 원리

- 행복한 성을 위한 기도

⑦ 특별 프로그램

- 결혼 계획하기

- 이고그램을 통한 서로를 이해하기

- 결혼에 대한 비전 세우기

- 새로운 가족 만들기

- 우리 가정의 재정

- 결혼예식의 실제

한편, 결혼준비학교의 프로그램 진행은 보통 금요일 오후 7시부터 10시까지 3시간동안 진행되는데 그 방법은 다음과 같다.

- 7:00 - 7:30 충분한 찬양과 QT 나눔

- 7:30 - 7:40 주제에 관한 드라마

- 7:40 - 8:30 약 50분간의 주제 강의

- 8:30 - 9:00 조장의 인도에 의한 그룹 워크샵과 저녁식사

- 9:00 - 9:10 찬양과 친교

- 9:10 - 9:20 조별 발표

- 9:20 - 9:40 주제에 대한 마무리와 질의 응답

- 9:40 - 9:50 기도(제목마다 깊은 묵상과 기도)

- 9:50 - 10:00 서로를 위한 선물을 주고 받으며 특별한 것은 전체 공개

- 10:00 집으로.....

(4) 청년사역의 프로그램 내용과 목표

청년사역은 아직 짝이 정해지지 않은 싱글들을 위한 미혼캠프와 짝이 정해

져서 결혼을 준비하고 있는 커플들을 위한 결혼예비학교의 둘로 나눌 수가 있다.

1) 미혼캠프(데이트학교)

아직 결혼을 구체적으로 생각하고 있지 않는 청년들을 대상으로 하는 이 사역은 데이트에 대한 개념과 이성교제에 대해 눈을 뜨게 만들고 결혼을 제대로 건강하게 준비할 수 있도록 돕는다.

많은 청년들이 이성과의 데이트에 대해 그 매너라든지 구체적인 방법을 모른 채 교제를 하다보니 많은 문제들이 생겨난다. 특별히 이성교제에 대한 지식이 없이 교회 안에서 이성교제를 함으로 인해 서로가 상처를 받고 심지어 교회를 등지는 일까지 벌어진다. 데이트학교라고도 불리우는 미혼캠프는 이러한 청년들의 시대적 요구에 부응하는 사역이라 할 수 있다.

미혼 캠프는 다음의 내용들을 커리큘럼으로 잡는다.

① 데이트, 어떻게 할 것인가?

데이트는 이성을 알게 하는 참으로 좋은 기회이다. 문제는 그 방법을 잘 모르기 때문에 일어난다. 데이트는 어떻게 해야 할까? 얼마나 자주 만나는 것이 좋을까? 접촉은 어디까지 해야 하나? 혼전 성관계는 어떠한 결과를 가져오나? 데이트할 때 어떠한 주제를 소재로 대화를 나누어야 할까? 결혼에 대한 구체적인 계획은 언제 세워야 하나? 교회 안에서 이성교제는 어떻게 하야 하나? 이러한 주제들을 폭넓게 다루면서 청년들이 데이트에 대한 올바른 가치관을 갖도록 만든다.

② 나의 자아상

많은 청년들이 어린 시절로부터의 상처 등으로 인해 자아상이 손상되어 있다. 과연 자신의 자아상은 얼마나 병이 들어 있는지, 그 상처의 회복은 가능한지, 어떻게 하면 아픔을 극복할 수 있는지 등을 배우게 된다. 초점은 마음의 상처 치유를 통한 자아상의 회복에 둔다.

③ 가정과 결혼

의외로 가정에 대한 병적인 그림을 가지고 살고 있는 청년들이 많다. 부모로 인해 생겨난 잘못된 가치관이나 가정의 그림들을 스스로 돌아보게 하고, 잘못된 그림을 지워버리고 건강한 그림을 다시 그릴 수 있도록 돕는다. 병적인 가정의 그림을 마음에 품고 산다면 이성교제 역시 병적일 수 밖에 없다. 그리고 당연히 결혼 후의 삶에도 영향을 미친다. 그렇기에 건강한 가정상을 갖도록 만드는 것은 미래의 삶을 위해서도 중요한 것이다. 이를 통해 부모와의 정서적 관계 회복도 할 수 있도록 만든다.

④ 데이트와 성

청년은 정욕의 때이다. 데이트의 방법론 측면에서 성을 간단하게 다룰 수도 있지만 아예 성을 독립시켜 구체적으로 청년의 때에 성에 대한 문제들, 그리고 성경적인 성의 개념, 정욕의 해결 문제, 잘못된 성이 가져오는 결과, 특히 낙태나 성병 등의 문제를 다룬다.

이외에도 한국가정상담연구소가 개발한 또 하나의 데이트학교 워크북은 크게 4주제, 작게는 18 소주제로 편성되어 있는데, 4주로 간단하게 진행할 수도 있고 18주로 나누어서 진행할 수도 있다. 이 워크북은 데이트에서 지켜야 할 한계들, 누구와 데이트를 해야 하는가? 데이트에서 자신에게 문제가 있을 때의 문제 해결 방법, 데이트에서 상대방에게 문제가 있을 때의 문제 해결 방법 등

을 구체적으로 다루게 된다.[389]

이러한 주제들로 꾸며지는 미혼캠프는 가끔 짝짓기까지 이어지는 경우도 있는데 교회 안에서의 행사라면 별로 바람직하지는 않다. 더불어 미혼캠프는 많은 시간을 소요할 필요는 없다. 그리고 세미나를 위주로 한 워크샵 형식으로 진행하면 된다. 3주 코스로 하는 것이 좋으며 경우에 따라서는 아예 1박2일의 코스를 만들어서 진행하는 것도 좋은 방법이다. 3주간 하는 방식이라면 1회당 3-4시간 정도 예정으로 진행하면 좋을 것이다.

'두란노' 에서 행한바 있던 '미혼남녀 캠프' 의 경우에는 다음과 같은 내용으로 진행되었다.[390]

① 1강 : 결혼이 뭐예요?

- 결혼이 뭐예요?

- 결혼은 꼭 해야 하나요?

- 혼자 살면 어떻게 되요?

- 우리 부모의 결혼의 모습은 어떤가요?

- 결혼에 대한 기대와 비전은 무엇인가요?

② 2강 : 결혼은 누구와 해야 하나요?

- 결혼할 때 어떤 조건의 배우자를 선택해야 합니까?

- 배우자를 위한 기도를 계속하고 계십니까? 기도제목을 나누어 보세요.

- 배우자를 선택할 때 순결에 얼마만큼의 의미를 두십니까?

- 어떤 성격의 배우자가 나와 잘 어울릴까요?

---

389) 한국가정상담연구소 편, 데이트학교 워크북 (서울: 한국가정상담연구소, 2005), 비매품, 미발간 교재
390) 두란노 가정상담연구원 편, 미혼남녀캠프 (서울: 두란노가정상담연구원, 1997), 비매품 미발간 교재. 이 프로그램으로 1박2일간 진행되었다.

- 사랑에 상처받은 경험이 있어요?

- 배우자를 선택할 때 하나님의 뜻을 어떻게 알 수 있을까요?

- 만약 부모가 반대한다면 어떻게 할까요?

- 데이트 방법은 어떻게 하는 것이 좋을까요?

- 어디까지 성적 접촉을 하는 것이 바람직할까요?

- 연상과 연하의 결혼은?

③ 3강 : 나는 지금 결혼할 수 있나요?

- 나는 나 자신에 대해 어떻게 생각하십니까?

- 인간관계의 능력은 어느 정도이십니까?

- 대화의 능력이나 일을 해결하는 능력은 어떻습니까?

- 내가 가진 달란트는 무엇입니까?

- 내가 갖고 있는 정서적, 정신적 결핍은 무엇입니까?

한편, 황성철은 '결혼준비학교'라는 책을 통해 다음과 같은 프로그램을 제시하고 있다.[391]

① 1강 : 가정이 무너지고 있습니다.

② 2강 : 자기 사람을 찾으세요.

③ 3강 : 이 사람이 내 짝 맞나요

④ 4강 : 결혼과 가정의 의미를 찾으세요

⑤ 5강 : 남자와 여자는 다르게 만드셨어요

⑥ 6강 : 부부갈등은 생기기 마련입니다

⑦ 7강 : 당신도 존경받는 남편이 될 수 있습니다

⑧ 8강 : 당신도 사랑받는 아내가 될 수 있습니다

---

391) 황성철, **결혼준비학교**.
황성철의 '결혼준비학교'는 어떻게 보면 타겟(Target)이 분명치는 않다. 즉, 4강 이후의 내용은 짝이 정해진 커플을 대상으로 하는 것이 좋겠고, 그 이전은 짝이 없는 싱글들을 대상으로 해야 한다. 짝이 없는 싱글들을 대상으로 한다면 특별히 6강 이후는 진도가 너무 빨리 나가 있는 것이나 다름없다. 저자는 이 책을 부부들도 사용할 수 있도록 만들었다고 말하고 있다(서문).

⑨ 9강 : 부부가 함께 하면 얻는 것이 많습니다

⑩ 10강 : 부부의 성은 아름다운 것입니다

⑪ 11강 : 공중의 새는 누가 먹이십니까?

⑫ 12강 : 이 아이를 어떻게 기르오리이까?

그러나 이 프로그램을 사용할 때는 전체를 모두 사용하기 보다는 6강 이후는 적절하게 조절하는 것이 좋을 것이다.

2) 결혼예비학교

이러한 결혼예비학교는 대형교회를 제외하고는 개교회에서 미혼자 대상의 청년사역 프로그램을 수시로 연다는 것은 사실상 힘들다. 그래도 년 2회 정도는 개최하여야 하나, 자원이 여의치 못할 경우가 문제가 된다. 그런 측면에서 교단 연합 사업, 또는 지역내 교회 연합 사업으로 이러한 미혼자 대상 프로그램을 실시한다면 아주 좋을 것으로 보여진다.

개 교회 또는 교회 연합으로 이런 프로그램을 진행한다면 꼭 1박 2일이나 2박 3일 프로그램이 아니더라도 3회 또는 5-6회 정도의 정기 모임으로 진행해도 좋은 효과를 거둘 수가 있다. 효과적인 프로그램이 되기 위해서 알아 두어야 할 사항은 다음과 같다.

보편적으로 결혼예비사역은 다음과 같은 목표아래 아래의 프로그램으로 진행된다.[392]

① 예비 부부의 의사소통 기술을 향상시킨다.

　- 언어적, 비언어적 의사소통을 향상시킨다.

　- 사적인 주제를 토론하는 능력을 증진시킨다.

　- 일상적인 일을 토론하고 나눈다.

② 관계에 우정과 헌신을 발달시킨다.

　- 함께 대화를 하기 위한 시간을 가진다.

- 함께 즐긴다.

③ 예비 부부 친밀감을 발달시킨다.

- 느낌을 나눈다.

- 개인적 경험을 나눈다.

- 심리적으로 가깝게 된다.

④ 문제 해결 기술을 발달시키고 이것을 다음의 면에 적용시킨다.

- 부부역할

- 재정

- 감정적인 행동

⑤ 부정적인 의사소통보다는 긍정적인 의사소통을 발달시키는 것에 중점을 둔다.

한편 이러한 목표를 개교회에서 충분히 반영하기 위해서는 다음과 같은 프로그램들이 진행되면 좋을 것이다.

① 결혼과 하나님의 뜻 ; 결혼과 가정에 대한 하나님의 설계를 배운다. 이를 통해 가정을 통해 이루고자 하시는 하나님의 뜻을 알아본다.

② 결혼과 나의 자아상 ; 나의 자아상이 결혼생활에 미치는 영향을 알아보고, 나의 자아상이 왜 이렇게 되었는가에 대한 탐구의 시간을 갖는다. 자신의 정체성 발견을 통해 자기 존중감을 갖게 하고, 서로 다른 자아상이 만나게 되는 부부의 삶에서 갈등을 최소화 시킬 수 있는 방법을 찾아본다.

③ 결혼과 대화 ; 말이 우리의 삶에서 얼마나 중요한지에 대해 알아본다. 특별히 부부의 삶에서 말이 차지하는 비중과 더불어 말이 사람을 살릴 수도 죽일 수도 있음을 알아본다.

---

392) 박미경, "예비부부를 위한 결혼준비 교육 프로그램"

④ 결혼과 사랑 ; 사랑은 어떻게 하는 것일까? 부부들의 갈등은 서로에 대한 사랑의 방법을 모르는데서부터 시작된다. 성경적인 사랑의 방식을 배우고 훈련함으로 인해 부부 사이에 사랑의 커뮤니케이션이 원활하도록 돕는다.

⑤ 결혼과 성 ; 하나님께서 창조하신 '성'에 대한 바른 개념을 알게 하고, 혼전 순결이 왜 중요한지, 그리고 임신이라는 사건이 얼마나 하나님 앞에서도 소중한지를 알게 한다.

⑥ 임신과 출산 ; 결혼을 함으로써 이루어지는 임신과 출산. 이를 위한 성경적인 태교, 행복한 임신과 출산에 대해 알아보고, 또 낙태나 제왕절개 등의 문제점을 분명히 앎으로 인해 임신에 대한 두려움을 없애고 행복한 마음으로 출산을 준비할 수 있도록 돕는다.

⑦ 결혼과 가정경제 ; 이제는 혼자만의 삶이 아니라 둘이 하나되어 살아가야 한다. 이렇게 하나됨에 걸림돌이 되는 것이 바로 경제의 문제이다. 성경적인 경제생활은 무엇인지, 어떻게 벌고 어떻게 써야 하는지를 알아 본다.

⑧ 결혼과 영성 : 결혼을 하면 영적인 삶을 어떻게 해야 하나? 풍성한 삶을 살아가기 위한 구체적인 방법들을 배운다.

⑨ 결혼과 가족관계 : 결혼은 가족과 가족과의 결합이다. 중요한 것은 그 가족을 내 가슴에 품어야만 한다는 사실이다. 그러나 많은 부부들이 가족관계 안에서 갈등을 일으킨다. 왜 이러한 일이 일어나는 것일까? 행복한 가족관계를 유지하는 비결은 없는가? 이를 배우도록 한다.

⑩ 결혼, 어떻게 할까? ; 결혼을 위한 실제적인 준비, 그리고 영적인 혼수감은 어떻게 준비하여야 하는지 알아본다.

⑪ 기타 ; 나머지 프로그램들은 '소그룹을 통한 6개월 부부모임'의 내용을 참조하면 된다.

사실상 두란노의 '결혼예비학교' 프로그램과 같이 10주 정도의 기간으로 진행할 경우는 소그룹 6개월 부부 모임' 프로그램을 요약하고 또 기혼자가 아닌 미혼자라는 측면을 생각해서 변형하여 사용하면 별 무리가 없을 듯싶다.

한편, 프로그램의 진행은 미니 세미나 식의 진행인 경우, 하루 3-4시간씩 4-8주 프로그램 진행 방식이 좋다.

① 우선 몇 주 프로그램으로 진행할 것인지에 대해 결정한 다음, 강사를 선정한다.

② 가능하면 토요일같이 시간적 여유가 있는 날을 택하는 것이 좋다.

③ 모임은 먼저 찬양으로 시작한다. 찬양으로 통해 마음 문이 열리면 곧바로 주제에 대한 강의로 들어간다.

④ 강의를 실시한 후 주제에 대한 '삶의 나눔' 시간을 조별로 갖는다.

⑤ 조별 모임 후에는 서로 발표하는 시간을 갖는다.

⑥ 강사가 조별 발표에 대한 보충과 함께 강의를 마무리 한다.

⑦ 예비부부일 경우는 서로가 손을 잡고 주제에 대한 이야기를 한 다음 기도하게 한다. 짝이 없는 경우는 자신에 대한 적용사항을 결단하게 한 다음 기도함으로 마무리한다.

진행상의 유의할 점으로는 다음과 같은 점들이 있다.

① 미혼 대상 프로그램을 진행할 때는 이론적인 것보다는 현실에서 부딪치는 문제들을 함께 생각해 보는 것이 좋으며, 특별히 자신을 되돌아보고 미래를 설계하는 쪽으로 유도하면 좋다. 오락이나 게임 등으로 분위기를 돋우는 것은 좋으나, 그러한 분위기가 강의 전체에 까지 영향을 미치지 않도록 하여야 한다. 결혼이라는 것 자체가 진지한 것이기 때문이다.

② 하나님께서 가정을 만드시고 그토록 깊은 관심을 가지시는 이유를 분명히 깨달을 수 있도록 한다. 그것을 통해 '성' 에 대한 성경적인 새로운 개념도 눈을 뜨도록 한다.

③ 특별히 열등감이나 우울증으로 고민하는 대상자가 있다면 그러한 고민거리가 특별한 것이 아니라 우리 모두가 다들 고민하고 있다는 보편성을 심어 줌을 통해서 그러한 어두움에서 벗어날 수 있도록 유도한다.

④ 부모들로 인해 결혼에 대한 부정적인 개념을 갖고 있다면 그것이 결코 바른 것이 아님을 알게 하고 하나님께서 설계하신 결혼의 개념을 깨달음으로써 그리스도 안에서 악의 뿌리를 끊고 새롭게 나아갈 수 있도록 유도한다.

⑤ 꼭 짝짓기를 안 해도 좋다. 결혼에 대한 건강한 자아상을 갖게 되면 그것으로 교육효과는 충분히 달성된 것이다.

한편, 참여자에 대한 후속조치로는 미혼자 모임에 참여한 사람들에 대해 결혼 후라도 소그룹 모임으로 자연스럽게 연결시킨다든지, 아니면 정기적 모임으로 발전시켜 나가는 것이 좋다. 특별히 교회 내에서 남녀 전도회에도 참여하기가 거북하고 그렇다고 청년에도 끼지 못하는 그 부류이기 때문에 모임 수료자들을 대상으로 별도의 모임을 구성해서 삶의 나눔을 하게 하는 것이 좋다.

7. 실버사역

실버사역이 떠오르고 있다. 노년 인구가 급격히 증가하면서 노인들을 대상으로 한 사역이 아주 중요한 가치로 떠오른 것이다. 그 말은 곧 노인의 문제가 사회문제로 대두되고 있다는 것을 의미한다. 즉, 공동체적인 혈연가족이 소가족화와 핵가족화로 가면서 별거를 지향하며, 이로 인한 세대간의 심리적, 지리적 거리의 발생, 여성의 사회 진출 증가, 노인 부양의식의 희박화 등이 맞물려 더욱 심각성을 부채질하고 있으며, 거기에다가 사회적 요인으로 평균 수명의 연장, 조기 정년 제도, 노인 질병의 만성화 등으로 인해 노인문제는 커다란 사회의 이슈로 등장하고 있다.[393]

이렇게 실버사역의 중요성이 부각되고 있음에도 불구하고 한국에서의 실버사역은 아직도 노인대학 수준에서만 머물러 있다. 체계화되어 있지도 않다. 그렇다고 복지 정책이 잘되어 있는 것도 아니다. 그러한 의미에서 지금부터라도 실버사역에 대한 관심을 높여 가야 할 것으로 보인다.

---

393) John R. Rice, *The Home* (Murfreeboro: Sword of the Lord Publishers, 1974), 252.

한국에서 노인사역이 본격적으로 시작된 것은 1976년경으로 보인다. 당시 정릉교회(예장 통합)가 정릉경로대학을 시작함으로써 그나마 체계적인 노인교육이 열리기 시작했다. 그 후에 영락교회, 도림교회 등이 노인 사역에 동참하였고, 요즘에는 여러 교회에서 노인대학 같은 노인사역을 펼치고 있다. 학문적으로도 노인에 대한 연구는 노인학이라는 이름으로 일반대학에서 성인교육의 일환으로 연구되고 있다.[394]

(1) 노인에 대한 정의

노인이란 누구를 말하는 것인가? 나이에 의해서는 일반적으로 10세 단위로 55-65세를 초로(初老), 65-75세를 중로(中老), 75세 이상을 말로(末老)라고 한다(BL Neugarten). 또, 55세 이전의 나이인 40-55세를 향노기, 55-65세는 초로기, 65-75세는 고년기, 75세 이상을 노년기라고 부르는 학자들도 있다. 그리고 45-60세를 전노기, 60-70세를 노년기, 70-80세를 노쇠기, 80이상을 장수기라고 말하는 학자도 있다. 관습적으로는 만 60세를 회갑년으로 하여 노인이 되는 상징적 나이로 생각한다. 법적으로는 65세 이상을 노인으로 노인복지법에 규정되어 있다. 한편 대한 노인회 가입연령은 60세로 나타나 있다.[395] 이러한 점을 종합해 본다면 대체적으로 60세 이상을 노인으로 보는 것이 타당할 것이다.

L.Z. Breen의 정의에 의하면 생리적 및 생물학적인 면에서 퇴화기에 있는 사람, 심리적인 면에서 정신기능과 성격이 변화되고 있는 사람, 사회적인 변화에 따라서 사회적인 관계가 과거에 속해 있는 사람을 노인이라고 부른다.

노년학회의 정의에 따르면 인간의 노화과정에서 나타나는 생리적, 심리적, 환경적 행동의 변화가 상호작용하는 복합형태의 과정을 노인이라고 정의하는

---

394) 김휘동, '교육목회 이론에 기초한 교회의 노인교육', **월간 교육교회** (1997. 4.): 50.
395) 전천혜, '노인, 그들은 누구인가?', **월간 교육교회** (1998. 2): 30.

데, 구체적으로 살펴 보면 환경의 변화에 적절히 적응할 수 있는 자체 조직에서 결함을 가진 사람, 생활 자체가 자신을 통합하려는 능력이 감퇴되어 가는 시기에 있는 사람, 인체의 기관이나 조직 기능 등에 쇠퇴현상이 일어나는 시기에 있는 사람, 생 자체의 적응이 정신적으로 결손되어 가고 있는 사람, 인체의 조직 및 기능 저장의 소모로 적응 감퇴 상태에 있는 사람을 노인이라고 통칭한다.[396]

성경에서는 에스라 3장 12절,[397] 역대하 24장 15절,[398] 창세기 43장 27절[399] 등에서 나타나는 זָקֵן zaken이라는 단어는 "늙다, 나이많다, 어른, 노인"이라는 뜻을 가지고 있는데, '수염이 희다'는 뜻으로 60대를 가르킨다. 또 요한복음 3장 4절[400]에서는 γέρων geron이라는 단어를 통해 볼 수 있는데, 자녀 출산이 불가능한 늙은이를 가르키는 말이다. 한편 서원의 예물 규정에서는 60세를 장년과 노년의 구분점으로 삼고 있다.

전반적으로 보면 성경에서는 노년까지 산다는 것은 하나님의 축복(창 15:15, 신 4:40, 5:33, 11:21, 출 20:12)으로 보고 있으며, 계명을 잘 지킨 자에 대한 하나님의 사랑의 표시(욥 5:26, 출 20:12)라고 말씀한다. 더불어 육체적으로는 노쇠하지만 체험적 신앙과 인내로 영적성숙함에 이르는 시기(고후 4:16)를 노년기라고 말하기도 하며, 영광스러운 존재(잠 16:31)로, 지혜의 상징(욥 15:10, 신 32:7)으로, 하나님의 소명을 받은 자(창 12:1, 출3:10)로 표현된다. 그렇기에 노인을 돌보지 않는 민족은 흉악한 민족(신 28:50)이라고 말씀한다.

한편, 소설가 '시몬드 보봐르'가 쓴 책 '노년' 제4장을 보면 노인에 대해 너

---

396) 전천혜, 30.
397) 스가랴 3:12/ 제사장들과 레위 사람들과 나이 많은 족장들은 첫 성전을 보았으므로 이제 이 성전의 기초가 놓임을 보고 대성통곡하였으나 여러 사람은 기쁨으로 크게 함성을 지르니
398) 역대하 24:15/ 여호야다가 나이가 많고 늙어서 죽으니 죽을 때에 백삼십 세라
399) 창세기 43:27/ 요셉이 그들의 안부를 물으며 이르되 너희 아버지 너희가 말하던 그 노인이 안녕하시냐 아직도 생존해 계시느냐
400) 요한복음 3:4/ 니고데모가 이르되 사람이 늙으면 어떻게 날 수 있사옵나이까 두 번째 모태에 들어갔다가 날 수 있사옵나이까

무나도 그 모습을 잘 묘사하고 있다. [401]

"오늘날에도 노인들의 삶의 조건이 끔찍할 정도라는 사실은 누구나 다 알고 있다. 노인에 대한 사회의 무관심은 언뜻 보기에 놀랍게 느껴진다. 각 집단 구성원들은 노인의 운명은 곧 자신의 미래의 문제라는?것을 알아야 한다. 사적인 생활에서도 자식들과 손자들은 노인들의 운명을 보다 즐겁게 만들려고 애쓰지 않는다. 노인은 예외없이 더 이상 아무것도 할 수 없는 자이다. 그는 활동이 아니라 다만 현존으로 정의된다. 시간은 그를 하나의 목표―죽음―를 향해 데려간다. 이 목표는 그의 목표가 아니며 또한 하나의 계획으로 설정된 것도 아니다. 노년은 생물학적으로 혐오감을 불러 일으킨다. 일종의 자기방어로 우리 자신으로부터 노인을 멀리 내쫓는다. 노인의 조건은 어느 정도 아이들의 조건과 대칭을 이룬다. 어른은 아이들과 상호적인 관계를 수립하지 않기 때문이다. 우리 가족들 가운데 '나이에 비해 비범한' 아이에 대해서 이야기한다거나 역시 '나이에 비해 비범한' 노인에 대해서 이야기한다면 그것은 우연이 아니다. 이 비범함은 아직 인간이 되지 않았거나 혹은 더 이상 인간이 아니면서도 인간처럼 행동한다는데 있다. 성인들이 노인을 대하는 실제 태도에는 이중적인 특성이 있다. 그들은 어느 정도까지 공식적인 윤리에 순응한다. 공식적인 윤리는 성인에게 노인들에 대한 존경을 강요한다. 그러나 노인들을 열등한 존재로 취급하고, 또 노인들에게 자신이 쇠약하다는 사실을 납득시키는 것이 성인들에게는 유리했다. 성인인 아들은 아버지가 정신적, 육체적 결핍과 서투름을 느끼도록 악착같이 설득한다. 그러면 노인은 그에게 모든 일에 대한 지시권을 물려주고, 잔소리도 덜하게 되며, 자신의 소극적인 역할을 참고 따르게 된다. 만약 여론의 압력이 늙은 부모를 도와주라고 강요하면 이들은 부모를 자기 마음대로 지배하라는 뜻으로 듣는다. 그리고 그들 생각에 부모가 더 이상 혼자 행동할 수 없다고 판단되면 될수록 부모에 대한 자식들의 조심성도 덜하게 될 것이다"(299쪽)

"자신에게 종속되어 있는 노인을 성인은 은밀하고 엉큼한 방법으로 학

---

401) 전천혜, 31-32.

대한다. 그는 노인에게 감히 공공연하게 명령을 내릴 수는 없다. 솔직
히 노인은 복종할 의무가 없기 때문이다. 그는 정면에서 노인을 공격
하는 것을 피한다. 그는 노인의 이익을 내세우며 교묘하게 조작한다.
또 모든 가족이 그 일에 공모자가 된다. 노인의 저항은 약해진다. 노
인은 그를 마비시키는 친절한 행위에 누그러진다. 가족들은 노인을
조소 섞인 친절로 대하고, 바보 취급을 하면서 말을 걸고, 아픈 말들
을 슬그머니 내뱉는다. 설득과 피로 노인을 꺾지 못할 때는 서슴지 않
고 거짓말을 하거나 폭력도 행사한다. 사람들은 노인들이 사회가 노
인들에게 품고 있는 이미지에 복종하기를 바란다. 그리하여 노인은 특
정한 방식으로 옷을 입고 단정한 예의 갖추며 외모에 주의하도록 강요
를 받는다. ”(289쪽)
“오늘날 성인들은 다른 방식으로 노인들에게 관심을 갖는다. 노인들은
개발의 대상이 된 것이다. 특히 미국에서는 병원들, 휴양소들, 양로
원들, 심지어 도시나 마을들이 많이 생기고 있으며 이러한 곳에서는
재산있는 노인들에게 흔히 불충분한 것이기는 하지만 안락함과 보살핌
을 위해 가능한한 가장 비싼 비용을 지불하게 한다. 극단적인 경우
노인들은 분명 패자이다. 그들은 자기 자신이 서있는 위치의 순으로
괴로워한다. 죽음의 진영에서 이들은 첫 번째로 선택된 희생자들이
다. 노동할 힘도 전혀 없으므로 이들에게는 어떤 기회도 주어지지 않
는다”(299쪽)
“현대의 모든 현상들 중 그 과정에 있어서 이론의 여지없이 확실하며
오래전부터 사전 예측이 가장 용이하고 또 심각한 결과를 초래하는 것
은 인구의 노화이다라고 소비(Sauby)는 말하였다. ”(301쪽)

(2) 노령화(고령화) 시대와 사역 환경

노령인구가 급증하고 있다. 2000년의 인구조사에 의하면 65세 이상 고령층
이 337만 2천명(전체 4613만6101명/2000년 11월 1일 현재, 2001년 9월 통계
청 발표)으로 전체 인구의 7.3%로 노령화 기준인구인 7%를 넘어 섰다. 이는
15세미만 유소년 인구 대비 35.0으로 95년 25.8에서 크게 높아진 수치이다.

1995년 이후 5년 사이에 노령인구는 27.7% 늘어 난 반면 15세 미만은 5.8% 줄었다. 그동안 출산, 사망률을 토대로 노령화 사회에 들어섰으리라는 추정이 있었는데, 이번 전체 인구 총 조사에서 사실로 확인된 것이다. 노인 부양 비율을 보더라도 1995년에 8.3%였는데, 2000년에는 10.0으로 늘어 났다. 노인 부양 비율이란 15-64세 인구에 대한 65세 이상 인구의 비율로 노인부양비율 10%란 비 노령층 10명이 노인 1명을 부양한다는 것을 의미하는 것이다. 통계청은 이 추세라면 2030년에는 29.8%에 달함으로 인해 비노령층 10명이 3명의 노인을 부양하게 될 것이라고 예측하고 있는 것이다. 그만큼 사회의 부담이 늘어난다는 것을 의미한다. 단순히 숫자적인 노인 인구만 보더라도 2000년에 337만 명이었는데, 2010년에는 500만 명, 2020년에는 690만 명, 2030년에는 1,017만 명으로 급증할 것이라고 예측되고 있다.[402] 이러한 증가로 인해 2022년께는 인구의 14%가 노인인 본격 노령시대가, 2032년에는 노인인구가 20%를 넘는 초고령사회가 될 것이라고 전망하는 것이다.[403]

(표10) 노인 인구, 노인 부양비율 예상 추이

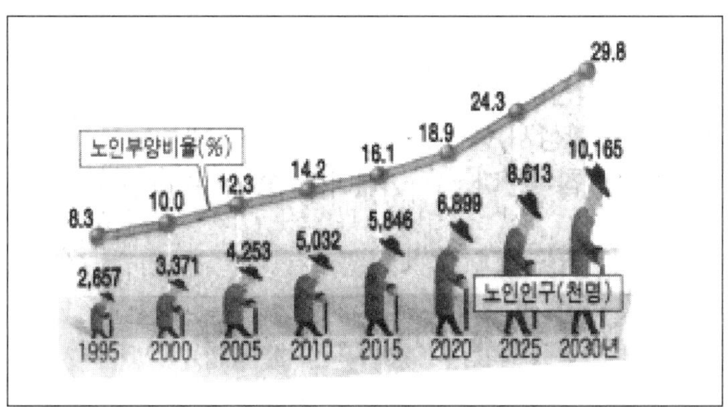

402) 노령화 사회, 대책이 없다, **가정과 상담** (2001, 11): 128-129.
403) 문화일보 (2001, 1. 9).

이렇게 엄청난 노인 인구의 증가에도 불구하고 국가나 사회, 심지어 교회까지도 제대로 된 대책을 세우지 못하고 있다. 거기에다가 산업화, 도시화로 표현되는 현대화 과정에서 가족구조의 변화와 가치관, 그리고 생활양식의 변화로 노인 문제가 다양하게 나타나고 있는데 날이 가면 갈수록 더욱 심각해질 전망이다.[404]

복지 측면 또한 심각하다. 한 조사에 따르면 65세 이상 노인의 약 90%가 3개월 이상의 관절염, 요통, 고혈압, 암, 치매 등의 만성 퇴행성 질환을 앓고 있으며, 절반 이상이 일상생활에서 어려움을 겪고 있다고 한다. 일본만 해도 노인성 질환에 대한 서비스를 제공하는 정보망이 갖춰져 있으며, '홈 헬퍼(Home Helper)'나 가정 간호같은 재택 서비스 제도도 손색이 없다. 전국적으로 노인병원만 1,000개를 넘어섰고, 노인 보건 시설은 20만 병상에 달한다.[405] 그런데 우리의 현실은 어떠한가? 아직까지 제대로 된 노인 전문 병원 하나가 없다. 1982년에 제정된 노인 복지법에 따른 노인 요양시설도 50여개 정도밖에 되질 않으며, 의료 서비스 수준도 낙후되어 있는 것으로 알려져 있다. 치매 인구도 28만명이나 되지만 병상 수는 불과 2,100여개밖에 되질 않는다. 모든 것이 낙후되어 있다는 것이다.[406]

그러다보니 실버세대는 이미 소외계층으로 전락해 버렸다. 모든 사회 체제가 젊은이 위주이다. 아파트 등의 주거환경, 심지어 TV프로그램까지 노인 대상 프로그램은 새벽시간에만 방송하고 있다.

문제는 교회에서도 노인세대들이 소외계층으로 전락하고 있다는 점이다. 교회는 각 사회 단체 중에 가장 많은 노인들을 구성원으로 확보하고 있다. 그러나 각 교회는 노인이 차지하는 비중만큼 노인에 대한 목회적 관심을 갖지 못했고 목회적으로 배려하지 못하는 현실이다.[407] 교회에서의 목회적 관심은 장년

---

404) 임춘식, '노인, 그들은 누구인가?', **두란노 목회자료 큰백과** 19권 (서울 : 두란노, 1997), 237.
405) 이종철, '건강한 고령화 사회 위해', **조선일보** (2000. 7. 17), 논단.
406) **경향신문** (2001. 10. 5), 23면.
407) 이지현, '쓸쓸한 황혼에 대한 목회적 관심', **기독교사상** (2001. 5): 32.

층을 중심으로 하여 젊은 계층에 집중되어 있다. 생각해 보자. 경제적으로도 어렵고, 고독감 때문에 외로워하며, 영적으로도 갈급한 이 노인들에게 교회는 어떠한 관심과 사랑을 주고 있는가하는 점이다. 많은 교회들이 노인선교에 대해 비전을 갖고 있지 않다. 즉, 어린이 선교, 청년 선교 등에 비전을 갖는 교회들은 있으나 노인 선교를 제1의 목표로 삼는 교회들은 없다는 것이다. 당연히 노인선교 전문가들도 없다. 더불어 노인을 위한 별도의 부서도 없다. 그저 선교회 또는 전도회의 부속부서 정도만 있을 뿐이다. 노인을 위한 프로그램 역시 사실상 전무한 상태이다. 그나마 노인대학, 경로대학 등의 이름으로 시행되는 친교 위주의 일회성 교육들이 전부이다. 당연한 말이지만 커리큘럼이나 장단기 계획을 가지고 있는 교회는 거의 없다고 볼 수 있다.

이것이 한국 교회의 현실이라 하겠다.

(3) 노인 이해와 실버사역

노년기 노인에 대한 목회적 돌봄의 중요성이 날로 커지고 있다. 그럴수록 노인에 대한 이해가 있어야만 한다. 그만큼 노인들에 대한 편견이 많기 때문이다. 그러한 편견들 때문에 노인들에 대해 가지고 있는 통념은 부정적인 것이 강하다.[408] 해리슨(D. K. Harrison)과 코울(W. E. Cole)이 제시한 노인들에 대한 편견 증에 몇 가지만 열거해 보면 다음과 같다.[409]

① 모든 노인들은 다 비슷하다.

② 노인들은 젊은이들보다 급성질환을 가진 경우가 더 많다.

③ 많은 노인들은 건강이 나빠서 많은 날을 자리 속에서 보낸다.

④ 노인들은 배울 수 없다.

⑤ 노인들은 젊은이들보다 죽음을 더 무서워한다.

---

408) Ibid., 251.
409) 이석철, '목회상담학에서 본 노인 이해와 삶의 관리', **두란노 목회자료 큰백과** 19권 (서울: 두란노, 1997), 254.

⑥ 나이가 들면 노망이 들게 마련이다.

⑦ 대부분의 노인들은 그들의 자녀와 같이 살기를 갈망한다.

⑧ 노인들은 젊은이들보다 덜 생산적이다.

⑨ 사람들은 늙어가면서 점점 더 종교적이 된다.

⑩ 연령이 많아지면서 뚜렷한 지능의 감소를 나타낸다.

이와 같은 편견을 깨야만 올바른 노인 사역을 할 수 있다.

우선 심리적 측면에서 보면 노인들은 여러 가지 면에서 상실을 경험한다. 신체적인 기능의 감퇴나 상실에서 오는 상실감과 더불어 역할의 상실, 경제적 상실, 배우자의 죽음 또는 친구들의 죽음에서 오는 상실 등으로 인해 때로는 우울증을 동반하기도 한다.[410] 또, 사회적 역할의 상실에서 오는 상실감도 있으며, 이러한 일들로 인해 자존감의 감소, 우울증의 증가, 의존성의 강화, 피해망상 등의 증가, 자기 정체성 상실 등이 이어지기도 한다. 이러한 심리적 측면의 부정적 감정들이 강해질수록 집착 역시 강해진다. 즉, 자녀에의 집착, 재산에의 집착, 사회적 명예 또는 명분에의 집착 등으로 인해 관계 안에서 문제를 일으키기도 한다.

실제로 홈즈(Thomas Holmes)와 레이히(Richard Raihe)는 '사회 재적응 비율 척도'를 통한 조사를 통해 이와 같은 상실의 사건들은 다른 어떤 사건보다도 더 큰 정신적 스트레스를 주는 것으로 나타났다. 특히 가정과 직장에서의 역할 상실은 노인들에게 심리적 소외감과 고독감을 가져다 주는 주된 요인이 되며 때로 이것은 노년기의 가장 대표적인 정신질환인 우울증(depression)을 유발하기도 한다.[411]

사회적인 측면에서는 독신 황혼의 증가로 인한 고독(외로움)과 소외가 늘어

---

410) 이관직, '교회안의 노인문제와 그 대책', **목회상담학** (서울: 한국목회상담연구소, 2000), 115.
411) 이석철, 251.

난다. 그래서 노인도 이성 친구가 필요하다는 요구가 전체 노인의 55%정도 된다는 조사 결과도 나왔다.[412] 더불어 소속감의 상실로 인한 공허도 심각한 것으로 보이며, 특별히 자녀와의 갈등이 있을 경우 소속감을 느끼지 못함으로 인해 심각한 상실을 갖게 된다. 그리고 노인들은 어린이보다 더 무엇인가를 배우고 싶어하는 욕망이 강하며, 자기 실현을 이루고자 하는 욕구가 강하다. 더불어 사회 속에서 인정받고자 하는 열망이 간절하다. 그럼에도 불구하고 사회에서는 나이가 들었다는 이유로 노동 현장에서 쫓아내고 있다.

경제적인 측면에서도 보면 노년기는 경제적으로 어렵게 되는 시기이다. 이로 인한 스트레스가 증가될 수밖에 없다. 특별히 교회 성도들의 경우 헌금을 제대로 하지 못함으로 인한 스트레스도 심각한 것으로 나타나 있다.[413]

영적인 면에서도 다가온 죽음에 대한 대비가 되어 있지 않음으로 인해 심각한 위기를 맞게 된다. 죽음에 대한 영적인 필요가 절대적임에도 불구하고 심지어 교회에서조차 그러한 도움을 주지 못한다.

한편 딤목(Albert Dimmock)은 노인이 가지고 있는 6가지 욕구를 정리했는데 다음과 같다.[414]

① 음식, 옷, 건강을 위한 돌봄, 거처, 안정, 개인적 접촉 그리고 제한된 범주에서의 가사일 봉사와 같은 생존과 안정을 위한 대처 욕구(coping needs)

② 취미, 창조적인 수공예나 또다른 배움의 모험을 통해 성장하고 삶을 풍요롭게 하고자하는 표현의 욕구(expressing needs)

③ 애정, 소속감, 다른 그룹과의 상호 교류를 위한 기회, 그리고 유용하고 필요하다는 가능성을 느끼는 친교의 욕구(fellowshipping needs)

④ 자신의 재능을 발견하고 사용할 수 있으며, 이러한 것들을 자신과 다른

---

412) 국민일보 (2000. 8. 12), **가정과 상담** (2000, 10). 재인용
413) 이관직, 116.
414) 송남순, ‘교회에서 노인을 어떻게 교육할 것인가’, **두란노 목회자료 큰백과** 제19권 (서울: 두란노, 1997), 266-267.

사람들을 위해 쓸 수 있는 기여의 욕구(contributing needs)

⑤ 삶의 회상과 신앙의 여정 속에서 삶의 의미를 발견하고 참된 가치는 일을 통해 무엇을 생산하는 데만 있는 것이 아니라 수십 년을 살아온 삶에서 얻은 통찰을 나누며 또한 존재하는 그 자체에 있다는 것을 깨닫는 나눔의 욕구(sharing needs)

⑥ 자기를 초월하여 다른 사람들과 하나님께 나아가고자 하는 자기 초월의 욕구 (self-transcending needs)로 개인적 욕구나 욕망의 만족을 벗어나 가난한 자, 힘이 없는 자의 요구, 지구 전체 공동체와 그 안에 거하는 모든 것들, 그리고 현재만이 아니라 미래까지 돌보라는 명령에 순종하고자 하는 욕구

(4) 교회에서의 실버사역

노인문제의 심각성은 이미 언급한 바 있다. 고령화 사회에서의 노인문제는 더 이상 개인이나 가족 내에서만 해결하기에는 어려워지고 있다. 오늘날 노인복지에 대한 일차적 책임은 국가에 있지만 국가의 재원과 능력에는 한계가 있으므로 이의 보완을 위해 하나님 말씀의 선포(Kerigma)와 친교(Koinonia), 사회 봉사(Diakonia) 차원에서 교회가 가지고 있는 양질의 복지자원을 노인복지 사업에 활용하는 것이 바람직하다. 또한 교회의 노인복지 사업은 노년기의 중요 관심인 영적 문제에 대한 해답을 줄 수 있다는 점, 교회에서 이루어지는 봉사가 가족과 같은 친숙한 분위기에서 이루어질 수 있다는 점, 그리고 봉사를 받는데 있어서 노인들이 거부감 없이 수용적 자세를 가질 수 있다는 점 등에서 사회적 타당성을 지닌다.[415]

그렇기에 교회는 건물을 지을 때 노인들의 편리를 고려하고 노인들을 위한

---

415) 원영희, '교회는 노인들에게 열려 있는가?', *기독교사상* (1999. 9): 57-58.

공간을 우선적으로 마련할 때가 온 것이다. 교회의 예산을 편성할 때 아동부, 청소년부의 예산과 함께 상대적으로 노인부의 예산을 편성할 때가 온 것이다. 과거 우리 교회가 유아 교육에 관심을 갖고 유치원이나 어린이 선교원을 운영하는 것이 교회의 선교적 사명이었다면 오늘 이 시대에 교회의 선교적 사명은 늘어나고 있는 노인세대에 목회적 관심과 교육적 관심, 배려를 하는 것이라고 말할 수 있다.[416]

이러한 관점에서 원영희(1999)는 노인복지에 대한 교회의 방향성을 다음과 같이 제시해 주고 있다.[417]

① 노인 목회 및 노인 복지에 대한 인식 제고

우선적으로 목회자들의 노인목회 및 노인 복지에 대한 개념이 변해야 한다. 그것은 노인목회를 통해 노인들의 영적 성장이 이루어지고 연장자로서의 노인들이 바른 신앙인으로 바로 서게 되면 이것이 곧바로 그 가정에 영적인 영향력을 끼칠 수 있기 때문이다.

② 노인을 위한 전담부서 및 전문 인력의 확보

이제 교회에서는 노인목회나 노인복지 분야에서 일할 전문 인력을 확보하고 이를 위한 전문기구나 조직을 구성해야 한다. 교회에서 노년부를 정식으로 만들고, 사역할 수 있는 장소도 마련하여 노인들의 신앙을 잘 지도하여 제대로 된 신앙생활을 할 수 있도록 도와야 하는 것이다. 신앙 교육은 노인들의 신체적, 정신적, 사회적인 면과 영적 특성을 고려하여 노인들의 눈높이에서 실시되어야 할 것이다.

③ 노인 프로그램의 활성화

우선 노인들의 욕구를 잘 파악하여 노인들이 진정으로 원하는 프로그램을 진행함으로 인해 노인들의 삶의 질을 향상시켜야 한다. 특별히 교회는 선교 및 노인 복지 타원에서 노인들을 위한 평생교육의 일원으로 노인학교 프로그램을

---

416) 송남순, '265-266.
417) 원영희, 66-70.

개발하고 실시해야 한다. 더불어 노인들에게는 죽음에 대해 이해시키는 교육이 필요하며, 세대간 사회적, 영적, 사교적 접촉을 가질 수 있는 프로그램을 마련해야 한다. 즉, 젊은 세대들과 더불어 함께 하는 시간, 손자녀가 없는 노인과 젊은 세대의 결연사업을 통한 정서적 나눔 등을 통해 세대간 화합의 장을 만들어 줄 필요가 있다는 것이다. 이외에도 노인복지 시설을 통해 노인선교 및 노인에 대한 사회 봉사를 보다 효과적으로 할 필요가 있다.

④ 노인을 위한 편의 용품 및 시설의 마련

노인들이 교회에 오면 편안하게 예배도 드리고 교제도 나눌 수 있는 편의 용품이나 시설을 만들어주어야 한다. 예를 들면 휠체어나 돋보기, 지팡이, 안락한 의자 등을 준비해 두는 것이 좋다. 더불어 큰 글씨체의 성경이나 교육할 때 영상 같은 시청각 교재를 활용한다든지 교통 수단 제공도 중요하며 노인 도우미를 배치시키는 것도 좋은 방법이다.

⑤ 재정적 지원의 강화

노인사역은 먼저 적절한 예산의 편성으로부터 시작된다. 이를 위해 특별 헌금 등을 통해 노인선교기금을 조성하는 것이 좋다.

⑥ 교회 인적 자원의 활용

평신도들이 노인복지 사역에 대해 관심을 갖도록 만들어 줄 필요가 있으며 이에 적극적으로 참여할 수 있도록 길을 열어주는 것이 중요하다. 더불어 노인들이 직접 전도나 노인문제에 나서게 하는 방법도 고려되어야 한다.

김휘동도 그의 논문에서 교회의 노인교육은 교육목회가 지향하고 있는 3가지 기초 공동체의 형성에 초점을 두고 실시되어야 한다고 주장하고 있다.[418]

① 교회의 노인 교육은 노인을 그리스도의 신앙으로 신앙 중심에서 여생을 살아가게 하는 것이어야 하며 아울러서 신앙공동체를 형성하도록 함에 있어야

---

418) 김휘동, 51.

한다.

② 교회에서의 노인교육은 노인의 현실적인 삶의 전 영역을 고려해서 이루어져야 하며 노인의 신앙, 문화화를 이루게 하는 것이어야 한다. 노년기는 많은 문제들을 해결해야 하는데, 이를테면 신체적인 문제, 성격적인 변화, 사회 및 가정에서의 은퇴 문제, 신앙적인 문제 등의 문제들을 현실적으로 해결해야만 한다. 이런 것들을 가능한 한 통합적으로 지원해주는 교육이 필요하다는 것이다.

③ 교회의 노인교육은 노인으로 하여금 선교의 사명자로서 선교공동체를 지향하는 것이어야 한다. 교회는 노인들로 하여금 사회와 세계에서 그리스도의 증언자요, 봉사하며 섬기는 자로서의 삶을 살아갈 수 있도록 하여야 한다.

이관직도 노인들을 위한 사역의 방향으로 두 가지 접근을 아울러 할 필요가 있다고 주장하고 있는데, 즉 하나는 노인들을 위한(for) 사역이고 다른 하나는 노인들과 더불어(with)하는 사역이다.[419] 다시 말하면 교회는 노인들의 전인격적인 필요를 채워주는 사역을 제공해야 하며 또한 노인들을 단지 사역의 수혜자로만 대하지 않고, 그 사역에 노인 성도들이 참여할 수 있도록 훈련시키고 격려해 주어야 한다는 것이다.

그런 의미에서 그는 많은 한국 교회들이 노인들을 위한 사역은 어느 정도 활성화되어 있지만 노인들과 함께하는 사역은 너무 미흡하다고 지적하고 있다. 그것은 노인층에 해당하는 성도들의 자원이 많음에도 불구하고 그 자원을 최대한으로 살리지 못하는 것은 노인들이 가진 달란트들을 땅에 묻어두는 것과 같은 것이라는 것이다.

그래서 교회 내에 노인사역부를 두어 노인들이 사역의 짐을 나누어 지게 하자는 것이다. 심리적인 측면에서도 노인들의 우울증을 줄이는 아주 좋은 방법

---

419) 이관직, 116-117.

이며, 사회적으로도 소속감을 제공해주는 공동체의 역할을 함으로 인해 노인들에게 보람과 성취감을 느낄 수 있게 해 준다고 주장한다.

참고로 앞에서 제언한 그러한 실버사역은 아니지만 그래도 한국에서 노인사역을 잘 운영하고 있는 대표적인 교회들을 살펴보면 다음과 같다.

① 춘천중앙성결교회[420]

춘천중앙성결교회(담임목사: 유동선)는 2004년에 창립 70주년을 맞이한 교회이다. 이교회는 지역전도위원회를 설립하여 5년 여 전부터 10여개의 지역 노인정을 매주 방문하여 청소 및 노인들의 벗이 되어 주었고, 또한 어려운 독거노인들을 도와주고 연말에는 노인정에 유류비를 지원하는 등 노인들을 지속적으로 섬겨오고 있었지만, 일부 노인정만 섬길 것이 아니라 춘천시의 모든 노인들을 섬기고자 하는 마음으로 2004년 5월 6일, "노년을 즐겁게, 노년을 아름답게, 노년을 건강하게, 노년을 보람되게"라는 교훈을 가지고 춘천중앙노인대학을 개교하였다.

춘천중앙교회의 4대 비전은 ① 주님의 선교명령을 준행하는 교회 ② 2세 교육을 책임지는 교회 ③ 병든 영육을 치유하는 교회 ④ 지역사회를 섬김으로 봉사하는 교회이다. 이 네 가지 비전을 이루기 위해서 온 성도들이 함께 힘을 모으고 있는 가운데 특별히 네 번째 비전인 지역사회를 섬김으로 봉사하는 교회가 되기 위해서 매진하고 있다.

일반적으로 예배당 건물은 주일예배나 수요예배를 드릴 때에만 사용되고 그 외에는 문이 잠겨져 있는 경우가 많은데 예배당은 에배의 공간이기도 하지만 또한 선교의 공간이기도 해야 하기에 노인들을 초청해서 교회와 가까워지게 만들고 교회 문화에 젖어들게 만들어 준다.

---

420) *가정과 상담* (2005. 9): 88-92.

일반적으로 노인대학이라고 하면 노인들을 모셔놓고 가끔 웃겨 드리고 식사 정도 제공하는 것으로 이해하는 경우가 있는데, 춘천중앙노인대학은 말 그대로 노인대학으로 노인들에게 학습의 기회를 드리는데 가치를 두고 있다.

총 9개 학과를 운영하고 있는데, 음악학과, 건강체조학과, 한글학과 초급, 한글학과 중급, 서예학과, 영어학과, 중국어학과, 일어학과, 민요학과가 개설되어 있다.

매주 목요일과 주일, 2회에 걸쳐 운영되는 춘천중앙성결교회의 노인대학은 매주 목요일에는 약 1,000 여명의 노인들이 출석하고 주일에는 300여 명의 노인들이 출석하고 있으며, 현재 노인대학 등록인원은 2,112명(2005년 6월 9일 기준)일 정도로 인기가 높다.

춘천중앙노인대학은 무료 학습의 기회를 제공할 뿐만 아니라 무료 급식, 무료 미용, 무료 진료의 혜택을 제공하고 있다. 춘천시 전 지역에 대형관광버스를 배치하여 노인들을 모셔오고 있으며 매주 목요일 9시 30분부터 시작하여 오후 2시까지 운영하고 있고, 주일은 1시부터 3시까지 운영되고 있다.

수업진행방식은, 먼저 노래 및 건강체조의 시간을 갖고 있으며, 학장 훈화 및 지역 저명인사 초청 강연의 시간을 가진 후에 각 학과로 흩어져 학과 수업을 진행하고 있다. 학과 수업 후 무료 급식을 실시하고 있다. 성도들이 준심이 된 120여명의 자원봉사들이 정성껏 준비한 식사를 제공하고 있으며, 식사 후 원하는 분들에 한해 무료 미용과 무료 진료를 시행하고 있는데, 지역 미용사들과 의료진이 협조하고 있다.

한편 노인대학에 들어가기 위한 입학절차를 살펴 보면 60세 이상의 노인이면 누구나 자유롭게 입학할 수 있다. 졸업은, 입학 후 3년 동안 노인대학의 학습과정을 성실하게 이행해 오신 노인들을 대상으로 실시할 예정이며, 그 이후에는 대학원에 입학할 자격을 드릴 예정으로 있다.

한편, 노인대학의 재정은 교회에서 모두 충당하고 있다. 대형버스 차입비라든지 혹은 매주 1000 여명의 식사비, 노인대학 운영비 등을 교회 재정에서 충당하고 있다. 가을에는 대형행사를 하는데, 2004년의 경우는 지역 노인 1,700여명(관광버스 40대 차입)을 모시고 둔내 성우리조트로 가을소풍을 간 적도 있었다. 식사비라든지 장소 임대료, 곤돌라 탑승료 등 약 4천만원이 드는 행사였는데, 담임목사를 비롯하여 당회원들과 온 성도들이 버스 한대 차용비 30만원씩 헌금하기로 작정하여, 행사가 마쳐진 후에 700만원 정도가 남을 정도로 온 성도들이 노인대학에 관심을 가지고 협력하고 있다.

인력 면에서는, 성도 70여명이 노인복지사(2급) 자격을 취득했으며 매주 120명 정도가 자원봉사에 동참하고 있다. 주방에서부터 시작하여, 안내, 차량, 행정, 교수, 교수도우미, 의료, 미용 등 자기에게 맡겨진 자원봉사를 기쁨으로 감당하고 있다.

이 교회가 노인대학을 시작할 때 어떤 분은 "그 재정을 청소년에게 투자하면 더 많은 것을 얻을 수 있지 않겠느냐?"라고 하신 분도 있었다고 한다. 어떤 면에서는 그 말이 맞을 수도 있을 것이다. 하지만 영혼구원의 시급성을 볼 때 청소년보다는 이제 인생이 얼마 남지 않는 노인들에게 구원의 확신을 주는 것이 훨씬 급한 일이라고 확신하면서 이 사역을 펼쳐가고 있다.

② 제천 명락교회[421]

지역사회 선교를 중요시하는 이 교회는 명락 경로대학, 명락 유치원, 명락 주부대학, 명락묘지, 명락장학회, 명락 신용협동조합 등을 운영하고 있다. 주일 출석이 약 500명인 이교회의 경로대학 학생 수는 약 400명이나 되며, 자원봉사자는 120명이 순번제로 봉사할 정도로 대단한 사역을 펼치고 있다. 노인학교 학생이 증가함으로 인해 500평 규모의 지역사회 봉사관을 짓게 되었다.

---

421) 윤경남, '교회의 노인복지 운동과 사업', *교회와 신학* (1999. 겨울): 65-72.

③ 영락사회복지재단

　　영락교회는 교회 부설로 영락노인대학이 있고, 사회복지재단이 따로 구성
되어 있다. 영락노인학교는 약 500명에 가까운 노인 학생들이 모두 영락교회
교인이라는 점이 다른 교회와는 다르다. 지금은 하남시의 아늑한 숲 속에
13,640평의 대지에 900 평의 본관 건물을 세우고 그 곳에 영락노인복지센터,
영락요양원, 영락재가노인복지상담소, 영락모자원, 영락 어린이 집, 영락 애니
아의 집 등이 사회복지 사업을 하고 있다. 서울 본 교회에서는 노인학교가 1주
1회 열리지만 하남시의 센터에서는 매일 열리고 있다.

④ 전주 완산교회

　　이 교회에서 운영하는 신성양로원은 현재 12,248평의 대지에 지하 1층, 지
상 2층의 건물이 2동이나 있다. 프로그램도 다양하여 주별, 월별로 다양하게
운영하고 있다. 특히 매월 15일 전후로 있는 가족 야외 소풍은 인기있는 프로
그램이다. 신성양로원 외에도 교회묘지 사업으로 완산낙원, 그리고 완산경로
대학이 있다. 완산 경로대학은 현재 150여명의 학생이 있으며, "감사하게 살
자, 기쁘게 살자, 믿음으로 살자"는 교육 목표 아래 주 1회 모인다.

⑤ 도림교회

　　도림교회는 91년부터 매주 월요일부터 토요일까지 인근의 노인들에게 무료
점심을 제공하는 곳으로 유명하다. 81년부터 시작된 도림노인학교는 100여명
이 참석하고 있으며, 노인들을 위한 나오미 미용선교회, 사랑의 현장갖기 등
여러 프로그램도 함께 운영되고 있다.

⑥ 안동교회

안동교회는 '늘푸른교실' 이라 불리우는 노인대학을 운영하고 있다. 97년부

터는 독거 노인에게 반찬배달도 꾸준히 하고 있다. 늘푸른교실에는 약 200명
이 모이며 주 1회 모여 특강과 점심대접, 활동 시간 등을 갖는다.

⑦ 온누리교회[422]

온누리교회는 '모세대학'이라는 이름으로 실버사역을 하고 있다. 온누리교
회는 '가정사역축제 매뉴얼'을 통해 그 사역의 내용을 다음과 같이 밝히고 있
다.

- 목적 ; 영예와 존경의 표상인 백발에 대한 자긍심을 고양하고 경로사상
  을 개발하여 건전한 영혼 관리와 활기찬 삶의 의욕을 증진시켜 가정이
  나 교회에 덕이 되는 노인상을 이루어 드리도록 한다.
- 학습 목표 ; 우선 영성 훈련을 통하여 노년기에 걸맞는 성숙한 신앙생활
  과 거룩한 삶으로 자손들에게 믿음의 본을 남기는 신앙인이 되게 한다.
  또, 노년기 생활에 필요한 삶의 지혜를 계발하여 육신의 건강을 도모하
  고 가족 및 이웃간에 아름다운 삶을 살도록 한다. 마지막으로 모세의 사
  역을 본받아 하나님의 사업에 적극 참여하는 사역자로 생활하게 한다.
- 일반 계획 ; 학생은 60세 이상이어야 하며 180명을 모집한다. 1년 2학기
  인 학습 기간은 학기당 14주이다. 모임은 매주 수요일 오후에 가지며 매
  학기 1박2일의 수양회를 갖는다. 또, 실행위원회 및 조장회의, 일대일
  성경공부, 실버 성가대 운영 등의 특별 활동도 한다.
- 교육 과목
  - 신앙과 노인 ; 주님의 마음을 본받아 사는 거룩한 신앙인으로서의
    삶의 모습을 정립한다.
  - 창조과학 ; 창조과학의 체계적인 교육으로 하나님의 창조질서에 관
    한 확실한 이론의 정립과 믿음을 갖게 한다.

---

422) 온누리교회 편, 136-138.

- 성경 ; 구원론과 삼위일체
- 노인건강 ; 노년기의 건강관리를 위한 일반의학 상식과 우리의 영적 자세를 교육한다.
- 한국 기독교회사 ; 한국 기독교 100년사를 소개함으로서 세계 선교를 위한 성도의 사명을 확인한다.
- 이스라엘 ; 유대민족의 종교, 역사와 현대 이스라엘 국가를 소개함으로써 세계 선교를 위한 성도의 사명을 확인한다.
- 환경문제와 교회의 사명 ; 지구 환경의 심각한 문제점과 이에 대처할 우리의 사명을 깨우치게 한다.
- 이단 사이비 종교 ; 이단 사이비 종교에 관한 현황을 소개하고 그들을 분별할 수 있는 기초적인 능력을 갖도록 함.
- 종교 다원주의 ; 타종교에 관한 개략적인 소개와 기독교와의 비교 설명으로 구원이 오직 예수 그리스도를 통해서만이 실현될 수 있다는 확신을 갖게 한다.
- 교양 ;

• 학습 시간 계획 ;

14:00 이전	경배와 찬양
14:00-14:20	휴식(간식)
14:20-15:10	강의
15:10-15:20	조별 토의, 성서 영화
15:20-16:10	강의
16:10-17:00	Recreation
17:00-18:00	석식 및 친교

• 조직 ; 운영전반을 감독하고 영적 계도를 담당하는 담당 교역자, 실행위원회를 총괄하는 위원장, 전반적인 업무 전반을 계획하고 집행하는 총무

를 둔다. 그리고 특활 담당위원으로 찬양, 조별활동, 일대일 성경공부, 실버 성가대, 친교활동별 담당자를 둔다.

이밖에도 '사랑의 노인대학'을 운영하고 있는 전주 사랑의 교회, 논산 강경 제일교회도 실버사역을 잘 하고 있는 교회로 알려져 있다.[423]

(5) 실버사역 방법론

그렇다면 노인사역(실버사역)을 어떻게 해야 할까? 그저 노인들을 대상으로 한 노인학교 수준이 아닌 진정한 실버사역의 개념을 어떻게 세워가야 할까?

이를 위해 먼저 노울즈(Macolm S. Knowles)의 성인학습 이론을 이해하는 것이 도움이 될 것이다.[424]

① 학습자 환경의 고려 ; 학습동기를 쓸어 낼 수 있는 환경, 자료 등을 준비 한다.

② 계획 수립을 위한 위원회 조직 ; 운영위원회, 후원회 등

③ 학습자의 욕구 및 흥미진단 ; 인간의 기본적인 욕구 이해와 교육적 욕구 를 조사한다.

④ 교육 목표 설정 ; 위의 조사에 따르는 노년의 흥미와 욕구 순위로 폭넓 은 교육 목표를 세운다.

⑤ 목표 달성을 위한 구체적인 학습계획 ; 노인교육 과정의 기준과 원칙을 정하고 교과목을 정한다.

⑥ 학습활동의 진행과 평가 ; 학습자의 인격 존중, 의사결정에의 참여 유 도, 표현의 자유, 책임 분담 등을 활성화하며, 학기가 끝날 때마다 다음 교육 자료를 위해 평가 기회를 가진다.

---

423) *기독신문* (2002. 4. 10), 10면.
424) 윤경남, 37.

송남순(1997)도 그의 글에서 교회에서의 노인 교육과정(educational process)은 처음 계획에서부터 마지막 평가의 재방향 설정에 이르기까지 노인들과 함께 짜여져야 한다고 말한다.[425] 노인들이 계획에서부터 적극적으로 참여할 때 헌신적으로 프로그램에 끝까지 참여할 수 있다는 것이다. 그러기위해 노인교육을 실시하기 위해 먼저 그들이 무엇을 배우기 원하는지 알아봐야 하고 그들의 성취 가능 정도도 진단해야 한다는 것이다. 더불어 같이 교육 목표를 정하고 교육 내용을 추상적인 주제보다는 노인들이 직접 안고 있는 문제에서 시작하는 문제 중심의 교육으로 그들의 경험과 연결시켜야 한다고 말한다. 역시 소그룹으로 나누는 것이 좋다고 그는 주장한다.

이러한 관점들을 고려하여 실버사역의 내용을 다음과 같이 수립해 볼 수 있을 것이다.

1) 실버사역의 Soft Ware

실버 세대에 대한 교육은 청소년기의 '놀이를 통한 학습(Learning by playing)'의 개념이 아니라 '학습을 통한 여가 활용(Playing Leisure by Learning)'의 개념이 도입되어야 한다.[426] 즉, 자발적이고 선택적인 평생학습 프로그램의 개념이 필요하다는 것이다.

이를 위해 사역의 방향을 크게 4가지로 나눌 수 있을 것이다.

① 노인들을 향한 사역
- 정기적인 커리큘럼이 있는 강좌
- 관심사를 나눌 수 있는 지원그룹의 구성 ; 미국의 경우 전체 자살의 20%

---

425) 송남순, 268.
426) 윤경남, 38.

가까이가 노인들의 우울증에 의한 자살 수치로 나타나고 있다. 그런데 정신적인 지원 그룹이 있다면 소외감 또는 고독을 상당히 줄일 수 있을 것이다.

- 죽음을 대비하는 교육 ; 삶의 마지막을 후회없이 잘 마무리할 수 있도록 도와야 한다. 그러기위해 자신의 인생을 되돌아보며 무조건적인 사랑과 용서, 화해가 이루어질 수 있도록 도울 필요가 있다.
- 소그룹 공동체의 형성 ; 노인들에게 깊은 소속감을 제공하게 된다. 더불어 영적 가족 공동체로서의 역할을 할 수 있도록 운영한다. 또, 소그룹 공동체를 중심으로 다양한 대외적 활동을 할 수 있도록 지원한다.
- 영성교육 ; 하나님의 음성과 들을 줄 아는 귀와 마음을 열게 하는 교육을 한다.
- 사랑과 성에 관한 교육과 모임 ;

② 노인들과 함께 하는 사역
- 젊은 세대들과 함께하는 프로그램 ; 노년부와 어린이부의 연합 예배 등의 공동 프로그램 등을 진행하면 좋다.
- 독거 노인과 젊은 세대 결연 프로그램 ; 손자, 손녀가 없는 노인들과 할아버지, 할머니가 없는 어린이를 대상으로 하여 결연해 주는 프로그램을 말한다.
- 유치원, 유아원과 연계한 프로그램
- 가족들과의 밤 프로그램 ; '시아버지와 며느리의 밤, 아버지와 아들의 밤, 어머니와 딸의 밤, 고부의 밤' 등의 구분된 만남 말고도 노인들과 함께하는 가족의 밤 행사를 통해 가족 간의 우의를 다지고 노인들에게는 소속감 및 삶의 활력을 줄 수 있다.

③ 노인들에 의한 사역
- 전도활동 및 자원봉사활동
- 노인 성가대, 노인 핸드벨 합주단 등의 운영

④ 노인들을 위한 사역
- 독거 노인 식사(반찬 등) 및 생활용품 지원. 시장 봐주기, 집안 청소나 빨래
  해 주기, 교통 편의 제공 등
- 학생부(중, 고등부) 및 대학 · 청년부에서 자원 봉사형식으로 참여.

한편 딤목(Albert Dimmok)이 말했던 노인들의 욕구를 채워준다는 관점에
서 실버사역의 프로그램을 선정한다면 이렇게 정리할 수 있다.[427]

① 대처 욕구(coping needs) ;
'노인의 자기관리'라는 과목으로 줄어든 수입에의 적응법, 홀로 서는 학습,
새로운 직업 상담, 법적 재정 보조, 스트레스 관리, 자기 시간관리, 응급시 대
처방안, 영양관리 훈련, 물품구입 요령, 자기 안전과 보호(사고 예방), 개인적
연락 관계 등을 다룬다. 이를 통해 '노인도 일할 수 있다'는 개념에서 '노인은
일을 해야 한다'는 개념으로 의식 전환을 할 필요가 있다.

② 표현의 욕구(expressing needs) ;
'노인의 삶을 풍요롭게'라는 과목을 통해 어떻게 하면 은퇴후에 노인이 성취
감도 맛보면서 창조적인 삶을 살 수 있을까를 생각하게 한다. 여기서는 노인들
이 학습의 모험을 할 수 있도록 도와준다. 예를 들면 '성서연구'를 통해 심도있
고 진솔한 학습을 하면서 개인의 삶의 경험과 관련시켜 나가는 질적인 교육을

---

427) 송남순, 269-271.

할 수 있다. 때로는 주제별 성서연구도 흥미로울 것이다. 또 하나는 '역사 공부'를 할 수 있다. 노인은 과거의 회상 속에서 산다고 했다. 노인들은 개인 역사 뿐만이 아닌 민족의 역사, 세계사에도 관심이 있다. 이야기 식으로 엮어진 역사책을 함께 읽고 비판, 토의하면서 과목을 이끌어 갈 수 있을 것이다. 외국어 공부, 신학이나 상담학, 대중 매체 같은 전문 영역의 공부, 춤이나 노래, 목공예, 꽃꽂이, 도자기, 뜨개질 같은 창의적인 워크샵 등도 좋을 것이다.

③ 친교의 욕구(fellowshipping needs) ;
이를 위해서는 목회적 차원의 배려가 필요한데, 예를 들면, 주일 예배후 노인들을 위한 공부와 쉼의 방을 마련해 줌으로 인해 서로가 교제할 수 있는 공간을 만들어 주라는 것이다.

④ 기여의 욕구(contributing needs) ;
자신이 가지고 있는 재주, 재능, 또는 훌륭한 기능을 파악한 다음 그들의 재능을 적극 활용하도록 도와야 한다. 예를 들면 김치 잘 담그는 것부터 시작해서 간장 및 된장 담그기, 수예나 뜨개질, 한국적 음식 만들기, 꽃 가꾸기, 목공예, 붓글씨, 그림, 운전 등의 재능들을 발굴하여 적극 활용할 수 있도록 도와주라는 것이다. 이외에도 무공해 비누 만들기, 우유 팩 모으기, 종이 봉투 접기 등의 새로운 일들을 만들어 낼 수도 있고 특별한 재능의 경우 비법 전수회 등을 가져도 좋을 것이다.

⑤ 나눔의 욕구(sharing needs) ;
기도와 간증의 시간, 나의 삶에 지침이 된 성경 말씀 나누기, 노인 회원들의 신앙의 여정 이야기하기, 노인들만의 철야 기도회, 특별 신앙교육 기간 갖기, 젊은이들과 신앙적 경험 나누기 등이 좋은 예가 될 것이다.

⑥ 자기 초월의 욕구(self-transcending needs) ;

영원한 삶을 경험하도록 돕는 이 프로그램은 노인들이 하나님을 어떻게 섬길 수 있을 것인지를 위한 세미나, 죽음을 위한 교육, 과거의 삶에 대한 가치와 의미 부여, 자신과 배우자의 죽음을 신앙적으로 받아들이고 죽음에 대한 준비와 슬픔을 감당할 수 있도록 돕는 일 등이 여기에 해당된다.

2) 실버사역의 Hard Ware

실버사역을 효율적으로 운영하기 위해서는 그 하드웨어도 잘 준비되어야 한다.

① 전담부서의 설치 및 전문 인력의 확보 ;

효율적인 실버사역을 위해 독립된 실버사역부가 설치되어야 한다. 이를 위해 담당 목회자와 평신도 사역자를 배치하여야 할 것이다.

② 교회 사회사업(Church Social Work) 개념에서의 접근이 필요하다 ;

실버사역은 어차피 복지 개념이 추가되어야 한다. ‘선한 사마리아인’(누가복음 10:25-37)의 사명을 실천하는 관점에서의 실버사역을 추진해야 할 것이다. 이를 위해 교회 또는 지역교회 연합으로 양로원, 요양원, 노인복지관, 노인병원 등의 설립을 추진할 필요가 있다.

이런 관점에서 기존의 기도원을 복지관 개념으로 전환하는 것도 고려해 볼 만하다.

③ 재정적 지원 강화 ;

실버사역에 대한 재정적 지원을 꺼리는 교회들이 많다. 투자된 만큼 교회의 수입과 직결되지 않기 때문이라는 비판들이 있음을 알아야 한다. 그동안 그들이 교회를 이렇게 성장시켜 왔음을 생각하면서 과감한 투자가 있어야 한다. 즉, 교통수단을 지원한다든지 교회 시설을 노인들이 사용하기 좋게 개선하는 등의 노력이 있어야 한다. 더불어 노인들에 대한 재정적 지원도 필요하다. 구약 시대에 있어서 과부와 홀아비, 고아와 나그네는 사회가 관심을 가져야 할 대상이었다. 그래서 추수할 때도 이삭을 다 거두지 않은 것(신명기 24:19-22 참조)이다. 그렇기에 구제사업의 차원에서 경제적 지원이 있어야 한다. "너희가 여기 내 형제 중에 지극히 작은 자 하나에게 한 것이 곧 내게 한 것이라"는 말씀을 기억해야만 한다.

④ 1년 단위가 아닌 평생학습 차원에서의 커리큘럼 ;

실버사역은 졸업이 없다. 그렇기에 평생 학습 차원에서 과정을 구분하여 배울 수 있도록 순회 커리큘럼을 구성해야 한다.

⑤ 명칭 ;

명칭은 노인대학이나 경로대학이라는 이름보다는 좀 더 신선하게 다가올 수 있는 이름을 붙이는 것이 좋다. 특별히 경로라는 말은 노인을 공경한다는 의미이기 때문에 마을에서 노인을 공경하기 위해 세워주는 '경로당' 외에는 의미가 없다.[428]

윤경남(1998)은 평생 교육원, 늘푸른 교실, 행복한 배움터, 사랑의 교회 등의 이름을 추천하고 있다. 온누리교회의 '모세대학' 도 좋은 이름이라고 생각한다.

한편 실버사역을 위한 구체적인 프로그램들의 예를 들면 다음과 같은 것들이 있다.[429]

---

428) 샬롬 노인문화원 윤경남 원장의 견해. 필자도 적극 동의한다.
429) 전천혜, '영역에 따른 노인교육 내용', **교육교회** (1998. 4.): 45-48.
　　전천혜, '노인교육 프로그램 정말 하고 싶은가', **교육교회** (1998. 11): 27-29. 종합정리

■ 영역에 따른 노년 프로그램의 예

1) 지적영역

① 세대차와 사회변화를 이해하기

② 힙합바지를 입는 청소년들의 이야기

- 간단한 랩송배우기와 만들기

- 은퇴생활에 필요한 지식과 생활배우기

- 노년기의 시간관리법

- IMF라는 것은 무엇인가?

- IMF시대에 우리가 해야할 일은 무엇인가?

- 노인의 몸에 대하여

③ 은퇴 후의 삶을 생각하여 봅시다

- 지금 시간이 없어서 못하는? 것은 무엇인가?

- 시간이 주어진다면 하고 싶은 것은?

- 정치, 경제, 사회, 문화에 대한 최신 동향 알기

④ • 건강 증진을 위한 폭넓은 지식 갖기

2) 정의적 영역

① 적극적으로 일하고 생활하려는 태도 유지하기

② 당신을 요청하고 있는 곳이 있습니다.

　　(노년기의 사람들이 자원봉사 할 수 있는 곳의 직원들이 와서 소개하

　　는 프로그램)

- 취미를 계속 살리고 여가를 즐겁게 보내기

- 노인에게 알맞은 취미와 여기에는 어떤 것이 있으며 어떻게 보내야 하

　나?

- 노년의 소외감은 왜 생기며 어떻게 극복하나? (노년심리－소외감)
- 허무함을 느끼십니까? (노년심리－허무감의 원인과 극복)
- 나의 배우자도 죽는다
- 어떤 유서가 가장 근사할까? (유서에 쓸 것을 마련하기 위하여 이제부터 할 일은?)
- 동료 또는 자신의 죽음에 대하여 심리적으로 준비하기

③ 노년기를 위하여 취미를 가지자(취미와 여가는 인생에게 반드시 필요한 것이다)

- 정년 퇴직과 수입 감소 적응하기
- 정년퇴직을 어떻게 준비할까? (정년퇴직을 공개적으로 대비하는 프로그램이다)
- 허무함을 느끼십니까? (정년기의 허무감의 심리와 극복 그리고 긍정적 요인)
- 배우자 사망후의 생활에 적응하기

④ 소외감과 허무감을 극복하고 인생의 의미 갖기

3) 사회적 영역

① 동년배 노인들과 친교 유지하기

② • 나의 친구를 소개합니다

   (친구소개하기－친구를 위하여 자기가 수고하는 일에 대하여 초점을 두어서)

- 가정과 직장에서 일과 책임을 합당하게 물려주기
- 언제 어떻게 아버지－아들에게, 시어머니－며느리에게 일을 물려주어야 하나?
- 나는 아직도 가정에서 어른인가? 나는 어떤 때 어른임을 느끼는가?

• 어떤 노인이 가정에서 인기가 있다고 생각하는가? 어떤 대접을 받을 때 노인은 가장 기분이 좋은가?

• 자녀, 손자들과 원만한 관계를 유지하기 위하여 10계명을 만든다면 그것은 어떤 것이 될까?

③ 가정이나 사회에서 어른 구실하기

④ 자녀 또는 손자들과 원만한 관계 유지하기

4) 신체적 영역

① 줄어가는 체력과 건강에 적응하기

② 노년기의 신체리듬 (우리의 몸은 어떻게 늙어가나? 어디가 제일 약해지나?)

• 노년기에 알맞은 간단한 운동을 규칙적으로 하기

• 간단한 운동배우기

• 건강유지에 필요한 음식에 대한 안내

• 어떻게 병과 더불어 살까?

③ 건강 유지에 필요한 알맞은 섭생을 하기

④ 지병이나 쇠약에 대하여 바른 처방하기

5) 영적 영역

① 영적인 존재인 인간

② 성경은 장수에 대하여 어떻게 말하고 있나?

③ 사람은 왜 죽어야 하는가? (죽음에 대한 자기태도 측정)

■ 맥클러스키의 이론에 의하여 정리한 교과과정

1) 환경적응에 대한 교육적요구

(정년퇴직, 경제적 빈곤, 배우자의 사망, 사회적 소외, 신체적 노쇠, 질병에 대처하는 요구)

- 노년학 : 인간의 노화, 노년의 심리, 늙음을 어떻게 받아들일까? 늙지 않는 삶, 영원한 삶
- 죽음이란 무엇인가? : 죽음에 대한 심리, 내세는 있는가? 유산정리는 어떻게? 장기기증은? 배우자의 사망문제 - 심포지움 형식
- 은퇴교육

건강관리와 유지 : 나는 얼마만큼의 건강을 기대할 수 있나? 민간요법의 허와 실, 건강식품, 노령화와 영양섭취, 예방의학 관계자료, 의료보험

- 재산관리법(좋은 은행 상품 등의 소개)
- 나는 누구인가?
- 노년의 독신생활 문제

2) 표현에 대한 교육적 요구
(활동과 표현자체가 기본 동기)

- 여가 활동의 지식과 방법 : 복음송, 율동, 건강체조, 찬송가 배우기, 바느질, 독서안내, 목각, 그림, 고전무용, 바둑, 장기, 탈춤놀이, 레크리에이션, 서예
- 노인 페스티발
- 여행 혹은 단체여행 : 관광 혹은 방문 프로그램 - 무료입장 장소 혹은 유료이더라도 방문하면 유익한 장소를 발굴하여 그곳에 대한 여러 정보(교통편입장료, 입장시간, 등등)를 기록한 자료를 제공한다. 특히 교회의 노인교육의 프로그램의 경우 국내, 국외 성지에 대한 안내
- 노령기의 의미있는 일상생활 문제

3) 사회에 공헌하고자 하는 교육적 요구

- 자원 봉사자로 일할 일터의 소개
- 자원봉사의 의미
- 노인들의 일터 소개
- 노인에게 알맞은 사회적 능력 개발 – 예 : 호랑이 할아버지

4) 영향을 주려는 요구

- 간세대 교육 프로그램(세대초청의 밤) – 아버지와 아들의 저녁, 시어머니와 며느리의 저녁, 삼대 가정 초청의 밤
- 젊은 세대에 대한 이해와 교육방법(노인들과 자녀들이 관계문제) – 이즈음 세대는 어떤

  특징 – 세대문화에 대한 이해 – 을 가지고 있는가? 자녀 세대부부간의 질서에 대한 이해, 자녀세대의 자녀교육에 대한 이해, 공부…. 자녀세대의 바쁜 생활에 대한 이해, 며느리의 사회활동 참여에 대한 이해
- 어떻게 친구를 사귀고 어울릴 수 있나?
- 인간관계 훈련 – 전체노인의 관계훈련 1박2일 캠프, 노인 부부관계 훈련캠프
- 가정에서의 웃어른으로서의 자세와 역할
- 노인과 가정관리 – 노인은 얼마큼 가정관리에 참여하는 것이 좋은가?

5) 인간존재의 초월성에 관한 교육적 요구

 (좀 더 향상된 생활을 하려는 요구)

- 성경공부(부부의 의미, 부부의 책임 – Evelyn Whitehead의 후기 노년기를 위한 종교적 개념)

  ①개인구원 ②소망 ③종교적 시간과 개인의 역사 ④개인을 향하신 하나님

의 무조건적 사랑

⑤공허감과 해방감에 대한 영적 훈련 ⑥도상의 순례자로서 기독자의 사상
● 노인교리교재 – 그림으로 설명하는 형태
● 노인 영상프로그램 – 영원한 삶

■ 주간 프로그램

① 주간／월간만남 ② 공예프로그램 ③ 음식콘테스트 ④ 이야기대회, 드라마대회 ⑤ 음악-다함께 노래부르기, 노래듣기, 노래그룹결성 ⑥ 공동 생일 축하케익과   장식이 있는 생일잔치 ⑦ 가족 시청각의 밤 – 가족의   필름(비디오)소개 ⑧ 가족 소개의 밤 – 가계, 오래된 사진소개 ⑨ 연날리기대회 ⑩ 부활절 계란 바구니 제작 ⑪ 사진찍는 법 ⑫ 전기기구 사용법(가스레인지, 전기밥솥…) ⑬ 성경공부 ⑭ 건강프로그램-손건강, 움직임, 수지침 ⑮ 지역의 문제점을 듣고 이야기 하기- 동장, 이장, 군수 ⑯ 슬픔을 극복하는 법 ⑰ 집안의 인기 있는 노인이 되는 법 ⑱ 인터넷 원로방 활동에 들어가기 ⑲ 지난 삶 돌아보기 ⑳ 효과적으로 대화하기 ㉑ 가족과 나

■ 여행 프로그램

① 지방 산업지 방문 ② 동물원, 식물원 ③ 운동장 운동관람 ④ 기차여행 ⑤ 단풍여행 ⑥ 박물관 ⑦ 음악회 ⑧ 역사적 기념비와 기념탑 방문 ⑨ 오랜 무덤 방문 ⑩ 지역내의 오래된 교회 방문 ⑪ 지역내의 오래된 집 방문 ⑫ 영화, 연극 참석 ⑬ 구호단체 방문 ⑭ 정부기관 방문 ⑮ 교도소 방문 ⑯ 양로원방문

■ 봉사와 목회 프로그램 (나도 남을 도울 수 있다)

① 교회에서 생일 축하 카드 발송 작업, 주보접기 ② 양조부모 제도(할머니 할아버지와 어린이 이어주기) ③ 교회사무실의 지원 봉사 ④ 음식 날라주기 ⑤

비밀스러운 천사되어 주기 – 한사람(어린이, 청소년, 자녀 누구나)이나 한 가정을 정하여 상대방 모르게 사랑을 베풀다가 1년 정도 지난 후 나타나 만나게 하는 방법 ⑥ 장학금 만들기 ⑦ 겨울새 먹이 먹이기 ⑧ 계절학교에서 조부모 역할하기 ⑨ 자체 절기(여름, 겨울)성경학교 하기 ⑩ 전화로 이어 기도하기

(6) 실버사역의 궁극적 목표

결국 실버사역의 궁극적인 목표는 겉사람은 날로 후패하지만 속사람을 더욱 새롭게 함으로 인해 '다 이루었다'고 고백할 수 있는 성숙한 인간으로의 변화를 유도하는 데 있다고 할 수 있을 것이다. 곧, 하늘나라에 대한 소망을 강하게 갖게 함으로 인해 그리스도 안에서의 행복한 별세(別世)를 준비시키는 것이다.

"노인은 오래 살았다고 해서 영예를 누리는 것이 아니며, 인생은 산 햇수로 재는 것이 아니다. 현명이 곧 백발이고, 티없는 생활이 곧 노년기의 원숙한 결실이다. 그는 하나님의 뜻대로 살아 하나님의 사랑을 받았다."(외경 지혜서 4:8-10)

8. 싱글사역

(1) 싱글의 의미

누구를 싱글, 즉 독신이라고 말을 하는가? 독신들의 모임 조차도 독신에 대한 명확한 규정을 제대로 내리지 못하고 있다. 많은 논란 끝에 정리된 내용은 '현재 이성과 쌍(커플)으로 살지 않는 여성', 즉, '결혼이나 사실혼(동거) 상태가 아니면서, 현재 이성과 짝을 이루지 않은 사람'을 독신으로 본다는 것이다.[430]

그러나 이러한 정의에는 약간 오류가 있을 수도 있다. 그렇다면 아직 결혼하지 않은 남녀의 경우도 이러한 싱글사역의 범주에 포함시킬 것인가 하는 문제가 남는다. 이러한 문제들을 고려할 때 싱글, 즉, 독신이라는 의미는 '가정을 이루어야(이루었어야) 할 나이에 혼자 사는 사람'이라고 정의하여 볼 수 있을 것이다.

---

430) *싱글여성 탐구*(서울: 여성의 전화 싱글여성모임, 2002), 6-7.

(2) 싱글의 종류

이러한 싱글도 몇 가지의 종류가 있다. 즉, 싱글이라고 해서 모두 다 같은 싱글이 아니라는 것이다. '싱글'이라 함은 우선 3가지 범주에 포함되는 사람들을 말한다. 사별한 독신자가 그 첫 번째요, 다음이 이혼한 독신자이다. 이혼한 독신자 그룹에는 별거 독신을 포함시키기도 한다. 그리고 세 번째로 결혼하지 않기로 작정하고 살아가는 미혼 독신자를 들 수 있다. 이러한 미혼 독신자를 '비혼(非婚) 싱글'이라고 부르기도 한다. 이 비혼 싱글도 또 두 종류로 구분할 수 있다. 즉, 자의적 의사에 의한 비혼 싱글과, 결혼을 하고는 싶었으나 타의에 의해 결혼하지 못하고 그냥 싱글로 있는 부류가 그것이다.

자의적 비혼도 '교제는 OK, 결혼은 NO인 부류'가 있고, '교제도 결혼도 NO인 부류'가 있다.[431] 타의적 비혼의 경우에는 '결혼 적령기를 넘긴 미혼들'이 있고, '이상형만 찾는 솔로족'이 있을 수 있다. 최근들어 기생 독신(parasite Single)이라는 말도 나오는데, 이는 일본의 도쿄대학 야마다 미시히로 교수가 만든 용어로, 직업이 있음에도 불구하고, 먹고 자는 문제를 부모에게 의존하는 이들을 말한다. 이들은 여유 돈으로 취미나 해외여행 등 소비지향적인 성향을 지니고 있다.[432]

(3) 싱글 사역의 필요성

특별히 우리 사회에서 싱글에 대한 관심은 '남성 싱글'보다는 '여성 싱글'에 대한 사회적 배려와 대책이 필요하기 때문에 그러하다. 이 싱글 가족으로 인해 파생되는 문제들이 너무나도 많음에도 불구하고 사회를 비롯하여 교회 역시 '유배우자' 중심의 활동을 해 왔기 때문에 이들 '싱글'들은 어디에서나

---

431) *가정과 상담* (2001. 10): 140.
432) 우은진, '독신 인프라가 구축되고 있다', *월간 기독교사상* (2001. 5): 39.

소외된 존재, 동정받는 존재 정도로밖에 치부되었다.

그러나 그렇게 한쪽 코너로 몰아세우는 동안 이들 싱글의 숫자는 기하급수적으로 늘어가고 있고, 그로 인해 앞으로의 사회에 미치게 될 영향은 가히 엄청날 것으로 예상되고 있다. 인구 통계적으로 나온 숫자만 해도 그렇다. 2000년의 인구통계 조사만 보더라도 유배우자가 2,202만 명으로 1,051만 커플임에 비해 사별과 이혼 가정은 약 338만 명에 다다른다.[433] 여기에다가 나이 30이 넘었음에도 가정을 이루지 못하고 있는 독신자들이 138만명임을 감안한다면 독신의 수는 더욱 늘어난다. 비혼 독신을 뺀 수치만 보더라도 유배우자 커플수 대비 32.2%에 이른다. 만약 나이 30 이상의 독신 숫자와 비교한다면 45.3%라는 엄청난 비율이 도출되는 것이다. 그만큼 싱글의 비율이 많다는 것을 의미한다.

이른바 미혼율도 날로 급증하고 있다. 2000년 인구 전수 조사에 나타난 미혼율을 보면 만 20-24세의 남자 97.5%, 여자 89.1%. 25-29세의 남자 71.0%, 여자 40.1%, 30-34세의 남자 28.1%, 여자 10.7%, 35-39세의 남자 10.6%, 여자 4.3%로 나타났다. 이를 보면 2000년도 20-39세 인구 총 16,225,345명중 43.1%인 6,989,265명이나 되며, 결혼 적령기를 넘은 30-39세의 미혼자들도 전체 인구 8,280,181명중 13.4%인 1,111,578명이나 되는 것으로 나타났다. 이를 90년과 95년의 미혼율과 비교해 보면 30-34세의 남자는 90년 13.9%, 95년 19.4%였는데 반해 2000년에는 28.1%로 급증했다. 30-34세의 여자의 경우 90년에는 5.3%, 95년에는 6.7%였는데 반해 2000년에는 10.7%로 뛰었다. 35-39세의 경우도 남자의 경우 90년 3.8%, 95년 6.6%였는데 반해 2000년에는 10.6%로 높아졌으며, 여자의 경우 90년 2.4%, 95년 3.3%였는데 2000년에는 4.3%나 되었다. 엄청난 증가들이다. 인구학상 지표인 독신율(결혼할 의사

---

433) 통계청이 지난 2001년 9월에 발표한 2000년 인구전수 조사 결과 보고에서 인용함.

가 없다고 보는 만 50세 이상의 독신자 비율)도 70년 0.1%, 80년 0.2%, 85년 0.3%, 90년 0.5%, 95년 0.7%로 꾸준히 늘다가 2000년에는 무려 3.83%로 뛰어 올랐다. 그만큼 비혼 독신자들도 엄청나게 늘어나고 있다는 증거이다.

이렇게 갈수록 미혼이 늘어나는 이유는 우선 '결혼은 필수 아닌 선택' 이라는 인식이 확산되고 있기 때문으로 분석되고 있다. 어느 인터넷의 조사에 의하면 '결혼을 할 수도 있고 안할 수도 있다' 고 대답한 사람이 65%였으며, '독신이 좋다' 는 응답도 13%나 되었다. 반면 '꼭 해야 한다' 는 응답은 19%에 불과했으며, '남들이 하니까 한다' 는 응답은 3.0%인 것으로 나타났다.[434]

월간 '싱글즈' 가 25세 이상 35세 사이의 미혼 여성 900명을 조사한 결과를 보더라도 '혼자 살 능력만 있다면 굳이 결혼할 필요가 없다' 는 응답이 무려 64%나 되었다. 결혼 계획이 없는 이유로 '나의 일에 더 열중하기 위하여' 가 26.6%로 가장 높았으며, 60% 이상의 싱글여성들이 결혼보다도 자신들의 미래를 위해 대학원 진학과 영어 공부 등에 투자하고 스스로 자기 계발을 계속하고 있는 것으로 나타났다.[435]

이런 흐름을 반영해서일까? 종합 포털사이트 Naver에서 '싱글족' 을 검색하면 유행, 신조어 코너에 이렇게 정의를 하고 있다.[436]

"일반적으로 탄탄한 경제력과 인터넷 활용 능력을 갖추고, 자신들만의 삶을 만끽하며, 홀로 사는 신세대 남녀를 말한다. 그들은 결혼이라는 틀에 자기를 맞추기보다 자유와 이상과 일을 더 중요시하며 자유롭고 당당하게 살려는 욕구가 강하다."

영국의 철학자 버트런드 러셀은 자신의 저서 '행복의 정복' 에서 미혼 독신이

---

434) **가정과 상담** (2001. 10): 139. 독신사이트 솔로클럽이 네티즌 729명을 대상으로 조사한 결과임.
435) **월간 KTX** (2004. 9): 124.
436) **교회와 신앙** (2004. 9. 1): 3

증가하는 이유를 "교육의 발달로 자녀들이 능력을 갖추게 돼 부모가 자녀들에 대한 경제, 도덕적 지배력을 잃었기 때문"이라고 분석했다. 그러나 한 세기가 지난 지금 한국의 미혼 독신자들은 대부분 '경제문제보다는 결혼과 배우자에 대한 기대수준이 높아진 것도 원인'이라고 고백한다. 즉, 사회적 성취를 이룬 청년층들이 늘면서 이들의 강해진 자아의식이 선택을 어렵게 했고, '보다 어린' 상대를 찾는 풍조도 수요 공급의 불일치를 심화시켰다는 것이다.

최근 연하남+초혼녀, 총각+재혼녀 커플이 눈에 띄게 늘어난 것도 이러한 결혼의 병목과 지체를 탈피하려는 자연스런 현상으로 보는 견해가 많다. 아울러 식생활을 포함한 생활 전반이 편리해진 것도 독신자 증가의 한 원인으로 보고 있다.[437]

이와 더불어 가정해체로 인한 싱글 가족의 자녀 숫자만 해도 엄청나다. 2001년의 경우 이혼자 13만 5천명의 경우 20세 미만 자녀를 둔 수치로 환산했을 때, 1자녀가 42,200명, 2자녀가 46,700명, 3자녀 이상이 6,000명 정도 된다. 이를 환산하면 최소 153,600명 정도가 편부모 가정의 자녀로 전환되었다는 것을 의미한다. 2000년의 경우에는 최소 136,200명 정도가 가정해체로 인한 편부모 가정의 자녀가 되었음을 보여주고 있다. 매년 출생 신고가 되는 자녀의 숫자를 60만 명 내외로 본다면 매년 약 1/4 정도가 편부모 가정의 자녀로 누적되고 있음을 말해 주는 것이다.

이러한 이유로 편부모 가정(편부모+미혼자녀)이 급증[438]하고 있는데 년도별로 보면 1985년에는 848,000 가구였던 것에 반해 1990년에는 889,000 가구로, 1995년에는 960,000 가구로 늘어났으며 2000년의 경우 112만 4천가구로 더욱 늘어 났다. 이는 거의 10가구당 1가구는 편부모 또는 싱글 가정이라는 것

---

437) *가정과 상담* (2001. 10): 140.
438) 통계청이 2001년 10월에 발표한 2000년 인구주택조사 전수집계결과에 의함

을 말해 주는 것이다. 거기에다가 '부부+편친+자녀'의 가구까지 합친다면 그 숫자는 훨씬 늘어난다.

(표11) 가족 형태별 가구 (단위 : 천 가구, %)

	1995년	2000년
전 국	11, 133(100. 0)	11, 928(100. 0)
*핵가족	8, 886 (79. 8)	9, 781(82. 0)
부부	1, 399 (12. 6)	1, 765(14. 8)
부부+미혼자녀	6, 528 (58. 6)	6, 892(57. 8)
편부모+미혼자녀	960 (8. 6)	1, 124 (9. 4)
*직계가족	1, 001 (9. 0)	947 (7. 9)
부부+양친	22 (0. 2)	24 (0. 2)
부부+편친	99 (0. 9)	113 (0. 9)
부부+양친+자녀	173 (1. 6)	168 (1. 4)
부부+편친+자녀	707 (6. 4)	642 (5. 4)
*기타	1, 245 (11. 2)	1, 199(10. 1)

* 통계청, 2000년 인구주택통조사 전수집계결과(2001년 10월 발표)

이렇게 편부모 가정이 급증하는 원인으로는 과거에는 사망의 경우가 많았으나, 최근에는 이혼으로 인한 경우가 많다고 볼 수 있다. 또, 편부모 가정의 절반 정도인 46.7%가 이혼에 의한 것(보건사회연구원, 2001 조사)으로 나타났다. 구체적으로 본다면 사별로 인한 경우가 35.4%였고, 배우자의 유기나 가출, 장기복역으로 인한 경우는 13.5%였으며, 미혼모로 인한 경우도 3.1%였다. 그러나 편부 가정의 경우는 57.7%가 이혼으로 발생한 것으로 나타났다.

해체 가족의 구성비를 보면 편모가 51%이고 편부는 14%, 1인 단독은 32%, 기타가 3%인 것으로 나타났다.[439]

이렇게 싱글이 많기 때문에 교회 안에 싱글들도 자연히 늘어나게 될 것이고, 가정 해체로 인한 싱글들이 발생함에도 불구하고 교회에서 제대로 돌봐주지

---

439) 김승권 외, *최근 가족해체 실태와 정책 방안에 관한 연구* (서울: 한국보건사회연구원, 2001), 28-29.

못하면 그들은 교회를 떠나게 될 것이고, 또 그 가정의 자녀들에게 관심을 기울여 주지 못하면 그들 역시 역기능의 가정이 되어 또 다른 잠재적 문제 가정이 될 수 있기 때문에 싱글 사역의 중요성은 심각하게 부각되고 있는 것이다.

(4) 싱글의 후유증

그렇다면 싱글이 늘어남으로 인해 어떠한 문제들이 발생할 수 있는가? 먼저 국가적 산업 기반의 붕괴가 우려된다. 서울대 김상균 교수(복지정책)에 의하면 30년 앞을 내다볼 때 노동력 위기 등에 대비하려면 결혼 장려와 출산율 제고정책이 필수적이다. 그런데 싱글들이 늘어남으로 인해 인구의 구성비 자체가 심각한 위기를 만나게 되고 이는 곧 국가 경제 기반 자체를 흔드는 결과를 가져올 수 있다는 것이다. 그래서 ‘독신자들의 선책권은 존중하되 결혼과 가족의 중요성을 강조하고 세금과 사회 보장 등에서 기혼자들에게 혜택을 주는 정책을 펴야 한다’고 지적한다.[440]

또 하나는 질병과 죽음 후유증을 들 수 있다. 즉, 늦게 결혼할 경우 스트레스, 임신중독증, 유방암 등의 발생빈도가 더 높다는 것이다. 임신 능력도 30세를 넘으면서 매년 9%정도씩 감소되고, 35세 이상이면 전성기 때보다 40%가 떨어지며 출산시 위험성과 기형아 출생 가능성이 높아진다고 말한다. 남성도 40세를 고비로 정자 생산량이 줄어드는데, 45세 이상의 독신 남자는 결혼한 남자에 비해 사망 위험이 23%정도 더 높다고 한다. 영국 통계청의 2001년 8월 발표에 의하면 이혼한 사람은 병으로 사망할 가능성이 기혼 남자보다 30% 정도 더 높았다. 그런데 만약 재혼을 한 경우는 사망 위험이 낮아진다는 것이다. 또, 남편을 잃은 여성의 사망위험도 20% 더 높다고 한다. 참고로 영국의 독신자 비율은 71년에 18%에서 2000년에는 28.5%로 증가했다.

---

440) *가정과 상담* (2001. 10): 139.

더불어 결혼한 남자가 독신남자에 비해 운동을 할 비율이 70% 정도 더 높고, 담배를 피울 가능성은 현저히 낮아지며, 결혼한 남녀가 아침 식사를 거르지 않으며, 건강진단을 받는 비율도 높았다고 미국의 한 조사는 밝히고 있다.[441] 이렇게 독신은 여러 가지 후유증을 몰고 오는 것이다.

(5) 싱글시대와 교회

1) 싱글과 교회 현실

문제는 이러한 싱글 시대가 도래 함에도 불구하고 이에 대한 교회의 대응은 사실상 전무하다. '은혜로, 그냥 은혜로' 넘어가는 한국교회의 고질적인 병폐가 여기에서도 그대로 드러나는 듯싶다. 하기야 가정사역에 대한 개념조차도 받아들이지 않는 교회가 대부분인 상태에서 싱글 사역의 필요성을 어찌 느낄 수 있으랴마는 교회가 싱글들에 대한 관심을 갖지 못하고 있는 사이에 이들은 더욱 더 소외 계층으로 몰락되어 가고 있고, 교회보다는 더욱 정을 주고 마음을 나눌 수 있는 곳으로 마음을 빼앗기고 있다는 것을 현실로 인정해야만 한다.

여러 교회에서 가정사역을 도입하고 싶어도 싱글들이 눈치 보여서 곤란하다는 말을 한다. 그렇기에 가정사역 자체도 도입하지 못한다는 것이다. 역으로 말하자면 유배우자 커플의 문제도 그렇게 심각할진데 싱글 가족에게는 얼마나 더한 문제들로 쌓여 있겠는가? 그저 '기도하고 교회에 충성하라' 는 구호로 해결될 문제가 아니라는 점을 분명히 인식해야 한다.

이젠 이들에 대해 관심을 기울여야 한다. 사별로 인해 마음 속 깊이 가지고 있는 상처들을 위로해 주어야 한다. 그들의 마음에 흐르는 눈물을 닦아 주어야만 한다. 이혼으로 인해 파도치는 분노의 응어리들을 녹여 주어야만 한다. 그

---

441) Ibid., 141.

리고 그 가정의 자녀들이 필연적으로 갖게 될 문제에 대해 관심을 가져야만 한다. 더불어 비혼 싱글들을 어떻게 대우할 것이며, 이들 역시 가질 수밖에 없는 여러 문제들, 특별히 성적인 문제를 포함한 나름대로의 인생 설계에 있어서의 문제들을 도와주어야 한다.

뿐만 아니다. 이러한 싱글들에 대해 갖고 있는 사회적 편견들을 추방하는데 교회가 먼저 앞장서야 한다. '선한 사마리아' 인으로서의 교회의 역할은 어느 사회 단체에서도 할 수 없는 아주 귀중한 것이기 때문이다.

2) 교회는 무엇을 할 수 있는가?

그렇다면 교회는 무엇을 할 수 있는가? 교회가 무슨 일을 할 수 있을 것인가를 알려면 우선 그 싱글들이 갖고 있는 문제들이 무엇인지를 살펴보는 것으로부터 시작되어야 한다.

우선 사별 싱글, 특별히 사별여성의 경우는 앞에서도 언급한바 있지만 자기만을 남겨두고 떠나버린 남편에 대한 슬픔과 상처 위에, 남편을 먼저 떠나 보내버린 죄의식까지 겹쳐서 깊은 우울증의 수렁에 빠지는 경우가 많다. 그래서 웃다가도 스스로 깜짝 놀란다. '내가 이렇게 웃어도 되나?', '웃기만 하면 괜히 죽은 남편에게 미안한 감정을 갖는다' 고 고백하는 여성들도 있다. 그렇다보니 하루하루 살아간다는 것이 모든 기쁨을 잃어버린 회색 톤의 삶을 살게 되는 것이다. 그래도 노년의 사별인 경우는 자녀들이 장성했기 때문에 자녀문제까지 엎어지지는 않지만, 젊은 부부들의 사별인 경우는 자녀문제까지 엉키게 될 것이다. 그렇다고 이들에게 연민의 정을 보내면 그것이 오히려 이들에게는 스트레스요, 억압으로 다가오게 된다.

이혼 싱글들은 사별 싱글에 못지않은 회한과 아픔 속에 살게 된다. 배우자와 어떤 방식으로든 스스로 관계를 청산한 이들은 자기가 한 선택을 후회하지 않기 위해서라도 더 많은 부담을 갖게 된다. 혹은 원치 않은 이혼이었다면 그 방황의 폭은 커질 수밖에 없다. 이들에게 있어서 주위 사람들의 걱정과 염려는 더 많은 압박감과 스트레스로 다가오게 된다. 가끔은 재혼에 대한 요구가 있기도 하는데 재혼자들의 상당수가 또 실패한다는 사실에 갈등과 절망을 되풀이하기도 한다. 더불어 주위의 수군거림과 시선은 '인생의 실패자' 라는 자책감과 아울러 이혼이 준 상처를 들쑤시는 결과를 가져와 이들을 더 괴롭히게 된다.

비혼 여성들의 경우는 '자의적 비혼' 인가 아니면 '타의적 비혼' 이었는가에 따라 그 감정이 달라진다. 물론 공통적인 면도 있기는 하다. 우선 '자의적 비혼' 이었을 경우 비교적 당당하게 살아간다. 그러나 이들도 결혼하지 않은 사람을 미완성의 존재로 보려는 사회적 시각에 숨막히게 된다. 가끔은 이러한 비혼을 고집하려는 태도가 가족과의 관계를 끊게 만드는 요인이 되기도 한다. 특별히 여성 비혼자의 경우 이들에 대한 남성들의 삐딱한 시선, 즉 가벼운 여자, 아무나 접근해도 되는 여자 정도로 취급하는 것에 대해 이들은 분노를 느끼게 된다. 거기에다가 대개 보면 자의적 비혼자들은 부모들의 삶에 대해 비판적인 시각을 가지고 있다. 즉, 자신들이 생각하는 이상적인 부부상과는 너무나도 거리가 먼 삶을 보면서 '저런 식으로 살려면 차라리 혼자 사는게 좋다' 는 생각이 있기 때문에 당연히 부모와의 정신적 관계가 많이 손상되어 있다. 이러한 문제가 가족 관계를 해치는 주범으로 작용을 한다.

'타의적 비혼자' 의 경우는 이보다 더 심하다. 결국 이들 역시 실패자라는 감정이 저변에 깔려 있다. 더불어 '자의적 비혼자' 와 마찬가지로 결혼하지 않은 것 자체가 '부모에 대한 불효' 라고 생각 때문에 깊은 좌절감에 빠지기도 한다. '쓸데없는 입방아' 에 자주 오르내리기 때문에 친척 모임이나 명절 잔치까지도 참여하기를 꺼려하게 된다. 그럴수록 이들은 소외된 삶을 살아갈 수밖에 없다. 당연히 그 마음 가운데 쌓이게 되는 분노와 스트레스는 이루 헤아릴 수 없다. 특별히 비혼자를 미성숙한 인간으로 여기는 가족들이나 사회의 시선이 이들을 더욱 괴롭힌다.

이렇듯 싱글들에 대한 사회의 시선은 상당히 삐딱하다. 특히 이들을 비정상 가족, 또는 불완전 가족으로 치부하는 태도가 이들을 더욱 괴롭힌다. 홀로 경제적인 문제를 다 책임져야 한다는 압박감에다가 '아비 없는 자식'을 사회 통념대로 키우지 않기 위해 이들은 몸부림치고 있는 것이다. 인격까지 무참히도 짓밟는 세상에 대해 이들은 날마다 절규하면서 살아가고 있다는 것이다.

더불어 이들은 불안한 노후를 염려한다. 겨우 한다는 게 연금 보험 정도이다. 자기의 삶에서 의미를 찾지 못하는 한 나이가 들어 갈수록 이들은 절망의 나락으로 빠져들게 될 것이다.

물론 이들 스스로 느끼는 긍정적인 생각도 당연히 있다. '자유롭다' 든지 '자신의 꿈을 이루어간다' 든지 하는 등의 감정들이 그것이다. 그러나 이 또한 주류의 감정을 극복하려는 반작용으로부터 표출된 것이라는 점을 간과해서는 안 된다. 이러한 점을 고려하여 교회는 싱글들에게 다가서야 한다.

3) 교회는 무엇을 도와 주어야 하는가?

'고아와 과부를 돌보라' 는 말씀은 교회에 주신 하나님의 명령이기도 하다. 즉, 홀로된 자들과 그들의 자녀를 돌보는 일을 믿음의 공동체인 교회가 수행하도록 하나님은 원하시는 것이다. 그들을 정신적으로, 영적으로, 신체적으로, 사회적으로, 재정적으로 돕는다는 것은 어쩌면 당연한 의무일 수도 있다. 교회가 이들을 위해 발벗고 나설 때 이들의 마음에서 눈물을 닦아줄 수 있고 한숨을 거두어 감으로 인해 교회 내에서의 안정된 가족으로 평안을 누리게 될 것이다.

4) 싱글에 대해 관심을 갖는 것은 교회의 사명이다

과부와 고아들을 돌보라고 말씀하셨던 그리스도의 가르침은 지금 이 시대에도 그대로 유효하다. 특별히 이 시대는 바로 그런 계층이 양산되는 때이다. 이럴수록 외롭고 쓸쓸한 자들을 위한 교회의 지지와 지원은 필수적이다.

교회 안의 싱글들은 점점 늘어만 간다. 그 싱글들이 교회 안에서 위로와 지지를 얻지 못한다면 이들은 방황할 수밖에 없으며, 화평함이 깨어짐으로 인해 거룩함 역시 무너질 수 밖에 없을 것이다(히 12:14).

이젠 싱글들에 눈을 돌려야만 한다. 눈물을 닦아주고 슬픔과 기쁨을 함께 할 믿음의 공동체가 필요하다는 것이다. 교회 안에 또 다른 소외된 이웃을 만든다는 것은 참으로 가슴 아픈 일이다. 소극적 관심에서 이젠 적극적 관심으로 전환하여 이들의 삶을 기쁨과 소망이 넘치는, 그럼으로 인해 편견을 벗어나 제2의 인생을 열어주겠다는 결단이 필요하다 하겠다. 저 멀리 보이는 선교도 중요하지만 등잔 밑부터 '하나님의 나라와 의'를 구해가야 하지 않겠는가?

(6) 싱글사역 프로그램의 현황

싱글사역에 관한 한 아무래도 윌로우크릭교회의 싱글사역을 예로 들지 않을 수 없다.[442]

1) **독신자 사역(Single Adults Ministry)의 목표** ; 독신자들은 전인적인 제자도에 강조를 둘 때 효과적인 사역을 할 수 있다. 독신자사역은 단순히 그들의 사회적 필요를 채워주기 위해 존재하는 것은 아니다. 그보다는 그의 전인적인 필요, 즉 사회적, 관계적, 영적 필요를 표적으로 삼아야 한다. 그것은 독신자들에 의한, 독신자들을 향한, 독신자들의 사역이다.

2) **사역의 진행** ; 독신자 사역은 소그룹에 의해 주도된다.

3) **구분** ; 사역의 대상은 25-35세의 경우 Prime Time, 35-45세의 경우

---

442) Paul Braoudakis, 307-315.

Focus, 45세 이상의 경우는 Quest 그룹을 마련하고 있으며, 자녀가 있는 홀부모 소그룹은 Focus Single Parent Small Group에 참여하도록 하고 있다.

4) 강조점 :

- 사역의 지도자가 양육하고 있는 사람들에게 상처를 줄 수 있는 행동을 절대 하지 않도록 주지시키라.
- 사역 참여자들에게 건전한 관계와 데이트, 그리고 결혼에 대하여 분명한 성경적 가르침을 전하라. 역할 모델을 제공하라. 홀부모 그룹을 위해서는 부모역할과 가족생활에 대한 성경적인 가르침을 제공하라.

특별히 성문제에 관한 한 일관되고 철저하며, 성경적이고 비타협적이며, 또한 진실된 가르침이 필요하다. 부적절한 성관계는 엄격한 가르침으로 맞서야 한다.

한편 국내에서는 온누리교회가 '뉴라이프 사역팀'을 통해 싱글사역을 활발하게 펼치고 있는데, 이 팀은 이혼치유학교도 운영하고 있다. 온누리교회의 사역 내용은 다음과 같다.[443]

1) 목적 : 교회의 수적인 급성장으로 인해, 교회는 보편 다수를 위한 프로그램의 개발에 주력하게 되었고, 이로 인해 소수의 특별한 위로와 격려를 필요로 하는 그룹들이 생기게 되었다. 그중에서 특별히 홀로서기 위해 노력하는 성도들(Single)의 필요를 알고, 그들의 신앙생활을 격려하며 도와야 할 필요가 있다. 더불어 그들의 적극적인 교회생활을 통해 그들의 은사를 개발하고, 또한 리더십을 개발함으로서 그리스도의 몸된 교회로 자라게 하며, 그들이 사랑 안에서 스스로 설 수 있도록 돕는 사역을 감당한다.

---

443) 온누리교회 편, 147-153.

2) 전략 ; 이 사역은 대상자에 따라 사역의 방향과 프로그램의 내용이 달라져야 한다는 어려움이 있다. 홀로 살고 있다는 사실을 감추기 원하는 한국적인 정서를 감안해서 조심스럽게 비공개적으로 추진해 가는 것이 바람직하다. 일대 일의 모임이나 아주 작은 소그룹을 통해 시작하고 점차 확대해 가는 것이 필요할 것이다. 결혼이나 재혼을 원하는 사람들, 홀로서기를 원하는 사람들 모두의 필요를 수용하고 격려하며 도와야 한다. 더불어 대상자들의 자녀들을 돕는 프로그램도 있어야 한다.

3) 대상 ;

- 35세 이상의 독신자(Focus Ministry) / 믿음의 모임
- 이혼자(Rebuilder Ministry) / 소망의 모임
- 상배자(Single Parent Families Ministry) / 사랑의 모임

4) 사역의 영역 ;

① 치유와 상담 ; 치유와 상담을 통해서 상처를 치유하며, 아픔으로부터 빨리 회복될 수 있도록 돕는다. 문제점을 파악하고 해결하기 위해 함께 노력한다.

② 교육 ; 자녀교육, 또는 실생활에의 적응 훈련에 대한 교육을 통해 홀로서기를 준비하며, 실행해 나갈 수 있도록 준비시킨다.

③ 지원 ; 서로의 필요를 돕고, 격려하며 Mentorship을 통해서 혹은 Big-Brothers, Big-Sisters를 통해서 자녀들과 사역대상자들이 홀로서기를 할 수 있도록 돕는다.

④ Out-Reach ; 그리스도의 사랑 안에서 홀로서기 혹은 새로운 가정을 갖기에 성공한 이후에는 사역대상자들을 돕기 위하여 스스로 사역자가 된다.

5) 사역 방법 ;

  – 간사 수련회 : 년 2회

  – 워크샵 ; 분기별 1회

  – 열린 모임 ; 반기별 1회

  – 기도 모임 ; 매주 목요일 아침

  – 분과위원회 모임 ; 월 1회 정기 모임과 수시 모임

  – 특별 수련회 ; 방학 중 자녀와 함께하는 프로그램

한편 최근 들어 여러 교회들에서 싱글사역이 활발하게 펼쳐지고 있다.[444]

새출발교회(김성희 목사)는 이혼이나 사별 후 홀로된 이들이 공동체 속에서 자신의 소중함을 재인식하도록 돕고 있다. 이 교회는 프로그램을 통해 '나를 필요로 하는 곳이 있구나', '나도 할 수 있구나' 라는 자아의식을 심어준다. 주일 예배 후에는 독후감 발표, 시낭송 등의 행사로 교감을 갖게 한다.

여의도순복음교회(조용기 목사)의 뽈라선교회도 '나오미 교실'을 정기적으로 열고 있다. 나오미 교실은 남편을 잃고 홀로 자녀를 양육하는 여성들을 위한 프로그램이다.

서울 평창동의 예능교회(조건회 목사)는 '싱글카페'를 운영하고 있다. 이 모임은 믿지 않는 홀로 된 이들을 위해 예배 형식을 취하지 않고 차와 다과 접대, 연예인들의 간증과 노래 등으로 부담없이 대화를 나눌 수 있는 자리로 만들고 있다.

한국가정상담연구소에서는 '승리하는 싱글' 이라는 워크북을 교재로 하여 30주 프로그램과 이혼 싱글을 대상으로 한 '행복한 싱글' 이라는 워크북을 중심으로 16주 프로그램을 운영하고 있다.

---

444) '싱글 가정 홀로서기 교계가 앞장', 국민일보 (2002. 8. 2.).

싱글사역에 있어서 필수적으로 검토되어야 할 사역 중의 하나가 '홀부모 사역(Single Parent Families Ministry)' 이다. 이 사역은 홀부모와 그들의 자녀들이 하나님과 사람에 대한 그들의 관계에서 성장할 수 있는 환경을 갖도록 그들을 무장시키고 돕는 것을 목적으로 한다.

특별히 윌로우크릭교회는 홀부모사역에 대해 다음과 같은 개념을 가지고 있다.[445]

1) 철학

① 하나님은 고아의 아버지이며 과부를 돌보시는 분이시다(시편 68:5)

홀부모들은 그들만의 독특한 환경 때문에 하나님께 특별히 열려 있으며 그와 관계를 가질 수 있다.

② 하나님은 처참하고 외로운 곤경에 빠져 있는 사람들이 혼자서 그들의 상황에 직면하기 보다 함께 대처하기를 원하신다(시편 68:6).

시간과 물질적인 제약(재정의 결핍과 감정과 육체적인 피곤 등) 때문에, 홀부모와 그들의 자녀들은 정서적, 관계적 그리고 영적인 성장이 일어나기 위해서는 절대적으로 후원관계를 형성할 자원들을 거의 가지고 있지 않다. 그러나 홀부모들은 서로서로 비슷한 많은 경험들을 나누면서 서로 자신 있는 영역에서 각자의 힘을 통해 어려운 과정 속에 있는 서로를 도울 수 있다. 이것은 그들이 규칙적으로 함께 모일 수 있을 때에만 이루어질 수 있다.

③ 하나님과 우리가 관계를 가질 때, 오는 자연스런 결과는 홀부모 가족의 필요들을 돕는 것이다(야고보서 1:27).

성경은 하나님과 관계를 가진다고 하는 것에는 홀부모 가정을 돌아보는 것이 포함되어 있음을 분명하게 말씀하고 있다. 구체적인 방식으로 홀부

---

445) 두란노 편, **두란노 목회자료 큰백과** 25 (서울: 두란노, 1997), 107-112.

모 가정의 필요를 채우고 섬기는 것은 하나님을 사랑하고 그들의 상황을 염려한다는 표현이다.

④ 하나님께서 그의 이름으로 냉수 한 컵을 주는 자들을 아끼시지만(마가복음 9:41), 물질적인 도움 그 이상의 지속적인 지원이 홀부모 가족이 성장을 계속하기 위해서 절대적으로 중요하다.

교회는 사회복지기관이 아니다. 그러므로 홀부모 가족들을 돕는 어떤 시도도 그들의 물질적인 필요를 채울 뿐만 아니라, 그들을 사회적인 환경에 순응하게 하고, 정서적으로 원만하도록 해야 하며 영적인 성장으로 이끄는 단계적인 지원 체제를 포함해야 한다.

⑤ 하나님께서는 온전한 몸(교회)을 세우기 위해서 모든 신자들에게 은사가 주어지도록 교회를 설계하셨다. 그러므로 홀부모와 그의 가족들에게 기회가 주어진다면, 그들은 지역교회에 제공할 많은 것을 가지고 있을 것이다(고린도전서 12장). 그리스도 안에서 우리 모두는 동등하다(갈라디아서 3:26-28, 4:7). 홀부모들과 그들의 자녀들은 포용되고 보호되어야 하며, 그들의 은사들을 사용할 수 있도록 격려되어야 한다.

2) 전략

홀부모 가정을 부양하기 위해서는 여러 가지 지원 방식이 필요하다. 자녀와 부모 그리고 가정은 하나의 단일체로 여겨져야 하며, 따라서 여기에 부합하는 사역들이 요구된다. 이러한 사역들은 공동체에 대한 복음전도이며, 사역의 리더들은 홀부모가 이해할 수 있는 방식으로 하나님을 하늘에 계신 사랑의 아버지로서 나누는 것이 절대적으로 중요하다.

홀부모 사역의 리더들은 효과적인 사역이 일어나기 위해서 반드시 채워져야 할 다음의 6가지 필요 영역들이 있음을 파악하였다.

① 가족의 각 멤버들이, 개인으로서 그의 삶의 환경에 관한 그가 가지는 감정들을 알맞게 처리해야 할 필요.

② 부모들이 자녀의 삶에서 성취하려고 애쓰는 것에 자신을 가질 수 있도록 그들의 양육의 능력을 높일 수 있는 교육의 필요.

③ 적절한 동성(同姓)의 모범역을 가지고 있는 못한 소년 소녀들의 삶에서 신앙적인 남자와 여자의 영향력의 필요.

④ 홀부모 가족이 경제적인 부담 없이 생활해 나갈 필요.

⑤ 홀부모가 필요한 관계를 지속하고, 공동체의식을 세우며, 그리고 서로 간에 그들의 기여들을 칭찬할 수 있도록 정기적인 만남의 필요.

⑥ 홀부모와 그들의 자녀들이 그리스도와 관계 속에서 자랄 필요.

3) 프로그램

• 탁아사역

이 사역은 부모가 홀부모 가족 사역 중의 하나에 참여하는 동안 그들의 아이를 위해 제공한다. 탁아사역은 1개월-24개월, 2-3살, 4살 유아부와 1-3학년과 4-8학년으로 나뉘어진다. 어린 아이들은 앉아서 하는 놀이를, 나이 많은 아이들은 활동적인 놀이에 참여할 수 있다. 매주 한 번 같은 또래의 비슷한 가정환경을 가진 동일 그룹의 어린이들과 리더와의 만남은 아이들에게 그들의 상황이 그렇게 비정상적이거나 특이한 것이 아니라는 확신을 심어준다.

• 레인보우사역

이 사역은 두 기간으로 나뉘는데, 한 기간이 12주간으로 이루어진다. 대개 동성의 5-6명으로 이루어진 그룹은 기간내내 같은 리더에 의해서 이끌어진다. 약 40분간 지속되는 그룹 내에서의 상호활동은 아이들에게 안전하고 보호받는 환경 속에서 이루어지며, 다른 아이들도 그들과 동일한 감정을 경험하고 있다는 것을 이해하도록 돕는다. 이런 경험은 그들에게 너무 귀중한 것으로 밝혀지고 있으며 그 결과 아이들은 종종 레인보우 프로그램을 두 번 내지 세 번을 반복하기도 한다. 각 레인보우 기간은 재롱잔치(Celebrate Me) 라고 부르는 특별한 날을 가지면서 끝이 난다. 부모의 참여를 위해서 주말에 열리는 이 날은 특별한 음식과 아이들의 공연이 있다.

• 단짝 관계 사역

레인보우 프로그램을 끝낸 아이들은 이 프로그램에 참여한다. 이 사역은 한 아이를 최소한 일 년의 기간 동안 한 명의 성인과 짝지어 준다. 아이와 짝이 되는 성인은 기혼자 중의 한 명이나, 기혼부부가 함께 봉사하도록 하지만 독신자일 경우도 있다. 이 사역은 1주일에 2-4시간씩 성인이 아이들과 비용이 많이 들지 않는 일반적인 활동을 함께 하도록 만들어져 있다.

여기에서 강조되는 것은 활동이 아니라 아이와 어른과의 관계이다. 두 달에 한 번씩 이 사역에 참여하는 모임을 통해서 짝이 되는 아이와 어른 사이의 관계가 보다 깊어지도록 격려한다. 연말에, 성인은 아이와 계속적인 관계를 가질 것인지, 아니면 다른 성인이 대신할 것인지를 결정해야 한다. 아이는 두 달 전부터 이처럼 관계가 변할 가능성에 대해서 준비된다.

• 가정사역

이 사역은 매달 한 번씩 홀부모나 그들의 가족이 배움이나 사회적인 상호활동을 위하여 함께 모일 기회를 제공한다.

– 가르침: 강좌는 무료로 제공되며 홀부모들이 직면하는 문제들과 직접적인 관계가 있는 주제들에 초점을 맞춘다. 각 모임의 끝에는 8-10명으로 그룹을 나누어 메시지를 그들의 환경에 적용시키는 것에 관해 토의한다.

- 활동: 홀부모 가정을 위해 계획되는 활동들은 다양한 계층의 나이에 맞
  으며 많은 비용이 들지 않는 활동이어야 한다. 대부분의 활동은 참여하
  는 사람의 최소한의 참가비(1-2달러)와 교회의 보조금으로 이루어진다.
  소풍, 동물원 구경...볼링.... 롤러
- 휴식: 매년 가을 가정사역은 홀부모 가정을 위한 쉼을 후원한다. 쉼의 목
  적은 홀부모 가족에게 훌륭한 양육훈련과 기억에 남을 활동의 기회를 제
  공하는 것이다. 참여를 원하는 가족들의 다양한 스케줄과 다양한 활동
  때문에, 참여하는 날짜에 약간의 융통성이 있다. 교회의 보조금이 사역
  에 드는 비용의 주가 된다.

홀부모는 이혼이나, 여러 가지 관계적이고 개인적인 문제로 인한 자신의 존
재 가치 문제로 고통당하고 있다. 이것을 알기 때문에, 홀부모 가정사역은 앞
에서 언급한 회복사역과 협력하여 사역하는 것이 필요하다.

홀부모 가정 사역은 교회 주변 지역은 물론 교인들에게도 폭넓은 봉사를 제
공한다. 사역의 인력으로 스탭과 자원봉사자들이 있다. 유급직원으로서 홀부
모 사역의 전체적인 운영을 책임지는 책임자와 행정업무를 담당하는 행정비서
가 있다.

자원봉사자로서 현재 약 150명의 자원봉사자들이 사역에서 섬기고 있다. 탁
아사역, 레인보우 사역, 단짝 관계 사역 그리고 가정사역 등을 책임지는 책임
자들과 그룹 리더들 그리고 리더를 감독하는 감독관, 각 사역의 세부적인 업무
를 담당하는 조정자들이 있다.

4) 적용가능한 원리들
① 이혼과 재혼에 대한 교회의 입장을 결정함으로 시작하라
홀부모를 다루는 어떤 사역도 교회가 대체로 이혼의 주제에 대해서 불편

함을 느끼기 때문에 상반된 두 가지 감정으로 받아들여질 것이다. 담임목사와 함께 시작하고 장로들과 함께 일하면서 폭넓은 연구가 수행되고, 이혼과 재혼에 관해 한 가지 입장이 받아들여져야 한다. 이 입장은 문서로 유포되고, 강단으로부터 가르쳐져야 한다. 이렇게 함으로써 교회는 성경적인 입장에서 뿐만 아니라 감정적인 입장에서도 홀부모 가정 사역의 필요성에 대해서 반응할 수 있을 것이다.

② 규모가 큰 사역은 사역의 대상이 되는 사람들의 삶에 교인들이 개인적으로 참여함으로써 시작된다.

우리는 홀부모 가족을 돕기 위해서 굳이 토대를 제공해주는 공식적인 사역을 기다릴 필요가 없다. 홀부모 가정의 자녀들과 함께 특별 캠핑 주말이나 재미있는 시간을 기꺼이 갖기 원하는 사람들을 함께 그룹으로 모아서 시작하는 것은 장기간의 헌신, 재정적인 의무, 특별한 계획이 필요하지 않다. 그러나 이러한 일들은 매우 귀중한 경험을 제공한다. 이런 일들을 통해서 교인들은 홀부모 가정에서의 특별한 필요들을 알고, 돌아서기보다는 오히려 전에 하지 못한 봉사를 할 수 있는 힘을 얻는다. 그들은 그들의 봉사의 열망을 더욱 가속시키는 직접적인 좋은 결과들을 볼 수 있다.

③ 그룹 내에 있는 홀부모들에게 자녀들을 데려오는 기회- 가족소풍이나 놀이를 통해서-를 주기적으로 제공함으로써 홀부모 사역을 시작할 수 있는 터를 준비할 수 있다.

이것은 홀부모들이 서로의 관계를 시작하는 계기를 허락한다. 이렇게 하여 홀부모 사역을 갖는 것이 바람직하지만, 언제나 홀부모 가정을 위한 별도의 사역을 갖는 것이 가능한 것은 아니다. 때로는 독신자 사역 아래에서 홀부모 사역을 수행할 수도 있다.

④ 양육 강좌를 개설하는 것은 부모가 모두 있든지 홀부모만 있든지 간에 아이들에게 매우 가치있는 일이다. 양부모에게 훌륭한 육아는 홀부모에게도 훌륭한 육아이며, 홀부모에게 훌륭한 양육은 양부모에게도 훌륭한 양육이다.

홀부모와 함께 공유한 가치를 가지기 위해서는 홀부모가 될 필요는 없다. 원리와 실제는 양부모와 홀부모 모두에게 훌륭한 자녀를 양육하기 위해서 동일하다. 문제는 부모가 얼마나 자녀의 양육을 위해서 무장되고 훈련이 되어 있는가 하는데 있다. 아이들은 부모 중 정서적으로 건강한 한쪽의 지도와 지원 그리고 도움으로 정서적으로 건강한 어른으로서 성장할 수 있다.

⑤ 홀부모, 이전 홀부모, 혹은 독신 성인, 어릴 때 홀부모 가정에서 자랐던 사람들이 홀부모 사역의 핵심적인 자리를 차지하는 것이 필요하다.

혼자 살아보지 못한 사람이 홀부모 가정이 무엇을 겪는지 이해하는 것은 어렵다. 교회 내의 모든 사람들이 홀부모 사역을 섬기고 도와줄 수 있지만, 홀부모들이 앞으로 사역이 취할 방향을 결정하는 팀의 전면에 있을 필요가 있다.

한편 Bob Burns와 Tom Whiteman이 쓴 "Divorce Recovery Workbook"은 11과정으로 진행되도록 되어 있으며,[446] Bill Flanagan이 쓴 "Developing a Divorce Recovery Ministry"는 사역자들이 실제적으로 활용할 수 있는 매뉴얼로 실제적인 사역에 많은 도움을 준다.[447]

---

446) Bob Burns & Tom Whiteman, *Divorce Recovery Workbook* (Nashville: Thomas Nelson Publishers, 1998).
447) Bill Flanagan, *Developing a Divorce Recovery Ministry* (Colorado: Colorado Springs, 1996).

싱글사역 전반에 걸쳐 좋은 조언을 주는 책으로는 Bobbie Reed가 편찬한 "Baker Handbook of Single Parent Ministry"가 있다.[448]

(7) 싱글사역의 내용

이러한 싱글사역의 구체적인 프로그램들로는 다음의 내용들을 들 수 있을 것이다.[449]

1) 상처받은 마음의 치유

이들에게 있어서 가정 우선적인 일은 '마음의 상처를 치유하는 일'이다. 하나님은 인간을 관계 맺는 존재로 만드셨다. 그렇기에 당연히 인간은 하나님과(눅 10:27), 이웃과(요 13:34-35) 그리고 배우자와(엡 5:28-33) 관계를 맺도록 되어 있다. 그런데 하나님과(눅 10:27), 이웃과(요 13:34-35), 배우자와(엡 5:28-33) 어떤 관계든지 깨어진다면 결국은 상처를 받게 되고, 그 상처는 이들의 삶을 지배하게 된다. 그렇기 때문에 이들의 상처를 치유한다는 것은 관계회복의 첫걸음이 되는 것이다.

이들을 위해 교회는 우선 '이혼 회복 프로그램'이나 '슬픔 회복 프로그램', '자녀를 위한 회복 프로그램' 등을 도입할 필요가 있다. 미국 교회들에서 이미 시행되고 있는 이 프로그램은 한국가정상담연구소에서도 2000년에 시도된 바 있다.

'이혼 회복(divorce recovery) 프로그램'은 워크샵이나 세미나 형태로도 진행될 수 있으며 기간은 1-2주, 또는 수 주에 걸쳐 진행될 수도 있다. '즐거워하는 자들과 함께 즐거워하고 우는 자들과 함께 울라'(롬 12:15)는 말씀대로 교회가 그들과 함께 감정을 나눌 필요가 있다.

---

448) Bobbie Reed, ed., *Baker Handbook of Single Parent Ministry* (Michigan: Baker Books, 1998).
449) Ibid., 165-298. 이 책에서 제시된 내용들을 많이 참고 하였으며, 여기에 필자가 새로운 안들을 가미하였음.

'슬픔 회복(grief recovery) 프로그램'은 특별히 사별한 싱글과 이혼한 싱글들이 보이는 슬픔의 사이클을 치유하기 위한 프로그램이다. 그러나 이들 두 그룹이 갖는 슬픔의 양태가 다르기 때문에 소그룹은 분리하여 운영해야 한다. 즉, 이혼자들은 과거를 돌아보고 싶어 하지 않는 반면, 사별자들은 과거를 회상하고 고인에 대한 대화를 나누기를 원한다. 이러한 심성을 고려하여 진행해야 할 것이다. 슬픔 회복 프로그램의 포맷은 이혼회복 프로그램과 유사하다.

싱글들에게 또 새로운 관계를 만들어 가기 위한 '관계 세미나(relationship seminars)'도 중요한 프로그램이 된다. 이 프로그램은 싱글이 자기 자신에 대해 더 많은 것을 배우도록 돕는다. 자기 자신에 대해 객관적으로 많은 것을 알아야만 이들은 건강하게 홀로 설 수 있다. 과거의 자기 자신을 돌아보고 이해하여야만 이들은 또 다른 실패를 예방할 수 있다. 또, 왜 그들이 특정 유형의 성격에 매력을 느끼는지, 관계에서 어떠한 반응을 보이는 경향을 갖는지 등에 대해 알도록 한다. 더불어 이전의 관계에 무엇이 잘못되어 있는지를 이해할 수 있도록 돕는다면 미래의 관계에 있어서 실패를 예방할 수 있을 것이다.

그래서 이 프로그램에서 자아상, 성격 유형과 나, 성, 갈등 다루기, 의사소통, 용서, 과거의 상처 치유, 재혼 또는 데이트 준비, 그리스도와의 관계 속에서의 헌신 등을 성경에 기초하여 다루어 준다면 홀로서기에 큰 도움을 주게 될 것이다.

관계 세미나에서 포함되는 주제들을 구체적으로 살펴보면 다음과 같다.

- 성(sexuality)
- 갈등 다루기(handling conflict)
- 생산적인 대결(confronting productivity)
- 용서(forgiving)
- 명확한 의사소통(communicating clearly)
- dating

– 과거로부터 벗어남(lefting go of the past)

– 헌신

– 위험을 배우기(learning to risk)

– 인격, 성격(기질) 유형

– 그리스도의 사랑 안에서 친구들과 관계 맺기

더불어 자녀들을 위한 회복 프로그램도 필수적이다. 자녀들이 활동적으로, 신체적으로 참여할 수 있는 프로그램을 운영하는 것이다. 예를 들면, 역할극 (Role Playing)이나 실연(acting out stories), 꼭두각시 인형 등을 이용하여 상실로 인한 그들의 감정을 표현하도록 도와주는 것이 좋다. 더불어 성경 이야기를 사용하는 것도 성경을 개인적으로 적용할 수 있게 하는데 도움을 준다. 성경이야기의 경우 다음의 것들이 좋은 예가 될 것이다.

예 1) 삼상 1-3장 : 사무엘은 그 부모와 떨어져 살아야 했다.

예 2) 행 12:25-13:5, 15:36-40 ; 마가 요한의 예

예 3) 창 37, 39-47장 ; 요셉의 예

이러한 연극 활동은 편부모 아래서의 그들의 방향성을 찾는데도 아주 도움이 되기 때문에 자주 활용해야 할 분야이기도 하다.

이혼 가정의 자녀들을 위한 방법을 제시하는 것으로는 Gary Neuman의 "Helping Your Kids Cope with Divorce"가 좋다.[450]

2) 웃음을 격려하는 프로그램

이러한 치유의 프로그램이 진행되면서 이들에게는 이제 웃음을 건강하게 되찾게 하기 위한 프로그램도 진행되어야 한다. 진짜 웃음과 진정한 기쁨은 한

---

450) Gary Neuman, *Helping Your Kids Cope with Divorce* (New York: Random House, 1998).

걸음 차이이다(빌 4:4).

그런데 싱글사역에서는 균형적인 접근방법을 사용한다. 즉, 함께 모여서 공부할 때에는 영적인 커리큘럼으로 함께 기도하며 진행. 그러나 친목회 성격의 이벤트도 함께 제공된다.

물론 프로그램의 성격에 따라 싱글들만 참여하기도 하고 그들의 자녀가 함께 참여할 수도 있다. 즉 건강한 홀로 서기의 프로그램은 싱글들만, 가족의 회복을 위한 내용이라면 가족 모두가 참여하는 것이 바람직하다. 예를 들면 편모 가정의 자녀들은 남자의 역할 모델을 상실하기 때문에 이들에게 긍정적인 그리스도인 남성의 역할을 가르쳐 주어야 할 필요가 있고, 편부 가정의 자녀들에게는 여성의 역할 역시 보여 주어야 한다. 이를 위해 싱글들의 공동체 모임을 만드는 것을 적극 고려해야 한다. 이들은 적극적인 의사소통 상대를 찾고자 한다. 그래도 그러한 상대가 있다면 이들은 넘어지려 할 때 의지할 수 있는 축으로 인해 힘을 얻게 되는데 교회가 그러한 장을 만들어 주어야 한다는 것이다. 이미 교회 밖에는 그러한 모임들이 시작되고 있다. 그러나 그들은 전혀 영적으로 건강하지 못하기 때문에 교회가 신속하게 나서서 이들을 도와주어야 한다는 것이다. 즉, 교회 안에 이들의 소그룹을 적극적으로 활성화 시켜 주어야 하고 이들을 격려해 주어야 한다. 이 소그룹에서 일정한 주제를 가지고 정기적으로 모임을 가질 수도 있고, 주말 가족 여행을 할 수도 있을 것이며, 방학 기간 중에는 퇴수회(Retreats)이나 패밀리 캠프를 갖는 것도 좋은 방법이 될 것이다. 이러한 친목모임은 열린 마음을 갖게 하고 매일의 일상에서 혼자가 아니라는 것을 알게 해 준다(롬 12:15)는 점에서 아주 중요하다고 하겠다.

이러한 프로그램으로 다음의 예들을 들을 수 있다.

① 테마 파티 ; 한 달에 한번, 교회에서 늘 하는 음식과 어떤 일정한 주제를

가지고 장식을 하고, 싱글들을 초대한다. 모든 사람들이 음식을 가져오고, 복장, 모자 등을 그 달의 주제에 맞게 입는다.

② 주말 모험 ; 주말에 싱글 가족들이 함께 보낼 수 있는 활동들로 여름 캠핑, 겨울 리트릿, 봄철 주말 외박, 패밀리 캠프, 친목회 등을 들 수 있다.

3) 지지그룹 만들기

모임의 형태로는 최근에 이혼한 싱글들을 위해서는 6주에서 8주 정도의 회복 프로그램이 운영되어야 하며, 이혼 가정의 자녀들을 위한 소그룹도 만들어져야 할 것이다. 더불어 같은 성격을 가진 사람들, 예를 들면 사별자 그룹(사별자도 젊은 사별자와 나이가 든 사별자로 나눌 수도 있다), 이혼자 그룹, 비혼 그룹끼리 소그룹을 만들어서 정기적 모임을 갖는 것이 좋다. 이때 그 그룹들에게 새로운 이름을 붙이는 것을 잊어서는 안된다.

가끔은 싱글 그룹과 그 자녀들과의 연합 모임도 할 필요가 있으며 이들을 정기적으로 상담할 팀을 만들어 상처의 치유와 회복으로부터 후견인 문제, 법적인 문제, 재정문제 등 전반적인 지원을 하도록 한다.

특별히 부부가 이혼한 자녀들을 위한 회복 프로그램을 운영해야 하며, 싱글과 그 가족들에게 우정과 여가를 함께할 수 있는 지지그룹을 운영하는 것이 좋은데, 이들 모두 소그룹 형태로 운영해야 한다. 특별한 필요를 다루는 지지그룹(예; 학대로부터 회복, 약물이나 알코올 중독 치료 등)을 운영하는 것도 좋다.

4) 가족의 자매결연(partnering parents)

더불어 이들 가운데 멘토링 프로그램을 도입하여 서로를 지원하도록 할 필요도 있으며, 가족간 자매결연 프로그램도 검토해 볼만 하다. 접붙이기의 원리(롬 11:17-24)를 가정에 적용하는 것으로서, 양 부모가 다 있는 가정과 홀부모

가정이 서로의 자녀를 자기 자녀로 받아들이고 확대 가족이 되는 것을 말한다. 그러나 이를 시행하기 위해서는 남녀의 관계로 인한 감정적인 문제, 가족 체계의 문제 등에 대한 사전 해결이 있어야만 할 것이다.

5) 싱글 가족을 돕기 위한 다양한 활동들

또, 싱글 자녀들을 위한 소년단 구성을 통해 스포츠 팀을 만든다든지 이들이 그룹 안에서 정체감을 찾을 수 있도록 돕는 것도 아주 좋은 방법이다. 또 교회 차원에서 정기적인 세미나나 워크샵을 열어 이들이 갖게 되는 여러 문제들, 즉 자존감의 개발이나 자녀들의 자아상 문제, 의사소통 문제, 편부모 가정의 스트레스 극복, 효과적인 부모 역할 등의 문제에 대한 해결점을 함께 토의하고 길을 열어 줄 필요가 있다.

이와 함께 필수적인 것이 영적인 훈련이다. 이들이 건강한 신앙생활을 하는 것은 올바른 홀로서기를 위해서도 필요하다. 이들을 위한 별도의 영성개발 프로그램이나 영적 훈련도 적극적으로 도입되어야 할 것이다.

물론 그동안에는 이들만을 모아 놓으면 오히려 모이지 않을 것이라는 우려도 있고, 더 상처를 주는 것이 아닌가 하는 생각을 갖기도 한다. 그러나 이는 근본적인 문제 해결이 되지 않음으로 인해 생겨나는 오해일 뿐이다. 진정으로 교회라 하면, 사랑의 공동체라 하면 마음을 나눌 수가 있어야 하는데, 그러한 터전이 이루어지지 않았다면 교회의 근간에 문제가 있는 것 아니겠는가? 같은 심정을 가진 사람들끼리 마음을 나누며 서로를 위로하고 격려하며 서로에게서 사랑을 회복하는 공동의 장을 만들어 주는 것이야말로 너무나도 중요한 교회의 역할인 것이다. 안타깝게도 대화할 상대가 없어서 홀로 마음을 삭히는 싱글들이 의외로 많다는 점을 잘 생각해 봐야 한다. 그들에게 인간관계 연결망을 만들어 주는 것이 아주 중요하다는 것이다. 물론 이 모임이 그저 한숨만 쉬는 것으로 진행되어서는 안된다. 목표는 건강한 자아상을 회복함으로 인해 영적으로, 정신적으로 건강하게 설 수 있도록 만들어 주는 것이다. 그런 의미에서 건강한 싱글 사역자들의 발굴은 아주 중요한 과제로 떠오르고 있다.

이들 모임에게 의미 있는 일을 부여하는 것도 아주 중요하다. 예를 들면 사회복지단체와 손을 잡고 이들에게 정기적인 봉사와 헌신의 기회를 부여해 주고, 그러한 일에는 자녀들도 함께 참여해서 '더불어 함께'의 의미를 심어준다. 나아가서는 이들 싱글들이 주축이 되어 복지 사업을 실행하도록 하는 것도 아주 좋은 방법이다. 이들에게 '의미있는 일'을 행한다는 것은 삶의 활기를 불어넣을 수 있다는 점에서 신나는 일이 될 수 있기 때문이다.

더불어 새로운 출발을 하려는 싱글들을 돕는 프로그램도 있어야 한다. 이들이 자아상을 회복하고 건강한 새출발을 할 수 있도록 준비하는 결혼예비 프로그램 및 새로운 출발을 위한 여러 가지 상담이 뒤따라 주어야 한다. 특히 자녀를 동반하는 재혼의 경우 많은 상담이 수반되지 않으면 심각한 문제를 가져올 수도 있음을 잊어서는 안된다.

이와 함께 장기적인 과제로 교회가 검토해야 할 사항으로 싱글들의 공동 주거 시설에 관한 것이다. 이들에게는 특별히 공동체라는 것이 엄청난 도움을 가져다준다. 그런 의미에서 각자의 사생활이 유지되면서도 공동체의 개념을 가질 수 있는 그러한 삶의 공간이 필요하다는 것이다. 물론 이 공동체를 복지와 연계한 '복지 공동체'로 만들어 간다면 싱글들에게 큰 힘을 줄 수가 있을 것이다.

9. 재혼 사역

(1) 재혼 사역의 의의

'재혼 사역'은 한마디로 재혼을 앞두고 있는 사람들을 대상으로 한 사역으로, 어떻게 보면 싱글사역의 한 파트라고 말할 수도 있다.

곧 대상자가 이미 이혼 또는 사별을 한 상태에서 현재는 싱글이 상태이기 때문에 당연히 싱글 사역의 범주에 포함된다고 할 수 있을 것이다.

그러나 싱글사역은 싱글로서의 건강한 홀로서기에 초점을 맞추고 있다면 '재혼 사역'은 싱글들 중에서도 새 출발을 원하는 사람들을 대상으로 하면서 건강한 재혼, 실패하지 않는 재혼에 초점을 맞춘다고 할 수 있을 것이다.

중요한 것은 준비되지 않은 상태에서 재혼을 하게 될 경우 또다시 실패할 가능성이 높기 때문에 그러한 문제를 사전에 예방해야 할 필요성은 아무리 강조해도 지나치지 않을 것이다.

통계청의 통계에 따르면 2004년의 재혼 건수는 남자의 경우 56,700건이고,

여자의 경우는 63,600건 정도 되는 것으로 나타났다. 이는 20여 년 전인 1985년과 비교해 볼 때 두 배가 넘는 엄청난 증가이다.[451]

(표12) 재혼 건수 추이

(단위 : 천건)

성별	1985	1990	1995	2000	2004
전체	50.6	61.5	79.6	91.9	120.3
남사	29.0	33.3	39.8	43.6	56.7
여자	21.6	28.2	39.8	48.3	63.6

(source; 통계청, 2005년 6월)

이렇게 재혼 건수가 늘어나는 것은 이혼이 그만큼 늘고 있기 때문이다. 한 재혼 전문 회사의 조사에 따르면 남자들은 이혼 직후부터 재혼의 필요성을 절실히 느끼기 시작하며, 여성의 경우는 자녀를 키우고 난 후인 50대에 재혼을 원하고 있는 것으로 나타났다. 그리고 이혼 후 재혼까지 걸리는 시간은 남성이 보통 1-3년, 여성은 3-10년까지가 많았으며, 자녀가 있는 경우 남성은 재혼을 서두르는 반면 여성은 그 반대로 나타났다.[452]

재혼의 부정적인 면은 재 이혼을 쉽게 한다는 것이다. 곧 재혼한 사람은 초혼보다 이혼할 확률이 두 배 이상 된다는 보고도 있을 정도이다.[453]

결국 전 배우자와 문제가 있어서 이혼을 했다 할지라도 그 전 배우자와의 문제를 자신의 측면에서 보지 않고 상대방 탓만 한다면 그 사람은 다른 어떤 사람과 재혼하더라도, 심지어 아무리 조건이 좋은 상대자와 재혼한다 할지라도 또 다시 이혼할 가능성이 그만큼 높다는 것을 알아야 한다.

내가 변화가 되어야 또다시 실수하지 않게 된다. 이것은 이혼후 재혼 희망자에게만 해당되는 것이 아니다. 사별 후 재혼 희망자 역시 과거의 사별한 배우자와의 관계가 분명히 정리되지 않는 한 재혼할 경우 많은 충돌과 또다른 문제

---

451) *가정과 상담* (2005. 8): 25
452) Ibid., 25.
453) David Thompson, *Counseling and Divorce*, *이혼상담*, 남상인 역 (서울: 두란노, 1996), 157.

를 얼마든지 잉태할 수 있다는 점에서 재혼은 초혼보다 훨씬 더 많은 준비와 섬세한 훈련이 필요하다고 할 수 있을 것이다.

재혼 사역은 바로 이런 관점에서 재혼 후 이혼을 방지하고, 재혼의 질을 높이기 위한 아주 중요한 사역이라 할 것이다.

특별히 재혼자가 급증하는 현 상황에서 교회가 잘못된 시각으로 이들을 방치하게 되면 이들은 결국 교회를 떠나거나 상처를 안고 신앙생활을 하게 될 것이다. 따라서 적극적인 관점에서 교회가 이들을 보듬고 치유하며, 새롭게 출발할 수 있도록 도와야 할 것이다.

(2) 재혼 사역의 방향

재혼 사역은 이혼 또는 사별로 인해 일시적 싱글이 되었지만 재혼을 하기로 한 사람들이나 당사자는 초혼이지만 결혼을 할 사람이 재혼일 경우에 해당되는 것으로 '재혼+재혼', "재혼+초혼' 커플 모두가 사역의 대상이 된다.

당연히 재혼을 돕는 사역과 재혼 후의 건강한 가정을 이룰 수 있도록 지원하는 사역으로 나눌 수가 있다.

1) 재혼을 돕는 사역

재혼 사역은 단순한 프로그램적 접근 뿐만 아니라 상담적 지원이 필수적이다.

재혼 사역은 우선 재혼을 희망하는 사람들의 가치관을 점검하는 일로부터 시작되어야 한다. 곧 재혼의 동기가 잘못되면 문제는 더 복잡해지고 결국에는 더 많은 상처를 안을 수밖에 없기 때문이다. 예를 들면 외로움이나 두려움 때문에 재혼을 원하게 된다면 배우자에 대한 집착으로 문제가 생길 가능성이 있

다. 성적 욕구 때문에, 또는 홀로서기에 대한 두려움이나 경제적 곤란에 대한
문제 때문에 재혼하려고 해도 역시 문제는 복잡해진다.

　그러니까 재혼에 대한 동기가 무엇이냐에 따라 자칫 그 재혼이 파국의 불씨
를 안고 시작될 가능성이 충분히 있기 때문에 이에 대한 냉정한 진단이 필요하
다 할 것이다.

　재혼을 위해서는 1차적으로 정신적인 준비가 필요하다. 사실 재혼 자체가 스
트레스이다. 사람들은 스트레스에 빠지게 되면 정상적인 생각을 하지 못할 수
도 있다. 그래서 성급한 판단이나 잘못된 결정을 할 가능성도 그만큼 늘어난
다. 그럴수록 마음의 안정을 찾는 것이 그만큼 중요하다는 것이다.

　그러기 위해 전 배우자와의 관계가 우선 정리되어야 한다. 곧 과거에 대한
상처의 치유와 전 배우자에 대한 용서 등을 통해 자신의 마음이 회복되어야만
한다. 자신의 과거 문제가 정리되지 않는 한 그 마음의 상처들이, 분노와 우울
과 죄책감들이 재혼후의 배우자에게 전이되거나 관계를 깨는 역할을 할 가능
성이 그만큼 많아진다. 더불어 관계가 왜곡될 가능성도 그만큼 많다.

　또 하나는 재혼이라는 것 자체에 대한 죄책감, 특별히 사별자의 경우가 그리
하고, 이혼자의 경우는 자녀들의 문제 때문에 그러한 죄책감에 빠질 가능성이
있다. 그러한 죄책감은 앞으로의 인생에 전혀 도움이 되지 않는다. 이러한 문
제에 대한 해결도 필요하다는 것이다.

　결국 재혼의 출발은 이러한 문제들로부터 새롭게 거듭나야만 한다. 그래서
정체감이나 자아상이 건강하게 회복되어야만 재혼 역시 잘 준비 할 수 있고 재
혼 후의 행복한 삶도 보장되는 것이다.

　특별히 재혼은 초혼과는 달리 불안과 염려로 시작하는 것이다. 초혼은 기쁨
으로 시작되고 미래에 대한 환상이 있기 때문에 불안이 없다. 그리고 사랑에
대한 기대감도 있다. 그러나 재혼은 그렇지 않다. 초혼과는 달리 재혼은 서로

에게 오히려 많은 기대감을 가지고 출발한다. "저 사람 만큼은 나를 실망시키지 않겠지!"하는 기대감이 오히려 상대방에게 부담이 되기도 한다. 그뿐 아니라 주위의 시선이나 여론들도 부담스럽다. 그렇기에 초혼보다도 오히려 더 노력하고 준비하여야만 하는 것이다.

그래서 내가 버려야 할 것은 과감하게 버려야 할 필요가 있다. 잘못된 습관은 물론이고 쓸데없는 기대나 환상도 버려야 한다. 뿐만 아니라 재혼 대상자를 통해 자신의 인생을 보상받으려는 기대 역시 과감하게 털어내야 한다. 오히려 더 자신을 낮추고 욕심을 덜어내며 이해하려고 하지 않는 한 재혼은 많은 문제 가운데 곧 파묻히게 될 것이다.

두 번째는 신체적 준비도 해야 한다. 가장 좋은 선물을 배우자에게 주려는 준비가 필요하다는 것이다.

세 번째는 경제적인 준비가 필요하다. 결혼을 준비하는 것이기에 당연한 일이지만 단순한 결혼 준비만 아니라 재혼 후에도 어떻게 경제적인 문제를 해결해 갈 것인가, 현재 각자가 가진 재산을 어떻게 처리할 것인가에 대한 깊은 준비가 있어야 한다.

네 번째는 사회적 준비도 있어야 한다. 이는 법적, 사회적 문제를 말하는 것으로 법률적으로 문제는 없는지 등을 점검해야 한다. 더불어 자녀들의 동의와 점검도 필요하다. 그래서 자녀의 상처도 치유해 주어야 하고 새로운 가족에 대한 기대감과 불안감도 점검해 봐야 한다. 더불어 옛가족을 정리하는 것도 도와주어야 한다. 그래서 자녀들과 함께 재혼 준비 캠프를 갖는 것이 아주 좋은 방법이다. 이러한 프로그램을 통해 새로운 부모와의 신뢰관계를 만들어 줄 필요가 있다.

다섯 번째로는 영적인 준비도 필요하다. 한마디로 모든 억눌림으로부터 자유함을 누려야 한다. 그래서 하나님에의 완전한 의탁과 겸손한 마음, 엎드리는 마음이 절대적으로 필요하다. 결국은 그리스도 안에 뿌리를 내려야만 한다. 사랑과 긍휼로, 그리고 용서의 마음이 가득해야만 재혼 후의 많은 문제들을 극복해 나갈 수가 있는 것이다.

바로 이런 문제들을 사역에서 지원하고 도와주며 훈련되어야만 하는 것이다.

2) 건강한 가정을 이룰 수 있도록 돕는 사역

재혼 후에 본격적으로 어떻게 살아갈 것인가의 문제를 점검해 보는 것도 아주 중요하다. 가장 우선적인 것 중의 하나가 자녀 문제이다. 자녀 문제는 재혼을 가로막는 걸림돌이 되기도 한다. 더불어 재혼했다 할지라도 다시 이혼하게 만드는 중요한 요인이 되기도 한다. "당신 아이하고 내 아이가 싸웠는데 우리 아이가 말리고 있어!"라는 말이 나올 수도 있다. 복합 가정의 문제들을 어떻게 정리하고 대처할 것인가에 대한 충분한 준비가 필요하다는 것이다.

두 번째는 경제적인 문제이다. 이는 두 가정이 새롭게 하나로 합쳐지기 때문에 서로의 재산이나 부채, 그동안의 여러 문제들에 대한 처리와 정리, 그리고 준비가 필요하다. 더불어 앞으로의 경제적인 문제들을 어떻게 하나로 묶고 처리할 것인지에 대한 논의도 아주 중요하다.

세 번째는 초혼과 마찬가지로 서로에 대한 이해, 부부 대화법, 성 문제, 영적인 문제 등의 전반적인 문제도 배우고 훈련해야만 한다.

(3) 재혼 사역의 내용

재혼 준비자들을 위한 훈련 과정의 구체적인 내용은 다음과 같다.[454]

'건강하고 행복한 재혼 만들기' 라는 제목으로 준비되는 이 과정은 보통 12주 프로그램으로 진행된다.

---

454) 추부길 편, **건강하고 행복한 재혼 만들기 워크북** (서울: 한국가정상담연구소, 2005). 미발매 교재.

• 제1주: 재혼 준비는 되었나요?

이 과정에서는 재혼의 동기를 점검하면서 결혼에 대한 의미를 다시한번 정리해 보는 시간이다. 더불어 결혼 혹은 재혼하면서 갖게 되는 잘못된 환상이나 문제들을 살펴본다.

특별히 치유되고 회복되어야 할 문제들을 집중적으로 살펴 본다.

• 제2주: 사랑, 결혼의 기초입니다.

이 과정에서는 부부간에 사랑을 만들어가기 위한 실제적인 방법을 제시한다.

• 제3주: 결혼에 대한 비전도 세워야죠?

이 과정에서는 결혼에 대한 비전을 다시 정리하며 푯대를 세우는 작업을 한다.

• 제4주: 행복한 습관을 만듭시다.

이 과정에서는 부부간에 행복한 습관을 만들어 감으로 인해 진정한 행복을 가꾸는 방법을 제시한다.

• 제5주: 결혼에는 많은 필요가 채워져야 합니다.

이 과정에서는 매슬로우의 욕구 5단계설을 기초로 하여 결혼에 있어서 서로의 필요를 어떻게 채울 것인가를 살펴 본다.

• 제6주: 서로 대화가 잘 통하나요?

이 과정에서는 부부간의 의사소통의 방법과 부부 역할에 대해 점검하고 배운다.

• 제7주: 서로의 차이를 이해했나요?

이 과정에서는 서로의 배경 차이, 역사의 차이, 습관의 차이, 남자와 여자에 대한 차이를 배우고 이해하게 된다.

• 제8주: 부부싸움, 피할 길이 없습니다.

이 과정에서는 어쩔 수 없는 부부간의 갈등을 어떻게 해결하고 극복해 갈 것인가를 배우게 된다. 특별히 재혼 가정의 문제들을 집중적으로 분석한다.

• 제9주: 행복한 성이 행복한 결혼을 만듭니다.

이 과정에서는 부부간의 행복하고 건강한 성 문제를 다루게 된다.

• 제10주: 당신 자녀, 내 자녀, 그리고 우리 자녀

이 과정에서는 복합 가정의 자녀들을 제대로 양육하기 위한 방법을 배우게 된다.

• 제11주: 돈 문제, 어떻게 할까요?

이 과정에서는 건강한 경제 문제 해결 방법을 제시하게 된다.

• 제12주: 영적인 동반자라고 느끼십니까?

이 과정에서는 영적인 동반자로서의 부부에 대해 생각하고 어떻게 서로의 영적 성장을 도울 것인가를 훈련받게 된다.

10. 자녀사역

(1) 자녀사역이란 무엇인가?

시편 127편 3절에 보면 '자식은 여호와의 주신 기업'이라 말씀한다. 그 자식이 하나님의 족보에 오르는 경건한 자손임을 생각한다면 우리가 자녀 하나를 잘 낳아서 하나님 보시기에 합당한 자녀로 기른다는 것만 해도 엄청난 사역임을 생각하게 된다. 그렇기에 우리는 자녀를 정말 '나의 자녀'가 아닌 '주의 자녀'로 양육해야 할 것이다. 엘리 제사장의 예를 보더라도 그가 하나님께 책망을 받은 것은 사역 때문이 아니었다. 그가 자녀를 잘못 기른 탓이었다. 하나님은 그렇게도 자녀양육을 소중히 여기신다는 반증이기도 할 것이다.

이러한 관점에서 자녀사역은 시작된다. 요지는 이것이다. "어떻게 하면 주님이 기뻐하시는 자녀로 양육할 수 있을 것인가?" 문제는 그러한 명제에 동의하면서도 실제 현장에서는 '주의 자녀'가 아닌 '나의 자녀'로 양육하고 있다는 사실이다. 분명한 것은 '문제 부모는 있어도 문제 자녀는 없다'는 사실이다. 그렇기에 자녀사역이라는 관점은 사실 자녀들을 직접 대상으로 하기보다는 그 자녀들을 양육하는 부모들이 이 사역의 대상이 되어야만 한다. 그러나 문제는 부모들이 부모 자신들에게는 별로 관심이 없고 자녀들에게만 신경을 쏟는다는 점이다. 일전에 어느 기관에서 '부모교육 세미나' 라고 이름을 붙였더니 신청자가 별로 많지 않았다. 그래서 다음 모집 때에는 같은 내용으로 하면서 '자녀교육 세미나' 라고 했더니 사람들이 몰려들었다는 웃지 못 할 이야기가 있다. 이것이 현실이다. 자녀사역은 곧 그 자녀들을 양육하는 부모들을 어떻게 교육할 것인가에 초점이 맞춰져야만 한다. 그리고 그 다음에 자녀들에게 소망과 비전을 갖게 만드는 실제적인 자녀대상 사역도 이어져야만 하는 것이다.

(2) 자녀사역의 현실

한국에서의 자녀사역은 사실상 너무나도 미미하다. 교회보다는 오히려 여러 기관들에서 활발하게 펼쳐지고 있을 뿐이다.

현재 부모들을 대상으로 하여 펼쳐지고 있는 프로그램들은 다음과 같다.

1) 부모 효율성 훈련(Parent Effectiveness Training, PET)[455]

고든(Thomas Gorden)이 1962년, 캘리포니아의 파사데나(Pasadena)에서 17명의 부모들을 대상으로 하여 처음 시작된 이 프로그램은 8주 동안 펼쳐지는데, 주된 내용은 자율적인 자녀 육성을 위해 부모가 힘과 권위로 자녀들을 다루지 않는 방법으로 효과적인 의사소통 기술을 가르친다.

2) 기독교적 양육 프로그램
(Christian Parenting Peace and Justice, CPPJ)

---

455) 김광률, '십대 자녀를 둔 부모위한 목회 지침', **두란노목회자료큰백과** 제17권(서울: 두란노, 1997), 393.

사회에서 문제를 일으키는 비행 십대들을 상담하던 칼보(Fr. Calvo) 신부는 십대들의 문제가 문제 부모에서 비롯된다는 사실을 발견하고, 부모들을 위한 프로그램을 만든 것이 ME운동이었다. 이 운동이 확산되면서 결혼을 앞둔 예비 부부를 위한 주말 프로그램(Discovery Weekend), 가족 만남(Family Encounter) 등의 프로그램이 더하여졌다.[456] 결국 부모가 변하지 않으면 자녀의 미래 역시 잿빛일 수밖에 없다는 가정에서 이러한 부모교육 프로그램이 실시된 것이다.

3) 행복한 자녀를 만들기 위한 부모교육(Happy Child Program)

'사람들은 평화를 위해 전쟁을 일으키지만 하나님은 평화를 위해 아기를 보내신다 '는 말이 있다. 한 아기로 말미암아 세상에 평화가 왔듯이 새 가정에 태어난 아기는 많은 사람들에게 기쁨과 감격을 안겨준다. 그렇게 소중한 자녀들을 사랑하면서도 양육 기술이 부족하여 오히려 자녀의 마음을 아프게 하기도 하고 오히려 실족시키기도 한다. 이 프로그램은 바로 이러한 점을 고려하여 어떻게 하면 자녀양육을 잘 할 수 있을 것인지를 워크샵을 통해 배운다. 1990년 초부터 10여년의 임상실습을 통해 정리된 이 프로그램이 2001년 한국가정상담연구소를 통해 선을 보였는데 인도는 강기호 목사가 하고 있다. 기독교인을 위한 PET(Christian PET)라 해서 CPET라고도 불리우는 이 프로그램의 내용은 다음과 같다.

- 자녀교육의 두 기둥
- 욕구를 가진 존재
- 성공한 사람들의 생활 습관
- 변하는 세상, 반석같은 부모
- 자녀교육의 목적

---

456) 김광률, 393.

- 학습 촉진자
- 상담자
- 경청
- 경청과 나 전달
- 갈등을 해결하는 기술
- 추억의 박물관
- 자녀를 위한 기도

4) 임신과 태아 관련 교육

부모들을 대상으로 하는 프로그램 중 '태아교육 세미나' 라는 것이 있다. 대표적인 프로그램이 두란노의 '태아교육 세미나' 이다. 두란노의 도은미 사모가 시작한 이 프로그램은 생명의 존엄성을 강조하며 생명에 대한 하나님의 주권을 인정하는 교육이라 할 수 있다.[457] 이 프로그램은 또, 아이들의 모습 그대로 감사와 감격으로 관계를 맺으며 아이를 기를 수 있는 부모의 영적 능력과 인격적 그릇을 준비하고 지혜와 지식으로 아이를 돕는 교육이라 할 수 있다.

이 프로그램은 다음과 같은 6가지의 철학을 가지고 있다.

① 생명의 존엄성을 일깨워준다.

② 부모가 되는 이름에 책임을 지기 위한 훈련이다.

③ 부모와 자녀의 성숙과 이해와 관계 훈련

④ 생명을 낙태나 또 다른 학대에서 건진다.

⑤ 모태에서 자존감을 높여준다.

⑥ 부모와 태아와의 관계를 통해 하나님을 발견한다.

또, 이 프로그램에서 행하는 강의는 다음의 4가지 주제를 다룬다.

① 하나님이 보시는 태아

---

457) 온누리교회 편, 3-4.

② 태아의 성장과정과 임산부의 생활관리

③ 대대로 내려오는 상처

④ 부모와 자녀와의 관계 형성

두란노에서는 또, 부모, 자녀교육 세미나를 열고 있는데, 자녀를 하나님의 형상으로 바라보고 부모로서 영적 성숙과 인격적 성숙을 통해 부모가 결속되어 하나님 나라를 통치하고 다스리며 모든 족속으로 제자를 삼는 훈련이며 자녀의 구체적인 문제와 행동의 원인을 분석하고 함께 세워져서 하나님께 영광을 돌리는 훈련이라 할 수 있다.[458]

이 프로그램은 다음의 8가지 철학을 가지고 있다.

① 경건한 자녀 양육하기

② 성숙한 부모 교육하기

③ 자녀양육을 통해 하나님 나라 확장

④ 이 어려운 세상을 본받지 않고 구별하기

⑤ 이웃에 대한 관심으로 함께 지어져 갈 수 있도록

⑥ 건강한 사회의 일원이 되기 위해

⑦ 자녀의 영성훈련으로 하나님을 만날 수 있도록

⑧ 이 땅을 위한 선교사로 헌신토록 하기 위해

강의는 보통 다음의 10가지 주제로 진행된다.

① 자녀 이해

② 부모 이해

③ 자녀의 목소리

④ 자녀의 신앙교육

⑤ 자녀의 생활교육

458) Ibid., 5-6.

⑥ 자녀의 학교생활

⑦ 자녀의 성교육

⑧ 자녀의 대화

⑨ 자녀의 문화생활

⑩ 성경적인 자녀교육

한편, 한국가정상담연구소가 NGO로 설립한 '태아사랑시민운동본부'에서도 '행복한 임신, 행복한 출산'이라는 캐치프레이즈를 내걸고 부모들을 교육하는데 앞장서고 있다.[459] 우선 이 사역이 가지고 있는 취지는 다음과 같다.

① 가정은 하나님 이 이 땅에 세우신 최초의 기관이다. 하나님 나라의 Base Camp인 가정이 그럼에도 불구하고 무너지고 있다. 우리가 가정을 건강하게 세우는 일은 하나님이 보시기에 너무나도 소중한 사역이라 아니할 수 없다. 따라서 우리는 가정을 영적으로, 정신적으로, 육체적으로 건강하게 세우는 일에 헌신 하기로 다짐하면서 이 일에 최선을 다하고자 한다.

② 가정을 건강하게 바로 세우는 일은 예방적 차원에서 먼저 시작되어야 한다. 이 일이 당장 그 효과를 나타내지 않을 수는 있지만 미래의 세상을 위해, 우리 자녀들 세대의 세상을 위해서는 정말로 필요한 투자라 할 것이다. 이에 자녀를 낳기 위한 준비 단계에서부터 하나님의 법칙과 규율, 하나님의 선하신 방법을 계몽함으로 인해 미래 세대들의 건강한 인격, 건강한 삶, 건강한 가정을 만드는 초석을 가꾸고자 한다.

③ 불행히도 건강한 가정을 향한 하나님의 의도는 너무나도 땅 속 깊이 묻혀져 있다. 심지어 기독교인들마저도 너무나도 무지하여 하나님의 법칙을 벗어난 임신과 출산, 낙태 등 가운데 빠져 있다. 이러한 행동들이 결국은

---

459) 태아사랑시민운동본부는 지난 2002년 3월 21일 공식으로 출범하였다. 이 내용은 출범 감사예배에서 배포된 자료에서 정리한 것이다.

하나님 나라의 확장을 방해한다는 것조차도 모른다. 이에 우리는 기독교인들에게 진정한 하나님의 원리를 가르치고 전파하여 하나님이 기뻐하시는 나라를 만들어 가려 한다.

④ 더불어 교회를 벗어난 세상 사람들 역시 너무나도 무지한 상태이다. 이에 임신과 출산 이라는 최고의 관심사를 통해 선교를 하는 주춧돌로 삼으려 한다. 즉, 일반인들을 대상으로 임신과 출산학교를 열어 이들에게 하나님의 사람을 전함으로 인해 그들에게 복음의 씨를 뿌리려 하는 것이다.

여기서 실시하는 부모교육은 4가지 POINT로 나뉘는데 내용은 다음과 같다.

① 바른 태교

- 수없이 많은 태교의 방법들이 성행하고 있다. 그 가운데는 비기독교적이고 비상식적인 것들도 많다. 올바른 태교란 과연 무엇인가? 성경적인 태교의 방법들은 무엇이 있을까? 여러 태교의 방법들이 갖는 허와 실을 살펴보고 기독교인으로서 하여야 할 태교의 방법들을 알린다.

- 태교는 임신한 아내들만 하여야 하는 것인가? 아니다. 남편들 먼저 태교가 이루어져야 한다. 왜 그러는지, 그렇게 하지 않음으로 인해 어떤 일들이 벌어지는지를 알린다.

- 태교는 아내 혼자가 아닌 부부가 함께 하여야 한다. 그렇다면 어떤 방법으로 하여야 하는 것인가? 그 방법을 알린다.

② 낙태 반대

- 한국은 낙태 천국이다. 년간 최소 150만 건, 추측컨대 200~250만 건 정도의 낙태가 이루어지고 있다고 보고 있다. 하나님은 임신되는 그 순간부터 이미 하나님의 생명책에 기록하시면서 그를 열방의 선지자로 세웠다고 말씀하신다. 그런데 그 생명들을 낙태하고 살아간다. 그것이 하나님의 창조 계획을 전면 부인하는 엄청난 죄임을 깨닫지 못하고 있다. 바

로 이 점을 알린다.

- 낙태는 죽임을 당한 생명만의 문제가 아니라 산모 당사자에게도 엄청난 영향을 미친다. 바로 이 점을 알리면서 낙태가 얼마나 심각한 영향을 가져오는지 분명하게 제시한다.

- 낙태라는 행동에 들어간 산모들뿐만 아니라 마음을 먹고 시도하려 했다는 것만으로도 뱃속의 자녀에게 심각한 영향을 끼칠 수 있다. 바로 이 점에 대해서도 분명한 문제점을 제시한다.

③ 제왕절개 반대

- 제왕절개 비율 40%수준. 세계적으로 유례가 없는 비율이다. 왜 유독 우리나라만이 이렇게도 높은가? 그 원인을 살펴보면서 제왕절개가 자녀들 및 산모 자신에게 어떠한 악영향을 미치는지 분명히 그 방법을 제시한다.

- 아무리 좋은 태교를 했다 하더라도 제왕절개를 함으로 인해 공든 탑이 무너질 수도 있다. 제왕절개가 태교와 어떠한 연관성이 있으며, 그 후유증은 무엇인지 분명히 밝혀 제왕절개를 더 이상 시도하지 않도록 하며, 이를 사회 운동화 함으로 인해 의료풍토의 변화를 시도해 간다.

④ 바른 출산

- 현재 한국의 출산문화는 의사 위주의 방식이 판을 치고 있다. 출산 자체를 질병으로 보는 풍토 속에 생겨난 출산문화라 할 것이다. 우리는 이를 강력하게 비판하면서 출산은 질병이 아닌 가족의 축제라는 점을 강조한다.

- 더불어 산모와 아이의 인격을 고려한 좋은 출산 방법을 제시하고 그 방법을 확산시키는데 그 목적을 두고자 한다. 이른바 대안분만의 방법들을 제시하고 그 방법들이 확산될 수 있도록 돕는다.

  • 산모는 환자가 아니다. 좌식분만을 하자!

- 회음부 절개 사절!
- 일부러 옥시토신을 주입하지 말자!
- 완전한 자연분만을 하자!
- 분만 현장에 남편이 함께 하도록 하며 탯줄은 남편이 직접 자르자!
- 분만 환경 바꾸기(가정 같은 분위기, 약간 어두운 조명 등)
- 아이를 첫 대면할 때 가장 좋은 말을 하자!
- 신생아를 격리시키지 말자!(신생아실 폐지 운동)
- 아이는 낳자마자 엄마 품으로!

태아사랑시민운동본부의 부모교육은 각 교회와 여성단체 등을 순회하며 실시되고 있다.

이외에도 각 교회들에서 부모들을 대상으로 산발적인 세미나들이 진행되고 있다. 특별히 요즘 들어 급격히 증가한 세미나 중의 하나가 영아부 부모 대상 세미나이다. 이 세미나에서는 영아 시절의 부모 교육 중요성이 강조되면서 성경적인 자녀 양육 방식에 대해 강의가 진행된다.

한편, 부모들을 대상으로 하지 않는 자녀 대상 사역은 사실상 주일학교에서만 실시되고 있다고 보아야 할 것이다. 그러나 이 자녀 대상 사역은 전문가의 부족으로 제대로 될 수가 없다. 그래도 요즘 많은 주일학교 사역 전문가들이 나서고 있지만 아직까지 확산의 단계까지 이르지는 않은 것으로 보인다.

미국의 윌로우크릭교회 같은 경우는 '프라미스랜드' 라는 주일학교 프로그램을 운영하고 있는데, 이는 통상 알려진 Sunday School과는 상당히 다른 모

---

460) Paul Braoudakis, 253-266.

습으로 진행된다. 주요 전략을 살펴보면[460] 대그룹 시간에는 성경의 진리를 적절한 연관성을 가지고 독창적인 방법으로 가르치며, 소그룹에서는 사랑스럽고 성경적인 공동체를 모델로 삼아 삶의 변화가 가장 잘 일어나게 한다. 이 프로그램은 수업 예비과정인 특활 모임(Activity Station)에 이어 사귐의 시간, 대그룹 강의 시간, 소그룹의 시간 등의 순서로 진행된다.

온누리교회에서도 이와 비슷한 체제의 '꿈이 자라는 땅'을 운영하고 있는데, 예배 시간에는 만남과 사귐, 경배와 찬양, 중보기도, 말씀, 소그룹 활동 등의 순으로 진행된다. 또 특별 프로그램으로는 구원 캠프, 놀이 동산, 자녀를 위한 어머니의 기도 모임, 어린이 합창단, 뮤지컬 팀, Good News Club 등이 있다. 또, 주말 공동체 생활과 해외 Out-Reach 등도 진행되며, 요셉학교와 다윗학교 등의 훈련캠프도 마련하고 있다.[461]

(3) 부모교육, 무엇을 다루어야 하는가?

어떻게 보면 부모 교육은 단지 자녀를 어떻게 양육해야 할 것인가에 대해서만 초점을 맞춘다면 반쪽 교육이 될 가능성이 많다. 그것은 부모 자신의 삶이 변하지 않고 어떠한 기술로 자녀를 양육한다는 것은 그 효율성이 떨어지기 때문이다. 결국은 부모 자신의 삶이 먼저 변해야 제대로 된 자녀 양육을 할 수 있다. 따라서 부모교육의 초점은 하나님을 대신하는 자로서의 부모, 하나님 앞에 바로 선 부모로서의 모습을 갖출 수 있도록 만드는 것이 교육의 키포인트가 될 것이다.

그러한 관점에서 바라 본 부모교육의 내용으로는 다음과 같은 것들이 있을 수 있다.

---

461) 온누리교회 편, 155-167.

1) 패러다임의 대변환

먼저 '부부'에서 '부모'로의 변환을 가져오는 시기임을 알아야 한다. 특별히 이 시기에 맡겨진 가장 큰 과제는 다름 아닌 자녀 양육이다. "지난 날의 어린 시절은 그 시절의 모든 감정이나 태도와 더불어 우리의 삶이 끝나는 그날까지 실질적으로 우리를 따라 다닌다"(미실다인, '몸에 밴 어린 시절' 중에서)는 말을 기억하여야 한다. 결국 내 자녀의 미래는 부모인 우리의 절대적인 영향력 하에 있다는 사실을 알고 그야말로 '철이 든' 부모로서 자녀 앞에 서야 한다.

2) 가정교육의 모델

가장 좋은 자녀교육의 모델은 결국 성경에서 찾아야 한다. 그러나 많은 주의 백성들이 '지식이 없어서 망해간다'(호세아 4:6). 성경에서 찾는 자녀교육의 모델은 곧 하나님과 이스라엘 백성과의 관계에서 찾아 볼 수 있다. 다음은 하나님과 이스라엘 백성과의 관계에서 찾아 본 4가지의 교육 모델이다.

① 하나님은 자기의 백성들을 복되고 풍성한 삶을 누리기를 원하신다.

② 하나님은 자기 백성의 필요를 채워주신다.

③ 하나님은 그 백성들을 사랑과 용서로 감싸주신다.

④ 하나님은 그들의 백성들의 풍성한 삶을 위해 끊임없이 가르치고, 지도하고, 훈련시키신다.

3) 발달 과업

① 부모된 자로서의 새로운 과업

자녀는 부모가 뿌린 씨의 열매이다', '문제 자녀는 문제 부모가 만든다'는 사실을 분명히 알아야 한다.

② 부모 역할 수행에서 부딪치는 부부 문제 해결 과제

자녀양육이 중요하기는 하지만 그것이 부부문제의 제1순위 과업이 되어서는 안된다는 또다른 2중성의 문제가 있다. 즉, 수직축과 수평축을 잘 형성해 가야 한다. 어쩌면 조화속의 독립과 같다고 말 할 수 있을 것이다.

이러한 문제가 해결되지 아니하면 우선, 핵가족의 삼각관계, 즉 자녀에 의해 부부의 밀접한 위치가 위협을 받아 관계가 불안정해 질 가능성이 농후해 진다. 더불어 부부의 친밀감이 약화되면서 결혼의 질이 낮아질 가능성이 많다. 통계적으로도 남자는 높아가지만 여자는 낮아진다는 사실이 밝혀진 바 있다.[462] 또, 가정과 직장 생활간의 갈등이 있을 수 있다. 특별히 맞벌이 부부인 가정의 경우에 있어서 자녀 문제로 인한 부부갈등의 가능성이 엿보인다. 그래서 남편과 아내 사이에 책임감의 균형이 있어야 하며, 하나된 부부로서의 삶의 모습이 중요하다.

③ 청소년기 자녀를 둔 가정의 과업

청소년기 자녀를 둔 경우는 우선 융통성이 필요하다. 즉, 가족 경계의 융통성을 증가시켜야 하는데, 특별히 부모의 권위를 조정해야 한다. 두 번째로는 자녀를 성숙해가는 또 하나의 성인으로 인정해 주어야 한다. 신체상의 변화를 오히려 하나님께 감사하면서, 이 시기에 일어나는 신체적 변화에 대한 부모의 태도가 자녀의 자아개념과 자기 평가에 엄청난 영향을 미친다는 사실을 생각해야 한다. 특별히 성적 자아개념의 발달에 부모의 태도가 큰 영향을 미친다. 세 번째로는 자녀에게 긍정적 역할 모델이 되어야 한다. 일반적으로 아들은 아버지를 통해, 딸은 어머니를 통해 남성과 여성이 되어 가는가를 배우게 된다. 결국 부모가 중요한 성역할 모델이 된다. 자녀들은 스스로 이상형을 찾는 과정에서 부모가 위선자라고 느끼게 된다. 그럴 때 자녀들은 부모에게 반발한다. 그래서 나타나는 현상이 화를 내거나 부모의 충고를 거부하는 것이다. 네 번째

---

462) Betty Carter & Monica McGoldrick, *The Changing FAMILY LIFE CYCLE*, *가족생활주기와 가족치료*, 정문자 역 (서울: 중앙적성출판사, 1996), 106.

로는 자녀에게 자율성을 심어주어야 한다는 것이다. 자율성을 줄수록 부모와 자녀 간에 친밀감이 더욱 형성된다. 지나친 통제는 오히려 역효과를 가져온다.

④ 훈련의 주안점

우선 무엇보다도 예방이 중요하다는 점을 강조해야 한다. 특별히 교회에서의 예방 교육이 절대적이다. 그래서 신혼 부부반을 운영함으로 갈등의 요소를 미연에 방지해야 하는 것이다. 이를 위해 교회 교육에서 다루어야 할 주요 주제로는 성경적인 자녀양육의 실제, 부부와 가족간 갈등 해결, 부부와 성 문제 등을 들 수 있을 것이다.

더불어 자녀 문제의 경우, 나타난 문제보다는 근본 원인에 대한 분석이 있어야 한다. 예를 들면 부모가 자녀에게 지나치게 개입하는 이유는 부모들이 자신의 부모와 가졌던, 또 가지고 있는 관계 때문에가 많고, 최근 또는 예전에 배우자, 형제, 자매 등과의 관계가 악화된 경우도 그럴 수 있다. 이 경우에 반드시 자녀에게 문제를 초래하게 된다. 결국 원인은 부모에게 있다는 점이다. 그래서 개인의 문제나 나타난 문제보다는 가족체계의 역기능 요소와 원인을 찾아 문제 해결을 시도해야 한다. 신혼 부부 훈련은 이러한 방향을 잡아주는 중요한 과정임을 알아야 하는 것이다.

참고문헌

1. 국내 서적

교회성장연구소 편. *가정성장학교 인도자용 지침서*. 서울: 교회성장연구소, 2000.

김경일. *공자가 죽어야 나라가 산다*. 서울; 바다출판사, 2001

김광률. '십대 사녀를 눈 부모위한 복회 지침', *두란노목회자료큰백과* 제17권. 서울: 두란노, 1997.

김동주, "독신과 결혼에 대한 마틴 루터의 신학", *한국복음주의신학회 학회지*. 2003년 5월.

김동호. *생사를 건 교회개혁*. 서울; 규장, 1999.

김성봉 외. *주5일 근무제와 한국교회*. 서울: 예루살렘, 2002.

김상복. *화목한 가정생활 가꾸기*. 서울: 나침반사, 1995.

김승권 외. *최근 가족해체 실태와 정책 방안에 관한 연구*. 서울: 한국보건사회연구원, 2001.

김영한. "개혁신앙과 가정사역". *제12회 전국 목회자 세미나*, 2004.

김종환. "뉴 밀레니엄 시대, 가정사역의 전망과 원리". *행복한 치유자*. 한국가정사역연구소 편, 서울: 청우, 2000.

______. *상담사역론*. 서울: 한국크리스찬상담교육개발원, 1999.

김혜석. "결혼준비 성인교육 프로그램 개발 연구", 박사학위논문. 이화여자대학교대학원, 1990.

김휘동. '교육목회 이론에 기초한 교회의 노인교육', *월간 교육교회*. 1997년 4월호.

두란노 편. "남성회복운동을 소개합니다", *두란노목회자료큰백과* 27. 서울: 두란노, 1997.

두란노 가정상담연구원 편. *미혼남녀캠프*. 서울: 두란노가정상담연구원, 1997.

두란노 아버지학교, '아버지학교 비전선언문, 사명선언문', *주님, 제가 아버지입니다* 제3호. 1999년 12월호.

박미경. "예비부부를 위한 결혼준비교육 프로그램", 석사학위논문. 부산대학교대학원, 1997.

방선기. "제자훈련과 가정사역". *두란노 목회자료 큰 백과* 제17권. 서울: 두란노, 1997.

설은주. *가정사역론*. 서울: 예영커뮤니케이션, 1997.

______. 이봉순. *교회의 가족생활교육*. 서울: 예사랑, 2000.

송길원. *가정을 깨운다*. 경기: 기독교가정사역연구소, 1998.

송남순. '교회에서 노인을 어떻게 교육할 것인가', *두란노목회자료큰백과* 제19권. 서울: 두란노, 1997.

양은순. "가정사역이란 무엇인가?". *가정과 상담*. 2003년 6월호.

______. "가정사역의실제와 프로그램". *기독교 가족상담 2*. 서울: 한국장로교출판사, 1994.

엄예선. "가정사역 개발을 위한 한인 이민교회들의 과제들". **목회와 신학**. 2000년 1월호

여성의전화 편. **싱글여성 탐구.** 서울: 여성의 전화 싱글여성모임, 2002.

영락교회 평신도교육원. **가정교본Ⅱ. 행복한 가정생활.** 서울: 영락교회 평신도 교육원, 1993.

오윤자, 유영주. "부부관계향상 프로그램 개발연구", **한국가정관리학회지** 제12권 2호. 1994.

온누리교회 편. **97 가정사역축제 핸드북.** 서울: 온누리교회, 1997.

우은진. '독신 인프라가 구축되고 있다', **기독교사상.** 2001년 5월호.

원영희. '교회는 노인들에게 열려 있는가?', **기독교사상.** 1999년 9월호.

월간조선 편집부. **한국인의 행복체험.** 서울: 월간조선, 2002.

윤경남. '교회의 노인복지 운동과 사업', **교회와 신학.** 1999년 겨울호.

이관직. '교회안의 노인문제와 그 대책', **목회상담학.** 서울: 한국목회상담연구소, 2000.

이민재. "내 영성 여정의비망록". **기독교사상.** 2003년 6월호.

이석철. '목회상담학에서 본 노인 이해와 삶의 관리', **두란노 목회자료 큰백과** 19권. 서울: 두
　　　란노, 1997.

이은실, 강계남. '신앙성향 및 발달척도의 양호도 탐색 연구'. **기독교상담심리치료 학회지(1).**
　　　서울: 기독교상담심리치료학회, 2000.

이정현. **개혁주의 예배학.** 서울: 서울성경신학대학원대학교, 2001.

이종철. '건강한 고령화 사회 위해', **조선일보.** 2000년 7월 17일, 논단.

이지현. '쓸쓸한 황혼에 대한 목회적 관심', **기독교사상.** 2001년 5월호.

이케하라 하모루. **맞아 죽을 각오를 하고 쓴 한국, 한국인 비판.** 서울; 중앙M&B, 1999.

이현숙. "목회와 가족치료". **제12회 전국 목회자 세미나.** 2004.

이형득. "가정과 목회상담". **제2회 연세 목회전문화 세미나.** 2000.

임경수. **인간발달 이해와 기독교상담.** 서울: 학지사, 2004.

인춘시. "노인, 그들은 누구인가?", **두란노 목회자료 큰백과** 19권. 서울 : 두란노, 1997.

장동학. **연동교회 가정사역 자료집.** 서울: 연동교회, 1999.

전천혜. '노인, 그들은 누구인가?', **교육교회.** 1998년 2월호.

＿＿＿. '영역에 따른 노인교육 내용', **교육교회.** 1998년 4월호.

＿＿＿, '노인교육 프로그램 정말 하고 싶은가', **교육교회.** 1998년 11월호.

정동섭. "뉴 밀레니엄 시대의 가정사역과 상담사역". **행복한 치유자.** 서울: 청우, 2000.

＿＿＿. "가정사역을 통한 치유". **치유목회의 기초.** 대전: 침례신학대학교, 2000.

＿＿＿. "행복한 결혼을 높이는 것이 이혼을 막는 지름길이다(1)". **가정과 상담.** 2000년 9월

＿＿＿. "행복한 결혼을 높이는 것이 이혼을 막는 지름길이다(2)". **가정과 상담.** 2000년 10월

정민자. "결혼준비교육 프로그램의 개발에 관한 연구 Ⅰ", **대한가정학회** 제34호 4호. 1995.

정장복 외. **예배학 사전.** 서울: 예배와 설교 아카데미, 2000.

정정숙. **성경적 가정사역.** 서울: 도서출판 베다니, 1994.

정희정, "가정 파탄이 극단적 사회 증오로", **문화일보**. 2004년 7월 19일

총회예식서 수정위원회 편. **표준예식서**. 서울: 한국장로교출판사, 1999.

최순남. **인간행동과 사회환경**. 경기: 한신대학교출판부, 1995.

최원기. **가족과 함께 나누는 기독교예식**. 서울: 쿰란출판사, 2001.

최홍준, 송길원. **가정사역핸드북**. 경기: 기독교가정사역연구소, 1996.

추부길. **가정사역닷컴**. 서울: 한국가정사역연구소, 2002.

______. **가정이 살아야 교회가 산다**. 서울: 한국가정사역연구소, 2000.

______. "갈등과 부부싸움", **부부성경공부시리즈 제7권 인도자가이드**. 서울: 한국가정사역연구소, 2000.

______. **아버지학교 워크북**. 서울:한국가정사역연구소, 2003.

______. **어머니학교 워크북**. 서울:한국가정사역연구소, 2003.

______편. **건강하고 행복한 재혼 만들기 워크북**. 서울: 한국가정상담연구소, 2005.

통계청. '2000년 혼인, 이혼 통계 결과'. **가정과 상담**. 2001년7월호.

한국가정사역연구소. "주일학교의 편부모 비율".2004, 미발간 자료.

한국가정사역연구소 편집부. "해체 가정, 그 대책은?". **가정과 상담**. 2004년 4월호.

______________________. "이혼, 작년 15%나 늘었다". **가정과 상담**. 2004년 6월호.

______________________. 노령화 사회, 대책이 없다, **가정과 상담**. 2001년 11월호.

한국가정상담연구소 편. **결혼준비학교**. 서울: 한국가정상담연구소, 2004.

______________________. **데이트학교 워크북**. 서울: 한국가정상담연구소, 2005.

한춘기. '신앙발달과 교수내용'. **기독교교육연구** 제7권 2집. 1966.

홍인종. "가족치료학에서 본 정신 건강". **한국교회와 정신건강**. 서울: 장로회신학 대학교 출판부, 1998.

황성철. **결혼준비학교**. 서울: 아름다운 세상, 2000.

2. 번역 서적

Adams, Jay E. *Marriage, Divorce and Remarriage In the Bible*, **성경이 가르치는 결혼 이혼 그리고 재혼**. 김성혜, 김성희 역. 서울: 도서출판 베다니, 1994.

Balswick, Jack O. & Judith K. *THE FAMILY ; A Christian Perspective on the contemporary Home*, **크리스천 가정**, 황성철 역. 서울: 두란노, 1995.

Braoudakis, Paul. *Willow Creek Community Church – Church Leaders Handbook*, **윌로우크릭 지도자 핸드북**. 김양석 역. 서울: 두란노, 1997.

Buford, Bob. *Halftime*, **하프타임**, 김성욱 역. 서울: 낮은울타리, 2000.

Carter, Betty, & McGoldrick, Monica. *The Changing FAMILY LIFE CYCLE*, **가족생활**

주기와 가족치료, 정문자 역. 서울: 중앙적성출판사, 1996.

Clinebell, Howard. *Growth Counseling for Marriage Enrichment, 부부성장과정*, 이종헌 역. 서울: 대한기독교서회, 1990.

Deen, Edith. *Family Living in the Bible, 성서적 가정관*, 도한호 역. 서울: 요단출판사, 1993.

Doyle, Laura. *The Surrendered Wife, 아내여 항복하라*, 서현정 역. 서울 : 그린북, 2001.

Epp, Theodore H. *Marriage, Divorce and Remarriage, 결혼, 이혼 그리고 재혼*, 고광자 역. 서울: 바울서신사, 1992.

Farrar, Steve. *Point Man*. 서울: IVP, 1999.

Foster, Richard J. *Celebration Discipline, 영적훈련과 성장*. 서울: 생명의말씀사, 1986(2000).

Garland, Diana R. '가정사역이란 무엇인가?', *The Christian Century*. 1996, Nov.

Groeschel, Benedict J. *Spiritual Passagers: The Psychology of Spiritual Developmen. 심리학과 영성*. 김동철 역. 서울: 성바오로, 2002.

Instone-Brewer, *David. Divorce and Remarriage in the Bible: the Social and literary context, 성경속의 이혼과 재혼*, 이재현 역. 서울: 아가페출판사, 2005.

Leiffer, H. Murray. *Manual for the study of the city church, 도시교회목회론*. 박근원 역. 서울: 대한기독교출판사, 1977.

Maston, T.B. *The Bible and Family Relation. 성서 그리고 현대 가정*. 이석철 역. 서울: 요단출판사, 1991.

Missildine, W. Hugh. *Your Inner Child of the Past, 몸에 밴 어린 시절*, 이종범, 이석규 역. 서울: 가톨릭출판사, 2002.

Schaap, Jack. *Marriage; God's Original Plan, 결혼, 하나님의 본래 의도*, 지선희 역. 인천: 예향, 1997.

Sell, Charles. *Family Ministry: The Enrichment of Family Life Through the Church, 가정사역*. 송헌복, 양은순 역. 서울: 생명의 말씀사, 1988.

__________. Family Ministry. *가정사역*. 정동섭 역. 서울: 생명의 말씀사, 1997.

Scott, Lane A *Divorce and the Remarriage of Divorced Persons, 이유 있는 이혼 사연 있는 재혼*, 고신일 역. 경기 부천: 도서출판 기둥, 1995.

Stott, John. *Marriage and Divorce. 결혼과 이혼*. 김원주 역. 서울: 두란노, 1991.

Thompson, David. *Counseling and Divorce, 이혼상담*, 남상인 역. 서울: 두란노, 1996.

Thurneysen, Eduard. *Seelsorge im vollZug, 목회학실천론*. 박근원 역. 서울: 한국신학연구소, 1977.

Whitney, Donald S. *Ten Questions to Diagnose Your Spiritual Health. 당신의 영적인*

건강을 진단하라. 편집부 역. 경기: NCD, 2002.

Wilson, Douglas, *Reforming Marriage, 결혼개혁*, 김준범 역. 서울: 미션월드라이브러리, 2004

Worthington, Jr. Everett L. *Counseling Before Marriage, 결혼예비상담*, 김창대 역. 서울: 두란노, 1996.

Wright, Norman. *Communication: Key to Your Marriage, 결혼생활의 열쇠 커뮤니케이션*. 김원주 역. 서울: 생명의 말씀사, 1996.

Wright, Norman. *Finding Your Perfect Mate, 주님, 나의 반쪽은 어디에 있나요?*, 최기운 역. 서울: 베다니출판사, 1997.

미국감리교 교육부 편. *Developing Your Ministry, 교육목회지침서*. 오인탁 역. 서울: 장로회 신학대학출판부, 1980.

3. 외국 서적

Adams, Jay E. *Marriage, Divorce & Remarriage in the Bible*. Phillipsburg, N.j.: Presbyterian and Reformed Publishing Co., 1980.

Allender, Dan B. *The Wounded Heart*. Colorado Springs: Navpress, 1990.

Arp, David & Claudia. *The Second Half of Marriage: Facing the Eight Challenges of the Empty-Nest Years*. Grand Rapids, MI: Zondervan, 1996.

Balswick, Judith & Jack. "Marital Enrichment Program Evauation". *Family Ministry* Vol. 17, No. 1, 2003.

Barber, C. J. 'Marriage, Divorce and Remarriage', *Journal of Psychology and Theology* 12, 1984.

Brewi, Janice & Brennan, Anne. *Mid-Life*. N.Y.: Crossroad, 1982.

Burns, Bob & Whiteman, Tom. *Divorce Recovery Workbook*. Nashville: Thomas Nelson Publishers, 1998.

Carr, Steve. *Married and How to Stay That Way! A Treasury of Radical Solutions Based Solely on God's* Word. Phoenix, AZ: ACW Press, 1998.

Chapman, Gary. *Five love Languages: How to Express Heartfelt Commitment to Your Mate*. Chicago: Northfield, 1992.

__________. *Toward a Growing Marriage: Building the Love Relationship of Your Dreams*. Chicago: Moody Press, 1996.

__________. *Five Signs of a Loving Family*. Chicago: Northfield, 1997.

__________, & Southern, Randy. *The World's Easiest Guide to Family*

Relationships. Chicago: Northfield, 2001.

Choo, Bookil *Principles and Practice of Marriage Enrichment Program to Enhance Spiritual Maturation* (Doctor of Ministry, Regent University, 2005)

Christenson, Larry. *The Christian Family.* Minneapolis: Bethany Fellowship, 1970.

Christenson, Larry & Nordis. "God's Plan for Husband-wife Relationship", Howard and Jeanne Hendricks ed., *Husband and wives.* Canada: Victor Books, 1988.

Clington, Tim & Julie. *The Marriage You've Always Wanted.* Nashville: Word, 2000.

Conzelmann, Hans. *First Corinthians.* Philadelphia: Fortress Press, 1975.

Crabb, Jr. Lawrance J. *The Marriage Builder.* Grand Rapids: Zondervan, 1982.

Crowell, Al. *Love in the Trenches: A Couples Guide to Overcoming the Power Struggle and I'd Rather Be Married: Finding Your Future Spouse.* Oakland, CA: New Harbinger, 1996.

Dobson, James C. *Straight Talk to Men and Their Wives.* Waco, Tex.: Word, Inc., 1980.

Duvail, E.M. & Miller, B.C. *Marriage and Family Development.* New York: Haper & Row, 1995.

Dyer, Preston & Genie. "Planning and Promotin Marriage Enrichment in the Church". *Family Ministry,* Vol 16, No. 3.

Edwards, Jonathan. The Works of Jonathan Edwards. vol. 2, perry Miller, gen. ed. *Religious Affections.* ed. John F. Smith, New Haven, Conn.: Yale University Press, 1959.

Ellin, R. "Marriage Encounter: A positive preventive enrichment program". In R. Berger & M. Hannah (Eds.). *Preventive approachs in couples therapy,* 1999.

Ellison, C. Spiritual Well-Being: Conceptualization and Measurement. *Journal of Psychology and Theology,* Vol. 11, No. 4.

Erikson, Erik. *Identity and the Life Cycle.* New York: Norton, 1980.

Evans, Jimmy. *Marriage on the Rock.* Amarillo, Texas: Majestic Media, 1994.

Faulk, Richard Earl. *The Effects of a Two-weekend Marital Enrichment Program on Self-Disclosure and Marital Adjustment* (Ph. D. Diss: United States International University), 1981.

Ferguson, David. *The Great Commandment Principle.* IL: Tyndale House, 1998.

______, David & Teresa. *Unlimited Partnership.* Texas: Intimacy, 1996.

Flanagan, Bill. *Developing a Divorce Recovery Ministry*. Colorado: Colorado Springs, 1996.

Fryling, Alice & Robert. *A Handbook for Married Couples*. Downers Grove, IL: Intervarsity Press, 1984.

Garland, Diana S. Richmond & David E. *Beyond Companionship Christian in Marriage*. Philadelphia: The Westminster Press, 1996.

Genne, Elizabeth & William. *Church Family Camps and Conference*. Pennsylvania: Judson Press, 1979.

Gerland, Diana R. *Family Ministry A comprehensive Guide*. IL: Inter Varsity, 1999.

__________. "What is the Family ministry". *Christian Century*. Nov., 1996.

__________. "Family Ministry: defining Perspectives". *Family Ministry* Vol. 16, No. 2, 2002.

Giblin, P., Splenkle D. & Sheehan, R. "Enrichment outcome research: A meta-analysis study. In W. Denton (Ed.). *Marriage and Family Enrichment*. New York: Haworth, 1985.

Guerney B. & Maxson, P. "Marital and Family Enrichment Research: A decade review and look ahead". *Journal of Marriage and Family*. Vol. 52, 1990.

Hamilton, Samuel. International Conference on the Family in 1948, *Helping Families Through the Church*, Oscar Feucht ed., 1957.

Helton, Jeff & Lora. *Authentic Marriage Workbook*. IL: Moody Press, 1999.

Hubbard, Don W. *The Complete Handbook for Family Life Ministry in the Church*, Nashiville: Thomas Nelson, 1995

Kirwan, William T. *Biblical Concepts for Christian Counseling*. Michigan: Baker, 1999.

Littauer, Florence. *Getting Along with Almost Anybody*. Michigan: Fleming H. Revell, 1998.

Luther. The Sermon on the Mount, regarding Matt. 5:31-32, *Luther's Works* 21:96, Jaroslav pelikan, ed., *Luther's Works,* 55 vols. st. Louis: Concordis Publishing House, 1955-86.

Lynn, Robert, *Protestant Strategies in Education* (New York: Association, 1964), Hargrave, Terry. *The Essential Humility of Marriage*. Phoenix, AZ: Zeig, Tucker& Theisen, 2000.

Helton, Jeff & Lora. *Authentic Marriage Workbook*. Chicago, IL: Moody Press, 1999.

Hendrix, Harville. *Getting the Love You Want: A Guide for Couples.* New York: Henry Holt and Co., 1988.

Hubbard, Don W. *The Complete Handbook for Family Life Ministry in the Church.* Nashiville: Thomas Nelson, 1995.

Kattler, John. Marriage Enrichment. In M. Gilbert & R. Brock (Eds.) *The Holy Spirit & Counseling, Principles & Practice*(Vol. 2). Peabody, Messachusette: Hendrickson, 1988.

Kirwan, William T. *Biblical Concepts for Christian Counseling.* Michigan: Baker, 1999.

Kolb, Magaret Marion Sinclair. *The Effect of a Marriage Encounter Weekend Experience upon Selected Marital Relationships.* Doctor of Education, Diss.: Mississippi State University, 1983.

Kraft, Vickie. *Women Mentoring Women.* Chicago: Moody Press, 1992.

Lynn, Robert. *Protestant Strategies in Education.* New York: Association, 1964.

Mace, David R. *Hebrew Marriage.* New York: Philosophical Library, 1953.

Markman, Howard, Stanley, Scott, Blumberg, Susan L. *Fighting for Your Marriage: Positive Steps for a Loving and Lasting Relationship.* San Francisco: Jossey-Bass, 1995

Mason, Jr. Robert L. & Jacobs, Caroline L. *How to Choose the Wrong Marriage Partner and ive Unhappy Ever After.* Atlanta: John Knox Press, 1979.

Maston, T.B. *Christianity and World Issue.* New York: Macmillan, 1957.

Matteson, Richard & Harris, Janis Long. *What if I Married the Wrong Person: Help and Hope on the Question Nearly Every Couple Asks.* Minneapolis, MN: Bethany House Publications, 1996.

Murray, John. *Divorce.* Phillipsburg, N.J.: Presbyterian and Reformed Publishing Company, 1978.

Neuman, Gary. *Helping Your Kids Cope with Divorce.* New York: Random House, 1998.

Palau, Luis. "God's Blueprint for Happy Homes", Husbands & Wives, Howard & Hendricks, ed. Wheaton: Victor Books, 1988.Parrott, Les & Lesile. *Saving Your Marriage Before it Starts.* Michigan: Zondervan, 1995.

Parrott, Les & Lesile. *Saving Your Marriage Before it Starts.* Michigan: Zondervan, 1995.

Rainey, Dennis. *Building Teamwork in Your Marriage.* Ventura, CA: Gospel Light,

1996.

__________ & Barbara. *Starting Your Marriage Right: What You Need to Know and Do in the Early Years to Make it Last a Lifetime. Nashville,* TN: Thomas Nelson, 2000

Reapsome,James & Martha. Marriage: *God's Design for Intimacy.* Downers Grove, IL: Intervarsity Press, 1999.

Reed, Bobbie ed. Baker *Handbook of Single Parent Ministry.* Michigan: Baker Books, 1998.

Rice, John R. *The Home.* Murfreeboro: Sword of the Lord Publishers, 1974.

Stanford, John A. *Healing and Wholeness.* N.Y.: Paulist Press, 1977.

Stanley, S., Blumbert S. & Markman, H. "Helping couples fight for their marriages: The PREP approach". In R. Berger & M. Hannah (Eds.). *Preventive approaches in couple therapy,* 1999.

Stanley, Scott, Trathen, Daniel, McMain, Savanna & Bryan, Milt. *A Lasting Promise: A Christian Guide to Fighting for YourMarriage.* San Francisco: Jossey-Bass, 1998.

Trueblood, Elton & Pauline, *The Recovery of Family Life,* New York: Harper & Brothers, 1953.

Weiner-Davis, Michele. *Divorce Busting.* New York: Simon & Schuster, 1992.

Wilhoit, Jim. *Christian Education & the Search for Meaning.* Grand Rapids, MI: Baker, 1991(1986).

Wright, Norman H. *Communication: key to Your Marriage.* Ventura, CA: Regal Books, 1998.

__________. *Relationships that Work (And Those Don't).* Ventura, CA: Regal Books, 1998.

Wuthnow, Robert J. *Every Family Has a Secret: The Hidden Side of Spirituality and Ministry; Family Ministry.* Vol. 15, No. 3, 2001.

Young, Mark, S. "Naturing Spirituality the Matrix of Human Developement". *Christian Educational Journal,* Vol. X, No. 2, 1990.

4. 사전류 및 주석류

제자원. **그랜드 종합주석** 제18권. 서울, 성서아카데미, 1999.

Barrett, C. K. *"International Biblical Commentary"*. London WCI: A. & C. Blark, 1979(1968)), 한국신학연구소 번역실 역. *"국제주석: 고린도 전서"*, vol. 36, 서울: 한국신학연구소, 1993(1985)).

Brown, Lesley(ed.), **The New Shorter Oxford English Dictionary,** Oxford University Press, 2000

5. 기타

하프타임코리아' 의 홈페이지: www.halftim.co.kr

Cana Institute, Homepage: www.canainstitute.org

Van Epp, John, Homepage: www.nojerks.com